SYNOPSE DES LOIS DU PENTATEUQUE

SUPPLEMENTS

TO

VETUS TESTAMENTUM

EDITED BY
THE BOARD OF THE QUARTERLY

J.A. EMERTON – PHYLLIS A. BIRD – W.L. HOLLADAY
A. van der KOOIJ – A. LEMAIRE – R.E. MURPHY – B. OTZEN
R. SMEND – J.A. SOGGIN – J.C. VANDERKAM – M. WEINFELD
H.G.M. WILLIAMSON

VOLUME LIX

SYNOPSE DES LOIS DU PENTATEUQUE

PAR

GUY LASSERRE

E.J. BRILL
LEIDEN · NEW YORK · KÖLN
1994

The paper in this book meets the guidelines for permanence and durability of the Committee on Production Guidelines for Book Longevity of the Council on Library Resources.

Library of Congress Cataloging-in-Publication Data

Lasserre, Guy.
   Synopse des lois du Pentateuque / par Guy Lasserre.
      p.   cm. — (Supplements to Vetus Testamentum, ISSN 0083-5889 ;
  v. 59)
   All quotations are from the Biblia Hebraica Stuttgartensia.
   Includes bibliographical references and index.
   ISBN 9004102027 (alk. paper)
   1. Bible. O.T. Pentateuch. Hebrew—Criticism, Textual.
2. Bible. O.T. Pentateuch—Harmonies. 3. Biblia Hebraica
Stuttgartensia—Indexes.   I. Title. II. Series.
BS410.V452   vol. 59
[BS1225.2]
221 s—dc20
[222'.1065]   94-23356
                                                 CIP

Die Deutsche Bibliothek – CIP-Einheitsaufnahme

Lasserre, Guy:
Synopse des lois du Pentateuque / par Guy Lasserre. – Leiden ;
New York ; Köln : Brill, 1994
  (Supplements to Vetus testamentum ; Vol. 59)
  ISBN 90-04-10202-7
NE: Vetus testamentum / Supplements

ISSN   0083-5889
ISBN   90 04 10202 7

PRINTED IN THE NETHERLANDS

A Aline, mon épouse,
A Laurent, Amélie, Jean
et Benoît, nos enfants

TABLE DES MATIERES

AVANT-PROPOS

Ce livre présente une reprise de ma thèse de doctorat, soutenue en 1993 à l'Universié de Lausanne: *Synopse des lois du Pentateuque*, réflexions méthodologiques sur l'élaboration et l'usage des synopses, application aux lois du Pentateuque. Le premier volume, consacré à la méthodologie, a été résumé. Seuls les principaux résultats en sont présentés dans l'introduction. Le deuxième volume, consacré aux synopses, aux notes, aux tableaux et aux index, a été repris avec quelques légères modifications.

Cette réalisation est née de deux intérêts, d'une part pour les synopses et d'autre part pour les lois du Pentateuque. Les synopses sont des outils de travail évocateurs. Un seul coup d'oeil offre déjà une appréhension riche et suggestive, un regard attentif permet de vérifier bien des hypothèses et d'en fonder de nouvelles. Les lois du Pentateuque constituent un domaine que l'exégèse a eu parfois tendance à délaisser au profit des récits. Les comparaisons ponctuelles entre lois des principaux recueils et listes sont fréquentes mais l'absence de synopses en hébreu complique la recherche. Cet outil de travail espère ainsi combler un manque.

Cet ouvrage n'aurait pu être réalisé sans aide. Je remercie le professeur S. Amsler, directeur de thèse, qui a suggéré l'idée de ce travail et en a accompagné la réalisation, ainsi que les experts, les professeurs A. Schenker et H.-P. Mathys qui m'ont aidé par leurs remarques et leurs suggestions. Ma reconnaissance va aussi au Comité d'édition des *Supplements to Vetus Testamentum* qui a accepté d'inclure ce volume dans sa collection, et en particulier au professeur A. Lemaire, qui m'a proposé bien des améliorations utiles et des corrections. Dans ma famille, mon épouse m'a conseillé et encouragé, mon père m'a relu et mes enfants m'ont accordé la tranquillité nécessaire au travail ainsi que le charme de leur vivacité. Pour les questions techniques, le soutien de quelques amis doués en informatique m'a été précieux, de même que les indications de l'éditeur. L'Eglise réformée de France et l'Eglise évangélique réformée du canton de Vaud m'ont accordé du temps pour mon travail théologique, je les en remercie. Tout au long de ces années, j'ai eu aussi l'occasion, à maintes reprises, me sentir soutenu par Dieu, à lui va finalement ma reconnaissance.

Yverdon, juillet 1994

Guy Lasserre

1. Les synopses, définition et élaboration

La comparaison est indispensable à la connaissance et donc aussi à l'exégèse[1]. Quand il s'agit de comparer entre eux des textes qui ont de fortes parentés, des synopses ont souvent été réalisées pour faciliter le travail. Celles-ci sont devenues des instruments courants dans les études bibliques, non seulement pour les Evangiles, leur terre d'origine, mais aussi pour d'autres domaines de la recherche. La réflexion méthodologique sur la fabrication et l'usage des synopses reste cependant peu élaborée.

A partir de l'usage et de l'étymologie, je propose de définir comme synopse une présentation conjointe de textes parallèles pour en faciliter la comparaison. Cette présentation peut être plus ou moins longue. Une synopse peut constituer un outil de travail présentant des textes dans leur ensemble ou se limiter à la disposition de quelques passages, en vue d'illustrer un propos ou de simplifier sa compréhension. Lorsqu'au lieu des textes, seules des références sont citées, parfois accompagnées de titres ou de résumés, il ne s'agit plus d'une synopse mais d'un tableau synoptique.

Cette définition repose sur la notion de *textes parallèles*. Des textes peuvent être présentés synoptiquement lorsqu'ils ont entre eux certaines parentés qui peuvent être de types et de degrés divers. Les types de parallèles constatés sont principalement les suivants: les mots, les motifs, le thème[2], le genre littéraire, les structures[3] et le style. Les trois premiers types concernent le contenu des textes, les trois derniers leur forme. Le degré de parenté est variable et l'éditeur juge à partir de quel moment il considère deux textes assez proches pour pouvoir être présentés ensemble.

Une synopse est un outil de travail en vue d'établir ou d'utiliser des hypothèses de lecture. La visée recherchée est essentielle et détermine la conception de l'ouvrage. Des synopses réalisées pour la critique textuelle ne peuvent être semblables à d'autres prévues pour des recherches sur le vocabulaire ou les sources. Tant le choix des textes que leur présentation seront différents. A partir de la détermination du but, une série de choix sont à effectuer pour réaliser une synopse. Ceux-ci peu-

---

[1] Cette introduction reprend le premier volume de ma thèse, Lasserre, *Synopse*. La première partie, *Les synopses, définition et élaboration*, correspond au premier chapitre très fortement résumé. Seuls les principaux résultats sont présentés. Il en va de même pour la dernière partie, *L'usage des synopses*, qui correspond au troisième chapitre. Pour une vision plus détaillée et mieux étayée, il est donc nécessaire de consulter ma thèse. Les deuxièmes et troisièmes parties, *Les lois du Pentateuque* et *Les synopses*, correspondent au deuxième chapitre de ma thèse dont elles présentent, d'une manière plus concise, les principaux points.

[2] Pour chaque péricope, un thème peut être défini. Les motifs sont en revanche multiples: ils peuvent constituer des aspects particuliers du thème ou des thèmes secondaires.

[3] Les structures peuvent être celles d'une phrase, d'une péricope ou de l'ensemble d'un livre.

vent être regroupés en trois catégories: les choix constitutifs, les choix de présentation et les choix des annexes. Pour que l'outil puisse être utilisé correctement, l'éditeur et l'utilisateur doivent être conscients de leur projet.

Les choix constitutifs sont à faire en premier. Ils permettent d'établir quels textes seront présentés conjointement, selon quels critères ils seront choisis, découpés et ordonnés. Suivant l'origine des textes, leur degré ou leur type de parentés, une hiérarchisation peut être établie qui se traduira ensuite par une présentation différenciée. Les synopses étant des outils de travail, il est nécessaire de savoir aussi à qui elles sont destinées.

Les choix de présentation viennent ensuite. Ils sont la mise en oeuvre des précédents. Il s'agit de décider comment les textes seront disposés sur la page, en tenant compte de la hiérarchisation éventuelle, quels seront les parallèles mis en évidence et avec quels moyens. Pour des oeuvres de l'Antiquité, il faut aussi résoudre les questions du choix du texte (langue originale ou traduction) et de son établissement, avec éventuellement un apparat critique. Pour faciliter l'usage, un système de titres et de numérotation peut être prévu, ainsi que des entêtes.

Finalement, des *annexes* sont nécessaires. Elles complètent les textes et en présentant les textes et en indiquant les choix effectués (introduction), ainsi qu'en offrant des tableaux d'ensemble et des index. Des notes peuvent aussi être jointes pour faciliter l'usage.

Ces choix sont toujours faits par les éditeurs de synopses, même s'il est rare qu'ils soient explicitement reconnus. Pour les réaliser, il est nécessaire de bien connaître les textes que l'on désire présenter synoptiquement.

2. *Les lois du Pentateuque*

L'essentiel des lois de l'Ancien Testament (AT) a été transmis dans le Pentateuque (Pt), la *Torah*. Ces lois sont diverses quant à leur forme et leur contenu. Elles viennent de domaines distincts: le droit qui règle les rapports entre les hommes, la morale qui enseigne comment faire le bien et le mal et la religion qui régit les rapports entre Dieu et son peuple. La séparation entre ces domaines correspond à l'existence de genres littéraires différents et, dans le Proche Orient (PO) ancien, chacun d'eux a sa littérature et son milieu de vie propre. Aucun d'eux ne peut cependant exister complètement isolé des autres. Toute religion a des conséquences morales et sociales, toute société se réfère à des valeurs et à des dieux, toute morale cherche à fonder ses valeurs dans des absolus et à déterminer les règles de vie commune. La conjonction de prescriptions appartenant à ces trois domaines à l'intérieur d'un même ensemble littéraire semble propre aux lois du Pt et en est un élément constitutif[4].

---

[4] Voir Crüsemann, *Tora*, p. 17s.132.
Dans cet ouvrage, Crüsemann considère les recueils de lois du Pt, y compris P, comme des textes juridiques. A la base des premiers recueils se trouvent les membres de la cour supérieure de justice de Jérusalem, constituée par Josaphat et regroupant des juristes laïcs et sacerdotaux, des fonctionnaires royaux et des représentants du peuple (p. 113). Cette instance juridique a, selon le Dt, la compétence de Moïse et, comme lui, transmet la volonté législative de Yahvé (p. 120). L'institution des juges de l'époque royale est elle aussi légitimée par l'action de Moïse, selon Ex 18 (p. 112). Crüsemann reconnaît cependant que le CA n'est pas un code de règles juridiques qui, à une situation particulière, ferait correspondre une conséquence juridique précise. Il s'agit plutôt de principes visant la réalisation d'un idéal moral que la juridiction doit ensuite chercher à atteindre. Dans cette perspective, le CA peut être comparé aux Droits de l'homme ou aux constitutions des Etats modernes; il joue le rôle de métanorme et d'instance critique (p. 227).

Les lois du Pt sont, pour la plupart, groupées dans des recueils et des listes que la critique a depuis longtemps mis en évidence. Recueils et listes sont comme des familles auxquelles appartiennent les diverses prescriptions. Pour pouvoir les comparer, il est nécessaire de tenir compte de ce contexte.

2.1 Recueils et listes

Les principaux recueils généralement reconnus sont le Code de l'alliance (CA), le Code deutéronomique (CD) et le Code de sainteté (CS)[5] auxquels s'ajoutent divers recueils à l'intérieur de l'Ecrit sacerdotal (P).

Le Code de l'alliance

Le CA a reçu son nom d'Ex 24, 7. Il débute en Ex 20, 22 et se termine en Ex 23, 19[6] ou Ex 23, 33[7], si l'on y inclut la partie non légale d'Ex 23, 20-33 comprise généralement comme un épilogue. On le considère comme primitivement indépendant de son contexte actuel[8]. Il a subi une croissance rédactionnelle[9]. Un consensus relatif me semble exister pour y voir l'oeuvre de deux rédactions principales: une première, qui interpelle ses lecteurs à la deuxième personne du singulier et qui comprend les lois casuistiques, et une seconde, qui les interpelle à la deuxième personne du pluriel[10]. Les étapes antérieures et les déterminations exactes des rédactions restent plus contestées. Il en va de même de leur datation. Le CA est ce-pendant généralement considéré comme le plus ancien recueil

Cette conception permet une vision cohérente et globale des lois du Pt et de leur fonction. Elle présente cependant certaines fragilités. Le rôle des prêtres dans la cour de Jérusalem semble surtout lié aux serments, à l'ordalie et à la consultation de Dieu pour obtenir ses décisions (p. 118); or, dans les lois du Pt, les prescriptions plus particulièrement religieuses traitent générale-ment des interdits ou du juste accomplissement des rites. Ces deux aspects me semblent plus difficiles à rattacher aux fonctions de la cour supérieure de Jérusalem. Le lien entre Moïse et les lois du Pt n'est pas antérieur au Dt. Le CA n'y fait pas allusion et n'a pas besoin de son autorité. Quant à P, il se réfère certes à Moïse mais il présente essentiellement un programme cultuel. Les lois non-cultuelles y font davantage appel à l'éthique du peuple ou de ses individus qu'à la médiation d'un tribunal, sauf Lv 20 et 25. Finalement, il me semble significatif que Crüsemann considère les lois d'Ex 34 comme appartenant au droit de l'AT (p. 139) sans justifier cette affirmation. D'ailleurs, quand il établit que le CA est un livre de droit plutôt que d'éthi-que (p. 224-228), il part des problèmes posés par les exigences sociales et ne traite pas de ceux posés par les prescriptions cultuelles. Droit et éthique ne doivent pas être mis en alternative (p. 228), mais la valeur juridique ef-fective des recueils me semble surestimée et les aspects éthiques et surtout cultuels un peu minimisés. C'est avec l'époque perse que les recueils du Pt deviennent la loi officielle, imposée par les autorités politiques. Si l'on définit comme juridique tout texte visant à ordonner la vie du peuple, dans sa totalité ou dans certains de ses domaines, alors ces textes sont juri-diques. Je préfère cependant les considérer comme des textes éthiques, ayant des prétentions à servir de référence pour toute la vie du peuple, y compris dans le domaine juridique.

---

[5] Voir Kaiser, *Einleitung*, p. 65, ou Cazelles, *Loi israélite*, c. 503s.

[6] Cazelles, *Loi israélite*, c. 503; Kaiser, *Einleitung*, p. 65, ou Schmidt, *Einführung*, p. 115.

[7] Voir notamment Boecker, *Recht und Gesetz*, p.117; Wanke, *Bundes-buch*, p. 412; Schwienhorst-Schönberger, *Bundesbuch*, p. 35.

[8] Voir Boecker, *Recht und Gesetz*, p. 117; Kaiser, *Einleitung*, p. 67; Renaud, *Théophanie*, p. 61, ou Osumi, *Kompositionsgeschichte*, p. 15.

[9] Voir Boecker, *Recht und Gesetz*, p. 117s; Kaiser, *Einleitung*, p. 69-70, ou Wanke, *Bundesbuch*, p. 413. Pour les diverses hypothèses émises à ce sujet, voir Halbe, *Privilegrecht*, p. 391-413, et les hypothèses plus ré-centes d'Otto, *Wandel*, Schwienhorst-Schönberger, *Bundesbuch*, et Osumi, *Kompositionsgeschichte*; voir aussi sur ces travaux récents Lasserre, *Etudes récentes*.

[10] Voir Lasserre, *Etudes récentes*, p. 271. Pour la formation du CA, Crüsemann, *Tora*, p. 132-234, partage l'essentiel des conclusions d'Osumi.

du Pt[11]. La datation la plus probable se situe entre 722 et le Dt[12].

Des indices formels et thématiques ont conduit à proposer divers plans pour le CA[13]. L'imbrication des problèmes de structure et d'analyse rédactionnelle (à quelle étape du texte correspond quelle étape de structure) explique en partie cette diversité. A l'intérieur de la partie casuistique, les problèmes de structure ont été étudiés en lien avec les problèmes analogues rencontrés dans le droit du PO ancien[14]. Les études récentes, à partir de celle de Wagner[15], montrent les principes d'organisation de ces lois. Leur systématisation permet, à partir de cas particuliers, de couvrir un ensemble de situations plus large et de viser à régler tout un domaine de la vie. Malgré cela les structures proposées restent diverses.

Il n'est pas nécessaire de résoudre ici ces problèmes mais il est important de pouvoir déterminer un plan d'ensemble. On peut reconnaître les parties suivantes: Ex 20, 23-26, lois reli-

gieuses sur les idoles et l'autel, avec introduction en Ex 20, 22; Ex 21, 2-11 lois sur les esclaves, avec introduction en 21, 1; Ex 21, 12-32 (-36) lois sur les atteintes aux personnes (ou aux êtres vivants), les v. 12-17 peuvent en être isolés comme lois sur les crimes passibles de mort; Ex 21, 34 (37) - 22, 16 lois sur les atteintes aux biens; Ex 22, 17-19, lois religieuses sur des crimes passibles de mort; Ex 22, 20-26, lois sociales; Ex 22, 27-30, lois religieuses, essentiellement prohibitives; Ex 23, 1-(8) 9, lois sociales pour l'exercice de la justice; Ex 23, 10-12, lois rituelles sur la septième année et le septième jour; Ex 23, 13-19, lois religieuses, essentiellement rituelles.

Le Code de sainteté

Selon l'ordre canonique, le recueil suivant est le CS, Lv 17 - 26[16]. L'indépendance primitive de ces chapitres a été contestée et il semble probable qu'ils ont été conçus dès l'origine pour compléter P en lui ajoutant un ensemble de lois non-cultuelles qui puissent faire du récit sacerdotal des événements du Sinaï une alliance comprenant des obligations pour le peuple[17].

---

[11] Voir Boecker, *Recht und Gesetz*, p. 116; Schmidt, *Einführung*, p. 117, ou Smend, *Entstehung*, p. 95.

[12] Les datations les plus courantes plaçaient le CA entre l'installation en Palestine et l'établissement de l'Etat, voir Boecker, *Recht und Gesetz*, p. 121-122, mais les travaux récents proposent une datation plus tardive (voir Crüsemann, *Tora*, p. 230). La seconde rédaction du CA est située soit encore avant le Dt (Osumi et Crüsemann), soit dans le cadre de l'école Dtr, (Otto et Schwienhorst-Schönberger).

[13] Des plans du CA sont proposés entre autres par Childs, *Exodus*, p. 460; Wanke, *Bundesbuch*, p. 413; Schmidt, *Einführung*, p. 116; Kaiser, *Einleitung*, p. 67; Halbe, *Privilegrecht*, p. 421; Otto, *Wandel*, p. 10-11; Osumi, *Kompositionsgeschichte*, p. 25-26, ou Schwienhorst-Schönberger, *Bundesbuch*, p. 23.

[14] Voir notamment l'influence des travaux de Petschow, *Systematik und Gesetzestechnik* et "*Systematik" in den Gesetzen*.

[15] *Systematik*.

[16] La partie légale s'arrête à Lv 26, 2. L'appartenance de Lv 17 au CS a été discutée mais son rapport au Dt est semblable à celui du reste du CS (Cholewinski, *Heiligkeitsgesetz*, p. 320ss, voir aussi Mathys, *Liebe*, p. 82). Le CS commence par des lois sur le lieu des sacrifices et sur l'abattage des animaux, comme le CD, et finit, comme lui, par des promesses de bénédiction et des menaces de malédiction.

[17] Hypothèse d'Elliger, *Leviticus*, p. 16, reprise par Cholewinski, *Heiligkeitsgesetz*, p. 337s. Pour Wagner, *Existenz*, p. 314s, hypothèse reprise par Rendtorff, *Introduction*, p. 248, ces chapitres ne seraient que des éléments des lois sacerdotales. Crüsemann, *Tora*, p. 325, refuse de les traiter séparément de P, vu dans son entier comme un recueil de lois, voir p. 326 et 328, mais leur reconnaît quand même une certaine indépendance à l'intérieur de P. La mesure de cette indépendance n'est cependant pas définie. Les parentés avec le CD, et notamment celles de structure, peuvent dif-

Le plan d'ensemble du CS est difficile à comprendre. Une structuration peut se faire à partir de la récurrence de certaines formules: d'une part des formules narratives d'énonciation et d'autoprésentation de Yahvé, extérieures aux éléments prescriptifs, et d'autre part des expressions qui reviennent à l'intérieur de certains groupes de lois[18]. Ces formules permettent de déterminer une suite d'ensembles, mais leurs rapports et aussi parfois leurs thèmes restent difficiles à saisir[19].

Lv 17 forme un premier ensemble, avec une seule formule d'énonciation complète, des expressions récurrentes dans la formulation des prescriptions et un thème propre: l'abattage des animaux, avec un souci particulier pour le sang. Lv 18, avec une formule d'énonciation et des inclusions (voir, v. 3-4 et 24-30), rassemble des interdictions concernant les relations sexuelles (à l'exception du v. 18). Lv 19, avec une formule d'énonciation, contient de nombreuses unités conclues par des formules d'autoprésentation. Son thème est plus difficile à déterminer, il constitue une sorte de loi fondamentale pour la communauté. Lv 20, avec sa formule d'énonciation principale et une secondaire au v. 7 et une inclusion aux v. 7 et 26, reprend une partie des interdictions des ch. 18 et 19 en les sanctionnant (seule l'exigence du v. 25 est nouvelle). Lv 18 - 20 forme ainsi un ensemble plus grand. Les ch. 21 - 22 concernent essentiellement les prêtres et les formules d'énonciation y sont plus fréquentes. Ils visent à la pureté ou à la sainteté des agents et des actes cultuels. Lv 23 présente un calen-

drier des fêtes, y compris le sabbat, comme indiqué aux v. 2 et 44. Des formules intermédiaires d'énonciation séparent les principales périodes festives. Après les lois sur les fêtes viennent, comme en annexe, deux prescriptions sur le culte régulier, Lv 24, 1-9. Lv 24, 10-23 ne commence pas par une formule d'énonciation mais constitue un récit qui est l'occasion du don de prescriptions. Lv 25, avec ses inclusions et sa formule d'énonciation traite des années de fête. Lv 23 - 25 (sauf 24, 10-23) forme un ensemble plus large sur des pratiques religieuses récurrentes. Lv 26, 1-2, avant la conclusion du CS, contient le rappel de quelques lois fondamentales.

La difficulté de définir le contenu de certains chapitres et de trouver une structure d'ensemble forte pour le CS révèle un processus complexe de formation. Les études sur la composition du CS n'aboutissent pas à un consensus[20]. Il semble cependant que l'essentiel de sa rédaction se soit faite pendant l'exil[21]. Les prescriptions destinées à des personnes exerçant des activités officielles sont peu nombreuses, les groupes sociaux sont moins présents que dans le CD, les destinataires sont interpellés comme un groupe de partenaires et l'éthique évolue vers les dispositions morales intérieures[22]. Le seul ensemble important de prescriptions visant les institutions politiques et le système économique dans sa globalité est celui de Lv 25, mais il est une utopie pour préparer le retour et lutter contre la pau-

---

ficilement n'être considérées que comme dues aux thèmes traités (voir Crüsemann, *Tora*, p. 325).

18 Par exemple le début des protases dans Lv 17, 4.8.10.13; ou 25, 25.35.39.47.

19 Crüsemann, *Tora*, p. 379, propose une structure concentrique, mais elle est limitée aux ch. 17 - 22.

20 Les analyses systématiques les plus récentes de l'ensemble du CS sont celles de Reventlow, *Heiligkeitsgesetz* (1961); Kilian, *Untersuchung* (1963); Feucht, *Untersuchungen* (1964); Elliger, *Leviticus*, p. 14-20.218-379 (1966), et Cholewinski, *Heiligkeitsgesetz* (1976).

21 Voir par exemple Mathys, *Liebe*, p. 108. Les changements sociaux, politiques et religieux amenés par l'exil nécessitaient la reformulation de la loi, voir Crüsemann, *Tora*, p. 334-336.

22 Voir Richter, *Recht und Ethos*, p. 137-141.

périsation et ses conséquences[23]. En complément des lois sacerdotales cultuelles et en reprise critique du CD, un groupe à l'intérieur de la tradition sacerdotale rédige progressivement ces chapitres, les rassemble comme programme pour le retour du peuple sur sa terre et les joint aux lois de P[24].

Le code deutéronomique

Le dernier recueil de lois du Pt est le CD, Dt 12 - 26[25]. La délimitation de cet ensemble dans le Dt est claire mais son histoire et ses rapports avec le reste du Dt sont discutés. Il n'a probablement jamais existé indépendamment d'éléments encore présents dans son cadre actuel et il a été réencadré et retravaillé[26]. Ces nouvelles rédactions ont développé les lois existantes plus qu'elles n'en ont ajouté de nouvelles[27]. Le CD dépend probablement de la première rédaction du CA qu'il réforme et étend. Sa datation est déterminée en partie par les liens entre l'exigence de la centralisation du culte et la réforme de Josias. La constitution de ce recueil est généralement considérée comme préexilique. Les préoccupations sociales des lois répondent bien aux problèmes de la société israélite du 7ème siècle[28].

Comme le CA et le CS, le CD est le résultat d'une histoire complexe. Comme eux aussi, mais davantage que le CA, il réunit des prescriptions de genres littéraires divers dont les caractéristiques s'influencent. Il apparaît dans l'ensemble comme une loi prêchée[29]. Ordinairement, il interpelle ses auditeurs directement et doit les convaincre de mettre en pratique ce qu'il leur annonce ou leur enseigne. L'argumentation est donc essentielle et les motivations très développées. La présence d'éléments parénétiques n'est pas propre au CD mais ils y sont particulièrement nombreux et une phraséologie caractéristique y apparaît[30]. Ils y sont aussi porteurs d'éléments théologiques essentiels[31]. Leur présence jusque dans la formulation même des lois fait qu'ils ne peuvent être simplement retranchés pour retrouver une loi antérieure intacte.

---

[23] Voir notamment Wallis, *Jobeljahr-Gesetz*, et Lasserre, *Espérance et protestation*.

[24] Voir Mathys, *Liebe*, p. 108. Cela n'empêche pas que certaines lois aient probablement été conçues d'abord comme règles de vie pour la communauté des exilés, ainsi pour Lv 19, Mathys, *Liebe*, p. 79.

[25] Le ch. 26 est souvent considéré comme une annexe à cet ensemble, Seitz, *Studien*, p. 92; Preuss, *Deuteronomium*, p. 103.

[26] Voir Boecker, *Recht und Gesetz*, p. 155s, ou Smend, *Entstehung*, p. 70.

[27] Cela peut se remarquer par exemple à partir des tableaux sur la répartition du Dt entre ses divers rédacteurs chez Preuss, *Deuteronomium*, p. 51-59. Pour une présentation des principales hypothèses sur la composition du CD, voir Preuss, *Deuteronomium*, p. 112-123.

[28] Voir la discussion de ces points chez Crüsemann, *Tora*, p. 242ss. Pour lui, le Dt primitif constitue le programme politique du םע םע qui prend le pouvoir au début du règne de Josias, (p. 248-251). Celui-ci confirme ensuite le Dt dans le cadre d'une alliance (voir p. 315-318 et 2 R 23, 1-3). Cette hypothèse donne aux lois du CD un bon cadre historique et surtout socio-politique. Il reste que l'application des lois sociales du CD est peu attestée dans les textes bibliques.

[29] Selon l'expression de von Rad, *Deuteronomium-Studien*, p. 10, voir aussi Rose, *Ausschliesslichkeitsanspruch*, p. 143-146, qui parle d'actualisation homilétique.

[30] Voir Amsler, *Motivation*. L'argumentation joue aussi un rôle important dans le CA et le CS mais elle y est différente. Dans la casuistique du CA, elle repose sur la cohérence de la présentation et, parfois, sur des arguments rationnels explicites. Dans le reste du CA, elle est plus proche du CD. Dans le CS, elle est comme surplombée par l'autorité de Yahvé réaffirmée constamment au travers des formules d'autoprésentation et d'énonciation. L'aspect religieux y est plus marqué (voir les thèmes de la sainteté et de la pureté).

[31] Preuss, *Deuteronomium*, p 128.

La structure du CD reste énigmatique et les propositions de plan sont nombreuses[32]. Quelques ensembles thématiques peuvent être cependant déterminés et sont souvent reconnus:

- Dt 12, 1 - 16, 17 contient essentiellement des lois sur le culte; Dt 12 est centré sur le lieu du culte; Dt 13 sur les incitations à l'adoration d'autres dieux; Dt 14, 1-21 sur les interdits, surtout alimentaires; Dt 14, 22 - 16, 17 sur des rites périodiques annuels, triennaux ou septennaux, Dt 15, 12-18 y est assimilé même s'il vient d'ailleurs).

- Dt 16, 18 - 18, 22 sur les autorités dans le peuple (juges suprêmes, 17, 8-13; roi, 17, 14-20; prêtres et lévites, 18, 1-7, ainsi que prophètes, 18, 9-22; Dt 16, 18 - 17, 7 contient des éléments, peut-être déplacés[33], sur la justice et le culte).

Dans les ch. 19 - 25 la répartition est moins claire. Certains ensembles ont cependant un thème commun:

- le ch. 20 avec des prescriptions sur la guerre, peut-être encadrées par des lois liées à la mort (peine de mort ou homicide),

19, 1-21 et 21, 1-9, prescription suivie d'une nouvelle loi en relation avec la guerre, 21, 10-14;

- 22, 13 - 23, 1 forme l'ensemble suivant sur la famille et les relations sexuelles, thème peut-être annoncé en 21, 15-21 (avec les v. 10-14 comme transition).

La fin du recueil, 23, 2 - 25, 19 contient un mélange comprenant des lois humanitaires et quelques lois religieuses dont plusieurs visent à préserver la pureté.

Les autres recueils sacerdotaux

Dans l'oeuvre de P apparaissent d'autres prescriptions que celles du CS, que ce soit isolément, en groupes restreints[34] ou dans le cadre de recueils, des lois noachiques de Gn 9 aux règles sur le mariage de Nb 36. La recherche a mis en évidence les principaux recueils[35]: les lois sur le sanctuaire, Ex 25 - 31; celles sur les sacrifices, Lv 1 - 7, et celles sur la pureté, Lv 11 - 15 (16). A la différence des autres recueils, leur thème est bien délimité, même s'ils sont eux aussi le résultat d'une histoire complexe[36].

Les thèmes de ces prescriptions sont le plus souvent sans parallèle, ni à l'intérieur de la tradition sacerdotale ni dans les autres lois du Pt. L'exception la plus importante est celle de Nb 29 - 30 qui contient de nombreux parallèles avec les recueils de lois puisqu'il reprend, dans sa perspective propre, les

---

[32] Voir le tableau synoptique qu'en offre Seitz, *Studien*, p. 92s, et l'état de la recherche de Preuss, *Deuteronomium*, p. 108-112. L'hypothèse de Braulik d'une trame d'ensemble donnée par le Dcl, *Deuteronomischen Gesetze*, (un résumé de sa thèse et de son plan est donné en p. 22), est peu probable. Les liens établis sont souvent faibles, voir aussi Garcia Lopez, *Deutéronome*, p. 29, et Crüsemann, *Tora*, p. 240s. Ce dernier propose une structure sur la base d'inclusions, *Tora*, p. 241s. Cette proposition est cependant fragile. Les inclusions possibles, liées au contenu ou à la forme, sont très nombreuses dans le CD. Celle dont part cet auteur, entre Dt 14, 22ss et 26, 12ss est problématique à cause de la date tardive souvent attribuée à Dt 26, 12ss, voir par exemple Mayes, *Deuteronomy*, p. 331. Par ailleurs, trouver des inclusions et des structures n'en définit pas encore les raisons. Finalement, la coupure opérée entre Dt 14, 29 et 15, 1ss ne rend pas compte des parentés thématiques entre les lois rituelles réinterprétées socialement dans Dt 14, 22, - 15, 18, voire 16, 17.

[33] Voir Preuss, *Deuteronomium*, p. 121.

[34] Ces groupes traitent de thèmes parfois bien délimités, comme en Lv 27 ou Nb 28 - 29, parfois plus divers, comme en Nb 15.

[35] Voir par exemple Cazelles, *Loi israélite*, c. 504-506, avec l'énumération des recueils et des autres lois sacerdotales, ou Kaiser, *Einleitung*, p. 112.

[36] Nb 1, 1 - 10, 10 constitue un dernier ensemble contenant essentiellement des lois. Les thèmes y sont plus divers mais ils restent en lien avec les grandes préoccupations de P (pureté, juste accomplissement des rites, sanctuaire).

prescriptions sur le sabbat et les fêtes. La répétition des exigences dans les récits de mise en œuvre fait apparaître des parallélismes qui peuvent être présentés synoptiquement[37]. Il s'agit cependant là d'un autre type de relations.

Les listes

Plusieurs listes de prescriptions apparaissent en dehors des recueils. Elles ont en général des limites claires. Elles posent cependant de nombreux problèmes quant à leur rédaction et leur origine.

Les deux versions du *Décalogue* (Dcl), Ex 20, 2-17 et Dt 5, 6-21, se détachent bien de leur contexte narratif. Elles y sont probablement des adjonctions secondaires[38]. Elles possèdent toutes deux une introduction théologique, Ex 20, 2 et Dt 5, 6. L'histoire de leur composition reste l'objet de débats mais il semble probable que le Dcl soit le fruit de la conjonction de listes indépendantes plus courtes et qu'il soit un texte plutôt récent, de la fin de l'époque préexilique ou plus tardif encore, proche du Dt et de l'école deutéronomiste (dtr)[39]. Il se compose de prescriptions religieuses et morales, comme les malédictions de Dt 27.

---

37 Voir notamment les rapports entre Ex 25 - 31 et 35 - 39. Les synopses de Bendavid, *Parallels*, p. 172-181, présentent l'essentiel de ces parallèles.
38 Pour Ex 20, voir entre autres Boecker, *Recht und Gesetz*, p. 181, ou Perlitt, *Dekalog*, p. 411. Pour Dt 5, voir entre autres Preuss, *Deuteronomium*, p. 99s; Boecker, *Recht und Gesetz*, p. 181.
39 Voir notamment la biographie du Dcl reconstituée par Hossfeld, *Dekalog*, p. 283s; ou Richter, *Recht und Ethos*, p. 107, Crüsemann, *Bewahrung der Freiheit*, p. 26, et Perlitt, *Dekalog*, p. 410. Pour Renaud, *Théophanie*, p. 97, l'hypothèse d'un Dcl ancien reste possible, voir aussi Cazelles, *Dix paroles*, p. 120, qui reconnaît cependant que l'édition actuelle est "typiquement deutéronomiste". *Dix paroles*, p. 115. Les essais de reconstitution d'un Dcl primitif régulier sont invérifiables, voir Perlitt, *Dekalog*, p. 411.

Les Paroles de l'alliance d'Ex 34 sont plus difficiles à délimiter[40]. La fin, au v. 26, est claire. Pour le début, les v. 11-16 constituent probablement un premier ensemble exprimant la loi fondamentale, suivi, dans les v. 17-26, par les autres commandements[41]. Cette liste contient des prescriptions de formes différentes[42] mais toutes concernent le culte ou la religion. Ces différences indiquent des origines diverses et une formation progressive. Cette liste est cependant ancienne, constituée antérieurement au CA[43], même si elle a été retouchée ultérieurement. Dans le contexte d'Ex 32 - 34, elle exprime l'exigence de l'alliance de Yahvé avec son peuple, suite à la désobéissance de celui-ci. Son contenu cultuel, qui affirme l'exclusivisme de la foi en Yahvé et en développe les conséquences, correspond bien à cette situation. Le vrai culte doit se vivre selon les règles révélées et non selon les coutumes d'autres cultes auxquels il se mêlerait[44].

---

40 Sur ce passage, voir les travaux de Wilms, *Jahwistische Bundesbuch*, et de Halbe, *Privilegrecht*. Le nom devenu traditionnel de "Décalogue rituel" est inexact, car ses lois ne sont pas toutes rituelles et leur nombre est difficilement égal à 10. Je préfère donc intituler cette liste les "Les Paroles de l'alliance", selon l'expression d'Ex 34, 28. L'expression de "*Privilegrecht Jahwes*" utilisée par Halbe est difficile à traduire en français.
41 Voir Childs, *Exodus*, p. 613; Halbe, *Privilegrecht*, p. 225; Crüsemann, *Tora*, p. 144. Faire commencer la liste au v. 14, voir *TOB*, p. 197, ou Michaeli, *Exode*, p. 287, ne respecte pas la structure concentrique des v. 11-16 mise en évidence par Halbe, *Privilegrecht*, p. 96-99.
42 Elle est probablement, dans l'AT, l'attestation la plus ancienne de la conjonction de différentes formes prescriptives en un seul ensemble.
43 Comme l'a encore montré récemment Osumi, *Kompositionsgeschichte*, p. 70-80, voir aussi Crüsemann, *Tora*, p. 137, pour qui cette liste aurait son origine au 9ème siècle dans le Royaume du Nord.
44 Voir Moberly, *Mountain*, p. 96s.133, et Crüsemann, *Tora*, p. 70. Cela n'implique pas qu'on ait constitué cette liste pour ce contexte. Son caractère composite montre qu'elle contient des éléments antérieurs et son

Les Douze malédictions de Dt 27 se détachent bien de leur contexte[45]. Les v. 15-26 se présentent comme un dodécalogue, probablement composé à partir d'un décalogue[46], lui-même issu peut-être de listes plus brèves[47]. Le v. 14 en est l'introduction narrative et la douzième malédiction, v. 26, qui n'a pas de thème propre, sert de conclusion venant renforcer l'importance de l'obéissance aux autres lois. Dans le contexte du Dt, le *Sitz im Leben* est cultuel. Cette liste appartient à la conclusion de l'alliance entre Yahvé et son peuple. Sa proclamation, avec réponse du peuple, atteste que celui-ci reconnaît les lois du Dt et les sanctions prévues. Cet usage est une adaptation du Dt[48]. La constitution de la liste actuelle semble être l'oeuvre d'un rédacteur dtr[49]. Ces malédictions n'appartiennent pas à la justice mais viennent renforcer le respect des droits de Dieu, v. 15, et des hommes, v. 16-25. Elles ont toutes des parallèles dans les autres lois du Pt[50] mais ont en

propre de concerner des actes secrets et donc difficiles à sanctionner. Il est possible qu'elles soient là pour compléter la compétence de la justice en demandant la malédiction de Dieu sur les criminels que les hommes n'arrivent pas à punir[51].

2.2 *Les genres littéraires*

Pour une présentation synoptique, la détermination des genres littéraires est importante pour le découpage des péricopes et la présentation des parallèles. Quelques remarques sont donc nécessaires.

A la diversité des lois de l'Ancien Testament correspond une diversité des genres littéraires et à leur conjonction un abâtardissement des formes. Une lecture rapide des recueils montre ce double phénomène. La critique a surtout cherché à déterminer les formes primitives et leur *Sitz im Leben*, donc à trouver une pureté des genres. Le travail d'Alt sur les origines du droit israélite[52] a marqué la recherche. La distinction qu'il a établie entre les lois casuistiques et apodictiques peut servir de point de départ.

---

contenu s'adresse à des paysans sédentaires et non à un peuple en marche dans le désert.

[45] Pour l'étude de cette liste voir entre autres Bellefontaine, *Curses*, et Wagner, *Rechtssätze*, p. 32-39.

[46] Voir Bellefontaine, *Curses*, p. 51; Wagner, *Rechtssätze*, p. 33s; Schottroff, *Fluchspruch*, p. 129; Mayes, *Deuteronomy*, p. 344; Preuss, *Deuteronomium*, p. 151s, ou Boecker, *Recht und Gesetz*, p. 172. Les v. 15 et 26 sont généralement considérés comme secondaires.

[47] Scharbert, art. ארר, c. 442.

[48] Selon Schottroff, *Fluchspruch*, p. 205-207.214.224, les malédictions en ארר exprimaient primitivement une exclusion du clan. Leur forme a ensuite été reprise comme moyen d'exclure de la communauté les criminels, de protéger les droits de celle-ci ou d'assurer un serment, usages qui peuvent être occasionnellement cultuels.

[49] Preuss, *Deuteronomium*, p. 152. Selon Mayes, *Deuteronomy*, p. 345, elle serait postérieure aux deux rédactions dtr du Dt.

[50] Voir Alt, *Ursprünge*, p. 320 (les numéros de page renvoient à la réédition dans *Kleine Schriften zur Geschichte des Volkes Israels*); Wagner,

Rechtssätze, p. 37, ou Bellefontaine, *Curses*, p. 52-57, ainsi que le tableau synoptique accompagnant les synopses.

[51] Voir Schottroff, *Fluchspruch*, p. 222; Bellefontaine, *Curses*, p. 58; Schulz, *Todesrecht*, p. 82, ou Preuss, *Deuteronomium*, p. 153. Selon Wagner, *Rechtssätze*, p. 37-39, ce serait une liste nomade de crimes capitaux et son origine serait juridique; toutefois cette hypothèse ne prend pas en compte le caractère caché commun à toutes les actions décrites. Elle présuppose aussi que cette liste remonte à l'époque nomade et qu'une forme primitive rythmée régulière soit reconstituée.

[52] *Ursprünge* (1934).

Le droit casuistique[53] se caractérise formellement par une formulation impersonnelle avec une protase et une apodose. La protase, subordonnée conditionnelle ou temporelle placée en tête et introduite par כִּי ou אִם), décrit une situation. L'apodose, proposition principale, en indique les conséquences. Sur le même modèle, mais avec une introduction par אִם ou אִם), une structure en sous-cas peut être développée permettant de traiter des situations complémentaires ou contradictoires à l'intérieur du cas général. Une structuration externe par le lien avec d'autres phrases casuistiques permet de passer d'une seule situation générale à un ensemble de situations proches et de viser la constitution d'un savoir systématique et exhaustif. Cette formulation n'est pas propre au droit, elle est la forme de l'élaboration scientifique du savoir dans le PO ancien[54]. Les caractéristiques du droit casuistique sont liées au contenu de la structure. La protase décrit une situation de faute ou de conflit, latent ou patent[55], et l'apodose offre une résolution par une sanction, par une définition des droits de chacun ou par un arrangement. La structuration interne avec

des sous-cas[56] et la structuration externe par association de cas principaux permettent de passer d'un cas particulier à des variations à l'intérieur d'une même situation générale ou à des possibilités de règlement d'un ensemble plus large de cas. Le milieu d'origine de la formulation casuistique est la jurisprudence des tribunaux, reprise par la réflexion juridique en école[57]. Le processus de formation part d'un cas particulier pour aboutir à la constitution d'un ensemble de lois pour un domaine de la vie ou pour un ensemble de situations proches[58]. Ce processus fait passer de la jurisprudence à la législation[59]. La fonction de ces lois est, à partir de la jurisprudence, d'offrir une systématisation et une rationalisation, ainsi peut-être qu'une extension par la constitution de cas fictifs, afin de pouvoir servir de référence à la justice[60].

Le droit apodictique défini par Alt a volé en éclats. Il rassemblait en lui trop d'éléments formellement divers et l'affirmation selon laquelle il était propre à Israël et à la foi en

---

[53] Sur la description de cette forme et son origine, voir notamment Liedke, *Gestalt und Bezeichnung*, p. 19-61, et les ouvrages cités dans les notes suivantes.

[54] Voir Kraus, *Problem*, p. 288-290, ou Bottéro, *Mésopotamie*, p. 206ss.

[55] Je considère comme lois réglant des conflits latents celles qui déterminent dans une relation pouvant devenir conflictuelle les droits et les devoirs fondamentaux de chacun, voir par exemple Ex 21, 2-11 et les considérations de Patrick, *Casuistic Law*. L'opposition entre ces deux catégories ne doit cependant pas être exagérée, comme le montre le sous-cas d'Ex 21, 11 qui prévoit une sanction compensatoire en cas de non respect des droits de la femme esclave.

[56] Sur la structuration interne du droit casuistique de l'AT, voir récemment Osumi, *Kompositionsgeschichte*, p. 100s, qui reprend et précise les remarques de Liedke.

[57] Les deux lieux constitutifs de ce milieu d'origine ne sont pas contradictoires, le va-et-vient entre eux est probablement ce qui permet et stimule la formation du droit casuistique, voir Schwienhorst-Schönberger, *Bundesbuch*, p. 254s.

[58] Pour la reconstitution de ce processus, voir Westbrook, *Law Codes*, p. 258-261, repris notamment par Schwienhorst-Schönberger, *Bundesbuch*, p. 259s.

[59] Selon la distinction faite par Knierim, *Problem*, p. 7s.

[60] L'idée d'une fonction purement descriptive, voir Westbrook, *Studies*, p. 5, paraît douteuse car la simple mise en forme systématique va déjà au-delà de la description. Même si les codes du PO ancien ne semblent pas être des lois imposées aux juges par une autorité centrale, ils ont, de par leur forme et leur existence même, une autorité ou au moins une prétention à servir d'autorité, voir Schwienhorst-Schönberger, *Bundesbuch*, p. 276-278.

Yahvé[61] ne pouvait que susciter des controverses. Il regroupe au moins quatre formulations différentes[62]: les participiales, les relatives, les interdictions et les malédictions. Ces formulations ont en commun une tendance à constituer des listes[63] et à condenser l'expression dans des formules ramassées, à la différence du droit casuistique[64].

Parmi ces quatre types les deux premiers sont les plus proches de la casuistique avec laquelle ils ont en commun une formulation en deux temps, le premier définissant une situation de faute ou de conflit, et le second sa conséquence, avec l'énonciation d'une sanction ou d'une solution[65]. *Les participiales* pourraient peut-être avoir une origine propre dans une juridiction qui exerce des sanctions de mort, mais qui est limi-

tée au clan ou à la famille[66]. La conjonction des formes participiales et casuistiques dans le CA montrerait que les tribunaux locaux ont repris cette compétence juridique, primitivement

---

61 Alt, *Ursprünge*, p. 323.

62 Sans compter les interdictions à la troisième personne, les commandements ou les formes vétitives.

63 La constitution de listes longues est secondaire mais ces listes servent souvent de point de départ à l'analyse. Celle-ci devrait toujours préciser si elle recherche l'origine de la forme ou celle de listes plus ou moins longues. La reconstruction de listes primitives longues reste très hypothétique, comme le montrent en fait les essais de Wagner, *Rechtssätze*. Ainsi par exemple, sa reconstruction d'une liste de participiales pour les crimes passibles de mort n'explique pas la dispersion actuelle et le recours occasionnel à l'araméen permet trop de libertés non vérifiables, voir aussi les réticences de Knierim, *Problem*, p. 13. Pour Schwienhorst-Schönberger, *Bundesbuch*, p. 231.233, la formation d'une partie de cette liste dans Ex 21, 12-17 est l'oeuvre du premier rédacteur du CA, sur la base du v. 12. Les lois casuistiques ont aussi tendance à s'associer mais selon d'autres modes, voir ci-dessus.

64 Cette dernière caractéristique vaut moins pour les relatives dont le regroupement et le développement est plus proche de la casuistique, voir par exemple dans Lv 17.

65 Voir Gerstenberger, *Wesen und Herkunft*, p. 2; Liedke, *Gestalt und Bezeichnung*, p. 117, ou Wagner, *Rechtssätze*, p. 30.

66 Liedke, *Gestalt und Bezeichnung*, p. 139; Otto, *Wandel*, p. 63. A la différence de la juridiction reprise dans le droit casuistique ancien, le règlement de la situation ne repose pas sur un accord entre les parties, mais sur la décision d'une autorité supérieure, Liedke, *Gestalt und Bezeichnung*, p. 124s, quoique, comme le fait remarquer Knierim, *Problem*, p. 17s, les décisions des tribunaux locaux aient aussi pu être imposées par les personnes présentes et représenter plus qu'une simple proposition d'arbitrage. Selon Schulz, *Todesrecht*, les participiales expriment une déclaration de mort (מות יומת), non une histoire propre, liée dès l'origine aux formes prohibitives. Celles-ci énoncent les normes du droit et celles-là formulent une menace de sanction (p. 50s). Ce lien existe dès l'époque prémonarchique, où ce droit serait de la compétence du chef du clan (p. 110-112), et il se retrouve dans Lv 18-20, dans le cadre d'un processus cultuel et juridique complexe (voir p. 145). Au tribunal de la porte, une dimension religieuse supplémentaire interviendrait pour les actes passibles de la peine capitale (p. 128). La justification littéraire des liens entre les déclarations de mort et les formes prohibitives est cependant fragile (voir par exemple le rapport entre Ex 20, 15 et 21, 16, p. 36-39). Il serait d'ailleurs surprenant que les formes prohibitives ne traitent ni du meurtre, ni de l'adultère, ni du respect de Dieu ou des parents. Un rapport entre les définitions des normes et celles des crimes semble normal. Pour l'époque monarchique, la pratique du droit et la formulation des lois ne me semblent pas justifier l'existence de deux procédures distinctes selon la peine encourue.
Une autre hypothèse est proposée par Hentschke, *Erwägungen*, p. 128s. A partir de l'usage de relatives et de participiales dans l'Edit d'Ammi-Saduqa, il y voit la formulation de proclamations publiques d'une volonté juridique ("*rechtliche Willenserklärungen*"). Le locuteur reste cependant quelqu'un qui a un pouvoir juridique sur ses destinataires (ou au moins sur certains d'entre eux), mais le contexte n'est plus celui de la juridiction. Cette origine convient bien à certaines formulations mais rend difficilement compte de celles qui demandent la mort pour un crime. Significativement les lois d'Ex 21, 12.15-17 n'appartiennent pas aux exemples bibliques traités par cet auteur, *Erwägungen*, p. 126-128.

détenue par le chef de la famille ou du clan[67], ce qui, au niveau des formes facilite un mélange des genres, voir par exemple dans Ex 21, 12-14. *Les malédictions* sont grammaticalement des participiales mais, dans les lois, elles ne se trouvent que dans Dt 27 avec une situation et un contenu bien particuliers. Elles sont donc à distinguer des autres participiales[68].

Des *formes relatives* se trouvent aussi dans certaines lois du PO ancien. Elles semblent être un nouveau mode de formulation des lois casuistiques, n'impliquant pas une autre origine[69]. Il pourrait en être de même dans le Pt où ces formes se trouvent surtout dans les lois sacerdotales (P et CS)[70]. Les formulations antérieures semblent correspondre aux participiales[71]. Ainsi les relatives ne constituent pas un genre propre mais servent à formuler des prescriptions qui théoriquement pourraient aussi l'être avec une forme casuistique ou participiale. Le contenu des formes participiales et relatives peut être juridique ou religieux[72]. Il ne m'est pas possible de dire si l'un des usages est antérieur à l'autre.

Les prescriptions prohibitives peuvent concerner le domaine religieux ou le domaine moral. Elles expriment l'éthique d'un groupe humain particulier[73], à l'origine peut-être la famille[74] ou le clan[75]. Formellement, elles se caractérisent par une forme négative et un verbe à la deuxième personne de l'imparfait (forme à préfixe)[76]. Ces interdictions tendent à se regrouper dans des brèves listes dont le contenu peut être très divers[77], ce qui rend difficile la détermination d'un *Sitz im Leben* précis. Comme telle, cette forme appartient au langage humain depuis toujours et peut se retrouver dans tous les domaines de la vie[78]. Ces listes ne sont pas du droit[79], même si

---

[67] Voir Otto, *Wandel*, p. 63, ou peut-être seulement la cour supérieure de Jérusalem, selon l'hypothèse d'Osumi, *Kompositionsgeschichte*, p. 145.

[68] A propos de Dt 27, voir ci-dessus dans la présentation des listes.

[69] Yaron, *Forms*, p. 146ss.

[70] L'influence des participiales peut expliquer que, dans certaines formulations casuistiques sacerdotales (y compris dans le CS), le sujet vienne en tête, voir Liedke, *Gestalt und Bezeichnung*, p. 143.

[71] Sur l'équivalence avec les formulations participiales, voir Liedke, *Gestalt und Bezeichnung*, p. 116, ou Hentschke, *Erwägungen*, p. 113.

[72] Voir les relevés chez Liedke, *Gestalt und Bezeichnung*, p. 110-114.

[73] Richter, *Recht und Ethos*, p. 140.

[74] Pour la série primitive de Lv 18, une origine dans la famille élargie est probable, voir Elliger, *Leviticus 18*, p. 8, hypothèse reprise entre autre par Boecker, *Recht und Gesetz*, p. 176, (Wagner, *Rechtssätze*, p. 45s, la conteste mais aboutit à l'impossibilité actuelle de préciser un lieu d'origine).

[75] Hypothèse développée notamment par Gerstenberger, *Wesen und Herkunft*, p. 115-117.141, et reprise entre autres par Boecker, *Recht und Gesetz*, p. 180.

[76] Voir Gerstenberger, *Wesen und Herkunft*, p. 42s, ou Richter, *Exegese*, p. 144. Selon Gerstenberger, *Wesen und Herkunft*, p. 70, primitivement le verbe était à la deuxième personne du singulier. Ces formes au pluriel et à la troisième personne sont postérieures. Ces dernières existent cependant dans les codes de lois du PO. Elles indiquent un principe dont des lois casuistiques peuvent ensuite préciser l'application, voir dans le Code d'Hammurabi les § 36ss, Knierim, *Problem*, p. 21. Elles pourraient avoir une origine indépendante des interdictions à la deuxième personne. Comme l'ont montré Bright, *Apodictic Prohibition*, et Richter, *Recht und Ethos*, p. 77, les interdictions en אַל et en לֹא ne sont pas équivalentes et ont le plus souvent un sens différent. Les formes en אַל sont à considérer comme des expressions vétitives, postérieures aux interdictions prohibitives, et issues des milieux sapientiaux, Richter, *Recht und Ethos*, p. 67.

[77] Les séries primitives ont généralement deux à trois membres et concernent un domaine bien déterminé, Gerstenberger, *Wesen und Herkunft*, p. 86s.

[78] Fohrer, *Recht*, p. 51; Bright, *Apodictic Prohibition*, p. 199s.

[79] Voir notamment Richter, *Recht und Ethos*, p. 140: "Der Begriff 'Gesetz' ist also nicht mehr auf die Prohibitive anwendbar".

elles ont des parallèles dans ce domaine. Elles peuvent représenter des éléments de morale qui ont influencé la pratique du droit[80] ou, éventuellement, des condensés de la morale exprimée dans celui-ci[81]. Le lien occasionnel avec la conclusion d'une alliance ne permet pas de prouver qu'il s'agit là du *Sitz im Leben* originaire[82]. En dehors de la liste primitive de Lv 18, les interdictions des lois du Pt ont probablement été transmises par les écoles[83]. La constitution de listes longues semble rester une particularité israélite[84] et reflète probablement un usage pédagogique.

Les commandements positifs sont plus rares et ne forment pas de listes. Ils semblent être généralement postérieurs[85] et avoir leur origine dans les milieux sacerdotaux, même si leur emploi n'est pas limité aux prêtres[86]. Alors que les interdictions marquent les limites qui définissent l'espace de vie social et religieux, les commandements indiquent les directions qui l'organisent[87].

Alors que le "droit apodictique" a suscité beaucoup de débats, les formes des *lois concernant le culte* ont été moins discutées. Elles utilisent des formes diverses dont certaines leur sont propres[88].

Un premier genre est celui des *prescriptions rituelles*. Celles-ci sont destinées aux laïcs auxquels elles s'adressent directement. Elles indiquent comment ils doivent accomplir certains rites. Elles se caractérisent par une suite de commandements, le plus souvent positifs, qui décrivent ce qui est à faire avec précision et dans l'ordre[89]. Elles peuvent être exprimées au singulier ou au pluriel. Le changement de nombre n'est pas dû

---

positifs. De plus, ces deux commandements jouent déjà dans l'AT, chacun dans son contexte, un rôle central, voir Mathys, *Liebe*, p. 146ss. Les textes de l'AT qui condensent en quelques commandements la volonté de Dieu sont souvent constitués de formes positives, voir les exemples donnés par Mathys, *Liebe*, p. 162-171.
Les commandements peuvent aussi provenir de prescriptions rituelles dont ils sont un trait caractéristique, voir ci-dessous.

88 Souvent les études sur les lois de l'AT négligent de présenter ces formes, absentes de l'article de Alt sur le droit israélite, voir par exemple Boecker, *Recht und Gesetz*, ou Patrick, *Old Testament Law*, qui n'en traite pas avec les autres formes, p. 21-24, mais les mentionne seulement à propos des lois sacerdotales, p. 145ss. Des rituels sont cependant déjà présents dans les Paroles de l'Alliance, le CA et le Dcl.
L'hypothèse de Lehnard, *Anordnungen Gottes*, pour qui la caractéristique de l'ensemble de ces lois serait l'usage de phrases débutant par un nom, ne me semble pas convaincante car elle ne tient compte ni du fait que les relatives commencent toujours ainsi ni de l'usage de celles-ci dans le développement des lois du PO ancien.

89 Voir Begrich, *Tora*, p. 82s. Significativement, pour le commandement du septième jour ou du sabbat, les formulations les plus anciennes, Ex 23, 12; 34, 21, ne contiennent pas d'interdiction (l'hypothèse selon laquelle à l'origine du sabbat se trouvait l'interdiction d'allumer un feu semble improbable, voir Robinson, *Prohibition*, p. 301, d'autant plus que cette interdiction n'est attestée que dans des textes tardifs, Noth, *Numeri*, p. 104).

---

80 Boecker, *Recht und Gesetz*, p 175.
81 Gese, *Beobachtungen*, c. 148; Hermann, *Recht*, p. 258. Une des difficultés de cette hypothèse est qu'elle fait des interdictions une forme postérieure au droit casuistique, voir aussi les critiques de Hentschke, *Erwägungen*, p. 131.
82 Gerstenberger, *Wesen und Herkunft*, p. 60.
83 Richter, *Recht und Ethos*, p. 140.
84 Voir Gerstenberger, *Wesen und Herkunft*, p. 137, ou Koch, *Gesetz*, p. 44.
85 Voir Boecker, *Recht und Gesetz*, p. 180.
86 Voir Richter, *Recht und Ethos*, p. 91. Cet auteur, *Recht und Ethos*, p. 89s., distingue entre des formes positives au jussif et au présent exigeant ("*Heischendes Präsens*") qui correspondent respectivement aux formes vétitives et prohibitives.
87 Voir Gerstenberger, *Wesen und Herkunft*, p. 48, repris par Boecker, *Recht und Gesetz*, p. 180. Ce n'est certainement pas par hasard que le sommaire de la Loi donné par Jésus est constitué de deux commandements

au sujet abordé[90], il pourrait refléter une évolution ou un changement de milieu. Ces formes ont probablement leur *Sitz im Leben* dans la formation religieuse des fidèles. Ces prescriptions sont parfois destinées aux prêtres et peuvent être alors exprimées à la troisième personne, voir notamment Lv 16, 1-28 ou 22, 2-491.

A côté des prescriptions rituelles qui commandent ce qui doit être fait, des *instructions rituelles* décrivent le juste accomplissement des actes du culte. Elles sont exprimées de manière impersonnelle et utilisent une forme casuistique (ou relative)[92]. La protase indique la situation prise en considération et l'apodose le bon déroulement du rite. Comme dans le droit casuistique, on constate une structuration interne et externe. A la différence de celui-ci, l'apodose se développe en une série de phrases à la forme narrative qui décrivent les actes à accomplir, alors que les protases sont souvent brèves et générales[93]. Cette parenté de structure s'explique probablement par le recours du droit et des instructions rituelles aux formulations scientifiques d'alors. La science du prêtre, comme celle du juriste, du médecin ou de l'interprète des présages, se constitue par la formation de recueils énumérant les cas et les manières de les traiter. Cette forme est probablement une manière d'exprimer et de systématiser un savoir transmis d'abord oralement, peut-être sous d'autres formes[94]. Les introductions

à ces lois, comme les acteurs qu'elles nomment, indiquent qu'elles ne sont pas réservées aux prêtres[95]. La fonction de ces instructions est l'enseignement des laïcs par les prêtres en vue d'un déroulement correct du culte, et non l'explication du sens des rites[96].

A côté de ces genres qui leur sont propres, les prescriptions cultuelles recourent aussi aux formes prohibitives et relatives. Les *formes prohibitives* ont pour fonction d'interdire des pratiques jugées non compatibles avec le culte de Yahvé, pratiques probablement liées à d'autres cultes ou considérées comme syncrétiques[97]. Les *formulations relatives*, à la différence des instructions rituelles, ont pour but de sanctionner, ou au moins de menacer de sanctions, ceux qui ne respectent pas les règles du culte[98]. Dans la mesure où une institution est capable de faire respecter ces lois, on peut parler de droit religieux, mais il reste à savoir comment et à quelles époques cela a pu être le cas.

Ces diverses formes se trouvent réunies dans les recueils. Leurs caractéristiques propres tendent à disparaître ou à se mélanger. Le phénomène est déjà présent dans la partie casuistique du CA, avec une association de formes participiales et casuistiques fondues dans une même structure[99]. Il est plus marqué dans le CD et le CS.

---

90 Voir les synopses sur le sabbat ou les fêtes. Il semble que les formes primitives sont au singulier, ce qui n'implique pas que les formes au singulier soient toujours anciennes.

91 Lv 24, 5-9 qui est aussi destiné aux prêtres (mais non explicitement) est cependant formulé à la deuxième personne.

92 Voir par exemple Lv 1 - 3.

93 Voir Rendtorff, *Gesetze*, p. 12.

94 Voir Rendtorff, *Gesetze*, p. 16, à propos de Lv 4.

---

95 L'usage de cette forme en Lv 13 - 14 montre qu'elle peut être utilisée pour un savoir plus particulièrement destiné aux prêtres, voir aussi Elliger, *Leviticus*, p. 178.

96 Voir Begrich, *Tora*, p. 85, et Rendtorff, *Leviticus*, p. 20s, ou *Introduction*, p. 169.

97 Voir par exemple Ex 22, 17; 23, 18; Lv 19, 26-28 ou Dt 22, 9-11.

98 Voir par exemple Lv 17.

99 Voir Ex 21, 12-14, qui associe une participiale, une relative et une forme casuistique, ou Ex 21, 12 et 18, la loi casuistique du v. 18 apparais-

La formulation la plus typique de cette évolution est celle des *prescriptions casuistiques en style direct*[100]. Cette formulation se caractérise par une structure en protase et apodose, comme la casuistique, ainsi que par l'usage de la deuxième personne du singulier ou du pluriel. La personne interpellée directement peut être l'auteur de l'acte décrit dans la protase[101], un destinataire de cet acte[102], un tiers invité à réagir[103] ou, dans quelques cas, le représentant de l'autorité juridique[104]. Cette forme appartient, comme l'interdiction, au langage humain naturel[105]. Elle a pu devenir une formulation spécifique dans certains domaines, essentiellement pour l'instruction, et en particulier celle des fonctionnaires[106]. Dans les lois, elle est probablement le plus souvent une reformulation de prescriptions exprimées primitivement dans une autre forme, casuistique[107], prohibitive[108], ou rituelle[109]. Les thèmes abor-

dés sont très variés[110]. Le succès de cette formulation me semble lié à des raisons rhétoriques. Elle permet de donner une unité stylistique à des éléments d'origines diverses, y compris à certaines motivations (menaces et promesses), elle insère des lois casuistiques impersonnelles dans le cadre d'une relation où le destinataire est mis en situation de responsabilité devant un supérieur, elle offre aux formulations prohibitives des possibilités de limitations qui peuvent les renforcer[111] et des apparences de lois juridiques. L'abondance de cette formulation dans les lois du Pt en fait un nouveau genre, avec des caractéristiques formelles lâches et des possibilités d'utilisation pour de nombreux thèmes. Ce genre a un *Sitz im Leben* propre, différent de celui des formulations primitives des lois. La recherche de ce *Sitz im Leben* est importante pour déterminer le milieu d'origine des *recueils* de lois du Pt et leur fonction, mais elle ne me semble pas encore avoir abouti.

sant comme contre-cas de la participiale du v. 12, Schwienhorst-Schönberger, *Bundesbuch*, p. 227.

100. Voir l'étude que leur a consacrée Gilmer, *If-you form*, qui les nomme lois en "si tu". Cette appellation masque cependant le fait que la deuxième personne peut n'apparaître que dans l'apodose ou au travers des possessifs.

101. Par exemple Ex 22, 24 ou Dt 20, 1-2.
102. Par exemple Dt 13, 2-6 ou Lv 25, 35-37.
103. Par exemple Dt 19, 16-21 ou 22, 6-7.
104. Voir notamment Ex 21, 14 et Osumi, *Kompositionsgeschichte*, p. 22s.

105. Comme le reconnaît Gilmer, *If-you form*, p. 102.
106. Gilmer, *If-you form*, p. 102-105.
107. Voir par exemple les lois sur la libération des esclaves Ex 21, 2-6; Lv 25, 39-43 et Dt 15, 12-18, et les remarques de Patrick, *Casuistic Law*, p. 184. Son explication des formes casuistiques en style direct par une évolution du droit casuistique primaire, régissant les droits et devoirs, vers des formulations à la deuxième personne, *Old Testament Law*, p. 23s., reste cependant fragile. La présence d'une deuxième personne en Ex 21, 2 s'ex-

plique probablement plutôt par une harmonisation avec ce qui précède et un désir de voir la loi adressée directement à ses destinataires (voir Schwienhorst-Schönberger, *Bundesbuch*, p. 309). La présence de formulations de type casuistique en Ex 22, 24-25 (exemple donné par Patrick, *Casuistic Law*, p. 24) semble due à un habillage de formes primitivement prohibitives (l'usage de la conjonction אם au lieu de כי en est un des signes, voir notamment Richter, *Recht und Ethos*, p. 85), plutôt qu'à une origine dans une loi casuistique.

108. Voir par exemple Lv 25, 35-38 qui reprend les interdictions antérieurement indépendantes du v. 37 (Cholewinski, *Heiligkeitsgesetz*, p. 103). Selon Gilmer, *If-you form*, p. 110, cette formulation viendrait, dans l'AT, d'un développement de la forme prohibitive.

109. Pour les prescriptions et les instructions, voir par exemple Lv 22, 17-25 et 23, 10-14.

110. Voir la classification et les listes de Gilmer, *If-you form*, p. 46-80.
111. Voir Gilmer, *If-you form*, p. 103.

3. Les synopses

La multiplicité et la diversité des parallèles entre les lois du Pt ont souvent conduit à la réalisation de synopses partielles, limitées généralement à quelques prescriptions, mais les ouvrages systématiques manquent. Le plus complet est celui de Bendavid, *Parallels in the Bible*, qui ne se limite pas aux lois, ni au Pt. L'usage est cependant difficile, le choix des parallèles n'est pas clair et souvent seules des bribes sont citées[112].

Dans cette situation, le plus utile me semblait être de fournir *une synopse thématique complète* qui permette à la fois un travail sur un sujet particulier et des comparaisons suivies entre des recueils et des listes. Pour cela, mes synopses présentent de conjointement, pour l'ensemble des principaux recueils et pour les listes, les prescriptions traitant un même thème. Les recherches diachroniques sur la composition des lois et sur leurs relations historiques ne sont pas le but premier. Aucune relation littéraire n'est présupposée entre les textes juxtaposés. Les synopses présentent une synchronie à partir de laquelle l'utilisateur le désire. Pour chaque loi, la détermination du thème est un moment décisif. Elle comporte toujours une part d'appréciation subjective. Le titre des paragraphes, ainsi que les notes jointes aux synopses tentent de rendre compte des choix effectués. De manière générale, quand le nombre des parallèles potentiels est restreint, le thème est défini plutôt largement et quand il est grand, le thème est défini plus restrictivement[113]. Un effet cir-

---

[112] Selon ma définition, l'ouvrage d'Eissfeldt, *Hexateuch - Synopse*, n'est pas une synopse, car il ne présente pas conjointement des textes parallèles.

[113] En définissant le thème très restrictivement, il serait possible de ne présenter comme parallèle que les textes identiques: les lois sur la cuisson

culaire est inévitable: une synopse doit aider à comprendre le contenu d'un texte grâce à ses parallèles mais le choix de ceux-ci est déterminé par une première compréhension de ce contenu. Un phénomène constant de double contrainte apparaît aussi: la détermination du thème de chaque prescription doit tenir compte à la fois des particularités et des similitudes des textes proches. Les exigences des particularités littéraires de chaque loi peuvent entrer en conflit avec celles d'une présentation synoptique[114]. Devant les difficultés posées par les choix à faire, j'ai choisi une approche plus pragmatique que dogmatique, en tenant compte de la diversité des situations. Les principes établis ont des exceptions, mais elles sont signalées.

Pour permettre des comparaisons bien fondées, j'ai choisi de travailler avec le texte hébreu[115]. Le public visé est celui des hébraïsants. Toutefois, un tel outil ne devrait pas être réservé aux seuls spécialistes du Pt. Les notes et la présentation devraient le rendre accessible aux étudiants, aux biblistes et aux spécialistes du droit comparé ancien.

Les choix constitutifs

En fonction du but recherché, *la base des textes* est celle des lois du Pt. Pour tenir compte du regroupement des lois dans les recueils et listes, chacun d'eux est présenté à la suite et se-

---

du chevreau dans le lait de sa mère et certains commandements du Dcl. Inversement, le nombre des parallèles pourrait parfois être tellement grand que la réalisation d'une synopse deviendrait aussi difficile qu'inutile.

[114] Cet aspect circulaire est commun à toute les synopses (voir la discussion à propos de la neutralité des synopses évangéliques et Lasserre, *Synopse*, p. 18-21.58), de même que les phénomènes de double contrainte.

[115] La police de caractères utilisée, Laser Hebrew, peut être obtenue auprès de Linguist's Software, Inc., PO Box 580, Edmonds, WA 98020-0580, USA.

lon son ordre[116]. Les lois d'un même recueil traitant du même thème sont aussi présentées ensemble. Pour les lois de P, seul le CS est présenté intégralement. Les autres prescriptions de P ne sont citées dans les synopses que si elles traitent d'un thème présent dans le CA, le CS, le CD ou les listes. Les parallèles internes à P hors du CS n'apparaissent donc pas. J'ai renoncé à inclure les parallèles du PO ancien à cause de l'ampleur de la tâche et des difficultés de réalisation[117]. En revanche, j'ai tenu compte des textes du reste de l'AT, ainsi que des parallèles du Pt n'appartenant pas aux lois en les considérant comme parallèles secondaires.

Le critère du *choix des parallèles* est celui des parentés de thème. Quand une même loi est comprise de manière fortement divergente, elle fait l'objet de plusieurs synopses. Lorsque le thème d'une même loi apparaît comme un motif dans une autre, celui-ci est cité dans les parallèles secondaires[118]. En revanche, les parallèles de motifs ne sont pas suffisants pour une présentation synoptique[119]. Les autres types de parallèles n'entrent pas en considération[120].

Le *découpage des péricopes* est effectué d'abord en fonction des genres littéraires. En principe, chaque cas d'une loi casuistique fait l'objet d'une synopse et je ne sépare pas les sous-cas. Il en va de même des listes brèves d'interdictions. Quand les formes sont moins typées, le découpage est plus difficile et j'ai essayé, dans la mesure du possible, de préserver les unités littéraires ou théologiques fortes (voir par exemple le traitement de Lv 25 ou des trois premières interdictions du Dcl). A nouveau, il s'agit de tenir compte à la fois des contraintes propres à chaque texte et de celles de la présentation en synopse. L'*ordre des péricopes* est celui des recueils et listes. Aucun ordre commun n'est possible et un ordre artificiel serait arbitraire. Entre les recueils et listes, l'ordre suivi est celui du canon, avec d'abord les recueils puis les listes (les deux versions du Dcl sont prises en considération ensemble). Pour les parallèles secondaires, je ne cite que le contexte immédiat[121] et je suis l'ordre du canon.

Les choix de présentation

La *disposition des parallèles* primaires est faite en colonnes[122]. J'ai placé au centre les trois recueils principaux avec au milieu le CA qui est le plus bref[123]. Les listes sont de part et d'autre, à gauche, du côté du CD, le Dcl, à droite, du côté du CS, les autres listes, ainsi que les textes de P. Les textes à

---

[116] Pour éviter d'allonger l'ouvrage, je ne cite pas les lois sans parallèle primaire ni secondaire (j'en indique seulement le thème et les références), et je ne répète pas les synopses.

[117] Des tableaux synoptiques systématiques, comme celui de Childs, *Exodus*, p. 462s., pour le CA et les lois du PO ancien, seraient déjà utiles.

[118] Dans la synopse sur la dîme, § 78, Dt 12, 17-18 qui traite de ce sujet à propos de l'unicité du lieu de culte apparaît dans les parallèles secondaires.

[119] Les plus importants sont généralement signalés dans les notes. Des synopses conçues en fonction des motifs seraient intéressantes, mais il s'agirait là d'une autre entreprise.

[120] Seuls les parallèles de mots sont parfois déterminants pour définir le contenu, ainsi par exemple au § 24 sur le respect de l'étranger, de la veuve et de l'orphelin. Le vocabulaire désignant les victimes y est sélectif.

[121] Quand un verset est tronqué, des points de suspensions l'indiquent, sauf lorsque la fin correspond à celle du demi-verset (.).

[122] Seule la synopse sur le sabbat, § 35, fait exception à cause du nombre des parallèles. La disposition en ligne permet de présenter davantage de textes. Elle facilite les comparaisons de détails mais occulte certaines parentés de structure ou de genre littéraire.

[123] Les synopses des Evangiles nous ont habitués à avoir au centre le texte le plus bref, et probablement le plus ancien. Chacun des autres peut y être comparé plus facilement.

dominante cultuelle sont plutôt à gauche, à l'exception des Douze malédictions. Pour le CA, le CS et le CD, les colonnes sont toujours présentes, vides quand il n'y a aucun parallèle. Les autres ne sont là qu'en cas de besoin. Pour les parallèles internes, je subdivise les colonnes[124]. En principe, chaque prescription a sa propre colonne[125]. Les parallèles secondaires sont disposés horizontalement sous les synopses. Quand ils sont courts et nombreux, il arrive qu'ils soient sur deux colonnes.

La mise en évidence des parallèles privilégie les parentés de genre littéraire et de structure puis celles de motifs et de mots, en mettant en regard les éléments correspondants. Quand l'ordre des parallèles est différent, j'en déplace et répète certains. Des parenthèses signalent les déplacements[126]. Parfois, pour gagner de la place, je dispose à la même hauteur des éléments non parallèles. Sauf exception, le début des versets et des demi-versets se fait à la ligne. Pour les parallèles secondaires, je n'effectue aucune mise en évidence.

Le texte cité est celui de l'édition informatisée de la BHS[127]. Les synopses n'étant pas prévues pour la critique textuelle, je n'indique pas l'apparat critique mais j'ai ajouté les appels de notes, selon l'édition de la BHS, afin de permettre à l'utilisateur de savoir où se posent les problèmes textuels[128].

---

[124] Pour gagner de la place, quand un texte est terminé, je supprime sa colonne. Seules restent, même vides, les colonnes des recueils principaux.

[125] Quelques paragraphes font exception, dont le 1. Il était impossible pour des raisons de place de suivre ici la règle générale.

[126] Quand seule une partie de verset est déplacée, j'indique son numéro et signale les parties manquantes par des points de suspension, sauf quand la fin de la partie citée correspond à celle du demi-verset (.).

[127] Payne, *MacHebrew Scripture*™.

[128] En dehors des deux versions du DclI et de quelques lois, par exemple celle sur les animaux purs et impurs (§ 65), je n'ai pas constaté d'influences entre les traditions textuelles des divers recueils et listes.

Un titre et un numéro sont donnés à chaque paragraphe afin d'indiquer le thème et de faciliter le repérage des synopses.

En tête de chaque page figurent le numéro du premier paragraphe nouveau traité sur la page ou, entre parenthèses, celui du paragraphe en cours. J'y ajoute la référence dans le recueil ou la liste alors suivie dans son ordre[129].

Les annexes

Des notes sont données en plus de la présente introduction. Regroupées en fin de volume, elles offrent, pour chaque paragraphe, des indications sur le thème, le choix des parallèles, la délimitation des péricopes, la disposition de la synopse et le choix des parallèles secondaires. J'y signale aussi les irrégularités par rapport aux principes établis, ainsi que les citations des parallèles primaires dans d'autres synopses et les principaux parallèles de motifs.

Des tableaux synoptiques complètent les synopses. Pour chaque recueil et liste, l'ensemble des références des parallèles primaires et secondaires y paraît, avec les numéros de page et de paragraphe. Un même tableau est réalisé pour les lois de P autres que le CS.

Deux index, un pour les parallèles secondaires et l'autre pour les références bibliques citées dans les notes sont ajoutés[130], avec renvoi au numéro des paragraphes.

---

[129] Quand une page n'est constituée que de renvois, j'indique le numéro du dernier paragraphe, entre parenthèses, puis la référence de la première loi signalée dans le recueil ou la liste en cours.

[130] Pour chaque paragraphe y figurent toutes les références citées sauf celles des parallèles primaires et secondaires que l'on peut trouver par les tableaux synoptiques et le premier index.

4. L'usage des synopses

Les synopses présentées dans ce volume devraient faciliter bien des comparaisons. J'aimerais cependant rappeler que l'utilisateur doit tenir compte du degré de correspondance entre son propre but et celui visé par l'éditeur. Par ailleurs, la comparaison est un mode de connaissance difficile à justifier. "Comparaison n'est pas raison", comme le dit la sagesse populaire. Pour assurer la clarté de la démarche et rendre possible la vérification ou la réfutation, des conditions doivent être observées dans l'établissement de la comparaison, dans sa réalisation et dans son interprétation.

Le fondement doit être solide. Les parentés doivent être déterminées, en tenant compte des divers type de parallèles. Une catégorie générale englobant l'ensemble des objets doit être définie. Pour mes synopses, il s'agit des recueils et listes du Pt pour les parallèles primaires, et de l'AT pour les parallèles secondaires. C'est la définition de ce qui est commun qui autorise les comparaisons et en indique les limites.

Dans le travail comparatif, le semblable et le différent doivent toujours être tenus en tension. Chacun ne peut être appréhendé qu'en rapport avec l'autre. Si le fond commun est perdu, le résultat n'a plus de base, si le particulier est oublié, les objets deviennent des abstractions[131] et leur identité disparaît.

Finalement les résultats du travail doivent être justifiés par une théorie ou une interprétation qui rende compte à la fois des différences et des similitudes.

---

[131] La constitution de types abstraits peut être le but recherché, par exemple en vue de la création d'une classification. Les différences entre textes d'une même catégorie doivent pouvoir alors être dépassées, mais non celles qui caractérisent les divers types.

LISTE DES ABREVIATIONS

AL	Autres listes (les Douze malédictions et les Paroles de l'alliance)
art.	article
AT	Ancien Testament
BHS	Biblia Hebraica Stuttgartensia
c.	colonne
cf	voir
CA	Code de l'alliance
CD	Code deutéronomique
ch.	chapitre
CS	Code de sainteté
Dcl	Décalogue
dtr	deutéronomiste
éd.	éditeur(s)
fas.	fascicule
LXX	Traduction des "Septante"
NT	Nouveau Testament
P	Ecrit sacerdotal (*"Priesterschrift"*)
p.	page(s)
PO	Proche Orient
Pt	Pentateuque
s.	et suivant(e)
ss.	et suivant(e)s
TM	Texte massorétique
TOB, AT	*Traduction oecuménique de la Bible.* Ancien Testament, édition intégrale
TOB²	La Bible. Traduction Oecuménique, édition intégrale
trad.	traducteur
v.	verset(s)
vol.	volume

Livres bibliques:

Gn Ex Lv Nb Dt Jos Jg 1 S 2 S 1 R 2 R Es Jr Ez Os Jl Am Ab
Jon Mi Na Ha So Ag Za Ml Ps Jb Pr Rt Ct Qo Lm Est Dn Esd
Né 1 Ch 2 Ch

Mt Mc Lc Jn Ac Rm 1 Co 2 Co Ga Ep Ph Col 1 Th 2 Th 1 Tm
2 Tm Tt Phm He Jc 1 Pi 2 Pi 1 Jn 2 Jn 3 Jn Jd Ap

§ 1 Ex 20, 23

CODE DE L'ALLIANCE

§ 1 Les autres dieux, les idoles et leurs cultes:

Ex 20. 2-6. 23: 22. 19: 23. 13: 34. 11-17: Lv 19. 4: 26. 1: Dt 5. 6-10: 12. 29 - 13. 1: 16. 21-22: 17. 2-7: 27. 15

Dcl		CD			CA			CS		AL	
Ex 20. 2-6	Dt 5. 6-10	Dt 12.29 - 13. 1	Dt 16. 21-22	Dt 17. 2-7	Ex 20. 23	Ex 22. 19	Ex 23. 13	Lv 19. 4	Lv 26. 1	Ex 34. 11-17	Dt 27. 15

[Tableau synoptique comportant le texte hébreu vocalisé des passages bibliques cités, disposé en colonnes parallèles avec les numéros de versets (2, 3, 4, 6, 7, 8 pour Ex 20 / Dt 5; 29, 30, 21, 22 pour CD; 13 pour CA; 4 pour Lv 19; 1 pour Lv 26; 11, 12, 13, 15, (17) pour AL).]

(Ex 20, 2-6)	(Dt 5, 6-10)	(Dt 12,29 - 13,1)	(Dt 17, 2-7)	(Ex 22, 19)	(Lv 19, 4)	(Lv 26, 1)	(Ex 34, 11-17)	(Dt 27, 15)

(§ 1 Ex 20, 23)

(Dcl)	(CA)	(CS)	(AL)

(Dt 17, 2-7)

כִּֽי־יִמָּצֵ֣א בְקִרְבְּךָ֗ בְּאַחַ֤ד שְׁעָרֶ֙יךָ֙ 7
וְֽנִקַּ֖שְׁתָּ בַּֽעֲבֹדָֽתָם׃

Gn 35, 2

וַיֹּ֤אמֶר יַֽעֲקֹב֙ אֶל־בֵּית֔וֹ וְאֶ֖ל כָּל־אֲשֶׁ֣ר עִמּ֑וֹ 2
הָסִ֜רוּ אֶת־אֱלֹהֵ֤י הַנֵּכָר֙ אֲשֶׁ֣ר בְּתֹֽכְכֶ֔ם

Ex 23, 24

לֹֽא־תִשְׁתַּֽחֲוֶ֤ה לֵאלֹֽהֵיהֶם֙ וְלֹ֣א תָֽעָבְדֵ֔ם וְלֹ֥א תַֽעֲשֶׂ֖ה כְּמַֽעֲשֵׂיהֶ֑ם 24

Nb 33, 52

וְהֽוֹרַשְׁתֶּ֜ם אֶת־כָּל־יֹֽשְׁבֵ֤י הָאָ֨רֶץ֙ מִפְּנֵיכֶ֔ם 52

Dt 4, 15-19

וְנִשְׁמַרְתֶּ֥ם מְאֹ֖ד לְנַפְשֹֽׁתֵיכֶ֑ם כִּ֣י לֹ֤א רְאִיתֶם֙ כָּל־תְּמוּנָ֔ה 14
בְּי֗וֹם דִּבֶּ֨ר יְהֹוָ֧ה אֲלֵיכֶ֛ם בְּחֹרֵ֖ב מִתּ֥וֹךְ הָאֵֽשׁ׃
פֶּ֨ן־תַּשְׁחִת֔וּן וַֽעֲשִׂיתֶ֥ם לָכֶ֛ם פֶּ֖סֶל תְּמוּנַ֣ת כָּל־סָ֑מֶל 15
תַּבְנִ֥ית זָכָ֖ר א֥וֹ נְקֵבָֽה׃ 16
תַּבְנִ֕ית כָּל־בְּהֵמָ֖ה אֲשֶׁ֣ר בָּאָ֑רֶץ תַּבְנִית֙ כָּל־צִפּ֣וֹר כָּנָ֔ף אֲשֶׁ֥ר תָּע֖וּף בַּשָּׁמָֽיִם׃ 17
תַּבְנִ֕ית כָּל־רֹמֵ֖שׂ בָּֽאֲדָמָ֑ה תַּבְנִ֛ית כָּל־דָּגָ֥ה אֲשֶׁר־בַּמַּ֖יִם מִתַּ֥חַת לָאָֽרֶץ׃ 18
וּפֶן־תִּשָּׂ֨א עֵינֶ֜יךָ הַשָּׁמַ֗יְמָה וְֽרָאִ֡יתָ אֶת־הַשֶּׁ֣מֶשׁ וְאֶת־הַיָּרֵ֣חַ וְאֶת־הַכּֽוֹכָבִ֡ים כֹּ֣ל צְבָ֣א הַשָּׁמַ֗יִם וְנִדַּחְתָּ֙ וְהִשְׁתַּֽחֲוִ֤יתָ לָהֶם֙ וַֽעֲבַדְתָּ֔ם 19

Dt 4, 39

וְיָֽדַעְתָּ֣ הַיּ֗וֹם וַהֲשֵֽׁבֹתָ֘ אֶל־לְבָבֶ֒ךָ֒ כִּ֤י יְהֹוָה֙ ה֣וּא הָֽאֱלֹהִ֔ים 39

Dt 6, 14-15

לֹ֣א תֵֽלְכ֔וּן אַֽחֲרֵ֖י אֱלֹהִ֣ים אֲחֵרִ֑ים 14
כִּ֣י אֵ֥ל קַנָּ֛א יְהֹוָ֥ה אֱלֹהֶ֖יךָ בְּקִרְבֶּ֑ךָ 15

Dt 12, 3

וְנִתַּצְתֶּ֣ם אֶת־מִזְבְּחֹתָ֗ם וְשִׁבַּרְתֶּם֙ אֶת־מַצֵּֽבֹתָ֔ם 3

Dt 32, 16-17

יַקְנִאֻ֖הוּ בְּזָרִ֑ים בְּתֽוֹעֵבֹ֖ת יַכְעִיסֻֽהוּ׃ 16
יִזְבְּח֗וּ לַשֵּׁדִים֙ לֹ֣א אֱלֹ֔הַּ אֱלֹהִ֖ים לֹ֣א יְדָע֑וּם 17
חֲדָשִׁים֙ מִקָּרֹ֣ב בָּ֔אוּ לֹ֥א שְׂעָר֖וּם אֲבֹֽתֵיכֶֽם׃

5 וַיֵּלֶךְ אֹתָם יְהוֹשָׁפָט מַלְכֵי הָאֱמֹרִי לֵאמֹר מִי כָמֹכָה בָּאֵלִם יְהוָה מַלְכֵי אֵלִים הַמְּלָכִים וְהַמֶּלֶךְ הַגָּדוֹל

6 וַיֹּאמֶר וְאֶת־כֹּל עֲבֹדֶתֶם כִּי־אֵל אֶל יְהוָה בֵּין מֵה אֱלֹהִים מִלֵּא אֵלִים כֹּל יִשְׂרָאֵל

Jr 2.5

5 כֹּה אָמַר יְהוָה מַה־מָּצְאוּ אֲבוֹתֵיכֶם בִּי עָוֶל כִּי רָחֲקוּ מֵעָלָי וַיֵּלְכוּ אַחֲרֵי הַהֶבֶל וַיֶּהְבָּלוּ

Es 46.9

זִכְרוּ רִאשֹׁנוֹת מֵעוֹלָם כִּי אָנֹכִי אֵל וְאֵין עוֹד אֱלֹהִים וְאֶפֶס כָּמוֹנִי

Es 40.18-20

18 וְאֶל־מִי תְּדַמְּיוּן אֵל וּמַה־דְּמוּת תַּעַרְכוּ לוֹ

19 הַפֶּסֶל נָסַךְ חָרָשׁ וְצֹרֵף בַּזָּהָב יְרַקְּעֶנּוּ וּרְתֻקוֹת כֶּסֶף צוֹרֵף

20 הַמְסֻכָּן תְּרוּמָה עֵץ לֹא־יִרְקַב יִבְחָר חָרָשׁ חָכָם יְבַקֶּשׁ־לוֹ לְהָכִין פֶּסֶל לֹא יִמּוֹט

Es 2.20

20 בַּיּוֹם הַהוּא יַשְׁלִיךְ הָאָדָם אֵת אֱלִילֵי כַסְפּוֹ וְאֵת אֱלִילֵי זְהָבוֹ אֲשֶׁר עָשׂוּ־לוֹ לְהִשְׁתַּחֲוֹת לַחְפֹּר פֵּרוֹת וְלָעֲטַלֵּפִים

2R 17.35-39

35 וַיִּכְרֹת יְהוָה אִתָּם בְּרִית וַיְצַוֵּם לֵאמֹר לֹא תִירְאוּ אֱלֹהִים אֲחֵרִים וְלֹא־תִשְׁתַּחֲווּ לָהֶם וְלֹא תַעַבְדוּם וְלֹא תִזְבְּחוּ לָהֶם

36 כִּי אִם־אֶת־יְהוָה אֲשֶׁר הֶעֱלָה אֶתְכֶם מֵאֶרֶץ מִצְרַיִם בְּכֹחַ גָּדוֹל וּבִזְרוֹעַ נְטוּיָה אֹתוֹ תִירָאוּ וְלוֹ תִשְׁתַּחֲווּ וְלוֹ תִזְבָּחוּ

37 וְאֶת־הַחֻקִּים וְאֶת־הַמִּשְׁפָּטִים וְהַתּוֹרָה וְהַמִּצְוָה אֲשֶׁר כָּתַב לָכֶם תִּשְׁמְרוּן לַעֲשׂוֹת כָּל־הַיָּמִים וְלֹא תִירְאוּ אֱלֹהִים אֲחֵרִים

38 וְהַבְּרִית אֲשֶׁר־כָּרַתִּי אִתְּכֶם לֹא תִשְׁכָּחוּ וְלֹא תִירְאוּ אֱלֹהִים אֲחֵרִים

39 כִּי אִם־אֶת־יְהוָה אֱלֹהֵיכֶם תִּירָאוּ וְהוּא יַצִּיל אֶתְכֶם מִיַּד כָּל־אֹיְבֵיכֶם

2R 5.17

17 וַיֹּאמֶר נַעֲמָן וָלֹא יֻתַּן־נָא לְעַבְדְּךָ מַשָּׂא צֶמֶד־פְּרָדִים אֲדָמָה כִּי לוֹא־יַעֲשֶׂה עוֹד עַבְדְּךָ עֹלָה וָזֶבַח לֵאלֹהִים אֲחֵרִים כִּי אִם־לַיהוָה

1R 14.9

9 וַתָּרַע לַעֲשׂוֹת מִכֹּל אֲשֶׁר־הָיוּ לְפָנֶיךָ וַתֵּלֶךְ וַתַּעֲשֶׂה־לְּךָ אֱלֹהִים אֲחֵרִים וּמַסֵּכוֹת לְהַכְעִיסֵנִי וְאֹתִי הִשְׁלַכְתָּ אַחֲרֵי גַוֶּךָ

1R 9.9

9 וְאָמְרוּ עַל אֲשֶׁר עָזְבוּ אֶת־יְהוָה אֱלֹהֵיהֶם אֲשֶׁר הוֹצִיא אֶת־אֲבֹתָם מֵאֶרֶץ מִצְרַיִם וַיַּחֲזִקוּ בֵּאלֹהִים אֲחֵרִים וַיִּשְׁתַּחֲווּ לָהֶם וַיַּעַבְדֻם עַל־כֵּן הֵבִיא יְהוָה עֲלֵיהֶם אֵת כָּל־הָרָעָה הַזֹּאת

10 לֹא־יִהְיֶ֣ה בְ֭ךָ אֵ֣ל זָ֑ר וְלֹ֥א תִ֝שְׁתַּחֲוֶ֗ה לְאֵ֣ל נֵכָֽר׃ 11 אָנֹכִ֨י ׀ יְה֘וָ֤ה אֱלֹהֶ֗יךָ הַֽמַּעַלְךָ֮ מֵאֶ֪רֶץ מִ֫צְרָ֥יִם הַרְחֶב־פִּ֝֗יךָ וַאֲמַלְאֵֽהוּ׃

<u>Ps 81, 10-11</u>

12 וְלֹא־שָׁמַ֣ע עַמִּ֣י לְקוֹלִ֑י וְ֝יִשְׂרָאֵ֗ל לֹא־אָ֥בָה לִֽי׃

18 מָ֤ה הוֹעִ֣יל פֶּ֨סֶל֙ כִּ֣י פְסָל֣וֹ יֹֽצְר֔וֹ מַסֵּכָ֖ה וּמ֣וֹרֶה שָּׁ֑קֶר כִּ֣י בָטַ֞ח יֹצֵ֤ר יִצְרוֹ֙ עָלָ֔יו לַעֲשׂ֖וֹת אֱלִילִ֥ים אִלְּמִֽים׃ 19 ה֣וֹי אֹמֵ֤ר לָעֵץ֙ הָקִ֔יצָה ע֖וּרִי לְאֶ֣בֶן דּוּמָ֑ם

<u>Ha 2, 18-19</u>

12 וְהִכְרַתִּ֥י כְשָׁפִ֖ים מִיָּדֶ֑ךָ וּֽמְעוֹנְנִ֖ים לֹ֥א יִֽהְיוּ־לָֽךְ׃ 13 וְהִכְרַתִּ֧י פְסִילֶ֛יךָ וּמַצֵּבוֹתֶ֖יךָ מִקִּרְבֶּ֑ךָ

<u>Mi 5, 12-13</u>

4 הֵ֤ם הִמְלִ֨יכוּ֙ וְלֹ֣א מִמֶּ֔נִּי הֵשִׂ֖ירוּ וְלֹ֣א יָדָ֑עְתִּי כַּסְפָּ֣ם וּזְהָבָ֗ם עָשׂ֤וּ לָהֶם֙ עֲצַבִּ֔ים

<u>Os 8, 4</u>

18 וָאֹמַ֤ר אֶל־בְּנֵיהֶם֙ בַּמִּדְבָּ֔ר בְּחוּקֵּ֤י אֲבֽוֹתֵיכֶם֙ אַל־תֵּלֵ֔כוּ וְאֶת־מִשְׁפְּטֵיהֶ֖ם אַל־תִּשְׁמֹ֑רוּ וּבְגִלּוּלֵיהֶ֖ם אַל־תִּטַּמָּֽאוּ׃ 19 אֲנִי֙ יְהוָ֣ה אֱלֹֽהֵיכֶ֔ם

<u>Ez 20, 18-19</u>

6 אֶל־הֶֽהָרִים֙ לֹ֣א אָכָ֔ל וְעֵינָיו֙ לֹ֣א נָשָׂ֔א אֶל־גִּלּוּלֵ֖י בֵּ֣ית יִשְׂרָאֵ֑ל

<u>Ez 18, 6</u>

6 גֵּ֣ר יָת֤וֹם וְאַלְמָנָה֙ לֹ֣א תַֽעֲשֹׁ֔קוּ וְדָ֣ם נָקִ֔י אַֽל־תִּשְׁפְּכ֖וּ בַּמָּק֣וֹם הַזֶּ֑ה וְאַחֲרֵ֨י אֱלֹהִ֧ים אֲחֵרִ֛ים לֹ֥א תֵלְכ֖וּ לְרַ֥ע לָכֶֽם׃

<u>Jr 7, 6</u>

§ 2 La construction de l'autel: Ex 20, 24-26

(CD)	CA	(CS)

Ex 20, 24-26

24 מִזְבַּ֣ח אֲדָמָה֮ תַּעֲשֶׂה־לִּי֒ וְזָבַחְתָּ֣ עָלָ֗יו אֶת־עֹלֹתֶ֙יךָ֙[a] וְאֶת־שְׁלָמֶ֔יךָ אֶת־צֹֽאנְךָ֖ וְאֶת־בְּקָרֶ֑ךָ בְּכָל־הַמָּקוֹם֙ אֲשֶׁ֣ר אַזְכִּ֣יר אֶת־שְׁמִ֔י אָב֥וֹא אֵלֶ֖יךָ וּבֵרַכְתִּֽיךָ׃[b]

25 וְאִם־מִזְבַּ֤ח אֲבָנִים֙ תַּֽעֲשֶׂה־לִּ֔י לֹֽא־תִבְנֶ֥ה אֶתְהֶ֖ן[c][d] גָּזִ֑ית כִּ֧י חַרְבְּךָ֛ הֵנַ֥פְתָּ עָלֶ֖יהָ וַתְּחַֽלְלֶֽהָ׃

26 וְלֹֽא־תַעֲלֶ֥ה בְמַעֲלֹ֖ת[a] עַֽל־מִזְבְּחִ֑י[b] אֲשֶׁ֛ר לֹֽא־תִגָּלֶ֥ה עֶרְוָתְךָ֖ עָלָֽיו׃

Dt 27, 5-6

5 וּבָנִ֤יתָ שָּׁם֙[a] מִזְבֵּ֔חַ לַיהוָ֖ה אֱלֹהֶ֑יךָ מִזְבַּ֣ח אֲבָנִ֔ים לֹא־תָנִ֥יף עֲלֵיהֶ֖ם בַּרְזֶֽל׃

6 אֲבָנִ֤ים שְׁלֵמוֹת֙ תִּבְנֶ֔ה אֶת־מִזְבַּ֖ח יְהוָ֣ה אֱלֹהֶ֑יךָ וְהַעֲלִ֤יתָ עָלָיו֙ עוֹלֹ֔ת לַיהוָ֖ה אֱלֹהֶֽיךָ׃

Jos 8, 30-31

30 אָ֣ז יִבְנֶ֤ה יְהוֹשֻׁ֙עַ֙[a] מִזְבֵּ֔חַ לַֽיהוָ֖ה אֱלֹהֵ֣י יִשְׂרָאֵ֑ל בְּהַ֖ר עֵיבָֽל׃

31 כַּאֲשֶׁ֣ר צִוָּה֩ מֹשֶׁ֨ה עֶֽבֶד־יְהוָ֜ה אֶת־בְּנֵ֣י יִשְׂרָאֵ֗ל כַּכָּתוּב֙ בְּסֵ֙פֶר֙[b] תּוֹרַ֣ת מֹשֶׁ֔ה מִזְבַּח֙ אֲבָנִ֣ים שְׁלֵמ֔וֹת אֲשֶׁ֛ר לֹֽא־הֵנִ֥יף עֲלֵיהֶ֖ן בַּרְזֶ֑ל וַיַּעֲל֨וּ עָלָ֤יו עֹלוֹת֙ לַֽיהוָ֔ה וַֽיִּזְבְּח֖וּ שְׁלָמִֽים׃

Ez 43, 17b

17 ... וּמַעֲלֹתֵ֖הוּ[e] פְּנ֥וֹת[f] קָדִֽים׃[g]

Esd 3, 2

2 וַיָּקָם֩ יֵשׁ֨וּעַ בֶּן־יֽוֹצָדָ֜ק וְאֶחָ֣יו הַכֹּהֲנִ֗ים וּזְרֻבָּבֶ֤ל בֶּן־שְׁאַלְתִּיאֵל֙ וְאֶחָ֔יו וַיִּבְנ֕וּ אֶת־מִזְבַּ֖ח אֱלֹהֵ֣י יִשְׂרָאֵ֑ל לְהַעֲל֤וֹת עָלָיו֙ עֹל֔וֹת כַּכָּת֕וּב בְּתוֹרַ֖ת מֹשֶׁ֥ה אִישׁ־הָאֱלֹהִֽים׃

§ 3 La septième année et le jubilé; Ex 21, 1-11; 23, 10-11; Lv 25; Dt 15, 1-18

CS

Lv 25

1 וַיְדַבֵּ֤ר יְהוָה֙ אֶל־מֹשֶׁ֔ה בְּהַ֥ר סִינַ֖י לֵאמֹֽר׃
2 דַּבֵּ֞ר אֶל־בְּנֵ֤י יִשְׂרָאֵל֙ וְאָמַרְתָּ֣ אֲלֵהֶ֔ם
כִּ֤י תָבֹ֙אוּ֙ אֶל־הָאָ֔רֶץ אֲשֶׁ֖ר אֲנִ֣י נֹתֵ֣ן לָכֶ֑ם
וְשָֽׁבְתָ֣ה הָאָ֔רֶץ שַׁבָּ֖ת לַֽיהוָֽה׃
3 שֵׁ֤שׁ שָׁנִים֙ תִּזְרַ֣ע שָׂדֶ֔ךָ וְשֵׁ֥שׁ שָׁנִ֖ים תִּזְמֹ֣ר כַּרְמֶ֑ךָ
וְאָסַפְתָּ֖ אֶת־תְּבוּאָתָֽהּ׃
4 וּבַשָּׁנָ֣ה הַשְּׁבִיעִ֗ת שַׁבַּ֤ת שַׁבָּתוֹן֙ יִהְיֶ֣ה לָאָ֔רֶץ שַׁבָּ֖ת לַֽיהוָ֑ה
שָֽׂדְךָ֙ לֹ֣א תִזְרָ֔ע וְכַרְמְךָ֖ לֹ֥א תִזְמֹֽר׃
5 אֵ֣ת[a] סְפִ֤יחַ[b] קְצִֽירְךָ֙ לֹ֣א תִקְצ֔וֹר
וְאֶת־עִנְּבֵ֥י נְזִירֶ֖ךָ[c] לֹ֣א תִבְצֹ֑ר
שְׁנַ֥ת שַׁבָּת֖וֹן יִהְיֶ֥ה לָאָֽרֶץ׃
6 וְֽהָיְתָ֞ה שַׁבַּ֨ת הָאָ֥רֶץ לָכֶם֮ לְאָכְלָה֒ לְךָ֖ [a]וּלְעַבְדְּךָ֣ וְלַאֲמָתֶ֑ךָ
וְלִשְׂכִֽירְךָ֙ וּלְתוֹשָׁ֣בְךָ[a] הַגָּרִ֖ים עִמָּֽךְ׃
7 וְלִ֨בְהֶמְתְּךָ֔ וְלַֽחַיָּ֖ה אֲשֶׁ֣ר בְּאַרְצֶ֑ךָ
תִּהְיֶ֥ה כָל־תְּבוּאָתָ֖הּ לֶאֱכֹֽל׃

8 וְסָפַרְתָּ֣ לְךָ֗ שֶׁ֚בַע שַׁבְּתֹ֣ת שָׁנִ֔ים שֶׁ֥בַע שָׁנִ֖ים שֶׁ֣בַע פְּעָמִ֑ים
וְהָי֣וּ לְךָ֗ יְמֵי֙ שֶׁ֚בַע שַׁבְּתֹ֣ת הַשָּׁנִ֔ים תֵּ֥שַׁע וְאַרְבָּעִ֖ים שָׁנָֽה׃
9 וְהַֽעֲבַרְתָּ֞ שׁוֹפַ֤ר תְּרוּעָה֙ בַּחֹ֣דֶשׁ הַשְּׁבִעִ֔י בֶּעָשׂ֖וֹר לַחֹ֑דֶשׁ
בְּיוֹם֙ הַכִּפֻּרִ֔ים תַּעֲבִ֥ירוּ שׁוֹפָ֖ר בְּכָל־אַרְצְכֶֽם׃
10 וְקִדַּשְׁתֶּ֗ם אֵ֣ת שְׁנַ֤ת הַחֲמִשִּׁים֙ שָׁנָ֔ה וּקְרָאתֶ֥ם דְּר֛וֹר בָּאָ֖רֶץ לְכָל־יֹשְׁבֶ֑יהָ
יוֹבֵ֨ל הִוא֙[a] תִּהְיֶ֣ה לָכֶ֔ם וְשַׁבְתֶּ֗ם אִ֚ישׁ אֶל־אֲחֻזָּת֔וֹ וְאִ֥ישׁ אֶל־מִשְׁפַּחְתּ֖וֹ תָּשֻֽׁבוּ׃

CA

Ex 21, 1-11

1 וְאֵ֙לֶּה֙[a] הַמִּשְׁפָּטִ֔ים
אֲשֶׁ֥ר תָּשִׂ֖ים לִפְנֵיהֶֽם׃

Ex 23, 10-11

10 וְשֵׁ֥שׁ שָׁנִ֖ים תִּזְרַ֣ע אֶת־אַרְצֶ֑ךָ
וְאָסַפְתָּ֖ אֶת־תְּבוּאָתָֽהּ׃
11 וְהַשְּׁבִיעִ֞ת
תִּשְׁמְטֶ֣נָּה וּנְטַשְׁתָּ֗הּ
וְאָֽכְלוּ֙ אֶבְיֹנֵ֣י עַמֶּ֔ךָ
וְיִ֨תְרָ֔ם תֹּאכַ֖ל חַיַּ֣ת הַשָּׂדֶ֑ה
כֵּֽן־תַּעֲשֶׂ֥ה לְכַרְמְךָ֖ לְזֵיתֶֽךָ[a]׃

CD

Dt 15, 1-18

1 מִקֵּ֥ץ שֶֽׁבַע־שָׁנִ֖ים תַּעֲשֶׂ֥ה שְׁמִטָּֽה׃
2 [a]וְזֶה֮ דְּבַ֣ר הַשְּׁמִטָּה֒
שָׁמ֗וֹט כָּל־בַּ֙עַל֙[b] מַשֵּׁ֣ה יָד֔וֹ
אֲשֶׁ֥ר יַשֶּׁ֖ה בְּרֵעֵ֑הוּ
לֹֽא־יִגֹּ֤שׂ [c]אֶת־רֵעֵ֙הוּ֙[c] [d]וְאֶת־אָחִ֔יו[d]
כִּֽי־קָרָ֥א שְׁמִטָּ֖ה לַֽיהוָֽה׃
3 אֶת־הַנָּכְרִ֖י תִּגֹּ֑שׂ
וַאֲשֶׁ֨ר יִהְיֶ֥ה לְךָ֛ אֶת־אָחִ֖יךָ תַּשְׁמֵ֥ט
יָדֶֽךָ׃

(Lv 25)

(Dt 15, 1-18)

(Ex 21, 1-11)

11 ‏וְכִי־יִמְכֹּר אִישׁ אֶת־בִּתּוֹ לְאָמָה

12

13

14

15

16

17

18

19

20

21

22

23

24

25

26

27

4 מִשׁ פ'ר

5

6

(Dt 15, 1-18) | (Ex 21, 1-11) | (Lv 25)

28 וְאִם לֹא־מָצְאָה יָדוֹ דֵּי הָשִׁיב לוֹ וְהָיָה מִמְכָּרוֹ בְּיַד הַקֹּנֶה אֹתוֹ עַד שְׁנַת הַיּוֹבֵל
וְיָצָא בַּיֹּבֵל וְשָׁב לַאֲחֻזָּתוֹ׃
29 וְאִישׁ כִּי־יִמְכֹּר בֵּית־מוֹשַׁב עִיר חוֹמָה וְהָיְתָה גְּאֻלָּתוֹ עַד־תֹּם שְׁנַת מִמְכָּרוֹ[a] יָמִים תִּהְיֶה גְאֻלָּתוֹ׃
30 וְאִם לֹא־יִגָּאֵל עַד־מְלֹאת לוֹ שָׁנָה תְמִימָה וְקָם הַבַּיִת אֲשֶׁר־בָּעִיר אֲשֶׁר־לֹא[a] חֹמָה לַצְּמִיתֻת
לַקֹּנֶה אֹתוֹ לְדֹרֹתָיו לֹא יֵצֵא בַּיֹּבֵל׃
31 וּבָתֵּי הַחֲצֵרִים אֲשֶׁר אֵין־לָהֶם חֹמָה סָבִיב עַל־שְׂדֵה הָאָרֶץ יֵחָשֵׁב[a]
גְּאֻלָּה תִּהְיֶה־לּוֹ וּבַיֹּבֵל יֵצֵא׃
32 וְעָרֵי הַלְוִיִּם בָּתֵּי עָרֵי אֲחֻזָּתָם גְּאֻלַּת עוֹלָם תִּהְיֶה לַלְוִיִּם׃
33 וַאֲשֶׁר[a] יִגְאַל מִן־הַלְוִיִּם וְיָצָא מִמְכַּר־[b]בַּיִת וְעִיר[b] אֲחֻזָּתוֹ בַּיֹּבֵל
כִּי בָתֵּי עָרֵי הַלְוִיִּם הִוא אֲחֻזָּתָם בְּתוֹךְ בְּנֵי יִשְׂרָאֵל׃
34 וּשְׂדֵה מִגְרַשׁ עָרֵיהֶם לֹא יִמָּכֵר כִּי־אֲחֻזַּת עוֹלָם הוּא[a] לָהֶם[b]׃

35 וְכִי־יָמוּךְ אָחִיךָ וּמָטָה יָדוֹ עִמָּךְ
וְהֶחֱזַקְתָּ[a] בּוֹ גֵּר[b] וְתוֹשָׁב וָחַי[c] עִמָּךְ׃
36 אַל־תִּקַּח מֵאִתּוֹ נֶשֶׁךְ וְתַרְבִּית
וְיָרֵאתָ מֵאֱלֹהֶיךָ[a] וְחֵי אָחִיךָ עִמָּךְ׃
37 אֶת־כַּסְפְּךָ לֹא־תִתֵּן לוֹ בְּנֶשֶׁךְ
וּבְמַרְבִּית[a] לֹא־תִתֵּן אָכְלֶךָ׃
38 אֲנִי יְהוָה אֱלֹהֵיכֶם אֲשֶׁר־הוֹצֵאתִי
אֶתְכֶם מֵאֶרֶץ מִצְרָיִם
לָתֵת לָכֶם אֶת־אֶרֶץ כְּנַעַן לִהְיוֹת לָכֶם
לֵאלֹהִים׃

7 כִּי־יִהְיֶה בְךָ אֶבְיוֹן [a]מֵאַחַד אַחֶיךָ[a] בְּאַחַד[b] שְׁעָרֶיךָ
בְּאַרְצְךָ[c] אֲשֶׁר־יְהוָה אֱלֹהֶיךָ נֹתֵן לָךְ
לֹא[d] תְאַמֵּץ אֶת־לְבָבְךָ וְלֹא תִקְפֹּץ אֶת־יָדְךָ מֵאָחִיךָ הָאֶבְיוֹן׃

8 כִּי־פָתֹחַ תִּפְתַּח אֶת־[a]יָדְךָ[b] לוֹ
וְהַעֲבֵט[c] תַּעֲבִיטֶנּוּ דֵּי מַחְסֹרוֹ [d]אֲשֶׁר יֶחְסַר לוֹ[d]׃
9 הִשָּׁמֶר לְךָ פֶּן־יִהְיֶה דָבָר[a] עִם־לְבָבְךָ בְלִיַּעַל לֵאמֹר
קָרְבָה שְׁנַת־הַשֶּׁבַע שְׁנַת הַשְּׁמִטָּה וְרָעָה עֵינְךָ בְּאָחִיךָ הָאֶבְיוֹן וְלֹא תִתֵּן לוֹ
וְקָרָא עָלֶיךָ אֶל־יְהוָה וְהָיָה בְךָ חֵטְא[a]׃
10 נָתוֹן תִּתֵּן לוֹ[a] וְלֹא־יֵרַע לְבָבְךָ בְּתִתְּךָ לוֹ
כִּי בִּגְלַל ׀ הַדָּבָר הַזֶּה יְבָרֶכְךָ יְהוָה אֱלֹהֶיךָ בְּכָל־מַעֲשֶׂךָ[b] וּבְכֹל מִשְׁלַח יָדֶךָ[c]׃
11 כִּי לֹא־יֶחְדַּל אֶבְיוֹן[a] מִקֶּרֶב הָאָרֶץ
עַל־כֵּן אָנֹכִי מְצַוְּךָ לֵאמֹר פָּתֹחַ תִּפְתַּח אֶת־[b]יָדְךָ[c] לְאָחִיךָ לַעֲנִיֶּךָ וּלְאֶבְיֹנְךָ בְּאַרְצֶךָ׃

(Lv 25)	(Ex 21, 1-11)	(Dt 15, 1-18)

Lv 25:
39 וְכִי־יָמוּךְ אָחִיךָ עִמָּךְ וְנִמְכַּר־לָךְ
לֹא־תַעֲבֹד בּוֹ עֲבֹדַת עָבֶד:
40 כְּשָׂכִיר כְּתוֹשָׁב יִהְיֶה עִמָּךְ
עַד־שְׁנַת הַיֹּבֵל יַעֲבֹד עִמָּךְ:
41 וְיָצָא מֵעִמָּךְ הוּא וּבָנָיו עִמּוֹ
וְשָׁב אֶל־מִשְׁפַּחְתּוֹ וְאֶל־אֲחֻזַּת אֲבֹתָיו
יָשׁוּב:
42 כִּי־עֲבָדַי הֵם אֲשֶׁר־הוֹצֵאתִי אֹתָם
מֵאֶרֶץ מִצְרָיִם
לֹא יִמָּכְרוּ מִמְכֶּרֶת עָבֶד:
43 לֹא־תִרְדֶּה בוֹ בְּפָרֶךְ
וְיָרֵאתָ מֵאֱלֹהֶיךָ:

Ex 21, 1-11:
1 וְאֵלֶּה הַמִּשְׁפָּטִים
אֲשֶׁר תָּשִׂים לִפְנֵיהֶם:
2 כִּי תִקְנֶה עֶבֶד עִבְרִי
שֵׁשׁ שָׁנִים יַעֲבֹד
וּבַשְּׁבִעִת יֵצֵא לַחָפְשִׁי חִנָּם:
3 אִם־בְּגַפּוֹ יָבֹא בְּגַפּוֹ יֵצֵא
אִם־בַּעַל אִשָּׁה הוּא וְיָצְאָה אִשְׁתּוֹ עִמּוֹ:
4 אִם־אֲדֹנָיו יִתֶּן־לוֹ אִשָּׁה
וְיָלְדָה־לוֹ בָנִים אוֹ בָנוֹת
הָאִשָּׁה וִילָדֶיהָ תִּהְיֶה לַאדֹנֶיהָ
וְהוּא יֵצֵא בְגַפּוֹ:
5 וְאִם־אָמֹר יֹאמַר הָעֶבֶד
אָהַבְתִּי אֶת־אֲדֹנִי אֶת־אִשְׁתִּי וְאֶת־בָּנָי
לֹא אֵצֵא חָפְשִׁי:
6 וְהִגִּישׁוֹ אֲדֹנָיו אֶל־הָאֱלֹהִים
וְהִגִּישׁוֹ אֶל־הַדֶּלֶת אוֹ אֶל־הַמְּזוּזָה
וְרָצַע אֲדֹנָיו אֶת־אָזְנוֹ בַּמַּרְצֵעַ
וַעֲבָדוֹ לְעֹלָם:

Dt 15, 1-18:
12 כִּי־יִמָּכֵר לְךָ אָחִיךָ הָעִבְרִי אוֹ הָעִבְרִיָּה
וַעֲבָדְךָ שֵׁשׁ שָׁנִים
וּבַשָּׁנָה הַשְּׁבִיעִת תְּשַׁלְּחֶנּוּ חָפְשִׁי מֵעִמָּךְ:

10

(Lv 25)

44 [a]וְעַבְדְּךָ וַאֲמָתְךָ[a] אֲשֶׁר יִהְיוּ־לָךְ
מֵאֵת הַגּוֹיִם אֲשֶׁר סְבִיבֹתֵיכֶם מֵהֶם תִּקְנוּ עֶבֶד וְאָמָה׃
45 וְגַם מִבְּנֵי הַתּוֹשָׁבִים הַגָּרִים עִמָּכֶם מֵהֶם תִּקְנוּ וּמִמִּשְׁפַּחְתָּם
אֲשֶׁר עִמָּכֶם אֲשֶׁר הוֹלִידוּ בְּאַרְצְכֶם
וְהָיוּ לָכֶם לַאֲחֻזָּה׃
46 וְהִתְנַחַלְתֶּם[a] אֹתָם לִבְנֵיכֶם אַחֲרֵיכֶם לָרֶשֶׁת אֲחֻזָּה לְעֹלָם
[b]בָּהֶם תַּעֲבֹדוּ[b]
וּבְאַחֵיכֶם בְּנֵי־יִשְׂרָאֵל אִישׁ בְּאָחִיו לֹא־תִרְדֶּה בוֹ בְּפָרֶךְ׃

47 וְכִי תַשִּׂיג יַד גֵּר וְתוֹשָׁב עִמָּךְ וּמָךְ אָחִיךָ עִמּוֹ
וְנִמְכַּר לְגֵר תּוֹשָׁב[a] עִמָּךְ [b]אוֹ לְעֵקֶר[b] מִשְׁפַּחַת גֵּר׃
48 אַחֲרֵי נִמְכַּר גְּאֻלָּה תִּהְיֶה־לּוֹ אֶחָד מֵאֶחָיו יִגְאָלֶנּוּ׃
49 אוֹ־[a]דֹדוֹ אוֹ בֶן־דֹּדוֹ יִגְאָלֶנּוּ אוֹ־מִשְּׁאֵר בְּשָׂרוֹ מִמִּשְׁפַּחְתּוֹ יִגְאָלֶנּוּ
אוֹ־[b]הִשִּׂיגָה יָדוֹ וְנִגְאָל׃
50 וְחִשַּׁב עִם־קֹנֵהוּ מִשְּׁנַת הִמָּכְרוֹ לוֹ עַד שְׁנַת הַיֹּבֵל
וְהָיָה כֶּסֶף מִמְכָּרוֹ בְּמִסְפַּר שָׁנִים כִּימֵי שָׂכִיר יִהְיֶה עִמּוֹ׃
51 אִם־עוֹד רַבּוֹת בַּשָּׁנִים לְפִיהֶן יָשִׁיב גְּאֻלָּתוֹ מִכֶּסֶף מִקְנָתוֹ׃
52 וְאִם־מְעַט נִשְׁאַר בַּשָּׁנִים עַד־שְׁנַת הַיֹּבֵל וְחִשַּׁב־לוֹ
כְּפִי שָׁנָיו יָשִׁיב אֶת־גְּאֻלָּתוֹ׃
53 כִּשְׂכִיר שָׁנָה בְּשָׁנָה יִהְיֶה עִמּוֹ לֹא־יִרְדֶּנּוּ בְּפֶרֶךְ לְעֵינֶיךָ׃
54 וְאִם־לֹא יִגָּאֵל בְּאֵלֶּה וְיָצָא בִּשְׁנַת הַיֹּבֵל הוּא וּבָנָיו עִמּוֹ׃
55 כִּי־לִי בְנֵי־יִשְׂרָאֵל עֲבָדִים עֲבָדַי הֵם אֲשֶׁר־הוֹצֵאתִי אוֹתָם מֵאֶרֶץ מִצְרָיִם
אֲנִי יְהוָה אֱלֹהֵיכֶם׃

(Ex 21, 1-11)

7 וְכִי־יִמְכֹּר אִישׁ אֶת־בִּתּוֹ לְאָמָה
לֹא תֵצֵא כְּצֵאת הָעֲבָדִים׃
8 אִם־רָעָה[a] בְּעֵינֵי אֲדֹנֶיהָ אֲשֶׁר־לֹא[b] יְעָדָהּ וְהֶפְדָּהּ
לְעַם נָכְרִי לֹא־יִמְשֹׁל לְמָכְרָהּ בְּבִגְדוֹ־בָהּ׃
9 וְאִם־לִבְנוֹ יִיעָדֶנָּה
כְּמִשְׁפַּט הַבָּנוֹת יַעֲשֶׂה־לָּהּ׃
10 אִם־[a]אַחֶרֶת יִקַּח־לוֹ
שְׁאֵרָהּ כְּסוּתָהּ וְעֹנָתָהּ לֹא יִגְרָע׃
11 וְאִם־שְׁלָשׁ־אֵלֶּה לֹא יַעֲשֶׂה לָהּ
וְיָצְאָה חִנָּם אֵין כָּסֶף׃

(CD)

<u>Lv 27, 17-18.20-24</u>

17 אִם־[a]מִשְּׁנַ֥ת הַיֹּבֵ֖ל יַקְדִּ֣ישׁ שָׂדֵ֑הוּ כְּעֶרְכְּךָ֖ יָקֽוּם׃ 18 וְאִם־אַחַ֣ר הַיֹּבֵל֮ יַקְדִּ֣ישׁ שָׂדֵהוּ֒ וְחִשַּׁב־ל֨וֹ הַכֹּהֵ֜ן אֶת־הַכֶּ֗סֶף עַל־פִּ֤י הַשָּׁנִים֙
הַנּ֣וֹתָרֹ֔ת עַ֖ד שְׁנַ֣ת הַיֹּבֵ֑ל וְנִגְרַ֖ע מֵעֶרְכֶּֽךָ׃ 20 וְאִם־לֹ֤א יִגְאַל֙ אֶת־הַשָּׂדֶ֔ה וְאִם־מָכַ֥ר אֶת־הַשָּׂדֶ֖ה לְאִ֣ישׁ אַחֵ֑ר לֹ֥א יִגָּאֵ֖ל עֽוֹד׃ 21 וְהָיָ֨ה
הַשָּׂדֶ֜ה בְּצֵאת֣וֹ בַיֹּבֵ֗ל קֹ֛דֶשׁ לַיהוָ֖ה כִּשְׂדֵ֣ה הַחֵ֑רֶם לַכֹּהֵ֖ן תִּהְיֶ֥ה אֲחֻזָּתֽוֹ׃ 22 וְאִם֙ אֶת־שְׂדֵ֣ה מִקְנָת֔וֹ אֲשֶׁ֕ר לֹ֖א מִשְּׂדֵ֣ה אֲחֻזָּת֑וֹ יַקְדִּ֖ישׁ[a]
לַיהוָֽה׃ 23 וְחִשַּׁב־ל֣וֹ הַכֹּהֵ֗ן אֵ֚ת מִכְסַ֣ת[a] הָֽעֶרְכְּךָ֔ עַ֖ד שְׁנַ֣ת הַיֹּבֵ֑ל וְנָתַ֤ן אֶת־הָעֶרְכְּךָ֙ בַּיּ֣וֹם הַה֔וּא קֹ֖דֶשׁ לַיהוָֽה׃ 24 בִּשְׁנַ֤ת[a] הַיּוֹבֵל֙ יָשׁ֣וּב
הַשָּׂדֶ֔ה לַאֲשֶׁ֥ר קָנָ֖הוּ מֵאִתּ֑וֹ לַאֲשֶׁר־ל֖וֹ אֲחֻזַּ֥ת הָאָֽרֶץ׃

<u>Es 61, 1</u>

1 ר֛וּחַ אֲדֹנָ֥י יְהוִ֖ה עָלָ֑י יַ֡עַן מָשַׁח֩ יְהוָ֨ה אֹתִ֜י לְבַשֵּׂ֣ר עֲנָוִ֗ים שְׁלָחַ֙נִי֙ לַחֲבֹ֣שׁ לְנִשְׁבְּרֵי־לֵ֔ב לִקְרֹ֤א לִשְׁבוּיִם֙ דְּר֔וֹר וְלַאֲסוּרִ֖ים [a]פְּקַח־קֽוֹחַ[a]׃

<u>Jr 34, 8-9.14-15</u>

8 הַדָּבָ֛ר אֲשֶׁר־הָיָ֥ה אֶֽל־יִרְמְיָ֖הוּ מֵאֵ֣ת יְהוָ֑ה אַחֲרֵ֡י כְּרֹת֩ הַמֶּ֨לֶךְ צִדְקִיָּ֜הוּ בְּרִ֗ית אֶת־כָּל־[a]הָעָם֙ [b]אֲשֶׁ֣ר בִּירוּשָׁלִַ֔ם[b] לִקְרֹ֥א לָהֶ֖ם[c] דְּרֽוֹר׃
9 לְשַׁלַּ֡ח אִ֣ישׁ אֶת־עַבְדּוֹ֩ וְאִ֨ישׁ אֶת־שִׁפְחָת֜וֹ הָעִבְרִ֧י וְהָעִבְרִיָּ֛ה חָפְשִׁ֑ים לְבִלְתִּ֧י עֲבָד־בָּ֛ם[a] בִּיהוּדִ֥י אָחִ֖יהוּ אִֽישׁ׃ 14 [a]מִקֵּ֣ץ שֶׁ֣בַע[b] שָׁנִ֡ים
תְּֽשַׁלְּח֡וּ אִישׁ֩ אֶת־אָחִ֨יו הָעִבְרִ֜י אֲשֶׁר־יִמָּכֵ֣ר לְךָ֗ וַעֲבָֽדְךָ֙ שֵׁ֣שׁ שָׁנִ֔ים וְשִׁלַּחְתּ֥וֹ חָפְשִׁ֖י מֵעִמָּ֑ךְ וְלֹֽא־שָׁמְע֤וּ אֲבֽוֹתֵיכֶם֙ אֵלַ֔י וְלֹ֥א הִטּ֖וּ אֶת־אָזְנָֽם׃
15 וַתָּשֻׁ֨בוּ[a] אַתֶּ֜ם[b] הַיּ֗וֹם וַתַּעֲשׂ֤וּ[a] אֶת־הַיָּשָׁר֙ בְּעֵינַ֔י לִקְרֹ֥א דְר֖וֹר אִ֣ישׁ לְרֵעֵ֑הוּ וַתִּכְרְת֤וּ[a] בְרִית֙ לְפָנַ֔י בַּבַּ֕יִת אֲשֶׁר־נִקְרָ֥א שְׁמִ֖י עָלָֽיו׃

<u>Ez 46, 17</u>

17 וְכִֽי־יִתֵּ֨ן מַתָּנָ֜ה מִנַּחֲלָת֗וֹ לְאַחַד֙ מֵֽעֲבָדָ֔יו וְהָ֤יְתָה לּוֹ֙ עַד־שְׁנַ֣ת הַדְּר֔וֹר וְשָׁבַ֖ת[a] לַנָּשִׂ֑יא אַ֚ךְ נַחֲלָת֔וֹ[b] בָּנָ֖יו לָהֶ֥ם תִּהְיֶֽה׃

<u>Né 5, 8a.10-11</u>

8 וָאֹמְרָ֣ה לָהֶ֗ם אֲנַ֣חְנוּ קָ֠נִינוּ אֶת־אַחֵ֨ינוּ הַיְּהוּדִ֜ים הַנִּמְכָּרִ֤ים לַגּוֹיִם֙ כְּדֵ֣י בָ֔נוּ וְגַם־אַתֶּ֛ם תִּמְכְּר֥וּ אֶת־אֲחֵיכֶ֖ם וְנִמְכְּרוּ[a]־לָ֑נוּ
10 וְגַם־אֲנִ֗י אַחַ֚י וּנְעָרַ֔י נֹשִׁ֥ים בָּהֶ֖ם כֶּ֣סֶף וְדָגָ֑ן נַעַזְבָה־נָּ֖א אֶת־הַמַּשָּׁ֥א הַזֶּֽה׃ 11 הָשִׁיבוּ֩ נָ֨א לָהֶ֜ם כְּהַיּ֗וֹם שְׂדֹתֵיהֶ֛ם כַּרְמֵיהֶ֥ם זֵיתֵיהֶ֖ם[a] וּבָתֵּיהֶ֑ם
וּמְאַ֨ת[b] הַכֶּ֤סֶף וְהַדָּגָן֙ הַתִּיר֣וֹשׁ וְהַיִּצְהָ֔ר אֲשֶׁ֥ר אַתֶּ֖ם נֹשִׁ֥ים בָּהֶֽם׃

<u>Né 10, 32b</u>

32 ...וְנִטֹּ֛שׁ אֶת־[a]הַשָּׁנָ֥ה הַשְּׁבִיעִ֖ית וּמַשָּׁ֥א[b] כָל־יָֽד[c]׃

§ 4 L'homicide et le droit d'asile: Ex 20. 13; 21, 12-14; Lv 24, 17.21b; Nb 35, 9-34; Dt 5, 17; 19, 1-13; 27, 24

Dcl	CD		CA	CS		P	AL
Ex 20. 13	Dt 19. 1-13	Dt 5. 17	Ex 21, 12-14	Lv 24. 17	Lv 24. 21b	Nb 35. 9-34	Dt 27. 24

(Synoptic parallel arrangement of Hebrew texts)

AL — Dt 27. 24

לֹא תִרְצָח׃ 13 לֹא תִרְצַח a

Dt 5. 17 — לֹא תִרְצָח 17

CA — Ex 21, 12-14
12 מַכֵּה אִישׁ וָמֵת מוֹת יוּמָת׃
13 וַאֲשֶׁר לֹא צָדָה a …
וְשַׂמְתִּי לְךָ מָקוֹם

CS — Lv 24, 17
17 וְאִישׁ כִּי יַכֶּה כָּל־נֶפֶשׁ אָדָם
מוֹת יוּמָת׃

Lv 24, 21b
21 … וּמַכֵּה a אָדָם יוּמָת׃

P — Nb 35, 9-34
9 וַיְדַבֵּר יְהוָה אֶל־מֹשֶׁה לֵּאמֹר׃
10 דַּבֵּר אֶל־בְּנֵי יִשְׂרָאֵל וְאָמַרְתָּ אֲלֵהֶם …
16 … מוֹת יוּמָת הָרֹצֵחַ׃
24 … וְשָׁפְטוּ הָעֵדָה בֵּין הַמַּכֶּה וּבֵין גֹּאֵל הַדָּם

Dt 27, 24
24 אָרוּר מַכֵּה רֵעֵהוּ בַּסָּתֶר
וְאָמַר כָּל־הָעָם אָמֵן׃

CD — Dt 19, 1-13
1 כִּי־יַכְרִית יְהוָה אֱלֹהֶיךָ אֶת־הַגּוֹיִם …
2 שָׁלוֹשׁ עָרִים תַּבְדִּיל לָךְ …
3 תָּכִין לְךָ הַדֶּרֶךְ …

(§ 4   Ex 21, 12-14)

(Dcl)	(Dt 19, 1-13)	(Ex 21, 12-14)	(CS)	(AL)
				(Nb 35, 9-34)

(§ 4 Ex 21, 12-14)

| (AL) | (Nb 35, 9-34) | (CS) | (Ex 21, 12-14) | (Dt 19, 1-13) | (Dcl) |

Column (AL) / (Nb 35, 9-34):

30 ... לְכָל־הַכֵּה־נֶפֶשׁ לְפִי עֵדִים יִרְצַח אֶת־הָרֹצֵחַ וְעֵד אֶחָד לֹא־יַעֲנֶה בְנֶפֶשׁ לָמוּת׃

(20) ...

21 ... מוֹת־יוּמַת הַמַּכֶּה רֹצֵחַ הוּא ...

26 ...
27 ...
28 ...
29 ...

Column (CS):

11 ...
12 מַכֵּה אִישׁ וָמֵת מוֹת יוּמָת׃
13 וַאֲשֶׁר לֹא צָדָה וְהָאֱלֹהִים אִנָּה לְיָדוֹ וְשַׂמְתִּי לְךָ מָקוֹם אֲשֶׁר יָנוּס שָׁמָּה׃
14 וְכִי־יָזִד אִישׁ עַל־רֵעֵהוּ לְהָרְגוֹ בְעָרְמָה מֵעִם מִזְבְּחִי תִּקָּחֶנּוּ לָמוּת׃

Column (Dt 19, 1-13) / (Dcl):

7 ...
8 ...
9 ...
10 ...

Jos 20

1 וַיְדַבֵּר יְהוָה אֶל־יְהוֹשֻׁעַ לֵאמֹר׃ 2 דַּבֵּר אֶל־בְּנֵי יִשְׂרָאֵל לֵאמֹר תְּנוּ לָכֶם אֶת־עָרֵי הַמִּקְלָט אֲשֶׁר־דִּבַּרְתִּי אֲלֵיכֶם בְּיַד־מֹשֶׁה׃ 3 לָנוּס שָׁמָּה רוֹצֵחַ מַכֵּה־נֶפֶשׁ בִּשְׁגָגָה בִּבְלִי־דָעַת וְהָיוּ לָכֶם לְמִקְלָט מִגֹּאֵל הַדָּם׃ 4 וְנָס אֶל־אַחַת מֵהֶעָרִים הָאֵלֶּה וְעָמַד פֶּתַח שַׁעַר הָעִיר וְדִבֶּר בְּאָזְנֵי זִקְנֵי־הָעִיר הַהִיא אֶת־דְּבָרָיו וְאָסְפוּ אֹתוֹ הָעִירָה אֲלֵיהֶם וְנָתְנוּ־לוֹ מָקוֹם וְיָשַׁב עִמָּם׃ 5 וְכִי יִרְדֹּף גֹּאֵל הַדָּם אַחֲרָיו וְלֹא־יַסְגִּרוּ אֶת־הָרֹצֵחַ בְּיָדוֹ כִּי בִבְלִי־דַעַת הִכָּה אֶת־רֵעֵהוּ וְלֹא־שֹׂנֵא הוּא לוֹ מִתְּמוֹל שִׁלְשׁוֹם׃ 6 וְיָשַׁב בָּעִיר הַהִיא עַד־עָמְדוֹ לִפְנֵי הָעֵדָה לַמִּשְׁפָּט עַד־מוֹת הַכֹּהֵן הַגָּדוֹל אֲשֶׁר יִהְיֶה בַּיָּמִים הָהֵם אָז יָשׁוּב הָרוֹצֵחַ וּבָא אֶל־עִירוֹ וְאֶל־בֵּיתוֹ אֶל־הָעִיר אֲשֶׁר־נָס מִשָּׁם׃

Dt 4, 41-43

41 אָז יַבְדִּיל מֹשֶׁה שָׁלֹשׁ עָרִים בְּעֵבֶר הַיַּרְדֵּן מִזְרְחָה שָׁמֶשׁ׃ 42 לָנֻס שָׁמָּה רוֹצֵחַ אֲשֶׁר יִרְצַח אֶת־רֵעֵהוּ בִּבְלִי־דַעַת וְהוּא לֹא־שֹׂנֵא לוֹ מִתְּמֹל שִׁלְשֹׁם וְנָס אֶל־אַחַת מִן־הֶעָרִים הָאֵל וָחָי׃ 43 אֶת־בֶּצֶר בַּמִּדְבָּר בְּאֶרֶץ הַמִּישֹׁר לָראוּבֵנִי וְאֶת־רָאמֹת בַּגִּלְעָד לַגָּדִי וְאֶת־גּוֹלָן בַּבָּשָׁן לַמְנַשִּׁי׃

Nb 35, 6

6 וְאֵת הֶעָרִים אֲשֶׁר תִּתְּנוּ לַלְוִיִּם אֵת שֵׁשׁ־עָרֵי הַמִּקְלָט אֲשֶׁר תִּתְּנוּ לָנֻס שָׁמָּה הָרֹצֵחַ וַעֲלֵיהֶם תִּתְּנוּ אַרְבָּעִים וּשְׁתַּיִם עִיר׃

Gn 9, 5-6

5 וְאַךְ אֶת־דִּמְכֶם לְנַפְשֹׁתֵיכֶם אֶדְרֹשׁ מִיַּד כָּל־חַיָּה אֶדְרְשֶׁנּוּ וּמִיַּד הָאָדָם מִיַּד אִישׁ אָחִיו אֶדְרֹשׁ אֶת־נֶפֶשׁ הָאָדָם׃ 6 שֹׁפֵךְ דַּם הָאָדָם בָּאָדָם דָּמוֹ יִשָּׁפֵךְ כִּי בְּצֶלֶם אֱלֹהִים עָשָׂה אֶת־הָאָדָם׃

(Dcl)	(CD)	(CA)	(CS)	(AL)

(Nb 35, 9-34)

31 וְלֹא־תִקְחוּ כֹפֶר לְנֶפֶשׁ רֹצֵחַ אֲשֶׁר־הוּא רָשָׁע לָמוּת כִּי־מוֹת יוּמָת׃

32 וְלֹא־תִקְחוּ כֹפֶר לָנוּס אֶל־עִיר מִקְלָטוֹ לָשׁוּב לָשֶׁבֶת בָּאָרֶץ עַד־מוֹת הַכֹּהֵן׃

33 וְלֹא־תַחֲנִיפוּ אֶת־הָאָרֶץ אֲשֶׁר אַתֶּם בָּהּ כִּי הַדָּם הוּא יַחֲנִיף אֶת־הָאָרֶץ וְלָאָרֶץ לֹא־יְכֻפַּר לַדָּם אֲשֶׁר שֻׁפַּךְ־בָּהּ כִּי־אִם בְּדַם שֹׁפְכוֹ׃

34 וְלֹא תְטַמֵּא אֶת־הָאָרֶץ אֲשֶׁר אַתֶּם יֹשְׁבִים בָּהּ אֲשֶׁר אֲנִי שֹׁכֵן בְּתוֹכָהּ כִּי אֲנִי יְהוָה שֹׁכֵן בְּתוֹךְ בְּנֵי יִשְׂרָאֵל׃

(§ 4 Ex 21, 12-14)

(Jos 20)

1 R 2, 29.31-33

2 S 3.27

2 S 14.7a.11

Jos 21, 13a.21a.27a*.32a*.38a

5 יְהוָה כַּאֲשֶׁר צִוָּה הַמּוֹשֵׁל הָרְצֹחִים וְאֶת־בְּנֵי הַמַּכִּים הֵמִית וְלֹא אָבִי
<u>2 R 14.5</u>

9 הֲגָנֹב ׀ רָצֹחַ וְנָאֹף וְהִשָּׁבֵעַ לַשֶּׁקֶר וְקַטֵּר לַבַּעַל
<u>Jr 7.9a</u>

2 אָלֹה וְכַחֵשׁ וְרָצֹחַ וְגָנֹב וְנָאֹף פָּרָצוּ וְדָמִים בְּדָמִים נָגָעוּ׃
<u>Os 4.2</u>

14 לָאוֹר יָקוּם רוֹצֵחַ יִקְטָל־עָנִי וְאֶבְיוֹן וּבַלַּיְלָה יְהִי כַגַּנָּב׃
<u>Jb 24.14</u>

17 אָדָם עָשֻׁק בְּדַם־נָפֶשׁ עַד־בּוֹר יָנוּס אַל־יִתְמְכוּ־בוֹ׃
<u>Pr 28.17</u>

42 וְעָרֵיהֶם ... וְאֵת עָרֵי הַמִּקְלָט אֵת שְׁכֶם
<u>1 Ch 6.42a*.52a</u>

52 וְאֶת־יָטְבָּה וְאֶת־מִגְרָשֶׁהָ מִכֹּל מַטֵּה בְנֵי אֶפְרָיִם וְאֵת עִיר מִקְלַט הָרֹצֵחַ אֶת־שְׁכֶם וְאֶת־מִגְרָשֶׁהָ בְּהַר אֶפְרָיִם׃

§ 5 Le respect des parents; Ex 20, 12; 21, 15.17; Lv 19, 3; 20, 9; Dt 5, 16; 21, 18-21; 27, 16

Dcl		CD	CA		CS		AL
Ex 20, 12	Dt 5, 16	Dt 21, 18-21	Ex 21, 15	Ex 21, 17	Lv 19, 3	Lv 20, 9	Dt 27, 16
12 כַּבֵּ֥ד אֶת־ אָבִ֖יךָ וְאֶת־אִמֶּ֑ךָ לְמַ֙עַן֙[a] יַאֲרִכ֣וּן יָמֶ֔יךָ עַ֚ל הָֽאֲדָמָ֔ה[b] אֲשֶׁר־יְהוָ֥ה אֱלֹהֶ֖יךָ נֹתֵ֥ן לָֽךְ׃	16 כַּבֵּ֤ד אֶת־ אָבִ֙יךָ֙ וְאֶת־אִמֶּ֔ךָ כַּאֲשֶׁ֥ר צִוְּךָ֖ יְהוָ֣ה אֱלֹהֶ֑יךָ לְמַ֣עַן ׀ יַאֲרִיכֻ֣ן יָמֶ֗יךָ וּלְמַ֙עַן֙ יִ֣יטַב לָ֔ךְ עַ֚ל הָֽאֲדָמָ֔ה אֲשֶׁר־יְהוָ֥ה אֱלֹהֶ֖יךָ נֹתֵ֥ן לָֽךְ׃	18 כִּֽי־יִהְיֶ֣ה לְאִ֗ישׁ בֵּ֚ן סוֹרֵ֣ר וּמוֹרֶ֔ה[a] אֵינֶ֣נּוּ שֹׁמֵ֔עַ בְּק֥וֹל אָבִ֖יו וּבְק֣וֹל אִמּ֑וֹ וְיִסְּר֣וּ אֹת֔וֹ וְלֹ֥א יִשְׁמַ֖ע אֲלֵיהֶֽם׃ 19 וְתָ֥פְשׂוּ ב֖וֹ אָבִ֣יו וְאִמּ֑וֹ וְהוֹצִ֧יאוּ אֹת֛וֹ אֶל־זִקְנֵ֥י עִיר֖וֹ וְאֶל־[a] שַׁ֥עַר[b] מְקֹמֽוֹ׃ 20 וְאָמְר֞וּ [a]אֶל־זִקְנֵ֣י[a] עִיר֗וֹ בְּנֵ֤נוּ זֶה֙ סוֹרֵ֣ר וּמֹרֶ֔ה[b] אֵינֶ֥נּוּ שֹׁמֵ֖עַ בְּקֹלֵ֑נוּ זוֹלֵ֖ל וְסֹבֵֽא׃ 21 וּ֠רְגָמֻהוּ כָּל־[a]אַנְשֵׁ֨י עִיר֤וֹ בָֽאֲבָנִים֙ וָמֵ֔ת וּבִעַרְתָּ֥ הָרָ֖ע[b] מִקִּרְבֶּ֑ךָ[c] [d]וְכָל־יִשְׂרָאֵ֖ל[d] יִשְׁמְע֥וּ וְיִרָֽאוּ׃	15 וּמַכֵּ֥ה אָבִ֛יו וְאִמּ֖וֹ מ֥וֹת יוּמָֽת׃	17 וּמְקַלֵּ֥ל אָבִ֛יו וְאִמּ֖וֹ מ֥וֹת יוּמָֽת׃	3 אִ֣ישׁ [a]אִמּ֤וֹ וְאָבִיו֙[a] תִּירָ֔אוּ וְאֶת־שַׁבְּתֹתַ֖י תִּשְׁמֹ֑רוּ אֲנִ֖י יְהוָ֥ה אֱלֹהֵיכֶֽם׃	9 כִּֽי־אִ֣ישׁ אִ֗ישׁ אֲשֶׁ֨ר יְקַלֵּ֧ל אֶת־ אָבִ֛יו וְאֶת־אִמּ֖וֹ מ֣וֹת יוּמָ֑ת אָבִ֧יו וְאִמּ֛וֹ קִלֵּ֖ל דָּמָ֥יו[a] בּֽוֹ׃	16 אָר֕וּר מַקְלֶ֥ה[a] אָבִ֖יו וְאִמּ֑וֹ וְאָמַ֥ר[b] כָּל־הָעָ֖ם אָמֵֽן׃

1 S 2, 25

25 אִם־יֶחֱטָ֨א אִ֤ישׁ לְאִישׁ֙ וּפִֽלְל֣וֹ[a] אֱלֹהִ֔ים וְאִ֤ם לַֽיהוָה֙ יֶֽחֱטָא־אִ֔ישׁ מִ֖י יִתְפַּלֶּל־ל֑וֹ וְלֹ֤א יִשְׁמְעוּ֙ לְק֣וֹל אֲבִיהֶ֔ם כִּֽי־חָפֵ֥ץ יְהוָ֖ה לַהֲמִיתָֽם׃

Es 1, 2

2 שִׁמְע֤וּ שָׁמַ֙יִם֙ וְהַאֲזִ֣ינִי אֶ֔רֶץ כִּ֥י יְהוָ֖ה דִּבֵּ֑ר בָּנִים֙ גִּדַּ֣לְתִּי וְרוֹמַ֔מְתִּי וְהֵ֖ם פָּ֥שְׁעוּ בִֽי׃

Ez 22, 7a*

7 אָ֤ב וָאֵם֙ הֵקַ֣לּוּ בָ֔ךְ …

וְ֫אִמּ֥וֹ׃

Pr 30,17
עַ֤יִן ׀ תִּֽלְעַ֣ג לְאָב֮ וְתָב֢וּז לִֽיקֲּהַ֫ת־אֵ֥ם יִקְּר֥וּהָ עֹרְבֵי־נַ֑חַל וְֽיֹאכְל֥וּהָ בְנֵי־נָֽשֶׁר׃

Pr 30,11
דּ֭וֹר אָבִ֣יו יְקַלֵּ֑ל וְאֶת־אִ֝מּ֗וֹ לֹ֣א יְבָרֵֽךְ׃

Pr 29,15
שֵׁ֣בֶט וְ֭תוֹכַחַת יִתֵּ֣ן חָכְמָ֑ה וְנַ֥עַר מְ֝שֻׁלָּ֗ח מֵבִ֥ישׁ אִמּֽוֹ׃

Pr 28,24
גּוֹזֵ֤ל ׀ אָ֘בִ֤יו וְאִמּ֗וֹ וְאֹמֵ֥ר אֵֽין־פָּ֑שַׁע חָבֵ֥ר ה֝֗וּא לְאִ֣ישׁ מַשְׁחִֽית׃

Pr 28,7
נוֹצֵ֣ר תּ֭וֹרָה בֵּ֣ן מֵבִ֑ין וְרֹעֶ֥ה זֽוֹלְלִ֗ים יַכְלִ֥ים אָבִֽיו׃

Pr 23,22
שְׁמַ֣ע לְ֭אָבִיךָ זֶ֣ה יְלָדֶ֑ךָ וְאַל־תָּ֝ב֗וּז כִּֽי־זָקְנָ֥ה אִמֶּֽךָ׃

Pr 20,20
מְ֭קַלֵּל אָבִ֣יו וְאִמּ֑וֹ יִֽדְעַ֥ךְ נֵ֝ר֗וֹ בְּאִישׁ֥וֹן חֹֽשֶׁךְ׃

Pr 19,26
מְֽשַׁדֶּד־אָ֭ב יַבְרִ֣יחַ אֵ֑ם בֵּ֝֗ן מֵבִ֥ישׁ וּמַחְפִּֽיר׃

Ml 1,6a
בֵּ֛ן יְכַבֵּ֥ד אָ֖ב וְעֶ֣בֶד אֲדֹנָ֑יו

Pr 1,8
שְׁמַ֣ע בְּ֭נִי מוּסַ֣ר אָבִ֑יךָ וְאַל־תִּ֝טֹּ֗שׁ תּוֹרַ֥ת אִמֶּֽךָ׃

Pr 6,20
נְצֹ֣ר בְּ֭נִי מִצְוַ֣ת אָבִ֑יךָ וְאַל־תִּ֝טֹּ֗שׁ תּוֹרַ֥ת אִמֶּֽךָ׃

Pr 10,1
בֵּ֣ן חָ֭כָם יְשַׂמַּח־אָ֑ב וּבֵ֥ן כְּ֝סִ֗יל תּוּגַ֥ת אִמּֽוֹ׃

Pr 15,5
אֱוִ֗יל יִ֭נְאַץ מוּסַ֣ר אָבִ֑יו וְשֹׁמֵ֖ר תּוֹכַ֣חַת יַעְרִֽם׃

Pr 15,20
בֵּ֣ן חָ֭כָם יְשַׂמַּֽח־אָ֑ב וּכְסִ֥יל אָ֝דָ֗ם בּוֹזֶ֥ה אִמּֽוֹ׃

Pr 17,25
כַּ֣עַס לְ֭אָבִיו בֵּ֣ן כְּסִ֑יל וּ֝מֶ֗מֶר לְיוֹלַדְתּֽוֹ׃

Pr 19,13
הַוֺּ֣ת לְ֭אָבִיו בֵּ֣ן כְּסִ֑יל וְדֶ֥לֶף טֹ֝רֵ֗ד מִדְיְנֵ֥י אִשָּֽׁה׃

§ 6 Le rapt: Ex 20, 15; 21, 16; Lv 19, 11a; Dt 5, 19; 24, 7

Dcl	CD	CA	CS
Ex 20, 15	Dt 24, 7	Ex 21, 16	Lv 19, 11a

Dcl — Ex 20, 15 לֹא תִּגְנֹב׃ 15

Dt 5, 19 וְלֹא תִּגְנֹב׃ 19

CD — Dt 24, 7 כִּי־יִמָּצֵא אִישׁ גֹּנֵב נֶפֶשׁ מֵאֶחָיו מִבְּנֵי יִשְׂרָאֵל וְהִתְעַמֶּר־בּוֹ וּמְכָרוֹ וּמֵת הַגַּנָּב הַהוּא וּבִעַרְתָּ הָרָע מִקִּרְבֶּךָ׃ 7

CA — Ex 21, 16 וְגֹנֵב אִישׁ וּמְכָרוֹ וְנִמְצָא בְיָדוֹ מוֹת יוּמָת׃ 16

CS — Lv 19, 11a לֹא תִּגְנֹבוּ 11

Gn 37, 24.27
כִּי גֻנֹּב גֻּנַּבְתִּי מֵאֶרֶץ הָעִבְרִים

Gn 40, 15
כִּי־גֻנֹּב גֻּנַּבְתִּי מֵאֶרֶץ הָעִבְרִים

Jr 7, 9a
הֲגָנֹב רָצֹחַ וְנָאֹף וְהִשָּׁבֵעַ לַשֶּׁקֶר

Os 4, 2
אָלֹה וְכַחֵשׁ וְרָצֹחַ וְגָנֹב וְנָאֹף פָּרָצוּ

Jb 24, 14
לָאוֹר יָקוּם רוֹצֵחַ יִקְטָל־עָנִי וְאֶבְיוֹן וּבַלַּיְלָה יְהִי כַגַּנָּב׃ 14

Ex 21, 17, cf § 5 (Le respect des parents)

§ 7   Ex 21, 18-19

§ 7 Coups et blessures à un homme: Ex 21, 18-19; Lv 24, 19-20; Dt 27, 24

CA	CS	AL
Ex 21, 18-19	Lv 24, 19-20	Dt 27, 24
18 וְכִי־יְרִיבֻן אֲנָשִׁים וְהִכָּה־אִישׁ אֶת־רֵעֵהוּ בְּאֶבֶן אוֹ בְאֶגְרֹף[a] וְלֹא יָמוּת וְנָפַל לְמִשְׁכָּב׃ 19 אִם־יָקוּם וְהִתְהַלֵּךְ בַּחוּץ עַל־מִשְׁעַנְתּוֹ וְנִקָּה הַמַּכֶּה רַק שִׁבְתּוֹ יִתֵּן וְרַפֹּא יְרַפֵּא׃	19 וְאִישׁ כִּי־יִתֵּן מוּם בַּעֲמִיתוֹ כַּאֲשֶׁר עָשָׂה כֵּן יֵעָשֶׂה לּוֹ׃ 20 שֶׁבֶר תַּחַת שֶׁבֶר עַיִן תַּחַת עַיִן שֵׁן תַּחַת שֵׁן כַּאֲשֶׁר יִתֵּן מוּם בָּאָדָם כֵּן יִנָּתֶן בּוֹ׃	24 אָרוּר מַכֵּה רֵעֵהוּ בַּסָּתֶר וְאָמַר כָּל־הָעָם אָמֵן׃

(CD)

Gn 4, 23

23 וַיֹּאמֶר לֶמֶךְ לְנָשָׁיו עָדָה וְצִלָּה שְׁמַעַן קוֹלִי נְשֵׁי לֶמֶךְ הַאְזֵנָּה אִמְרָתִי כִּי אִישׁ הָרַגְתִּי לְפִצְעִי וְיֶלֶד לְחַבֻּרָתִי׃

§ 8 Le meurtre d'un esclave par son maître: Ex 21, 20-21

§ 9 L'accouchement d'une femme suite à des coups: Ex 21, 22-25

§ 10 Le talion Ex 21, 22-25; Lv 24, 17-22; Dt 19, 16-21

CS	CA	CD
Lv 24, 17-22	Ex 21, 22-25	Dt 19, 16-21

CS — Lv 24, 17-22

17 וְאִ֕ישׁ כִּ֥י יַכֶּ֖ה כָּל־נֶ֣פֶשׁ אָדָ֑ם מ֖וֹת יוּמָֽת׃

18 וּמַכֵּ֥ה נֶֽפֶשׁ־בְּהֵמָ֖ה יְשַׁלְּמֶ֑נָּה נֶ֖פֶשׁ תַּ֥חַת נָֽפֶשׁ׃

19 וְאִ֕ישׁ כִּֽי־יִתֵּ֥ן מ֖וּם בַּעֲמִית֑וֹ כַּאֲשֶׁ֣ר עָשָׂ֔ה כֵּ֖ן יֵעָ֥שֶׂה לּֽוֹ׃

20 שֶׁ֚בֶר תַּ֣חַת שֶׁ֔בֶר עַ֚יִן תַּ֣חַת עַ֔יִן שֵׁ֖ן תַּ֣חַת שֵׁ֑ן כַּאֲשֶׁ֨ר יִתֵּ֥ן מוּם֙ בָּֽאָדָ֔ם כֵּ֖ן יִנָּ֥תֶן בּֽוֹ׃

(18) ...

CA — Ex 21, 22-25

22 וְכִֽי־יִנָּצ֣וּ אֲנָשִׁ֗ים וְנָ֨גְפ֜וּ אִשָּׁ֤ה הָרָה֙ וְיָצְא֣וּ יְלָדֶ֔יהָ וְלֹ֥א יִהְיֶ֖ה אָס֑וֹן עָנ֣וֹשׁ יֵעָנֵ֗שׁ כַּֽאֲשֶׁ֨ר יָשִׁ֤ית עָלָיו֙ בַּ֣עַל הָֽאִשָּׁ֔ה וְנָתַ֖ן בִּפְלִלִֽים׃

23 וְאִם־אָס֖וֹן יִהְיֶ֑ה וְנָתַתָּ֥ה נֶ֖פֶשׁ תַּ֥חַת נָֽפֶשׁ׃

24 עַ֚יִן תַּ֣חַת עַ֔יִן שֵׁ֖ן תַּ֣חַת שֵׁ֑ן יָ֚ד תַּ֣חַת יָ֔ד רֶ֖גֶל תַּ֥חַת רָֽגֶל׃

25 כְּוִיָּה֙ תַּ֣חַת כְּוִיָּ֔ה פֶּ֖צַע תַּ֣חַת פָּ֑צַע חַבּוּרָ֕ה תַּ֖חַת חַבּוּרָֽה׃

CD — Dt 19, 16-21

16 כִּֽי־יָק֥וּם עֵד־חָמָ֖ס בְּאִ֑ישׁ לַעֲנ֥וֹת בּ֖וֹ סָרָֽה׃

17 וְעָמְד֧וּ שְׁנֵֽי־הָאֲנָשִׁ֛ים אֲשֶׁר־לָהֶ֥ם הָרִ֖יב לִפְנֵ֣י יְהוָ֑ה לִפְנֵ֤י הַכֹּֽהֲנִים֙ וְהַשֹּׁ֣פְטִ֔ים אֲשֶׁ֥ר יִהְי֖וּ בַּיָּמִ֥ים הָהֵֽם׃

18 וְדָרְשׁ֥וּ הַשֹּׁפְטִ֖ים הֵיטֵ֑ב וְהִנֵּ֤ה עֵד־שֶׁ֙קֶר֙ הָעֵ֔ד שֶׁ֖קֶר עָנָ֥ה בְאָחִֽיו׃

19 וַעֲשִׂ֣יתֶם ל֔וֹ כַּאֲשֶׁ֥ר זָמַ֖ם לַעֲשׂ֣וֹת לְאָחִ֑יו וּבִֽעַרְתָּ֥ הָרָ֖ע מִקִּרְבֶּֽךָ׃

20 וְהַנִּשְׁאָרִ֥ים יִשְׁמְע֖וּ וְיִרָ֑אוּ וְלֹֽא־יֹסִ֨פוּ לַעֲשׂ֜וֹת ע֗וֹד כַּדָּבָ֥ר הָרָ֛ע הַזֶּ֖ה בְּקִרְבֶּֽךָ׃

21 וְלֹ֥א תָח֖וֹס עֵינֶ֑ךָ נֶ֣פֶשׁ בְּנֶ֗פֶשׁ עַ֤יִן בְּעַ֙יִן֙ שֵׁ֣ן בְּשֵׁ֔ן יָ֥ד בְּיָ֖ד רֶ֥גֶל בְּרָֽגֶל׃

24

§ 12 Les coups donnés par un boeuf: Ex 21, 28-32

Pr 24, 29

29 אַל־תֹּאמַר כַּאֲשֶׁר עָשָׂה־לִי כֵּן אֶעֱשֶׂה־לּוֹ אָשִׁיב לָאִישׁ כְּפָעֳלוֹ:

2 R 10, 24

24 וַיָּבֹאוּ לַעֲשׂוֹת זְבָחִים וְעֹלוֹת וְיֵהוּא שָׂם־לוֹ בַחוּץ שְׁמֹנִים אִישׁ וַיֹּאמֶר הָאִישׁ אֲשֶׁר־יִמָּלֵט מִן־הָאֲנָשִׁים אֲשֶׁר אֲנִי מֵבִיא עַל־יְדֵיכֶם נַפְשׁוֹ תַּחַת נַפְשׁוֹ:

1 R 20, 39.42

39 וַיְהִי הַמֶּלֶךְ עֹבֵר וְהוּא צָעַק אֶל־הַמֶּלֶךְ וַיֹּאמֶר עַבְדְּךָ יָצָא בְקֶרֶב־הַמִּלְחָמָה וְהִנֵּה־אִישׁ סָר וַיָּבֵא אֵלַי אִישׁ וַיֹּאמֶר שְׁמֹר אֶת־הָאִישׁ הַזֶּה אִם־הִפָּקֵד יִפָּקֵד וְהָיְתָה נַפְשְׁךָ תַּחַת נַפְשׁוֹ אוֹ כִכַּר־כֶּסֶף תִּשְׁקוֹל:
42 וַיֹּאמֶר אֵלָיו כֹּה אָמַר יְהוָה יַעַן שִׁלַּחְתָּ אֶת־אִישׁ־חֶרְמִי מִיָּד וְהָיְתָה נַפְשְׁךָ תַּחַת נַפְשׁוֹ וְעַמְּךָ תַּחַת עַמּוֹ:

Ex 21, 36

36 אוֹ נוֹדַע כִּי שׁוֹר נַגָּח הוּא מִתְּמוֹל שִׁלְשֹׁם וְלֹא יִשְׁמְרֶנּוּ בְּעָלָיו שַׁלֵּם יְשַׁלֵּם שׁוֹר תַּחַת הַשּׁוֹר וְהַמֵּת יִהְיֶה־לּוֹ:

Gn 4, 23-24

23 וַיֹּאמֶר לֶמֶךְ לְנָשָׁיו עָדָה וְצִלָּה שְׁמַעַן קוֹלִי נְשֵׁי לֶמֶךְ הַאְזֵנָּה אִמְרָתִי כִּי אִישׁ הָרַגְתִּי לְפִצְעִי וְיֶלֶד לְחַבֻּרָתִי:
24 כִּי שִׁבְעָתַיִם יֻקַּם־קָיִן וְלֶמֶךְ שִׁבְעִים וְשִׁבְעָה:

§ 13 Ex 21, 33-34

§ 13 Atteintes à la vie d'une bête: Ex 21, 33-34; Lv 24, 18. 21a

CA	CS	
Ex 21, 33-34	Lv 24, 18	Lv 24, 21a

CA — Ex 21, 33-34

33 וְכִי־יִפְתַּח אִישׁ בּוֹר אוֹ כִּי־יִכְרֶה אִישׁ בֹּר וְלֹא יְכַסֶּנּוּ וְנָפַל־שָׁמָּה שּׁוֹר אוֹ חֲמוֹר׃
34 בַּעַל הַבּוֹר יְשַׁלֵּם כֶּסֶף יָשִׁיב לִבְעָלָיו וְהַמֵּת יִהְיֶה־לּוֹ׃

CS

Lv 24, 18
18 וּמַכֵּה נֶפֶשׁ־בְּהֵמָה[b] יְשַׁלְּמֶנָּה
נֶפֶשׁ תַּחַת נָפֶשׁ׃

Lv 24, 21a
21 וּמַכֵּה בְהֵמָה[a] יְשַׁלְּמֶנָּה

(CD)

§ 14 Les coups entre boeufs: Ex 21, 35-36

§ 15 Le vol de bétail: Ex 21, 37 - 22, 3

(CD)

CA

(CS)

Ex 21, 37 - 22, 3

כִּי יִגְנֹב־אִישׁ שׁוֹר אוֹ־שֶׂה וּטְבָחוֹ אוֹ מְכָרוֹ חֲמִשָּׁה בָקָר יְשַׁלֵּם תַּחַת הַשּׁוֹר וְאַרְבַּע־צֹאן תַּחַת הַשֶּׂה׃ [a]כ 37

אִם־בַּמַּחְתֶּרֶת יִמָּצֵא הַגַּנָּב וְהֻכָּה וָמֵת אֵין לוֹ דָּמִים׃ 1

אִם־זָרְחָה הַשֶּׁמֶשׁ עָלָיו דָּמִים לוֹ שַׁלֵּם יְשַׁלֵּם אִם־אֵין לוֹ וְנִמְכַּר בִּגְנֵבָתוֹ׃ 2 [a]עֹלוֹ

אִם־הִמָּצֵא תִמָּצֵא בְיָדוֹ הַגְּנֵבָה מִשּׁוֹר עַד־חֲמוֹר עַד־שֶׂה חַיִּים שְׁנַיִם יְשַׁלֵּם׃ 3

Ex 20, 17b

לֹא־תַחְמֹד [d]אֵשֶׁת רֵעֶךָ וְעַבְדּוֹ וַאֲמָתוֹ וְשׁוֹרוֹ וַחֲמֹרוֹ וְכֹל אֲשֶׁר לְרֵעֶךָ׃ 17

Dt 5, 21b

וְלֹא תִתְאַוֶּה [d]בֵּית רֵעֶךָ שָׂדֵהוּ וְעַבְדּוֹ וַאֲמָתוֹ שׁוֹרוֹ וַחֲמֹרוֹ וְכֹל אֲשֶׁר לְרֵעֶךָ׃ 21

Jb 24, 2

גְּבֻלוֹת יַשִּׂיגוּ עֵדֶר גָּזְלוּ וַיִּרְעוּ׃

2 S 12, 4-6

§ 16 Les dégâts aux cultures dus aux troupeaux: Ex 22, 4

§ 17 Les dégâts aux cultures dus au feu: Ex 22, 5

§ 18 La garde d'argent ou d'objets: Ex 22, 6-8; Lv 5, 20-26

CA	(CS)	(CD)	P
Ex 22, 6-8			Lv 5, 20-26

P — Lv 5, 20-26

20 וַיְדַבֵּר יְהוָה אֶל־מֹשֶׁה לֵּאמֹר[a]

21 נֶפֶשׁ כִּי תֶחֱטָא וּמָעֲלָה מַעַל בַּיהוָה וְכִחֵשׁ בַּעֲמִיתוֹ בְּפִקָּדוֹן אוֹ־בִתְשׂוּמֶת יָד אוֹ בְגָזֵל אוֹ עָשַׁק אֶת־עֲמִיתוֹ

22 אוֹ־מָצָא אֲבֵדָה וְכִחֶשׁ בָּהּ וְנִשְׁבַּע עַל־שָׁקֶר עַל־אַחַת מִכֹּל אֲשֶׁר־יַעֲשֶׂה הָאָדָם לַחֲטֹא בָהֵנָּה

23 וְהָיָה כִּי־יֶחֱטָא וְאָשֵׁם וְהֵשִׁיב אֶת־הַגְּזֵלָה אֲשֶׁר גָּזָל אוֹ אֶת־הָעֹשֶׁק אֲשֶׁר עָשָׁק אוֹ אֶת־הַפִּקָּדוֹן אֲשֶׁר הָפְקַד אִתּוֹ אוֹ אֶת־הָאֲבֵדָה אֲשֶׁר מָצָא

24 אוֹ מִכֹּל אֲשֶׁר־יִשָּׁבַע עָלָיו לַשֶּׁקֶר[b] וְשִׁלַּם אֹתוֹ בְּרֹאשׁוֹ וַחֲמִשִׁתָיו יֹסֵף עָלָיו לַאֲשֶׁר הוּא לוֹ יִתְּנֶנּוּ בְּיוֹם אַשְׁמָתוֹ

25 וְאֶת־אֲשָׁמוֹ יָבִיא לַיהוָה אַיִל תָּמִים מִן־הַצֹּאן בְּעֶרְכְּךָ לְאָשָׁם אֶל־הַכֹּהֵן

26 וְכִפֶּר עָלָיו הַכֹּהֵן לִפְנֵי יְהוָה וְנִסְלַח לוֹ עַל־אַחַת מִכֹּל אֲשֶׁר יַעֲשֶׂה לְאַשְׁמָה בָהּ

CA — Ex 22, 6-8

6 כִּי־יִתֵּן אִישׁ אֶל־רֵעֵהוּ כֶּסֶף אוֹ־כֵלִים לִשְׁמֹר וְגֻנַּב מִבֵּית הָאִישׁ אִם־יִמָּצֵא הַגַּנָּב יְשַׁלֵּם שְׁנָיִם

7 אִם־לֹא יִמָּצֵא הַגַּנָּב וְנִקְרַב בַּעַל־הַבַּיִת אֶל־הָאֱלֹהִים[b] אִם־לֹא שָׁלַח יָדוֹ בִּמְלֶאכֶת רֵעֵהוּ

8 עַל־כָּל־דְּבַר־פֶּשַׁע[d] עַל־שׁוֹר עַל־חֲמוֹר עַל־שֶׂה עַל־שַׂלְמָה עַל־כָּל־אֲבֵדָה אֲשֶׁר יֹאמַר כִּי־הוּא זֶה עַד הָאֱלֹהִים יָבֹא דְּבַר־שְׁנֵיהֶם אֲשֶׁר יַרְשִׁיעֻן אֱלֹהִים יְשַׁלֵּם שְׁנַיִם לְרֵעֵהוּ

§ 19 La garde d'animaux domestiques: Ex 22, 9-12

(CD)　　　　　　　　　　(CS)

	CA
	Ex 22, 9-12

9 כִּי־יִתֵּן אִישׁ אֶל־רֵעֵהוּ חֲמוֹר אוֹ־שׁוֹר אוֹ־שֶׂה וְכָל־בְּהֵמָה לִשְׁמֹר

וּמֵת אוֹ־נִשְׁבַּר אוֹ־נִשְׁבָּה אֵין רֹאֶה׃ 10

שְׁבֻעַת יְהוָה תִּהְיֶה בֵּין שְׁנֵיהֶם

אִם־לֹא שָׁלַח יָדוֹ בִּמְלֶאכֶת רֵעֵהוּ

וְלָקַח בְּעָלָיו וְלֹא יְשַׁלֵּם׃ 11

וְאִם־גָּנֹב יִגָּנֵב מֵעִמּוֹ יְשַׁלֵּם לִבְעָלָיו׃ 12

אִם־טָרֹף יִטָּרֵף יְבִאֵהוּ עֵד

הַטְּרֵפָה לֹא יְשַׁלֵּם׃

Gn 31, 39

טְרֵפָה לֹא־הֵבֵאתִי אֵלֶיךָ אָנֹכִי אֲחַטֶּנָּה מִיָּדִי תְּבַקְשֶׁנָּה גְּנֻבְתִי יוֹם וּגְנֻבְתִי לָיְלָה׃

Ex 22, 8

עַל־כָּל־דְּבַר־פֶּשַׁע עַל־שׁוֹר עַל־חֲמוֹר עַל־שֶׂה עַל־שַׂלְמָה עַל־כָּל־אֲבֵדָה אֲשֶׁר יֹאמַר כִּי־הוּא זֶה עַד הָאֱלֹהִים יָבֹא דְּבַר־שְׁנֵיהֶם אֲשֶׁר יַרְשִׁיעֻן אֱלֹהִים יְשַׁלֵּם שְׁנַיִם לְרֵעֵהוּ׃

§ 20 L'emprunt d'animaux domestiques: Ex 22, 13-14

§ 21 Les relations sexuelles avec une vierge non fiancée: Ex 22, 15-16; Dt 22, 28-29

CD	CA	(CS)
Dt 22, 28-29	Ex 22, 15-16	

Gn 34, 2.11-12

2 וַיַּרְא אֹתָהּ שְׁכֶם בֶּן־חֲמוֹר הַחִוִּי נְשִׂיא הָאָרֶץ וַיִּקַּח אֹתָהּ וַיִּשְׁכַּב אֹתָהּ וַיְעַנֶּהָ׃

11 וַיֹּאמֶר שְׁכֶם אֶל־אָבִיהָ וְאֶל־אַחֶיהָ אֶמְצָא־חֵן בְּעֵינֵיכֶם וַאֲשֶׁר תֹּאמְרוּ אֵלַי אֶתֵּן׃

12 הַרְבּוּ עָלַי מְאֹד מֹהַר וּמַתָּן וְאֶתְּנָה כַּאֲשֶׁר תֹּאמְרוּ אֵלָי וּתְנוּ־לִי אֶת־הַנַּעֲרָ לְאִשָּׁה׃

Ex 22, 15-16 (CA):

15 וְכִי־יְפַתֶּה אִישׁ בְּתוּלָה אֲשֶׁר לֹא־אֹרָשָׂה וְשָׁכַב עִמָּהּ מָהֹר יִמְהָרֶנָּה לּוֹ לְאִשָּׁה׃

16 אִם־מָאֵן יְמָאֵן אָבִיהָ לְתִתָּהּ לוֹ כֶּסֶף יִשְׁקֹל כְּמֹהַר הַבְּתוּלֹת׃

Dt 22, 28-29 (CD):

28 כִּי־יִמְצָא אִישׁ נַעֲרָ בְתוּלָה אֲשֶׁר לֹא־אֹרָשָׂה וּתְפָשָׂהּ וְשָׁכַב עִמָּהּ וְנִמְצָאוּ׃

29 וְנָתַן הָאִישׁ הַשֹּׁכֵב עִמָּהּ לַאֲבִי הַנַּעֲרָ חֲמִשִּׁים כָּסֶף וְלוֹ־תִהְיֶה לְאִשָּׁה תַּחַת אֲשֶׁר עִנָּהּ לֹא־יוּכַל שַׁלְּחָהּ כָּל־יָמָיו׃

§ 22 Devins et magiciens: Ex 22, 17; Lv 19, 26b.31; 20. 6-8.27; Dt 18, 9-14

CD Dt 18, 9-14	CA Ex 22, 17	Lv 19, 26b.31	CS Lv 20. 6-8	Lv 20, 27
9 כִּי אַתָּה בָּא אֶל־הָאָרֶץ אֲשֶׁר־יְהוָה אֱלֹהֶיךָ נֹתֵן לָךְ לֹא־תִלְמַד לַעֲשׂוֹת כְּתוֹעֲבֹת הַגּוֹיִם הָהֵם׃				
10 לֹא־יִמָּצֵא בְךָ מַעֲבִיר בְּנוֹ־וּבִתּוֹ בָּאֵשׁ קֹסֵם קְסָמִים מְעוֹנֵן וּמְנַחֵשׁ וּמְכַשֵּׁף׃				
11 וְחֹבֵר חָבֶר וְשֹׁאֵל אוֹב וְיִדְּעֹנִי וְדֹרֵשׁ אֶל־הַמֵּתִים׃				
12 כִּי־תוֹעֲבַת יְהוָה כָּל־עֹשֵׂה אֵלֶּה וּבִגְלַל הַתּוֹעֵבֹת הָאֵלֶּה יְהוָה אֱלֹהֶיךָ מוֹרִישׁ אוֹתָם מִפָּנֶיךָ׃				
13 תָּמִים תִּהְיֶה עִם יְהוָה אֱלֹהֶיךָ׃				
14 כִּי הַגּוֹיִם הָאֵלֶּה אֲשֶׁר אַתָּה יוֹרֵשׁ אוֹתָם אֶל־מְעֹנְנִים וְאֶל־קֹסְמִים יִשְׁמָעוּ וְאַתָּה לֹא כֵן נָתַן לְךָ יְהוָה אֱלֹהֶיךָ׃	17 מְכַשֵּׁפָה לֹא תְחַיֶּה׃	26 … לֹא תְנַחֲשׁוּ וְלֹא תְעוֹנֵנוּ׃ 31 אַל־תִּפְנוּ אֶל־הָאֹבֹת וְאֶל־הַיִּדְּעֹנִים אַל־תְּבַקְשׁוּ לְטָמְאָה בָהֶם אֲנִי יְהוָה אֱלֹהֵיכֶם׃	6 וְהַנֶּפֶשׁ אֲשֶׁר תִּפְנֶה אֶל־הָאֹבֹת וְאֶל־הַיִּדְּעֹנִים לִזְנוֹת אַחֲרֵיהֶם וְנָתַתִּי אֶת־פָּנַי בַּנֶּפֶשׁ הַהִוא וְהִכְרַתִּי אֹתוֹ מִקֶּרֶב עַמּוֹ׃	27 וְאִישׁ אוֹ־אִשָּׁה כִּי־יִהְיֶה בָהֶם אוֹב אוֹ יִדְּעֹנִי מוֹת יוּמָתוּ בָּאֶבֶן יִרְגְּמוּ אֹתָם דְּמֵיהֶם בָּם׃
			7 וְהִתְקַדִּשְׁתֶּם וִהְיִיתֶם קְדֹשִׁים כִּי אֲנִי יְהוָה אֱלֹהֵיכֶם׃	
			8 וּשְׁמַרְתֶּם אֶת־חֻקֹּתַי וַעֲשִׂיתֶם אֹתָם אֲנִי יְהוָה מְקַדִּשְׁכֶם׃	

19 וְכִי־יֹאמְרוּ אֲלֵיכֶם דִּרְשׁוּ אֶל־הָאֹבוֹת וְאֶל־הַיִּדְּעֹנִים הַמְצַפְצְפִים וְהַמַּהְגִּים הֲלוֹא־עַם אֶל־אֱלֹהָיו יִדְרֹשׁ בְּעַד הַחַיִּים אֶל־הַמֵּתִים:

20 לְתוֹרָה וְלִתְעוּדָה אִם־לֹא יֹאמְרוּ כַּדָּבָר הַזֶּה אֲשֶׁר אֵין־לוֹ שָׁחַר:

Es 2 6

6 כִּי נָטַשְׁתָּה עַמְּךָ בֵּית יַעֲקֹב כִּי מָלְאוּ מִקֶּדֶם וְעֹנְנִים כַּפְּלִשְׁתִּים וּבְיַלְדֵי נָכְרִים יַשְׂפִּיקוּ:

Es 8.19-20

6 ...

2 R 23.24

24 וְגַם אֶת־הָאֹבוֹת וְאֶת־הַיִּדְּעֹנִים וְאֶת־הַתְּרָפִים וְאֶת־הַגִּלֻּלִים וְאֵת כָּל־הַשִּׁקֻּצִים...

2 R 21.6

6 וְהֶעֱבִיר אֶת־בְּנוֹ בָּאֵשׁ וְעוֹנֵן וְנִחֵשׁ וְעָשָׂה אוֹב וְיִדְּעֹנִים הִרְבָּה לַעֲשׂוֹת הָרַע בְּעֵינֵי יְהוָה לְהַכְעִיס:

2 R 17.17

17 וַיַּעֲבִירוּ אֶת־בְּנֵיהֶם וְאֶת־בְּנוֹתֵיהֶם בָּאֵשׁ וַיִּקְסְמוּ קְסָמִים וַיְנַחֵשׁוּ...

2 R 9.22

22 ...מָה הַשָּׁלוֹם עַד־זְנוּנֵי אִיזֶבֶל אִמְּךָ וּכְשָׁפֶיהָ הָרַבִּים:

1 S 28.3b.6-9

3 ...

6 וַיִּשְׁאַל שָׁאוּל בַּיהוָה וְלֹא עָנָהוּ יְהוָה גַּם בַּחֲלֹמוֹת גַּם בָּאוּרִים גַּם בַּנְּבִיאִם:

7 וַיֹּאמֶר שָׁאוּל לַעֲבָדָיו בַּקְּשׁוּ־לִי אֵשֶׁת בַּעֲלַת־אוֹב וְאֵלְכָה אֵלֶיהָ וְאֶדְרְשָׁה־בָּהּ...

8 ...

1 S 15.23

23 כִּי חַטַּאת־קֶסֶם מֶרִי וְאָוֶן וּתְרָפִים הַפְצַר...

Nb 23.23

23 כִּי לֹא־נַחַשׁ בְּיַעֲקֹב וְלֹא־קֶסֶם בְּיִשְׂרָאֵל...

6 וַאֲמַרְתֶּם אַתֶּם ... לְכַל ... וַיֹּאמֶר יְהוָה אֱלֹהֵיכֶם ...

14 וְלֹא ... אַשֶּׁר ... וַיַּעַשׂ ...
1 Ch 10, 13-14a
2 Ch 33, 6

13 וַיַּרְא ... אֲשֶׁר ...

5 וְהָיָה ... אֱלֹהֵיכֶם ...
Ml 3, 5a

2 כִּי ... הַתְּרָפִים ...
Za 10, 2

11 וְהִכְרַתִּי ... מְעוֹנְנִים לֹא יִהְיוּ־לָךְ ...
Mi 5, 11

6 ... 7 ... 18
Ez 13, 6-7.18

8 וְאַתֶּם אַל־תִּשְׁמְעוּ אֶל־נְבִיאֵיכֶם ...
Jr 29, 8

9 וְאַתֶּם אַל־תִּשְׁמְעוּ אֶל־נְבִיאֵיכֶם ...
Jr 27, 9

4 ...
Es 65, 4

3 וְאַתֶּם קִרְבוּ־הֵנָּה ...
Es 57, 3-4

25 ... 26 ...
Es 44, 25-26a

32

§ 23 La zoophilie: Ex 22, 18; Lv 18, 23-30; 20, 15-16; Dt 27, 21

CA Ex 22.18	Lv 18.23-30	CS	Lv 20.15-16	AL Dt 27.21

(CD)

CA — Ex 22.18

18 כָּל־שֹׁכֵב עִם־בְּהֵמָה

מוֹת יוּמָת׃

Lv 18.23-30

וּבְכָל־בְּהֵמָה לֹא־תִתֵּן שְׁכָבְתְּךָ לְטָמְאָה־בָהּ וְאִשָּׁה לֹא־תַעֲמֹד לִפְנֵי בְהֵמָה לְרִבְעָהּ תֶּבֶל הוּא׃

אַל־תִּטַּמְּאוּ בְּכָל־אֵלֶּה כִּי בְכָל־אֵלֶּה נִטְמְאוּ הַגּוֹיִם אֲשֶׁר־אֲנִי מְשַׁלֵּחַ מִפְּנֵיכֶם׃ 24

וַתִּטְמָא הָאָרֶץ וָאֶפְקֹד עֲוֺנָהּ עָלֶיהָ וַתָּקִא הָאָרֶץ אֶת־יֹשְׁבֶיהָ׃ 25

וּשְׁמַרְתֶּם אַתֶּם אֶת־חֻקֹּתַי וְאֶת־מִשְׁפָּטַי וְלֹא תַעֲשׂוּ מִכֹּל הַתּוֹעֵבֹת הָאֵלֶּה הָאֶזְרָח וְהַגֵּר הַגָּר בְּתוֹכְכֶם׃ 26

כִּי אֶת־כָּל־הַתּוֹעֵבֹת הָאֵל עָשׂוּ אַנְשֵׁי־הָאָרֶץ אֲשֶׁר לִפְנֵיכֶם וַתִּטְמָא הָאָרֶץ׃ 27

וְלֹא־תָקִיא הָאָרֶץ אֶתְכֶם בְּטַמַּאֲכֶם אֹתָהּ כַּאֲשֶׁר קָאָה אֶת־הַגּוֹי אֲשֶׁר לִפְנֵיכֶם׃ 28

כִּי כָּל־אֲשֶׁר יַעֲשֶׂה מִכֹּל הַתּוֹעֵבֹת הָאֵלֶּה וְנִכְרְתוּ הַנְּפָשׁוֹת הָעֹשֹׂת מִקֶּרֶב עַמָּם׃ 29

וּשְׁמַרְתֶּם אֶת־מִשְׁמַרְתִּי לְבִלְתִּי עֲשׂוֹת מֵחֻקּוֹת הַתּוֹעֵבֹת אֲשֶׁר נַעֲשׂוּ לִפְנֵיכֶם וְלֹא תִטַּמְּאוּ בָּהֶם אֲנִי יְהוָה אֱלֹהֵיכֶם׃ 30

Lv 20.15-16

15 וְאִישׁ אֲשֶׁר יִתֵּן שְׁכָבְתּוֹ בִּבְהֵמָה מוֹת יוּמָת וְאֶת־הַבְּהֵמָה תַּהֲרֹגוּ׃

16 וְאִשָּׁה אֲשֶׁר תִּקְרַב אֶל־כָּל־בְּהֵמָה לְרִבְעָה אֹתָהּ וְהָרַגְתָּ אֶת־הָאִשָּׁה וְאֶת־הַבְּהֵמָה מוֹת יוּמָתוּ דְּמֵיהֶם בָּם׃

AL — Dt 27.21

21 אָרוּר שֹׁכֵב עִם־כָּל־בְּהֵמָה

וְאָמַר כָּל־הָעָם אָמֵן׃

Ex 22, 19, cf § 1 (Les autres dieux, les idoles et leurs cultes)

§ 24 Le respect de l'étranger, de l'orphelin et de la veuve: Ex 22, 20-23; 23, 9; Lv 19, 33-34; Dt 24, 17-18; 27, 19

CD	CA		CS	AL
Dt 24, 17-18	Ex 22, 20-23	Ex 23, 9	Lv 19, 33-34	Dt 27, 19

AL — Dt 27, 19

אָרוּר מַטֶּה מִשְׁפַּט גֵּר־יָתוֹם 19
וְאַלְמָנָה
וְאָמַר כָּל־הָעָם אָמֵן׃

CS — Lv 19, 33-34

וְכִי־יָגוּר אִתְּךָ גֵּר בְּאַרְצְכֶם 33
לֹא תוֹנוּ אֹתוֹ׃
כְּאֶזְרָח מִכֶּם יִהְיֶה לָכֶם 34
הַגֵּר | הַגָּר אִתְּכֶם
וְאָהַבְתָּ לוֹ כָּמוֹךָ
כִּי־גֵרִים הֱיִיתֶם בְּאֶרֶץ מִצְרָיִם
(19) אֲנִי יְהוָה אֱלֹהֵיכֶם׃

CA — Ex 22, 20-23

וְגֵר לֹא־תוֹנֶה וְלֹא תִלְחָצֶנּוּ 20
כִּי־גֵרִים הֱיִיתֶם בְּאֶרֶץ מִצְרָיִם׃
כָּל־אַלְמָנָה וְיָתוֹם לֹא תְעַנּוּן׃ 21
אִם־עַנֵּה תְעַנֶּה אֹתוֹ 22
כִּי אִם־צָעֹק יִצְעַק אֵלַי
שָׁמֹעַ אֶשְׁמַע צַעֲקָתוֹ׃
וְחָרָה אַפִּי וְהָרַגְתִּי אֶתְכֶם 23
בֶּחָרֶב
וְהָיוּ נְשֵׁיכֶם אַלְמָנוֹת
וּבְנֵיכֶם יְתֹמִים׃

Ex 23, 9

וְגֵר לֹא תִלְחָץ 9

CD — Dt 24, 17-18

לֹא תַטֶּה מִשְׁפַּט גֵּר יָתוֹם 17
וְלֹא תַחֲבֹל בֶּגֶד אַלְמָנָה׃
(19) וְזָכַרְתָּ כִּי עֶבֶד הָיִיתָ בְּמִצְרַיִם 18
וַיִּפְדְּךָ יְהוָה אֱלֹהֶיךָ מִשָּׁם
עַל־כֵּן אָנֹכִי מְצַוְּךָ
לַעֲשׂוֹת אֶת־הַדָּבָר הַזֶּה׃

Lv 24, 22

מִשְׁפַּט אֶחָד יִהְיֶה לָכֶם כַּגֵּר כָּאֶזְרָח יִהְיֶה כִּי אֲנִי יְהוָה אֱלֹהֵיכֶם׃ 22

Nb 15, 16

תּוֹרָה אַחַת וּמִשְׁפָּט אֶחָד יִהְיֶה לָכֶם וְלַגֵּר הַגָּר אִתְּכֶם׃ 16

10 וַיֹּאמֶר יְהוָה אֵל לֹא תַעֲשֶׂה־לְּךָ פֶסֶל אֶל־הָעָם הַזֶּה כֹּה אָמְרוּ׃

Za 7,10

7 גֵּר לֹא תוֹנֶה וְלֹא תִלְחָצֶנּוּ כִּי־גֵרִים הֱיִיתֶם בְּאֶרֶץ מִצְרָיִם׃

Ez 22,7.29

29 עַם הָאָרֶץ עָשְׁקוּ עֹשֶׁק וְגָזְלוּ גָּזֵל וְעָנִי וְאֶבְיוֹן הוֹנוּ וְאֶת־הַגֵּר עָשְׁקוּ בְּלֹא מִשְׁפָּט׃

Jr 22,3

3 כֹּה אָמַר יְהוָה עֲשׂוּ מִשְׁפָּט וּצְדָקָה וְהַצִּילוּ גָזוּל מִיַּד עָשׁוֹק וְגֵר יָתוֹם וְאַלְמָנָה אַל־תֹּנוּ אַל־תַּחְמֹסוּ וְדָם נָקִי אַל־תִּשְׁפְּכוּ בַּמָּקוֹם הַזֶּה׃

Jr 7,6

6 גֵּר יָתוֹם וְאַלְמָנָה לֹא תַעֲשֹׁקוּ וְדָם נָקִי אַל־תִּשְׁפְּכוּ בַּמָּקוֹם הַזֶּה׃

Jr 5,28

28 שָׁמְנוּ עָשְׁתוּ גַּם עָבְרוּ דִבְרֵי־רָע דִּין לֹא־דָנוּ דִּין יָתוֹם וְיַצְלִיחוּ וּמִשְׁפַּט אֶבְיוֹנִים לֹא שָׁפָטוּ׃

Es 10,1-2

1 הוֹי הַחֹקְקִים חִקְקֵי־אָוֶן וּמְכַתְּבִים עָמָל כִּתֵּבוּ 2 לְהַטּוֹת מִדִּין דַּלִּים וְלִגְזֹל מִשְׁפַּט עֲנִיֵּי עַמִּי לִהְיוֹת אַלְמָנוֹת שְׁלָלָם וְאֶת־יְתוֹמִים יָבֹזּוּ׃

Es 1,17.23

17 לִמְדוּ הֵיטֵב דִּרְשׁוּ מִשְׁפָּט אַשְּׁרוּ חָמוֹץ שִׁפְטוּ יָתוֹם רִיבוּ אַלְמָנָה 23 שָׂרַיִךְ סוֹרְרִים וְחַבְרֵי גַּנָּבִים כֻּלּוֹ אֹהֵב שֹׁחַד וְרֹדֵף שַׁלְמֹנִים יָתוֹם לֹא יִשְׁפֹּטוּ וְרִיב אַלְמָנָה לֹא־יָבוֹא אֲלֵיהֶם׃

Dt 24,14

14 לֹא־תַעֲשֹׁק שָׂכִיר עָנִי וְאֶבְיוֹן מֵאַחֶיךָ אוֹ מִגֵּרְךָ אֲשֶׁר בְּאַרְצְךָ בִּשְׁעָרֶיךָ׃

Dt 10,17-19

17 כִּי יְהוָה אֱלֹהֵיכֶם הוּא אֱלֹהֵי הָאֱלֹהִים וַאֲדֹנֵי הָאֲדֹנִים הָאֵל הַגָּדֹל הַגִּבֹּר וְהַנּוֹרָא אֲשֶׁר לֹא־יִשָּׂא פָנִים וְלֹא יִקַּח שֹׁחַד 18 עֹשֶׂה מִשְׁפַּט יָתוֹם וְאַלְמָנָה וְאֹהֵב גֵּר לָתֶת לוֹ לֶחֶם וְשִׂמְלָה 19 וַאֲהַבְתֶּם אֶת־הַגֵּר כִּי־גֵרִים הֱיִיתֶם בְּאֶרֶץ מִצְרָיִם׃

Dt 1,16

16 וָאֲצַוֶּה אֶת־שֹׁפְטֵיכֶם בָּעֵת הַהִוא לֵאמֹר שָׁמֹעַ בֵּין־אֲחֵיכֶם וּשְׁפַטְתֶּם צֶדֶק בֵּין־אִישׁ וּבֵין־אָחִיו וּבֵין גֵּרוֹ׃

אֶת־גֵּר לֹא תוֹנֶה וְלֹא תִלְחָצֶנּוּ כִּי־גֵרִים הֱיִיתֶם בְּאֶרֶץ מִצְרָיִם׃ כָּל־אַלְמָנָה וְיָתוֹם לֹא תְעַנּוּן׃ אִם־עַנֵּה תְעַנֶּה אֹתוֹ כִּי אִם־צָעֹק יִצְעַק אֵלַי שָׁמֹעַ אֶשְׁמַע צַעֲקָתוֹ׃ וְחָרָה אַפִּי וְהָרַגְתִּי אֶתְכֶם בֶּחָרֶב וְהָיוּ נְשֵׁיכֶם אַלְמָנוֹת וּבְנֵיכֶם יְתֹמִים׃

21

וְהָיוּ נְשֵׁיכֶם אַלְמָנוֹת וּבְנֵיכֶם יְתֹמִים 21

Jb 31.21-22

אִם־הֲנִיפוֹתִי עַל־יָתוֹם יָדִי כִּי־אֶרְאֶה בַשַּׁעַר עֶזְרָתִי׃ 21

Jb 24.21

רֹעֶה עֲקָרָה לֹא תֵלֵד וְאַלְמָנָה לֹא יְיֵטִיב׃ 9

Jb 22.9

אַלְמָנוֹת שִׁלַּחְתָּ רֵיקָם וּזְרֹעוֹת יְתֹמִים יְדֻכָּא׃ 27

Jb 6.27

אַף עַל־יָתוֹם תַּפִּילוּ וְתִכְרוּ עַל־רֵיעֲכֶם׃

Ps 94.6

אַלְמָנָה וְגֵר יַהֲרֹגוּ וִיתוֹמִים יְרַצֵּחוּ׃ 6

Ps 82.3

שִׁפְטוּ־דָל וְיָתוֹם עָנִי וָרָשׁ הַצְדִּיקוּ׃ 3

Ml 3.5

וְקָרַבְתִּי אֲלֵיכֶם לַמִּשְׁפָּט וְהָיִיתִי עֵד מְמַהֵר בַּמְכַשְּׁפִים וּבַמְנָאֲפִים וְעָשְׁקֵי שְׂכַר־שָׂכִיר אַלְמָנָה וְיָתוֹם וּמַטֵּי־גֵר׃ 5

§ 25 Ex 22, 24-26

§ 25 Le prêt et les gages: Ex 22, 24-26; Lv 25, 35-38; Dt 23, 20-21; 24, 6.10-13.17b-18

Dt 23, 20-21	CD Dt 24, 6	Dt 24, 10-13	Dt 24, 17b-18	CA Ex 22, 24-26	CS Lv 25, 35-38

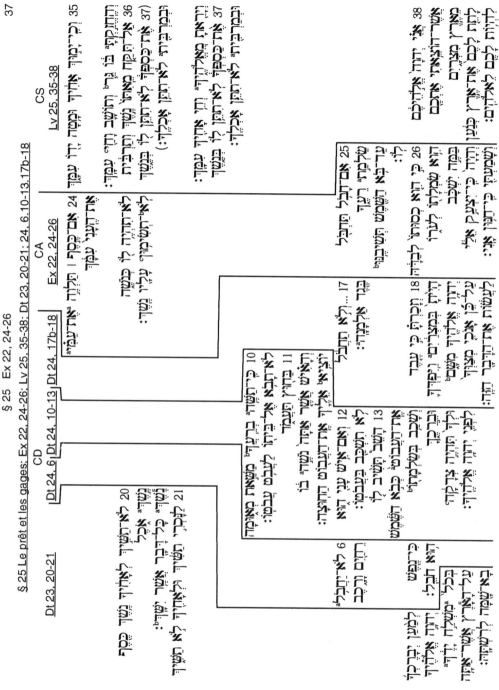

Dt 15, 1-3

Ez 18, 7-8*

Ez 18, 12-13a

Ez 18, 16-17a*

Ez 22, 12

Ez 33, 15

Am 2, 8

Ps 15, 5

Ps 109, 11

Jb 22, 6

Jb 24, 3.9

Pr 28, 8

§ 26 Le respect de Yahvé et de son nom: Ex 20, 7; 22, 27a; Lv 18, 21b; 19, 12; 22, 32-33; 24, 10-16.22-23; Dt 5, 11

Dcl			CS		Lv 18, 21b	CA	(CD)	Dt 5, 11
		Lv 19, 12	Lv 22, 32-33	Lv 24, 10-16.22-23		Ex 22, 27a		

Ex 20, 7

(Synopse hébraïque comparée des textes bibliques ; texte hébreu en colonnes parallèles avec versets numérotés : Lv 24, 10-16 ; Lv 22, 32-33 ; Lv 19, 12 ; Lv 18, 21 ; Ex 22, 27 ; Dt 5, 11 ; Ex 20, 7)

(Dcl)	(CD)	(CA)	(Lv 22, 32-33)	(Lv 24, 10-16.22-23)
			וַיֵּצֵא בֶּן־אִשָּׁה יִשְׂרְאֵלִית 33	וַיֵּצֵא בֶּן־אִשָּׁה יִשְׂרְאֵלִית 22

1 ...בְּמִשְׁפָּטַי | בְּחֻקֹּתַי לֵךְ וְאַל הָלַכְתָּ וְלֹא שָׁמַרְתָּ

וַיֵּצֵא וַיִּקְרָא אַבְרָהָם בְּגַרָר וַיֹּאמֶר אֶל־שָׂרָה אִשְׁתּוֹ אֲחֹתִי הִיא

...וְיִדְבַּק בְּאִשְׁתּוֹ וְהָיוּ לְבָשָׂר אֶחָד

Es 48, 1b

Es 8, 21

אֵל מֹשֶׁה לֵאמֹר | אֹתִי הֵן 4

אֲנִי יְהוָה | אֲנִי יְהוָה 6

Nb 30, 3

Lv 22, 2

Lv 21, 6

Lv 20, 3

Lv 5, 20-26

וַיְדַבֵּר יְהוָה אֶל־מֹשֶׁה לֵּאמֹר 20

Es 52.5

Jr 5.2

Jr 7.9

Ez 36.20

Os 4.2

Os 10.4

Za 8.17

Ml 3.5a

Ps 10.3.13

Ps 15.4

Ps 24.4

Ps 74.10.18

10 עַד־מָתַ֣י ׀ אֱלֹהִים֮ יְחָ֪רֶף צָ֥ר יְנָ֘אֵ֤ץ אוֹיֵ֖ב שִׁמְךָ֣ לָנֶֽצַח׃   18 זְכָר־זֹ֗את אוֹיֵ֤ב ׀ חֵרֵ֬ף יְהוָ֑ה וְעַ֥ם נָ֝בָ֗ל נִֽאֲצ֥וּ שְׁמֶֽךָ׃

4 נְקִ֥י כַפַּ֗יִם וּֽבַר־לֵ֫בָ֥ב אֲשֶׁ֤ר ׀ לֹא־נָשָׂ֣א לַשָּׁ֣וְא נַפְשִׁ֑י וְלֹ֖א נִשְׁבַּ֣ע לְמִרְמָֽה׃

4 נִבְזֶ֤ה ׀ בְּֽעֵ֘ינָ֤יו נִמְאָ֗ס וְאֶת־יִרְאֵ֣י יְהוָ֣ה יְכַבֵּ֑ד נִשְׁבַּ֥ע לְ֝הָרַ֗ע וְלֹ֣א יָמִֽר׃

3 כִּֽי־הִלֵּ֣ל רָ֭שָׁע עַל־תַּאֲוַ֣ת נַפְשׁ֑וֹ וּבֹצֵ֥עַ בֵּ֝רֵ֗ךְ נִ֘אֵ֥ץ ׀ יְהוָֽה׃   13 עַל־מֶ֤ה ׀ נִאֵ֖ץ רָשָׁ֥ע ׀ אֱלֹהִ֑ים אָמַ֥ר בְּ֝לִבּ֗וֹ לֹ֣א תִדְרֹֽשׁ׃

17 וְקָרַבְתִּ֣י אֲלֵיכֶם֮ לַמִּשְׁפָּט֒ וְהָיִ֣יתִי ׀ עֵ֣ד מְמַהֵ֗ר בַּֽמְכַשְּׁפִים֙ וּבַמְנָ֣אֲפִ֔ים וּבַנִּשְׁבָּעִ֖ים לַשָּׁ֑קֶר

17 וְאִ֣ישׁ ׀ אֶת־רָעַ֣ת רֵעֵ֗הוּ אַֽל־תַּחְשְׁבוּ֙ בִּלְבַבְכֶ֔ם וּשְׁבֻ֥עַת שֶׁ֖קֶר אַֽל־תֶּאֱהָ֑בוּ כִּ֧י אֶת־כָּל־אֵ֛לֶּה אֲשֶׁ֥ר שָׂנֵ֖אתִי נְאֻם־יְהוָֽה׃

4 דִּבְּר֣וּ דְבָרִ֔ים אָל֥וֹת שָׁ֖וְא כָּרֹ֣ת בְּרִ֑ית וּפָרַ֤ח כָּרֹאשׁ֙ מִשְׁפָּ֔ט עַ֖ל תַּלְמֵ֥י שָׂדָֽי׃

2 אָלֹ֣ה וְכַחֵ֔שׁ וְרָצֹ֥חַ וְגָנֹ֖ב וְנָאֹ֑ף פָּרָ֕צוּ וְדָמִ֥ים בְּדָמִ֖ים נָגָֽעוּ׃

20 וַיָּב֗וֹא אֶל־הַגּוֹיִם֙ אֲשֶׁר־בָּ֣אוּ שָׁ֔ם וַֽיְחַלְּל֖וּ אֶת־שֵׁ֣ם קָדְשִׁ֑י

9 הֲגָנֹ֤ב ׀ רָצֹ֨חַ֙ וְֽנָאֹ֔ף וְהִשָּׁבֵ֥עַ לַשֶּׁ֖קֶר

2 וְאִ֥ם חַי־יְהוָ֖ה יֹאמֵ֑רוּ לָכֵ֥ן לַשֶּׁ֖קֶר יִשָּׁבֵֽעוּ׃

5 וְעַתָּ֤ה מַה־לִּי־פֹה֙ נְאֻם־יְהוָ֔ה כִּֽי־לֻקַּ֥ח עַמִּ֖י חִנָּ֑ם

§ 27 Le respect du souverain: Ex 22, 27b

	(CD)	CA	(CS)
		Ex 22, 27b	

וְנָשִׂיא בְעַמְּךָ לֹא תָאֹר׃ 27

Nb 21,5

5 וַיְדַבֵּר הָעָם בֵּאלֹהִים וּבְמֹשֶׁה לָמָה הֶעֱלִיתֻנוּ מִמִּצְרַיִם לָמוּת בַּמִּדְבָּר

2 S 16,5

5 וּבָא הַמֶּלֶךְ דָּוִד עַד־בַּחוּרִים וְהִנֵּה מִשָּׁם אִישׁ יוֹצֵא מִמִּשְׁפַּחַת בֵּית־שָׁאוּל

2 S 19,22

22 וַיַּעַן אֲבִישַׁי בֶּן־צְרוּיָה וַיֹּאמֶר הֲתַחַת זֹאת לֹא יוּמַת שִׁמְעִי כִּי קִלֵּל אֶת־מְשִׁיחַ יְהוָה׃

1 R 21,10.13

Es 8,21

21 וְעָבַר בָּהּ נִקְשֶׁה וְרָעֵב וְהָיָה כִי־יִרְעַב וְהִתְקַצַּף וְקִלֵּל בְּמַלְכּוֹ וּבֵאלֹהָיו

Qo 10,20

20 גַּם בְּמַדָּעֲךָ מֶלֶךְ אַל־תְּקַלֵּל וּבְחַדְרֵי מִשְׁכָּבְךָ אַל־תְּקַלֵּל עָשִׁיר

§ 28 L'offrande des prémices: Ex 22, 28a; 23, 19a; 34, 26a; Lv 2, 14-16; Dt 26, 1-11

CD	Ex 22, 28a	CA	CS	P	AL
Dt 26, 1-11		Ex 23, 19a		Lv 2, 14-16	Ex 34, 26a

AL — Ex 34, 26a

26 רֵאשִׁית בִּכּוּרֵי
אַדְמָתְךָ תָּבִיא
בֵּית יְהוָה אֱלֹהֶיךָ

P — Lv 2, 14-16

14 וְאִם־תַּקְרִיב מִנְחַת
בִּכּוּרִים לַיהוָה
אָבִיב קָלוּי בָּאֵשׁ
גֶּרֶשׂ כַּרְמֶל תַּקְרִיב
אֵת מִנְחַת בִּכּוּרֶיךָ:
15 וְנָתַתָּ עָלֶיהָ שֶׁמֶן
וְשַׂמְתָּ עָלֶיהָ לְבֹנָה
מִנְחָה הִוא:
16 וְהִקְטִיר הַכֹּהֵן אֶת־
אַזְכָּרָתָהּ מִגִּרְשָׂהּ
וּמִשַּׁמְנָהּ עַל כָּל־
לְבֹנָתָהּ אִשֶּׁה לַיהוָה:

CA — Ex 23, 19a

19 רֵאשִׁית בִּכּוּרֵי
אַדְמָתְךָ תָּבִיא
בֵּית יְהוָה אֱלֹהֶיךָ

Ex 22, 28a

28 מְלֵאָתְךָ וְדִמְעֲךָ
לֹא תְאַחֵר

CD — Dt 26, 1-11

1 וְהָיָה כִּי־תָבוֹא אֶל־הָאָרֶץ אֲשֶׁר
יְהוָה אֱלֹהֶיךָ נֹתֵן לְךָ נַחֲלָה
וִירִשְׁתָּהּ וְיָשַׁבְתָּ בָּהּ:
2 וְלָקַחְתָּ מֵרֵאשִׁית כָּל־פְּרִי הָאֲדָמָה
אֲשֶׁר תָּבִיא מֵאַרְצְךָ אֲשֶׁר יְהוָה
אֱלֹהֶיךָ נֹתֵן לָךְ וְשַׂמְתָּ בַטֶּנֶא
וְהָלַכְתָּ אֶל־הַמָּקוֹם אֲשֶׁר יִבְחַר
יְהוָה אֱלֹהֶיךָ לְשַׁכֵּן שְׁמוֹ שָׁם:
3 וּבָאתָ אֶל־הַכֹּהֵן אֲשֶׁר יִהְיֶה
בַּיָּמִים הָהֵם וְאָמַרְתָּ אֵלָיו הִגַּדְתִּי
הַיּוֹם לַיהוָה אֱלֹהֶיךָ כִּי־בָאתִי אֶל־
הָאָרֶץ אֲשֶׁר נִשְׁבַּע יְהוָה לַאֲבֹתֵינוּ
לָתֶת לָנוּ:
4 וְלָקַח הַכֹּהֵן הַטֶּנֶא מִיָּדֶךָ וְהִנִּיחוֹ
לִפְנֵי מִזְבַּח יְהוָה אֱלֹהֶיךָ:
5 וְעָנִיתָ וְאָמַרְתָּ לִפְנֵי יְהוָה אֱלֹהֶיךָ
אֲרַמִּי אֹבֵד אָבִי וַיֵּרֶד מִצְרַיְמָה
וַיָּגָר שָׁם בִּמְתֵי מְעָט וַיְהִי־שָׁם לְגוֹי
גָּדוֹל עָצוּם וָרָב:
6 וַיָּרֵעוּ אֹתָנוּ הַמִּצְרִים וַיְעַנּוּנוּ
וַיִּתְּנוּ עָלֵינוּ עֲבֹדָה קָשָׁה:
7 וַנִּצְעַק אֶל־יְהוָה אֱלֹהֵי אֲבֹתֵינוּ
וַיִּשְׁמַע יְהוָה אֶת־קֹלֵנוּ וַיַּרְא אֶת־
עָנְיֵנוּ וְאֶת־עֲמָלֵנוּ וְאֶת־לַחֲצֵנוּ:
8 וַיּוֹצִאֵנוּ יְהוָה מִמִּצְרַיִם בְּיָד חֲזָקָה
וּבִזְרֹעַ נְטוּיָה וּבְמֹרָא גָּדֹל וּבְאֹתוֹת
וּבְמֹפְתִים:
9 וַיְבִאֵנוּ אֶל־הַמָּקוֹם הַזֶּה וַיִּתֶּן־לָנוּ
אֶת־הָאָרֶץ הַזֹּאת אֶרֶץ זָבַת חָלָב
וּדְבָשׁ:

(§ 28 Ex 22, 28a)

(AL)	(P)	(CS)	(CA)	(Dt 26, 1-11)

Nb 15, 17-21

17 וַיְדַבֵּר יְהוָה אֶל־מֹשֶׁה לֵּאמֹר׃
18 דַּבֵּר אֶל־בְּנֵי יִשְׂרָאֵל וְאָמַרְתָּ אֲלֵהֶם בְּבֹאֲכֶם אֶל־הָאָרֶץ אֲשֶׁר אֲנִי מֵבִיא אֶתְכֶם שָׁמָּה׃
19 וְהָיָה בַּאֲכָלְכֶם מִלֶּחֶם הָאָרֶץ תָּרִימוּ תְרוּמָה לַיהוָה׃
20 רֵאשִׁית עֲרִסֹתֵכֶם חַלָּה תָּרִימוּ תְרוּמָה כִּתְרוּמַת גֹּרֶן כֵּן תָּרִימוּ אֹתָהּ׃
21 מֵרֵאשִׁית עֲרִסֹתֵיכֶם תִּתְּנוּ לַיהוָה תְּרוּמָה לְדֹרֹתֵיכֶם׃

Ez 20, 40

40 כִּי בְהַר־קָדְשִׁי בְּהַר מְרוֹם יִשְׂרָאֵל נְאֻם אֲדֹנָי יְהוִה שָׁם יַעַבְדֻנִי כָּל־בֵּית יִשְׂרָאֵל כֻּלֹּה בָּאָרֶץ שָׁם אֶרְצֵם וְשָׁם אֶדְרוֹשׁ אֶת־תְּרוּמֹתֵיכֶם וְאֶת־רֵאשִׁית מַשְׂאוֹתֵיכֶם בְּכָל־קָדְשֵׁיכֶם׃

Pr 3, 9-10

9 כַּבֵּד אֶת־יְהוָה מֵהוֹנֶךָ וּמֵרֵאשִׁית כָּל־תְּבוּאָתֶךָ׃
10 וְיִמָּלְאוּ אֲסָמֶיךָ שָׂבָע וְתִירוֹשׁ יְקָבֶיךָ יִפְרֹצוּ׃

Né 10, 36

36 וּלְהָבִיא אֶת־בִּכּוּרֵי אַדְמָתֵנוּ וּבִכּוּרֵי כָּל־פְּרִי כָל־עֵץ שָׁנָה בְשָׁנָה לְבֵית יְהוָה׃

§ 29 Les premiers-nés: Ex 13, 1-2.11-16; 22, 28b-29; 34, 19-20: Dt 15, 19-23

CD Dt 15, 19-23	CA Ex 22, 28b-29	CS	P Ex 13, 1-2	Ex 13, 11-16	AL Ex 34, 19-20

(Synopse hébraïque en six colonnes comparant: CD Dt 15,19-23; CA Ex 22,28b-29; CS; P Ex 13,1-2; Ex 13,11-16; AL Ex 34,19-20.)

Versets repérés — AL Ex 34: 19, 20 — Ex 13,11-16: 11, 12, 13, 14, 15, 16 — P Ex 13,1-2: 1, 2 — CA Ex 22: 28, 29 — CD Dt 15: 19, 20, 21, 22, 23.

Gn 4.4

וְהֶ֙בֶל֙ הֵבִ֤יא גַם־הוּא֙ מִבְּכֹר֣וֹת צֹאנ֔וֹ וּמֵֽחֶלְבֵהֶ֑ן וַיִּ֣שַׁע יְהוָ֔ה אֶל־הֶ֖בֶל וְאֶל־מִנְחָתֽוֹ׃

Lv 27.26-27

26 אַךְ־בְּכ֞וֹר אֲשֶׁר־יְבֻכַּ֤ר לַֽיהוָה֙ בִּבְהֵמָ֔ה לֹֽא־יַקְדִּ֥ישׁ אִ֖ישׁ אֹת֑וֹ אִם־שׁ֣וֹר אִם־שֶׂ֔ה לַֽיהוָ֖ה הֽוּא׃ 27 וְאִ֨ם בַּבְּהֵמָ֤ה הַטְּמֵאָה֙ וּפָדָ֣ה בְעֶרְכֶּ֔ךָ וְיָסַ֥ף חֲמִשִׁת֖וֹ עָלָ֑יו

Nb 3.12-13

12 וַאֲנִ֞י הִנֵּ֧ה לָקַ֣חְתִּי אֶת־הַלְוִיִּ֗ם מִתּוֹךְ֙ בְּנֵ֣י יִשְׂרָאֵ֔ל תַּ֧חַת כָּל־בְּכ֛וֹר פֶּ֥טֶר רֶ֖חֶם מִבְּנֵ֣י יִשְׂרָאֵ֑ל וְהָ֥יוּ לִ֖י הַלְוִיִּֽם׃ 13 כִּ֣י לִי֘ כָּל־בְּכוֹר֒

Nb 3.41.45

41 וְלָקַחְתָּ֙ אֶת־הַלְוִיִּ֥ם לִי֙ אֲנִ֣י יְהוָ֔ה תַּ֖חַת כָּל־בְּכֹ֣ר בִּבְנֵ֣י יִשְׂרָאֵ֑ל 45 קַ֣ח אֶת־הַלְוִיִּ֗ם תַּ֤חַת כָּל־בְּכוֹר֙ בִּבְנֵ֣י יִשְׂרָאֵ֔ל

Nb 8.16-18

16 כִּי֩ נְתֻנִ֨ים נְתֻנִ֥ים הֵ֙מָּה֙ לִ֔י מִתּ֖וֹךְ בְּנֵ֣י יִשְׂרָאֵ֑ל תַּ֩חַת֩ פִּטְרַ֨ת כָּל־רֶ֜חֶם 18 וָאֶקַּ֣ח אֶת־הַלְוִיִּ֔ם תַּ֥חַת כָּל־בְּכ֖וֹר בִּבְנֵ֥י יִשְׂרָאֵֽל׃

Nb 18.15-17

15 כָּל־פֶּ֣טֶר רֶ֠חֶם לְֽכָל־בָּשָׂ֞ר אֲשֶׁר־יַקְרִ֧יבוּ לַֽיהוָ֛ה בָּאָדָ֥ם וּבַבְּהֵמָ֖ה יִֽהְיֶה־לָּ֑ךְ 16 וּפְדוּיָו֙ מִבֶּן־חֹ֣דֶשׁ תִּפְדֶּ֔ה 17 אַ֣ךְ בְּֽכוֹר־שׁ֡וֹר אֽוֹ־בְכ֨וֹר כֶּ֜שֶׂב אֽוֹ־בְכ֥וֹר עֵ֛ז לֹ֥א תִפְדֶּ֖ה

Dt 12.6.17

6 וַהֲבֵאתֶ֣ם שָׁ֗מָּה עֹלֹֽתֵיכֶם֙ וְזִבְחֵיכֶ֔ם וְאֵת֙ מַעְשְׂרֹ֣תֵיכֶ֔ם וְאֵ֖ת תְּרוּמַ֣ת יֶדְכֶ֑ם וְנִדְרֵיכֶם֙ וְנִדְבֹ֣תֵיכֶ֔ם וּבְכֹרֹ֥ת בְּקַרְכֶ֖ם וְצֹאנְכֶֽם׃ 17 וּבְכֹרֹ֥ת בְּקָרְךָ֖ וְצֹאנֶ֑ךָ

Dt 14.23

23 וְאָכַלְתָּ֞ לִפְנֵ֣י ׀ יְהוָ֣ה אֱלֹהֶ֗יךָ בַּמָּק֣וֹם אֲשֶׁר־יִבְחַר֮ לְשַׁכֵּ֣ן שְׁמ֣וֹ שָׁם֒ מַעְשַׂ֤ר דְּגָֽנְךָ֙ תִּֽירֹשְׁךָ֣ וְיִצְהָרֶ֔ךָ וּבְכֹרֹ֥ת בְּקָרְךָ֖ וְצֹאנֶ֑ךָ

Ez 20.26

26 וָאֲטַמֵּ֤א אוֹתָם֙ בְּמַתְּנוֹתָ֔ם בְּהַעֲבִ֖יר כָּל־פֶּ֣טֶר רָ֑חַם לְמַ֣עַן אֲשִׁמֵּ֔ם לְמַ֙עַן֙ אֲשֶׁ֣ר יֵֽדְע֔וּ אֲשֶׁ֖ר אֲנִ֥י יְהוָֽה׃

Mi 6, 7

וְאִישׁ אֶת־אֲכִילַת וַיְהִי לַיהוָה ... בְּכוֹר ... הַעֶשֶׂר ... בִּשְׁמֶן

Né 10, 37

§ 30 La consommation des bêtes crevées: Ex 22, 30; Lv 11, 39-40: 17, 15-16: 22, 8-9: Dt 14, 21a

CD	CA	CS		P
Dt 14, 21a	Ex 22, 30	Lv 17, 15-16	Lv 22, 8-9	Lv 11, 39-40

(Hebrew parallel columns — vocalized biblical text comparing Deuteronomy, Covenant Code, Holiness Code, and Priestly source)

Lv 7, 24

Ez 4, 14

Ez 44, 31

§ 31 Ex 22, 30a

§ 31 Être saint: Ex 22, 30a; Lv 11, 44-45; 19, 1-2; 20, 7-8.26; 21, 6; Nb 15, 40b-41

(CD)	CA — Ex 22, 30a	CS — Lv 19, 1-2	Lv 20.7-8	Lv 20.26	Lv 21.6	Lv 11, 44-45	P — Nb 15, 40b-41

Ex 22, 30a (CA)

וְאַנְשֵׁי־קֹדֶשׁ 30
תִּהְיוּן לִי

Lv 19, 1-2

וַיְדַבֵּר יְהוָה אֶל־מֹשֶׁה לֵּאמֹר׃ 1
דַּבֵּר אֶל־כָּל־עֲדַת[a] בְּנֵי־יִשְׂרָאֵל 2
וְאָמַרְתָּ אֲלֵהֶם
קְדֹשִׁים תִּהְיוּ
כִּי קָדוֹשׁ אֲנִי
יְהוָה אֱלֹהֵיכֶם׃

Lv 20.7-8

וְהִתְקַדִּשְׁתֶּם[a] 7
וִהְיִיתֶם קְדֹשִׁים
כִּי אֲנִי יְהוָה אֱלֹהֵיכֶם׃
וּשְׁמַרְתֶּם[b] אֶת־חֻקֹּתַי 8
וַעֲשִׂיתֶם אֹתָם
אֲנִי יְהוָה מְקַדִּשְׁכֶם׃

Lv 20.26

וִהְיִיתֶם לִי 26
קְדֹשִׁים
כִּי קָדוֹשׁ אֲנִי[a] יְהוָה
וָאַבְדִּל אֶתְכֶם
מִן־הָעַמִּים

Lv 21.6

קְדֹשִׁים יִהְיוּ 6
לֵאלֹהֵיהֶם
וְלֹא יְחַלְּלוּ
שֵׁם אֱלֹהֵיהֶם[a]

Lv 11, 44-45

כִּי אֲנִי יְהוָה 44
אֱלֹהֵיכֶם
וְהִתְקַדִּשְׁתֶּם[a]
וִהְיִיתֶם קְדֹשִׁים
כִּי קָדוֹשׁ אָנִי
כִּי אֲנִי יְהוָה 45
הַמַּעֲלֶה אֶתְכֶם
מֵאֶרֶץ מִצְרַיִם
לִהְיֹת לָכֶם לֵאלֹהִים
וִהְיִיתֶם קְדֹשִׁים
כִּי קָדוֹשׁ אָנִי׃

Nb 15, 40b-41 (P)

וִהְיִיתֶם[a] ... 40
קְדֹשִׁים
לֵאלֹהֵיכֶם׃
אֲנִי יְהוָה 41
אֱלֹהֵיכֶם
אֲשֶׁר הוֹצֵאתִי אֶתְכֶם
מֵאֶרֶץ מִצְרַיִם
לִהְיוֹת לָכֶם לֵאלֹהִים
אֲנִי יְהוָה אֱלֹהֵיכֶם׃

Jos 3.5

Jos 7.13

וַיֹּאמֶר יְהוֹשֻׁעַ אֶל־הָעָם הִתְקַדָּשׁוּ כִּי מָחָר יַעֲשֶׂה[a] יְהוָה בְּקִרְבְּכֶם נִפְלָאוֹת׃

קֻם קַדֵּשׁ אֶת־הָעָם וְאָמַרְתָּ[a] הִתְקַדְּשׁוּ לְמָחָר כִּי כֹה אָמַר יְהוָה אֱלֹהֵי יִשְׂרָאֵל חֵרֶם בְּקִרְבְּךָ[b] יִשְׂרָאֵל לֹא תוּכַל לָקוּם לִפְנֵי אֹיְבֶיךָ

(§ 31 Ex 22, 30a)

1 S 16.5a

וַיֹּאמֶר ׀ שָׁלוֹם לַיהוָה בָּאתִי הִתְקַדְּשׁוּ וּבָאתֶם אִתִּי בַּזָּבַח וַיְקַדֵּשׁ אֶת־יִשַׁי וְאֶת־בָּנָיו וַיִּקְרָא לָהֶם לַזָּבַח ׃ 5

2 Ch 29.5

וַיֹּאמֶר לָהֶם שְׁמָעוּנִי הַלְוִיִּם עַתָּה הִתְקַדְּשׁוּ וְקַדְּשׁוּ אֶת־בֵּית יְהוָה אֱלֹהֵי אֲבֹתֵיכֶם וְהוֹצִיאוּ אֶת־הַנִּדָּה מִן־הַקֹּדֶשׁ ׃ 5

§ 32 L'impartialité dans les procès: Ex 23, 1-3.6-8: Lv 19, 15-16: Dt 16, 18-20: 27, 25-26

CD Dt 16, 18-20	CA Ex 23, 1-3.6-8	CS Lv 19, 15-16	AL Dt 27, 25-26
		אֶתַּ שֹׁפְטִים וְשֹׁטְרִים 18	
	1 לֹא תִשָּׂא שֵׁמַע שָׁוְא		
	2 לֹא תִהְיֶה אַחֲרֵי רַבִּים לְרָעֹת		
	3 וְדָל לֹא תֶהְדַּר בְּרִיבוֹ:		
	6 לֹא תַטֶּה מִשְׁפַּט אֶבְיֹנְךָ בְּרִיבוֹ:	15 לֹא תַעֲשׂוּ עָוֶל בַּמִּשְׁפָּט	
	7 מִדְּבַר שֶׁקֶר תִּרְחָק		
	8 וְשֹׁחַד לֹא תִקָּח	16 לֹא תֵלֵךְ רָכִיל בְּעַמֶּיךָ	
19 לֹא תַטֶּה מִשְׁפָּט			

Ex 18, 21-22

(15) ... וּבָא אֵלַי כִּי יִהְיֶה לָהֶם דָּבָר

Ex 18, 21-22

21 וְאַתָּה תֶחֱזֶה מִכָּל־הָעָם אַנְשֵׁי־חַיִל
22 וְשָׁפְטוּ אֶת־הָעָם בְּכָל־עֵת

25 אָרוּר לֹקֵחַ שֹׁחַד לְהַכּוֹת נֶפֶשׁ דָּם נָקִי
26 אָרוּר אֲשֶׁר לֹא־יָקִים

Am 2,6b
עַל־מִכְרָם בַּכֶּסֶף צַדִּיק וְאֶבְיוֹן בַּעֲבוּר נַעֲלָיִם׃ … 6

Mi 3,11a*
… וְכֹהֲנֶיהָ בִּמְחִיר יוֹרוּ 11

Ps 15,5a*
כַּסְפּוֹ לֹא־נָתַן בְּנֶשֶׁךְ … 5

Ps 26,10b
…וִימִינָם מָלְאָה שֹּׁחַד׃ 10

Ps 82,2.4
עַד־מָתַי תִּשְׁפְּטוּ־עָוֶל וּפְנֵי רְשָׁעִים תִּשְׂאוּ־סֶלָה 2
פַּלְּטוּ־דָל וְאֶבְיוֹן מִיַּד רְשָׁעִים הַצִּילוּ׃ 4

Ps 94,21
יָגוֹדּוּ עַל־נֶפֶשׁ צַדִּיק וְדָם נָקִי יַרְשִׁיעוּ׃ 21

Pr 17,23.26
שֹׁחַד מֵחֵיק רָשָׁע יִקָּח לְהַטּוֹת אָרְחוֹת מִשְׁפָּט 23
גַּם עֲנוֹשׁ לַצַּדִּיק לֹא־טוֹב לְהַכּוֹת נְדִיבִים עַל־יֹשֶׁר׃ 26

Pr 22,22
אַל־תִּגְזָל־דָּל כִּי דַל־הוּא וְאַל־תְּדַכֵּא עָנִי בַשָּׁעַר׃ 22

Pr 24,23-24
גַּם־אֵלֶּה לַחֲכָמִים הַכֵּר־פָּנִים בְּמִשְׁפָּט בַּל־טוֹב 23
אֹמֵר לְרָשָׁע צַדִּיק אָתָּה יִקְּבֻהוּ עַמִּים יִזְעָמוּהוּ לְאֻמִּים׃ 24

Pr 28,21a
הַכֵּר־פָּנִים לֹא־טוֹב … 21

2 Ch 19,5-7
וַיַּעֲמֵד שֹׁפְטִים בָּאָרֶץ בְּכָל־עָרֵי יְהוּדָה הַבְּצֻרוֹת לְעִיר וָעִיר׃ 5
וַיֹּאמֶר אֶל־הַשֹּׁפְטִים רְאוּ מָה־אַתֶּם עֹשִׂים כִּי לֹא לְאָדָם תִּשְׁפְּטוּ כִּי לַיהוָה וְעִמָּכֶם בִּדְבַר מִשְׁפָּט׃ 6
וְעַתָּה יְהִי פַחַד־יְהוָה עֲלֵיכֶם שִׁמְרוּ וַעֲשׂוּ כִּי־אֵין עִם־יְהוָה אֱלֹהֵינוּ עַוְלָה וּמַשֹּׂא פָנִים וּמִקַּח־שֹׁחַד׃ 7

Lv 19,35a
לֹא־תַעֲשׂוּ עָוֶל בַּמִּשְׁפָּט … 35

Dt 1,16-17
וָאֲצַוֶּה אֶת־שֹׁפְטֵיכֶם בָּעֵת הַהִוא לֵאמֹר 16
לֹא־תַכִּירוּ פָנִים בַּמִּשְׁפָּט כַּקָּטֹן כַּגָּדֹל תִּשְׁמָעוּן לֹא תָגוּרוּ מִפְּנֵי־אִישׁ כִּי הַמִּשְׁפָּט לֵאלֹהִים הוּא 17

Dt 25,1
כִּי־יִהְיֶה רִיב בֵּין אֲנָשִׁים וְנִגְּשׁוּ אֶל־הַמִּשְׁפָּט וּשְׁפָטוּם וְהִצְדִּיקוּ אֶת־הַצַּדִּיק וְהִרְשִׁיעוּ אֶת־הָרָשָׁע 1

1 S 8,3b
…וַיִּקְחוּ־שֹׁחַד וַיַּטּוּ מִשְׁפָּט׃ 3

Es 1,23a
וַיַּעֲשׂוּ־כֵן בְּנֵי יִשְׂרָאֵל … 23

Es 5,23
וַיַּעַשׂ הַמֶּלֶךְ 23

Es 10,2a
וַאֲנַחְנוּ מָעַלְנוּ בֵאלֹהֵינוּ … 2

Es 33,15b*
נֹעֵר כַּפָּיו מִתְּמֹךְ בַּשֹּׁחַד … 15

Jr 6,28a
כֻּלָּם סָרֵי סוֹרְרִים … 28

Jr 9,3b*
…כִּי כָל־אָח עָקוֹב יַעְקֹב 9

Ez 18,8*
בַּנֶּשֶׁךְ לֹא־יִתֵּן וְתַרְבִּית לֹא יִקָּח … 8

Ez 22,9a.12a
אַנְשֵׁי רָכִיל הָיוּ בָךְ לְמַעַן שְׁפָךְ־דָּם … 9
שֹׁחַד לָקְחוּ־בָךְ לְמַעַן שְׁפָךְ־דָּם נֶשֶׁךְ וְתַרְבִּית לָקַחַתְּ … 12

§ 33 Les faux témoignages: Ex 20, 16; 23, 1b; Dt 5, 20; 19, 16-21

Dcl	CD	CA	(CS)

Ex 20, 16

לֹא־תַעֲנֶה בְרֵעֲךָ 16
עֵד שָׁקֶר׃

Dt 5, 20

וְלֹא־תַעֲנֶה בְרֵעֲךָ 20
עֵד שָׁוְא׃

Dt 19, 16-21

כִּי־יָקוּם עֵד־חָמָס בְּאִישׁ 16
לַעֲנוֹת בּוֹ סָרָה׃
וְעָמְדוּ שְׁנֵי־הָאֲנָשִׁים 17
אֲשֶׁר־לָהֶם הָרִיב לִפְנֵי יְהוָה
לִפְנֵי הַכֹּהֲנִים וְהַשֹּׁפְטִים
אֲשֶׁר יִהְיוּ בַּיָּמִים הָהֵם׃
וְדָרְשׁוּ הַשֹּׁפְטִים הֵיטֵב 18
וְהִנֵּה עֵד־שֶׁקֶר הָעֵד
שֶׁקֶר עָנָה בְאָחִיו׃
וַעֲשִׂיתֶם לוֹ כַּאֲשֶׁר זָמַם 19
לַעֲשׂוֹת לְאָחִיו
וּבִעַרְתָּ הָרָע מִקִּרְבֶּךָ׃
וְהַנִּשְׁאָרִים יִשְׁמְעוּ וְיִרָאוּ 20
וְלֹא־יֹסִפוּ לַעֲשׂוֹת עוֹד
כַּדָּבָר הָרָע הַזֶּה בְּקִרְבֶּךָ׃
וְלֹא תָחוֹס עֵינֶךָ 21
נֶפֶשׁ בְּנֶפֶשׁ עַיִן בְּעַיִן
שֵׁן בְּשֵׁן יָד בְּיָד רֶגֶל בְּרָגֶל׃

Ex 23, 1b

...אַל־תָּשֶׁת יָדְךָ 1
עִם־רָשָׁע לִהְיֹת עֵד חָמָס׃

Pr 6, 19

יָפִיחַ כְּזָבִים עֵד שָׁקֶר 19
וּמְשַׁלֵּחַ מְדָנִים בֵּין אַחִים׃

Pr 12, 17

יָפִיחַ אֱמוּנָה יַגִּיד צֶדֶק 17
וְעֵד שְׁקָרִים מִרְמָה׃

Pr 14, 5.25

עֵד אֱמוּנִים לֹא יְכַזֵּב 5
וְיָפִיחַ כְּזָבִים עֵד שָׁקֶר׃
מַצִּיל נְפָשׁוֹת עֵד אֱמֶת 25
וְיָפִחַ כְּזָבִים מִרְמָה׃

Pr 19, 5.9

עֵד שְׁקָרִים לֹא יִנָּקֶה 5
וְיָפִיחַ כְּזָבִים לֹא יִמָּלֵט׃
עֵד שְׁקָרִים לֹא יִנָּקֶה 9
וְיָפִיחַ כְּזָבִים יֹאבֵד׃

Pr 19, 28

עֵד בְּלִיַּעַל יָלִיץ מִשְׁפָּט 28
וּפִי רְשָׁעִים יְבַלַּע־אָוֶן׃

Pr 21, 28

עֵד־כְּזָבִים יֹאבֵד 28
וְאִישׁ שׁוֹמֵעַ לָנֶצַח יְדַבֵּר׃

Pr 24, 28

אַל־תְּהִי עֵד־חִנָּם בְּרֵעֶךָ 28
וַהֲפִתִּיתָ בִּשְׂפָתֶיךָ׃

Pr 25, 18

מֵפִיץ וְחֶרֶב וְחֵץ שָׁנוּן 18
אִישׁ עֹנֶה בְרֵעֵהוּ עֵד שָׁקֶר׃

§ 34 Le respect des animaux du frère ou de l'ennemi. Ex 23, 4-5: Dt 22, 1-4

CD	CA	(CS)
Dt 22, 1-4	Ex 23, 4-5	

CD — Dt 22, 1-4

1 לֹא־תִרְאֶה אֶת־שׁוֹר אָחִיךָ אוֹ אֶת־שֵׂיוֹ נִדָּחִים וְהִתְעַלַּמְתָּ מֵהֶם הָשֵׁב תְּשִׁיבֵם לְאָחִיךָ:

2 וְאִם־לֹא קָרוֹב אָחִיךָ אֵלֶיךָ וְלֹא יְדַעְתּוֹ וַאֲסַפְתּוֹ אֶל־תּוֹךְ בֵּיתֶךָ וְהָיָה עִמְּךָ עַד דְּרֹשׁ אָחִיךָ אֹתוֹ וַהֲשֵׁבֹתוֹ לוֹ:

3 וְכֵן תַּעֲשֶׂה לַחֲמֹרוֹ וְכֵן תַּעֲשֶׂה לְשִׂמְלָתוֹ וְכֵן תַּעֲשֶׂה לְכָל־אֲבֵדַת אָחִיךָ אֲשֶׁר־תֹּאבַד מִמֶּנּוּ וּמְצָאתָהּ לֹא תוּכַל לְהִתְעַלֵּם:

4 לֹא־תִרְאֶה אֶת־חֲמוֹר אָחִיךָ אוֹ שׁוֹרוֹ נֹפְלִים בַּדֶּרֶךְ וְהִתְעַלַּמְתָּ מֵהֶם הָקֵם תָּקִים עִמּוֹ:

CA — Ex 23, 4-5

4 כִּי תִפְגַּע שׁוֹר אֹיִבְךָ אוֹ חֲמֹרוֹ תֹּעֶה הָשֵׁב תְּשִׁיבֶנּוּ לוֹ:

5 כִּי־תִרְאֶה חֲמוֹר שֹׂנַאֲךָ רֹבֵץ תַּחַת מַשָּׂאוֹ וְחָדַלְתָּ מֵעֲזֹב לוֹ עָזֹב תַּעֲזֹב עִמּוֹ:

Ex 23, 6-8 cf § 32 (L'impartialité dans les procès)

Ex 23, 9 cf § 24 (Le respect de l'étranger, de l'orphelin et de la veuve)

Ex 23, 10-11, cf § 3 (La septième année et le jubilé)

§ 35 Le sabbat: Ex 20, 8-11; 23, 12; 31, 12-17; 34, 21; 35, 1-3; Lv 19, 3*.30; 23, 1-3; 26, 2; Dt 5, 12-15

Ex 20, 8-11		Dcl
Dt 5, 12-15		(CD)
Ex 23, 12		CA
Lv 19, 3*		
Lv 19, 30		CS
Lv 23, 1-3		
Lv 26, 2		
Ex 31, 12-17		P
Ex 35, 1-3		
Ex 34, 21		AL

זָכוֹר אֶת־יוֹם הַשַּׁבָּת לְקַדְּשׁוֹ 8 אֶת־יוֹם הַשַּׁבָּת לְשַׁמְרוֹ

שֵׁשֶׁת יָמִים תַּעֲבֹד ... וְיוֹם הַשְּׁבִיעִי שַׁבָּת 12

אֶת־שַׁבְּתֹתַי תִּשְׁמֹרוּ ... 3

אֶת־שַׁבְּתֹתַי תִּשְׁמֹרוּ 30

אֶת־שַׁבְּתֹתַי תִּשְׁמֹרוּ 2

שֵׁשֶׁת יָמִים תַּעֲבֹד וּבַיּוֹם הַשְּׁבִיעִי תִּשְׁבֹּת בֶּחָרִישׁ וּבַקָּצִיר תִּשְׁבֹּת

(Ex 20, 8-11)		Dcl
(Dt 5, 12-15)		(CD)
(Ex 23, 12)		CA
(Lv 19, 3*)		
(Lv 19, 30)		CS
(Lv 23, 1-3)		
(Lv 26, 2)		
(Ex 31, 12-17)		P
(Ex 35, 1-3)		
(Ex 34, 21)		AL

		Dcl	(Ex 20, 8-11)
			(Dt 5, 12-15)
			(CD)
		CA	(Ex 23, 12)
אֲנִ֖י יְהוָֽה		CS	(Lv 19, 3*)
אֲנִ֖י יְהוָֽה			(Lv 19, 30)
			(Lv 23, 1-3)
אֲנִ֖י יְהוָֽה׃			(Lv 26, 2)
14 וְשָׁמְר֥וּ בְנֵֽי־יִשְׂרָאֵ֖ל אֶת־הַשַּׁבָּ֑ת לַעֲשׂ֧וֹת אֶת־הַשַּׁבָּ֛ת כִּ֣י אֲנִ֖י יְהוָ֥ה מְקַדִּשְׁכֶֽם		P	(Ex 31, 12-17)
			(Ex 35, 1-3)
		AL	(Ex 34, 21)

		Dcl	(Ex 20, 8-11)
			(Dt 5, 12-15)
			(CD)
		CA	(Ex 23, 12)
		CS	(Lv 23, 1-3)
כִּֽי־א֞וֹת הִ֤וא בֵּינִי֙ וּבֵ֣ינֵיכֶ֔ם לְדֹרֹ֣תֵיכֶ֔ם לָדַ֕עַת כִּ֛י אֲנִ֥י יְהוָ֖ה מְקַדִּשְׁכֶֽם		P	(Ex 31, 12-17)
			(Ex 35, 1-3)
		AL	(Ex 34, 21)

9 שֵׁ֤שֶׁת יָמִים֙ תַּֽעֲבֹ֔ד וְעָשִׂ֖יתָ כָּל־מְלַאכְתֶּֽךָ 10

13 שֵׁ֤שֶׁת יָמִים֙ תַּֽעֲבֹ֔ד וְעָשִׂ֖יתָ כָּֽל־מְלַאכְתֶּֽךָ 14

12 שֵׁ֣שֶׁת יָמִים֮ תַּעֲשֶׂ֣ה מַעֲשֶׂ֒יךָ֒

3 שֵׁ֣שֶׁת יָמִים֙ תֵּעָשֶׂ֣ה מְלָאכָ֔ה

15 שֵׁ֣שֶׁת יָמִים֮ יֵעָשֶׂ֣ה מְלָאכָה֒

2 שֵׁ֣שֶׁת יָמִים֮ תֵּעָשֶׂ֣ה מְלָאכָה֒

21 שֵׁ֤שֶׁת יָמִים֙ תַּֽעֲבֹ֔ד

(§ 35 Ex 23, 12)

Reference	Label	Hebrew text
(Ex 20, 8-11)	Dcl	זָכוֹר֩ אֶת־י֨וֹם הַשַּׁבָּ֜ת לְקַדְּשֽׁוֹ׃ ^cשֵׁ֤שֶׁת יָמִים֙ תַּֽעֲבֹ֔ד וְעָשִׂ֖יתָ כָּל־מְלַאכְתֶּֽךָ ^b	שֵׁ֣שֶׁת |
(Dt 5, 12-15)	(CD)	שָׁמ֣וֹר אֶת־י֤וֹם הַשַּׁבָּת֙ לְקַדְּשׁ֔וֹ ^cשֵׁ֤שֶׁת יָמִים֙ תַּֽעֲבֹ֔ד וְעָשִׂ֖יתָ כָּל־מְלַאכְתֶּֽךָ	שֵׁ֣שֶׁת |
(Ex 23, 12)	CA	שֵׁ֤שֶׁת יָמִים֙ תַּעֲשֶׂ֣ה מַֽעֲשֶׂ֔יךָ וּבַיּ֥וֹם הַשְּׁבִיעִ֖י תִּשְׁבֹּ֑ת	הַשָּׁבָֽת
(Lv 23, 1-3)	CS	שֵׁ֣שֶׁת יָמִים֮ תֵּעָשֶׂ֣ה מְלָאכָה֒ וּבַיּ֣וֹם הַשְּׁבִיעִ֗י שַׁבַּ֤ת שַׁבָּתוֹן֙	שֵׁ֣שֶׁת יָמִים֙ תֵּעָשֶׂ֣ה
(Ex 31, 12-17)	P	אַ֥ךְ אֶת־שַׁבְּתֹתַ֖י תִּשְׁמֹ֑רוּ	שֵׁ֣שֶׁת יָמִים֮ יֵעָשֶׂ֣ה מְלָאכָה֒ וּבַיּ֣וֹם הַשְּׁבִיעִ֗י שַׁבַּ֧ת שַׁבָּת֛וֹן
(Ex 34, 21)	AL	שֵׁ֤שֶׁת יָמִים֙ תַּעֲבֹ֔ד וּבַיּ֥וֹם הַשְּׁבִיעִ֖י תִּשְׁבֹּ֑ת	הַשַּׁבָֽת

Reference	Label	Hebrew text
(Ex 20, 8-11)	Dcl	לֹֽא־תַעֲשֶׂ֣ה כָל־מְלָאכָ֡ה אַתָּ֣ה וּבִנְךָֽ־וּ֠בִתֶּךָ עַבְדְּךָ֨ וַאֲמָֽתְךָ֜ וּבְהֶמְתֶּ֗ךָ וְגֵרְךָ֙ אֲשֶׁ֣ר בִּשְׁעָרֶ֔יךָ	הַשַּׁבָֽת׃
(Dt 5, 12-15)	(CD)	וְי֨וֹם֙ הַשְּׁבִיעִ֔י שַׁבָּ֖ת לַיהוָ֣ה אֱלֹהֶ֑יךָ לֹ֣א תַעֲשֶׂ֣ה כָל־מְלָאכָ֡ה	וֵינָּֽפַֽשׁ׃
(Ex 23, 12)	CA	לְמַ֣עַן יָנ֗וּחַ שֽׁוֹרְךָ֙ וַחֲמֹרֶ֔ךָ וְיִנָּפֵ֛שׁ בֶּן־אֲמָתְךָ֖ וְהַגֵּֽר׃	
(Ex 31, 12-17)	(CS)	וַיֹּ֤אמֶר יְהוָה֙ אֶל־מֹשֶׁ֣ה לֵּאמֹ֔ר 17 וֵּינֵי֙ וּבֵ֣ין בְּנֵ֣י יִשְׂרָאֵ֔ל א֥וֹת הִ֖וא לְעֹלָ֑ם 16 וְשָׁמְר֥וּ בְנֵֽי־יִשְׂרָאֵ֖ל אֶת־הַשַּׁבָּ֑ת	הַשַּׁבָֽת
(Ex 35, 1-3)	P	לֹא־תְבַעֲר֣וּ אֵ֔שׁ בְּכֹ֖ל מֹשְׁבֹֽתֵיכֶ֑ם בְּי֖וֹם הַשַּׁבָּֽת׃	לִֽשְׂרָאֵ֑ל 3

(§ 35 Ex 23, 12)

כִּי שֵׁשֶׁת־יָמִים עָשָׂה יְהוָה אֶת־הַשָּׁמַיִם וְאֶת־הָאָרֶץ אֶת־הַיָּם וְאֶת־כָּל־אֲשֶׁר־בָּם 11	(Ex 20, 8-11) Dcl
וְזָכַרְתָּ כִּי־עֶבֶד הָיִיתָ בְּאֶרֶץ מִצְרַיִם וַיֹּצִאֲךָ יְהוָה אֱלֹהֶיךָ מִשָּׁם 15	(Dt 5, 12-15)
	(CD)
	(CA)
	(CS)
כִּי־אוֹת הִיא בֵּינִי וּבֵינֵיכֶם לְדֹרֹתֵיכֶם 13ª	(Ex 31, 12-17) P
	(AL)

וַיָּנַח בַּיּוֹם הַשְּׁבִיעִי עַל־כֵּן בֵּרַךְ יְהוָה אֶת־יוֹם הַשַּׁבָּת וַיְקַדְּשֵׁהוּ	(Ex 20, 8-11) Dcl
עַל־כֵּן צִוְּךָ יְהוָה אֱלֹהֶיךָ לַעֲשׂוֹת אֶת־יוֹם הַשַּׁבָּת	(Dt 5, 12-15)
	(CD)
	(CA)
	(CS)
	(P)
	(AL)

Ex 16, 23.25-26

Gn 2, 2-3

2 וַיְכַל אֱלֹהִים בַּיּוֹם הַשְּׁבִיעִי מְלַאכְתּוֹ אֲשֶׁר עָשָׂה וַיִּשְׁבֹּת בַּיּוֹם הַשְּׁבִיעִי מִכָּל־מְלַאכְתּוֹ אֲשֶׁר עָשָׂה: 3 וַיְבָרֶךְ אֱלֹהִים אֶת־יוֹם הַשְּׁבִיעִי וַיְקַדֵּשׁ אֹתוֹ כִּי בוֹ שָׁבַת מִכָּל־מְלַאכְתּוֹ אֲשֶׁר־בָּרָא אֱלֹהִים לַעֲשׂוֹת׃

26 שֵׁשֶׁת יָמִים תִּלְקְטֻהוּ וּבַיּוֹם הַשְּׁבִיעִי שַׁבָּת לֹא יִהְיֶה־בּוֹ׃

23 וַיֹּאמֶר אֲלֵהֶם הוּא אֲשֶׁר דִּבֶּר יְהוָה שַׁבָּתוֹן שַׁבַּת־קֹדֶשׁ לַיהוָה מָחָר אֵת אֲשֶׁר־תֹּאפוּ אֵפוּ וְאֵת אֲשֶׁר־תְּבַשְּׁלוּ בַּשֵּׁלוּ 25 וַיֹּאמֶר מֹשֶׁה אִכְלֻהוּ הַיּוֹם כִּי־שַׁבָּת הַיּוֹם לַיהוָה הַיּוֹם לֹא תִמְצָאֻהוּ בַּשָּׂדֶה׃

Nb 15, 32-36

32 וַיִּהְיוּ בְנֵי־יִשְׂרָאֵל בַּמִּדְבָּר וַיִּמְצְאוּ אִישׁ מְקֹשֵׁשׁ עֵצִים בְּיוֹם הַשַּׁבָּת׃ 33 וַיַּקְרִיבוּ אֹתוֹ הַמֹּצְאִים אֹתוֹ מְקֹשֵׁשׁ עֵצִים אֶל־מֹשֶׁה וְאֶל־אַהֲרֹן וְאֶל כָּל־הָעֵדָה׃ 34 וַיַּנִּיחוּ אֹתוֹ בַּמִּשְׁמָר כִּי לֹא פֹרַשׁ מַה־יֵּעָשֶׂה לוֹ׃ 35 וַיֹּאמֶר יְהוָה אֶל־מֹשֶׁה מוֹת יוּמַת הָאִישׁ רָגוֹם אֹתוֹ בָאֲבָנִים כָּל־הָעֵדָה מִחוּץ לַמַּחֲנֶה׃ 36 וַיֹּצִיאוּ אֹתוֹ כָּל־הָעֵדָה אֶל־מִחוּץ לַמַּחֲנֶה וַיִּרְגְּמוּ אֹתוֹ בָּאֲבָנִים וַיָּמֹת כַּאֲשֶׁר צִוָּה יְהוָה אֶת־מֹשֶׁה׃

Es 56, 2b*.4a*.6b*

2 ... שֹׁמֵר שַׁבָּת מֵחַלְּלוֹ
4 ... לַסָּרִיסִים אֲשֶׁר יִשְׁמְרוּ אֶת־שַׁבְּתוֹתַי
6 כָּל־שֹׁמֵר שַׁבָּת מֵחַלְּלוֹ ...

Jr 17, 21-22

21 כֹּה אָמַר יְהוָה הִשָּׁמְרוּ בְּנַפְשׁוֹתֵיכֶם וְאַל־תִּשְׂאוּ מַשָּׂא בְּיוֹם הַשַּׁבָּת וַהֲבֵאתֶם בְּשַׁעֲרֵי יְרוּשָׁלִָם׃ 22 וְלֹא־תוֹצִיאוּ מַשָּׂא מִבָּתֵּיכֶם בְּיוֹם הַשַּׁבָּת וְכָל־מְלָאכָה לֹא תַעֲשׂוּ וְקִדַּשְׁתֶּם אֶת־יוֹם הַשַּׁבָּת כַּאֲשֶׁר צִוִּיתִי אֶת־אֲבוֹתֵיכֶם׃

Ez 20, 12.20

12 וְגַם אֶת־שַׁבְּתוֹתַי נָתַתִּי לָהֶם לִהְיוֹת לְאוֹת בֵּינִי וּבֵינֵיהֶם לָדַעַת כִּי אֲנִי יְהוָה מְקַדְּשָׁם׃ 20 וְאֶת־שַׁבְּתוֹתַי קַדֵּשׁוּ וְהָיוּ לְאוֹת בֵּינִי וּבֵינֵיכֶם לָדַעַת כִּי אֲנִי יְהוָה אֱלֹהֵיכֶם׃

Ez 22, 8b.26b

8 ... וְאֶת־שַׁבְּתֹתַי חִלָּלְתְּ׃
26 ... וּמִשַּׁבְּתוֹתַי הֶעְלִימוּ עֵינֵיהֶם וָאֵחַל בְּתוֹכָם׃

Ez 23, 38

38 עוֹד זֹאת עָשׂוּ לִי טִמְּאוּ אֶת־מִקְדָּשִׁי בַּיּוֹם הַהוּא וְאֶת־שַׁבְּתוֹתַי חִלֵּלוּ׃

Ez 44, 24b*

24 ... וְאֶת־שַׁבְּתוֹתַי יְקַדֵּשׁוּ׃

Am 8, 5a

5 לֵאמֹר מָתַי יַעֲבֹר הַחֹדֶשׁ וְנַשְׁבִּירָה שֶּׁבֶר וְהַשַּׁבָּת וְנִפְתְּחָה־בָּר

Né 9, 14a

14 וְאֶת־שַׁבַּת קָדְשְׁךָ הוֹדַעְתָ לָהֶם

Né 10, 32a

Né 10, 32

32 וְעַמֵּי הָאָרֶץ הַמְבִיאִים אֶת־הַמַּקָּחוֹת וְכָל־שֶׁבֶר בְּיוֹם הַשַּׁבָּת לִמְכּוֹר לֹא־נִקַּח מֵהֶם בַּשַּׁבָּת וּבְיוֹם קֹדֶשׁ

58

Né 13, 15-22

15 בַּיָּמִים הָהֵמָּה רָאִיתִי בִיהוּדָה ׀ דֹּרְכִים־גִּתּוֹת ׀ בַּשַּׁבָּת וּמְבִיאִים הָעֲרֵמוֹת וְעֹמְסִים עַל־הַחֲמֹרִים וְאַף־יַיִן עֲנָבִים וּתְאֵנִים וְכָל־מַשָּׂא וּמְבִיאִים יְרוּשָׁלִַם בְּיוֹם הַשַּׁבָּת וָאָעִיד בְּיוֹם מִכְרָם צָיִד׃ 16 וְהַצֹּרִים יָשְׁבוּ בָהּ מְבִיאִים דָּאג וְכָל־מֶכֶר וּמֹכְרִים בַּשַּׁבָּת לִבְנֵי יְהוּדָה וּבִירוּשָׁלִָם׃ 17 וָאָרִיבָה אֵת חֹרֵי יְהוּדָה וָאֹמְרָה לָהֶם מָה־הַדָּבָר הָרָע הַזֶּה אֲשֶׁר אַתֶּם עֹשִׂים וּמְחַלְּלִים אֶת־יוֹם הַשַּׁבָּת׃ 18 הֲלוֹא כֹה עָשׂוּ אֲבֹתֵיכֶם וַיָּבֵא אֱלֹהֵינוּ עָלֵינוּ אֵת כָּל־הָרָעָה הַזֹּאת וְעַל הָעִיר הַזֹּאת וְאַתֶּם מוֹסִיפִים חָרוֹן עַל־יִשְׂרָאֵל לְחַלֵּל אֶת־הַשַּׁבָּת׃ 19 וַיְהִי כַּאֲשֶׁר צָלֲלוּ שַׁעֲרֵי יְרוּשָׁלִַם לִפְנֵי הַשַּׁבָּת וָאֹמְרָה וַיִּסָּגְרוּ הַדְּלָתוֹת וָאֹמְרָה אֲשֶׁר לֹא יִפְתָּחוּם עַד אַחַר הַשַּׁבָּת וּמִנְּעָרַי הֶעֱמַדְתִּי עַל־הַשְּׁעָרִים לֹא־יָבוֹא מַשָּׂא בְּיוֹם הַשַּׁבָּת׃ 20 וַיָּלִינוּ הָרֹכְלִים וּמֹכְרֵי כָל־מִמְכָּר מִחוּץ לִירוּשָׁלִָם פַּעַם וּשְׁתָּיִם׃ 21 וָאָעִידָה בָהֶם וָאֹמְרָה אֲלֵיהֶם מַדּוּעַ אַתֶּם לֵנִים נֶגֶד הַחוֹמָה אִם־תִּשְׁנוּ יָד אֶשְׁלַח בָּכֶם מִן־הָעֵת הַהִיא לֹא־בָאוּ בַּשַּׁבָּת׃ 22 וָאֹמְרָה לַלְוִיִּם אֲשֶׁר יִהְיוּ מִטַּהֲרִים וּבָאִים שֹׁמְרִים הַשְּׁעָרִים לְקַדֵּשׁ אֶת־יוֹם הַשַּׁבָּת גַּם־זֹאת זָכְרָה־לִּי אֱלֹהַי וְחוּסָה עָלַי כְּרֹב חַסְדֶּךָ׃

§ 36 Les trois pèlerinages annuels: Ex 23, 14-18; Ex 34, 23-25; Dt 16, 16-17

CD Dt 16,16-17	CA Ex 23,14-18	(CS)	AL Ex 34,23-25

CA — Ex 23,14-18

14 שָׁלֹ֣שׁ רְגָלִ֔ים תָּחֹ֥ג לִ֖י בַּשָּׁנָֽה׃

15 אֶת־חַ֣ג הַמַּצּוֹת֮ תִּשְׁמֹר֒ שִׁבְעַ֣ת יָמִ֠ים תֹּאכַ֨ל מַצּ֜וֹת כַּֽאֲשֶׁ֣ר צִוִּיתִ֗ךָ לְמוֹעֵד֙ חֹ֣דֶשׁ הָֽאָבִ֔יב כִּי־ב֖וֹ יָצָ֣אתָ מִמִּצְרָ֑יִם וְלֹא־יֵרָא֥וּ פָנַ֖י רֵיקָֽם׃

16 וְחַ֤ג הַקָּצִיר֙ בִּכּוּרֵ֣י מַעֲשֶׂ֔יךָ אֲשֶׁ֥ר תִּזְרַ֖ע בַּשָּׂדֶ֑ה וְחַ֤ג הָֽאָסִף֙ בְּצֵ֣את הַשָּׁנָ֔ה בְּאָסְפְּךָ֥ אֶֽת־מַעֲשֶׂ֖יךָ מִן־הַשָּׂדֶֽה׃

17 שָׁלֹ֥שׁ פְּעָמִ֖ים בַּשָּׁנָ֑ה יֵרָאֶה֙ כָּל־זְכ֣וּרְךָ֔ אֶל־פְּנֵ֖י הָאָדֹ֥ן ׀ יְהוָֽה׃

18 לֹֽא־תִזְבַּ֥ח עַל־חָמֵ֖ץ דַּם־זִבְחִ֑י וְלֹֽא־יָלִ֥ין חֵֽלֶב־חַגִּ֖י עַד־בֹּֽקֶר׃

CD — Dt 16,16-17

16 שָׁל֣וֹשׁ פְּעָמִ֣ים ׀ בַּשָּׁנָ֡ה יֵרָאֶה֩ כָל־זְכ֨וּרְךָ֜ אֶת־פְּנֵ֣י ׀ יְהוָ֣ה אֱלֹהֶ֗יךָ בַּמָּקוֹם֙ אֲשֶׁ֣ר יִבְחָ֔ר בְּחַ֧ג הַמַּצּ֛וֹת וּבְחַ֥ג הַשָּׁבֻע֖וֹת וּבְחַ֣ג הַסֻּכּ֑וֹת וְלֹ֧א יֵרָאֶ֛ה אֶת־פְּנֵ֥י יְהוָ֖ה רֵיקָֽם׃

17 אִ֖ישׁ כְּמַתְּנַ֣ת יָד֑וֹ כְּבִרְכַּ֛ת יְהוָ֥ה אֱלֹהֶ֖יךָ אֲשֶׁ֥ר נָֽתַן־לָֽךְ׃

AL — Ex 34,23-25

23 שָׁלֹ֥שׁ פְּעָמִ֖ים בַּשָּׁנָ֑ה יֵרָאֶה֙ כָּל־זְכ֣וּרְךָ֔ אֶת־פְּנֵ֛י הָֽאָדֹ֥ן ׀ יְהוָ֖ה אֱלֹהֵ֥י יִשְׂרָאֵֽל׃

24 כִּֽי־אוֹרִ֤ישׁ גּוֹיִם֙ מִפָּנֶ֔יךָ וְהִרְחַבְתִּ֖י אֶת־גְּבוּלֶ֑ךָ וְלֹא־יַחְמֹ֥ד אִישׁ֙ אֶֽת־אַרְצְךָ֔ בַּעֲלֹֽתְךָ֗ לֵרָאוֹת֙ אֶת־פְּנֵי֙ יְהוָ֣ה אֱלֹהֶ֔יךָ שָׁלֹ֥שׁ פְּעָמִ֖ים בַּשָּׁנָֽה׃

25 לֹֽא־תִשְׁחַ֥ט עַל־חָמֵ֖ץ דַּם־זִבְחִ֑י וְלֹא־יָלִ֣ין לַבֹּ֔קֶר זֶ֖בַח חַ֥ג הַפָּֽסַח׃

1 R 9,25

וְהֶעֱלָ֣ה שְׁלֹמֹ֡ה שָׁלֹשׁ֩ פְּעָמִ֨ים בַּשָּׁנָ֜ה עֹל֣וֹת וּשְׁלָמִ֗ים עַל־הַמִּזְבֵּ֙חַ֙ אֲשֶׁ֣ר בָּנָ֣ה לַיהוָ֔ה וְהַקְטֵ֣ר אִתּ֔וֹ אֲשֶׁ֖ר לִפְנֵ֣י יְהוָ֑ה וְשִׁלַּ֖ם אֶת־הַבָּֽיִת׃

2 Ch 8,13

וּבִדְבַר־י֣וֹם בְּי֗וֹם לְהַעֲלוֹת֙ כְּמִצְוַ֣ת מֹשֶׁ֔ה לַשַּׁבָּתוֹת֙ וְלֶ֣חֳדָשִׁ֔ים וְלַמּ֣וֹעֲד֔וֹת שָׁל֥וֹשׁ פְּעָמִ֖ים בַּשָּׁנָ֑ה בְּחַ֧ג הַמַּצּ֛וֹת וּבְחַ֥ג הַשָּׁבֻע֖וֹת וּבְחַ֥ג הַסֻּכּֽוֹת׃

§ 37 La Pâque ou les Pains sans levain: Ex 23, 14-15.18; 34, 18.25; Lv 23, 4-8; Nb 28, 16-25; Dt 16, 1-8

CD	CA	CS	P	AL
Dt 16, 1-8	Ex 23, 14-15.18	Lv 23, 4-8	Nb 28, 16-25	Ex 34, 18.25

(Dt 16, 1-8)

לְמַעַן תִּזְכֹּר אֶת־יוֹם צֵאתְךָ
מֵאֶרֶץ מִצְרַיִם כֹּל יְמֵי חַיֶּיךָ[c]׃

4 וְלֹא[a]־יֵרָאֶה לְךָ[b] שְׂאֹר בְּכָל־
גְּבֻלְךָ שִׁבְעַת יָמִים
וְלֹא־יָלִין מִן־הַבָּשָׂר אֲשֶׁר תִּזְבַּח
בָּעֶרֶב[c] בַּיּוֹם הָרִאשׁוֹן לַבֹּקֶר׃
5 לֹא[a] תוּכַל לִזְבֹּחַ אֶת־הַפָּסַח
בְּאַחַד[b] שְׁעָרֶיךָ אֲשֶׁר־יְהוָה אֱלֹהֶיךָ
נֹתֵן לָךְ׃
6 כִּי אִם־[a]אֶל־הַמָּקוֹם[a] אֲשֶׁר־יִבְחַר
יְהוָה אֱלֹהֶיךָ[b] לְשַׁכֵּן [c]שְׁמוֹ שָׁם[c]
תִּזְבַּח אֶת־הַפֶּסַח בָּעָרֶב
כְּבוֹא הַשֶּׁמֶשׁ מוֹעֵד צֵאתְךָ מִמִּצְרָיִם׃
7 וּבִשַּׁלְתָּ[a] וְאָכַלְתָּ בַּמָּקוֹם אֲשֶׁר
יִבְחַר יְהוָה אֱלֹהֶיךָ בּוֹ
וּפָנִיתָ בַבֹּקֶר וְהָלַכְתָּ לְאֹהָלֶיךָ׃
8 שֵׁשֶׁת יָמִים תֹּאכַל מַצּוֹת

וּבַיּוֹם הַשְּׁבִיעִי עֲצֶרֶת[a] לַיהוָה אֱלֹהֶיךָ
לֹא תַעֲשֶׂה מְלָאכָה׃

(Ex 23, 14-15.18)

וְלֹא־יֵרָאוּ פָנַי רֵיקָם׃
18 לֹא[a]־תִזְבַּח
עַל־חָמֵץ דַּם־זִבְחִי
וְלֹא־יָלִין חֵלֶב־חַגִּי
עַד־בֹּקֶר׃

(Lv 23, 4-8)

7 בַּיּוֹם הָרִאשׁוֹן מִקְרָא־
קֹדֶשׁ יִהְיֶה לָכֶם
כָּל־מְלֶאכֶת עֲבֹדָה לֹא תַעֲשׂוּ׃
8 [a]וְהִקְרַבְתֶּם אִשֶּׁה לַיהוָה
שִׁבְעַת יָמִים

בַּיּוֹם[c] הַשְּׁבִיעִי מִקְרָא־קֹדֶשׁ
כָּל־מְלֶאכֶת עֲבֹדָה לֹא תַעֲשׂוּ׃

(Nb 28, 16-25)

18 בַּיּוֹם הָרִאשׁוֹן מִקְרָא־
קֹדֶשׁ[a]
כָּל־מְלֶאכֶת עֲבֹדָה לֹא תַעֲשׂוּ׃
19 וְהִקְרַבְתֶּם אִשֶּׁה עֹלָה לַיהוָה פָּרִים
בְּנֵי־בָקָר שְׁנַיִם וְאַיִל אֶחָד
וְשִׁבְעָה כְבָשִׂים בְּנֵי שָׁנָה תְּמִימִם יִהְיוּ לָכֶם׃
20 וּמִנְחָתָם סֹלֶת בְּלוּלָה בַשָּׁמֶן
שְׁלֹשָׁה עֶשְׂרֹנִים לַפָּר וּשְׁנֵי עֶשְׂרֹנִים לָאַיִל
תַּעֲשׂוּ׃
21 עִשָּׂרוֹן[a] עִשָּׂרוֹן תַּעֲשֶׂה[b] לַכֶּבֶשׂ הָאֶחָד
לְשִׁבְעַת הַכְּבָשִׂים׃
22 וּשְׂעִיר [a]חַטָּאת אֶחָד[a] לְכַפֵּר עֲלֵיכֶם׃
23 מִלְּבַד עֹלַת הַבֹּקֶר אֲשֶׁר לְעֹלַת הַתָּמִיד
תַּעֲשׂוּ[a] [b]אֶת־אֵלֶּה[b]׃
24 כָּאֵלֶּה [a]תַּעֲשׂוּ לַיּוֹם[a] שִׁבְעַת יָמִים[b]
לֶחֶם אִשֵּׁה רֵיחַ[c]־נִיחֹחַ לַיהוָה
עַל־עוֹלַת הַתָּמִיד יֵעָשֶׂה[d] וְנִסְכּוֹ[e]׃
25 וּבַיּוֹם הַשְּׁבִיעִי מִקְרָא־קֹדֶשׁ יִהְיֶה לָכֶם
כָּל־מְלֶאכֶת עֲבֹדָה לֹא תַעֲשׂוּ׃

(Ex 34, 18.25)

25 לֹא־תִשְׁחַט
עַל־חָמֵץ דַּם־זִבְחִי
וְלֹא־יָלִין לַבֹּקֶר
זֶבַח חַג הַפָּסַח׃

Ex 12, 1-20

1 וַיֹּאמֶר יְהוָה אֶל־מֹשֶׁה וְאֶל־אַהֲרֹן בְּאֶרֶץ מִצְרַיִם לֵאמֹר׃ 2 הַחֹדֶשׁ הַזֶּה לָכֶם רֹאשׁ חֳדָשִׁים רִאשׁוֹן הוּא לָכֶם לְחָדְשֵׁי הַשָּׁנָה׃
3 דַּבְּרוּ אֶל־כָּל־עֲדַת[a] יִשְׂרָאֵל לֵאמֹר בֶּעָשֹׂר לַחֹדֶשׁ הַזֶּה וְיִקְחוּ לָהֶם אִישׁ שֶׂה לְבֵית־אָבֹת שֶׂה לַבָּיִת׃ 4 וְאִם־יִמְעַט הַבַּיִת מִהְיֹת מִשֶּׂה
וְלָקַח הוּא וּשְׁכֵנוֹ הַקָּרֹב אֶל־בֵּיתוֹ בְּמִכְסַת[a] נְפָשֹׁת אִישׁ לְפִי אָכְלוֹ תָּכֹסּוּ עַל־הַשֶּׂה׃ 5 שֶׂה תָמִים זָכָר בֶּן־שָׁנָה יִהְיֶה לָכֶם מִן־הַכְּבָשִׂים[a]
וּמִן־הָעִזִּים תִּקָּחוּ׃ 6 וְהָיָה לָכֶם לְמִשְׁמֶרֶת עַד אַרְבָּעָה עָשָׂר יוֹם לַחֹדֶשׁ הַזֶּה וְשָׁחֲטוּ אֹתוֹ כֹּל קְהַל עֲדַת[a]־יִשְׂרָאֵל בֵּין הָעַרְבָּיִם׃
7 וְלָקְחוּ מִן־הַדָּם וְנָתְנוּ עַל־שְׁתֵּי הַמְּזוּזֹת וְעַל־הַמַּשְׁקוֹף עַל הַבָּתִּים אֲשֶׁר־יֹאכְלוּ אֹתוֹ בָּהֶם[a]׃ 8 וְאָכְלוּ אֶת־הַבָּשָׂר בַּלַּיְלָה הַזֶּה צְלִי־אֵשׁ
וּמַצּוֹת עַל־מְרֹרִים יֹאכְלֻהוּ׃ 9 אַל־תֹּאכְלוּ מִמֶּנּוּ נָא וּבָשֵׁל מְבֻשָּׁל בַּמָּיִם כִּי אִם־צְלִי־אֵשׁ רֹאשׁוֹ עַל־כְּרָעָיו וְעַל־קִרְבּוֹ׃ 10 וְלֹא־תוֹתִירוּ
מִמֶּנּוּ עַד־בֹּקֶר[a] וְהַנֹּתָר מִמֶּנּוּ עַד־בֹּקֶר בָּאֵשׁ תִּשְׂרֹפוּ׃ 11 וְכָכָה תֹּאכְלוּ אֹתוֹ מָתְנֵיכֶם חֲגֻרִים נַעֲלֵיכֶם[a] בְּרַגְלֵיכֶם וּמַקֶּלְכֶם[b] בְּיֶדְכֶם[b]
וַאֲכַלְתֶּם אֹתוֹ בְּחִפָּזוֹן פֶּסַח הוּא לַיהוָה׃ 12 וְעָבַרְתִּי בְאֶרֶץ־מִצְרַיִם בַּלַּיְלָה הַזֶּה וְהִכֵּיתִי כָל־בְּכוֹר בְּאֶרֶץ מִצְרַיִם מֵאָדָם וְעַד־בְּהֵמָה
וּבְכָל־אֱלֹהֵי מִצְרַיִם אֶעֱשֶׂה שְׁפָטִים אֲנִי יְהוָה׃ 13 וְהָיָה הַדָּם לָכֶם לְאֹת עַל הַבָּתִּים אֲשֶׁר אַתֶּם שָׁם וְרָאִיתִי אֶת־הַדָּם וּפָסַחְתִּי עֲלֵכֶם
וְלֹא־יִהְיֶה בָכֶם נֶגֶף לְמַשְׁחִית בְּהַכֹּתִי בְּאֶרֶץ מִצְרָיִם׃ 14 וְהָיָה הַיּוֹם הַזֶּה לָכֶם לְזִכָּרוֹן וְחַגֹּתֶם אֹתוֹ חַג לַיהוָה לְדֹרֹתֵיכֶם חֻקַּת עוֹלָם
תְּחָגֻּהוּ׃ 15 שִׁבְעַת יָמִים מַצּוֹת תֹּאכֵלוּ אַךְ בַּיּוֹם הָרִאשׁוֹן תַּשְׁבִּיתוּ שְּׂאֹר[a] מִבָּתֵּיכֶם כִּי ׀ כָּל־אֹכֵל חָמֵץ וְנִכְרְתָה הַנֶּפֶשׁ הַהִוא מִיִּשְׂרָאֵל
מִיּוֹם הָרִאשֹׁן עַד־יוֹם הַשְּׁבִעִי׃ 16 וּבַיּוֹם הָרִאשׁוֹן מִקְרָא־קֹדֶשׁ וּבַיּוֹם הַשְּׁבִיעִי מִקְרָא־קֹדֶשׁ יִהְיֶה לָכֶם כָּל־מְלָאכָה לֹא־יֵעָשֶׂה בָהֶם אַךְ
אֲשֶׁר יֵאָכֵל[a] לְכָל־נֶפֶשׁ הוּא לְבַדּוֹ יֵעָשֶׂה לָכֶם׃ 17 וּשְׁמַרְתֶּם אֶת־הַמַּצּוֹת[a] כִּי בְּעֶצֶם הַיּוֹם הַזֶּה הוֹצֵאתִי אֶת־צִבְאוֹתֵיכֶם מֵאֶרֶץ מִצְרָיִם
וּשְׁמַרְתֶּם[b] אֶת־הַיּוֹם הַזֶּה לְדֹרֹתֵיכֶם חֻקַּת עוֹלָם׃ 18 בָּרִאשֹׁן בְּאַרְבָּעָה עָשָׂר יוֹם לַחֹדֶשׁ בָּעֶרֶב תֹּאכְלוּ מַצֹּת עַד יוֹם הָאֶחָד וְעֶשְׂרִים לַחֹדֶשׁ
בָּעָרֶב׃ 19 שִׁבְעַת יָמִים שְׂאֹר לֹא יִמָּצֵא בְּבָתֵּיכֶם כִּי ׀ כָּל־אֹכֵל מַחְמֶצֶת וְנִכְרְתָה הַנֶּפֶשׁ הַהִוא מֵעֲדַת יִשְׂרָאֵל בַּגֵּר וּבְאֶזְרַח הָאָרֶץ׃
20 כָּל־מַחְמֶצֶת לֹא תֹאכֵלוּ בְּכֹל מוֹשְׁבֹתֵיכֶם תֹּאכְלוּ מַצּוֹת׃

Ex 13, 3-10

3 וַיֹּאמֶר מֹשֶׁה אֶל־הָעָם זָכוֹר אֶת־הַיּוֹם הַזֶּה אֲשֶׁר יְצָאתֶם[a] מִמִּצְרַיִם[b] מִבֵּית עֲבָדִים כִּי בְּחֹזֶק יָד הוֹצִיא יְהוָה אֶתְכֶם מִזֶּה וְלֹא
יֵאָכֵל חָמֵץ׃ 4 הַיּוֹם[a] אַתֶּם יֹצְאִים בְּחֹדֶשׁ הָאָבִיב׃ 5 וְהָיָה כִי־יְבִיאֲךָ יְהוָה[a] אֶל־אֶרֶץ הַכְּנַעֲנִי וְהַחִתִּי[b] וְהָאֱמֹרִי[c] וְהַחִוִּי וְהַיְבוּסִי אֲשֶׁר[d]
נִשְׁבַּע לַאֲבֹתֶיךָ לָתֶת לָךְ אֶרֶץ זָבַת חָלָב וּדְבָשׁ וְעָבַדְתָּ אֶת־הָעֲבֹדָה הַזֹּאת בַּחֹדֶשׁ הַזֶּה׃ 6 שִׁבְעַת[a] יָמִים תֹּאכַל[b] מַצֹּת וּבַיּוֹם הַשְּׁבִיעִי
חַג לַיהוָה׃ 7 מַצּוֹת יֵאָכֵל[a] אֵת שִׁבְעַת הַיָּמִים וְלֹא[b]־יֵרָאֶה לְךָ חָמֵץ [c]וְלֹא־יֵרָאֶה[d] לְךָ שְׂאֹר[c] בְּכָל־גְּבֻלֶךָ׃ 8 וְהִגַּדְתָּ לְבִנְךָ בַּיּוֹם הַהוּא
לֵאמֹר בַּעֲבוּר זֶה עָשָׂה יְהוָה לִי בְּצֵאתִי מִמִּצְרָיִם׃ 9 וְהָיָה[a] לְךָ לְאוֹת עַל־יָדְךָ[b] וּלְזִכָּרוֹן בֵּין עֵינֶיךָ לְמַעַן תִּהְיֶה תּוֹרַת יְהוָה בְּפִיךָ
כִּי בְּיָד חֲזָקָה הוֹצִאֲךָ יְהוָה מִמִּצְרָיִם׃ 10 וְשָׁמַרְתָּ[a] אֶת־הַחֻקָּה הַזֹּאת לְמוֹעֲדָהּ מִיָּמִים יָמִימָה׃

Nb 9, 1-5

Jos 5, 10-11

2 R 23, 21.23b

Ez 45, 21-25

Esd 6, 19-20.22a

2 Ch 8, 12-13

§ 38 Interdiction de se présenter devant Dieu les mains vides: Ex 23, 15; 34, 19-20; Dt 16, 16-17

CD	(CS)	CA	AL
Dt 16,16-17		Ex 23,15	Ex 34,19-20

2 Ch 30, 1.13.15-18a

2 Ch 35, 1.11-13.16-17

§ 39 Ex 23, 16a

§ 39 La fête des Moissons, des Prémices ou des Semaines: Ex 23, 16a; 34, 22a; Lv 23, 15-21; Nb 28, 26-31; Dt 16, 9-12

CD Dt 16, 9-12	CA Ex 23, 16a	CS Lv 23, 15-21	P Nb 28, 26-31	AL Ex 34, 22a

(Texte synoptique hébreu disposé en colonnes; lecture de droite à gauche)

AL — Ex 34, 22a

22 וְחַג שָׁבֻעֹת תַּעֲשֶׂה לְךָ בִּכּוּרֵי קְצִיר חִטִּים

P — Nb 28, 26-31

26 וּבְיוֹם הַבִּכּוּרִים

CS — Lv 23, 15-21

15 וּסְפַרְתֶּם לָכֶם מִמָּחֳרַת הַשַּׁבָּת
16 (... 17)
(:יְהוָה)

17 ...
18 ...
21 (...)

CA — Ex 23, 16a

16 וְחַג הַקָּצִיר בִּכּוּרֵי מַעֲשֶׂיךָ

CD — Dt 16, 9-12

9 שִׁבְעָה שָׁבֻעֹת תִּסְפָּר־לָךְ
10 וְעָשִׂיתָ חַג שָׁבֻעוֹת
11 וְשָׂמַחְתָּ לִפְנֵי יְהוָה
12 וְזָכַרְתָּ כִּי־עֶבֶד הָיִיתָ בְּמִצְרָיִם

(§ 39   Ex 23, 16a)

(AL)

(Nb 28, 26-31)

26) ‏וּבְיוֹם הַבִּכֻּרִים בְּהַקְרִיבְכֶם מִנְחָה חֲדָשָׁה לַיהוָה בְּשָׁבֻעֹתֵיכֶם מִקְרָא־קֹדֶשׁ יִהְיֶה לָכֶם כָּל־מְלֶאכֶת עֲבֹדָה לֹא תַעֲשׂוּ׃

‏וְהִקְרַבְתֶּם עוֹלָה לְרֵיחַ נִיחֹחַ[a] לַיהוָה פָּרִים בְּנֵי־בָקָר שְׁנַיִם[b] אַיִל אֶחָד שִׁבְעָה כְבָשִׂים בְּנֵי שָׁנָה׃

‏וּמִנְחָתָם סֹלֶת בְּלוּלָה בַשָּׁמֶן שְׁלֹשָׁה עֶשְׂרֹנִים לַפָּר שְׁנֵי עֶשְׂרֹנִים לָאַיִל הָאֶחָד׃

29 ‏עִשָּׂרוֹן עִשָּׂרוֹן לַכֶּבֶשׂ הָאֶחָד לְשִׁבְעַת הַכְּבָשִׂים׃

30 ‏שְׂעִיר עִזִּים אֶחָד לְכַפֵּר עֲלֵיכֶם׃

31 ‏מִלְּבַד עֹלַת הַתָּמִיד וּמִנְחָתוֹ תַּעֲשׂוּ תְּמִימִם יִהְיוּ־לָכֶם וְנִסְכֵּיהֶם׃

(CD) | (CA)

(Lv 23, 15-21)

‏וּסְפַרְתֶּם לָכֶם מִמָּחֳרַת הַשַּׁבָּת מִיּוֹם הֲבִיאֲכֶם אֶת־עֹמֶר הַתְּנוּפָה שֶׁבַע שַׁבָּתוֹת תְּמִימֹת תִּהְיֶינָה׃

‏עַד מִמָּחֳרַת הַשַּׁבָּת הַשְּׁבִיעִת תִּסְפְּרוּ חֲמִשִּׁים יוֹם וְהִקְרַבְתֶּם מִנְחָה חֲדָשָׁה לַיהוָה׃

‏מִמּוֹשְׁבֹתֵיכֶם תָּבִיאּוּ[a] לֶחֶם תְּנוּפָה שְׁתַּיִם שְׁנֵי עֶשְׂרֹנִים סֹלֶת תִּהְיֶינָה חָמֵץ תֵּאָפֶינָה בִּכּוּרִים לַיהוָה׃

‏וְהִקְרַבְתֶּם עַל־הַלֶּחֶם[a] שִׁבְעַת כְּבָשִׂים תְּמִימִם בְּנֵי שָׁנָה וּפַר בֶּן־בָּקָר אֶחָד וְאֵילִם שְׁנָיִם יִהְיוּ עֹלָה לַיהוָה וּמִנְחָתָם וְנִסְכֵּיהֶם אִשֵּׁה רֵיחַ־נִיחֹחַ[b] לַיהוָה׃

20 ‏וַעֲשִׂיתֶם שְׂעִיר־עִזִּים אֶחָד לְחַטָּאת וּשְׁנֵי כְבָשִׂים בְּנֵי שָׁנָה לְזֶבַח שְׁלָמִים׃

‏וְהֵנִיף הַכֹּהֵן אֹתָם עַל לֶחֶם הַבִּכֻּרִים תְּנוּפָה לִפְנֵי יְהוָה עַל־שְׁנֵי[a] כְּבָשִׂים קֹדֶשׁ יִהְיוּ לַיהוָה לַכֹּהֵן׃

19 ‏וּקְרָאתֶם בְּעֶצֶם הַיּוֹם הַזֶּה[a] מִקְרָא־קֹדֶשׁ יִהְיֶה[b] לָכֶם כָּל־מְלֶאכֶת עֲבֹדָה לֹא תַעֲשׂוּ חֻקַּת עוֹלָם בְּכָל־מוֹשְׁבֹתֵיכֶם לְדֹרֹתֵיכֶם׃

(CD) | (CA)

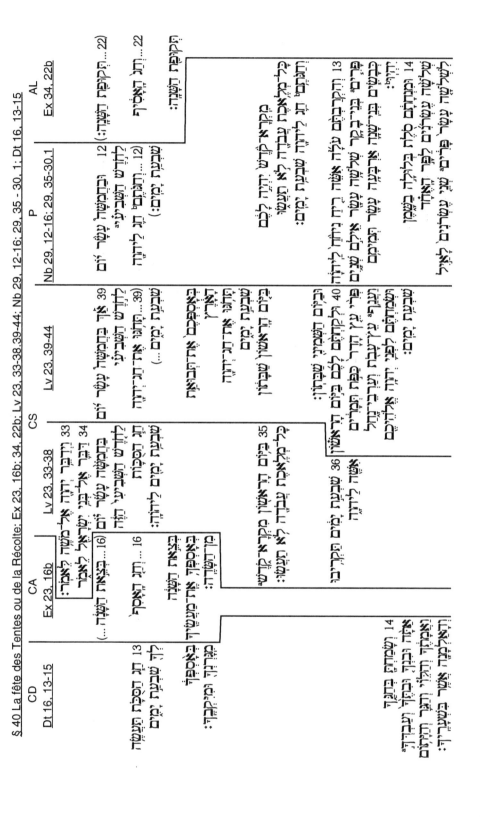

§ 40   Ex 23, 16b

§ 40 La fête des Tentes ou de la Récolte: Ex 23, 16b; 34, 22b; Lv 23, 33-38.39-44; Nb 29, 12-16; 29, 35 - 30, 1; Dt 16, 13-15

(§ 40 Ex 23, 16b)

(AL)		(CA)
(Nb 29, 12-16; 29, 35-30,1)	(Lv 23, 39-44)	(Lv 23, 33-38)
	(Lv 23, 39-44)	(Dt 16, 13-15)

Né 8.14-18

14 ... 15 ... 16 ... 17 ... 18 ...

Esd 3.4

Za 14.16

16 ...

Ez 45.25

25 ...

1R 12.32

32 ...

1R 8.2 65-66a

2 ... 65 ... 66 ...

Jg 21.19.21

19 ... 21 ...

2 Ch 5, 3

וַיִּקָּהֲל֞וּ אֶל־הַמֶּ֣לֶךְ כָּל־אִ֣ישׁ יִשְׂרָאֵ֗ל בֶּחָ֛ג ה֥וּא הַחֹ֖דֶשׁ הַשְּׁבִעִֽי׃ 3

2 Ch 7, 8-10a

וַיַּ֣עַשׂ שְׁלֹמֹ֣ה אֶת־הֶחָ֣ג בָּעֵ֣ת הַהִ֡יא שִׁבְעַ֣ת יָמִים֩ וְכָל־יִשְׂרָאֵ֨ל עִמּ֜וֹ קָהָ֧ל גָּד֣וֹל מְאֹ֗ד מִלְּב֥וֹא חֲמָ֖ת עַד־נַ֥חַל מִצְרָֽיִם׃ 8 וַֽיַּעֲשׂ֛וּ בַּיּ֥וֹם הַשְּׁמִינִ֖י עֲצָ֑רֶת כִּ֣י ׀ חֲנֻכַּ֣ת הַמִּזְבֵּ֗חַ עָשׂוּ֙ שִׁבְעַ֣ת יָמִ֔ים וְהֶחָ֖ג שִׁבְעַ֥ת יָמִֽים׃ 9 וּבְי֨וֹם עֶשְׂרִ֤ים וּשְׁלֹשָׁה֙ לַחֹ֣דֶשׁ הַשְּׁבִיעִ֔י שִׁלַּ֥ח אֶת־הָעָ֖ם לְאָהֳלֵיהֶ֑ם 10

Ex 23, 17-18, cf § 36 (Les trois pèlerinages annuels)

Ex 23, 18, cf § 37 (La Pâque ou les Pains sans levain)

Ex 23, 19a, cf § 28 (L'offrande des prémices)

§ 41 Le chevreau dans le lait de sa mère: Ex 23, 19b; 34, 26b; Dt 14, 21b

CD	CA	(CS)	AL
Dt 14, 21b	Ex 23, 19b		Ex 34, 26b
...לֹֽא־תְבַשֵּׁ֥ל גְּדִ֖י בַּחֲלֵ֥ב אִמּֽוֹ׃ 21	לֹֽא־תְבַשֵּׁ֥ל גְּדִ֖י בַּחֲלֵ֥ב אִמּֽוֹ׃ 19		...לֹֽא־תְבַשֵּׁ֥ל גְּדִ֖י בַּחֲלֵ֥ב אִמּֽוֹ׃ 26

§ 42 L'abattage profane: Lv 17, 1-7; Dt 12, 13-19. 20-28

CS	(CA)	CD
Lv 17, 1-7	Dt 12, 20-28	Dt 12, 13-19

CS — Lv 17, 1-7

1 וַיְדַבֵּ֥ר יְהוָ֖ה אֶל־מֹשֶׁ֥ה לֵּאמֹֽר׃

2 דַּבֵּ֨ר אֶֽל־אַהֲרֹ֜ן וְאֶל־בָּנָ֗יו וְאֶל֙ כָּל־בְּנֵ֣י יִשְׂרָאֵ֔ל וְאָמַרְתָּ֖ אֲלֵיהֶ֑ם זֶ֣ה הַדָּבָ֔ר אֲשֶׁר־צִוָּ֥ה יְהוָ֖ה לֵאמֹֽר׃

3 אִ֥ישׁ אִישׁ֙ מִבֵּ֣ית יִשְׂרָאֵ֔ל אֲשֶׁ֨ר יִשְׁחַ֜ט שׁ֥וֹר אוֹ־כֶ֛שֶׂב אוֹ־עֵ֖ז בַּֽמַּחֲנֶ֑ה א֚וֹ אֲשֶׁ֣ר יִשְׁחָ֔ט מִח֖וּץ לַֽמַּחֲנֶֽה׃

4 וְאֶל־פֶּ֜תַח אֹ֤הֶל מוֹעֵד֙ לֹ֣א הֱבִיא֔וֹ לְהַקְרִ֥יב קָרְבָּ֖ן לַֽיהוָ֑ה לִפְנֵ֖י מִשְׁכַּ֣ן יְהוָ֑ה דָּ֣ם יֵחָשֵׁ֞ב לָאִ֤ישׁ הַהוּא֙ דָּ֣ם שָׁפָ֔ךְ וְנִכְרַ֛ת הָאִ֥ישׁ הַה֖וּא מִקֶּ֥רֶב עַמּֽוֹ׃

5 לְמַעַן֩ אֲשֶׁ֨ר יָבִ֜יאוּ בְּנֵ֣י יִשְׂרָאֵ֗ל אֶֽת־זִבְחֵיהֶם֮ אֲשֶׁ֣ר הֵ֣ם זֹבְחִים֮ עַל־פְּנֵ֣י הַשָּׂדֶה֒ וֶהֱבִיאֻ֣ם לַֽיהוָ֗ה אֶל־פֶּ֛תַח אֹ֥הֶל מוֹעֵ֖ד אֶל־הַכֹּהֵ֑ן וְזָ֨בְח֜וּ זִבְחֵ֧י שְׁלָמִ֛ים לַֽיהוָ֖ה אוֹתָֽם׃

6 וְזָרַ֨ק הַכֹּהֵ֤ן אֶת־הַדָּם֙ עַל־מִזְבַּ֣ח יְהוָ֔ה פֶּ֖תַח אֹ֣הֶל מוֹעֵ֑ד וְהִקְטִ֣יר הַחֵ֔לֶב לְרֵ֥יחַ נִיחֹ֖חַ לַֽיהוָֽה׃

7 וְלֹא־יִזְבְּח֥וּ עוֹד֙ אֶת־זִבְחֵיהֶ֔ם לַשְּׂעִירִ֕ם אֲשֶׁ֛ר הֵ֥ם זֹנִ֖ים אַחֲרֵיהֶ֑ם חֻקַּ֥ת עוֹלָ֛ם תִּֽהְיֶה־זֹּ֥את לָהֶ֖ם לְדֹרֹתָֽם׃

(CA) — Dt 12, 20-28

20 כִּֽי־יַרְחִיב֩ יְהוָ֨ה אֱלֹהֶ֥יךָ אֶֽת־גְּבֽוּלְךָ֮ כַּאֲשֶׁ֣ר דִּבֶּר־לָךְ֒ וְאָמַרְתָּ֙ אֹכְלָ֣ה בָשָׂ֔ר כִּֽי־תְאַוֶּ֥ה נַפְשְׁךָ֖ לֶאֱכֹ֣ל בָּשָׂ֑ר בְּכָל־אַוַּ֥ת נַפְשְׁךָ֖ תֹּאכַ֥ל בָּשָֽׂר׃

21 כִּֽי־יִרְחַ֨ק מִמְּךָ֜ הַמָּק֗וֹם אֲשֶׁ֨ר יִבְחַ֜ר יְהוָ֣ה אֱלֹהֶיךָ֮ לָשׂ֣וּם שְׁמ֣וֹ שָׁם֒ וְזָבַחְתָּ֞ מִבְּקָרְךָ֣ וּמִצֹּֽאנְךָ֗ אֲשֶׁ֨ר נָתַ֤ן יְהוָה֙ לְךָ֔ כַּאֲשֶׁ֖ר צִוִּיתִ֑ךָ וְאָֽכַלְתָּ֙ בִּשְׁעָרֶ֔יךָ בְּכֹ֖ל אַוַּ֥ת נַפְשֶֽׁךָ׃

22 אַ֗ךְ כַּאֲשֶׁ֨ר יֵאָכֵ֤ל אֶֽת־הַצְּבִי֙ וְאֶת־הָ֣אַיָּ֔ל כֵּ֖ן תֹּאכְלֶ֑נּוּ הַטָּמֵא֙ וְהַטָּה֔וֹר יַחְדָּ֖ו יֹאכְלֶֽנּוּ׃

23 רַ֣ק חֲזַ֗ק לְבִלְתִּי֙ אֲכֹ֣ל הַדָּ֔ם כִּ֥י הַדָּ֖ם ה֣וּא הַנָּ֑פֶשׁ וְלֹא־תֹאכַ֥ל הַנֶּ֖פֶשׁ עִם־הַבָּשָֽׂר׃

24 לֹ֖א תֹּאכְלֶ֑נּוּ עַל־הָאָ֥רֶץ תִּשְׁפְּכֶ֖נּוּ כַּמָּֽיִם׃

(... 16)

CD — Dt 12, 13-19

13 הִשָּׁ֣מֶר לְךָ֔ פֶּֽן־תַּעֲלֶ֖ה עֹלֹתֶ֑יךָ בְּכָל־מָק֖וֹם אֲשֶׁ֥ר תִּרְאֶֽה׃

14 כִּ֣י אִם־בַּמָּק֞וֹם אֲשֶׁר־יִבְחַ֤ר יְהוָה֙ בְּאַחַ֣ד שְׁבָטֶ֔יךָ שָׁ֖ם תַּעֲלֶ֣ה עֹלֹתֶ֑יךָ וְשָׁ֣ם תַּעֲשֶׂ֔ה כֹּ֛ל אֲשֶׁ֥ר אָנֹכִ֖י מְצַוֶּֽךָּ׃

15 רַק֩ בְּכָל־אַוַּ֨ת נַפְשְׁךָ֜ תִּזְבַּ֣ח ׀ וְאָכַלְתָּ֣ בָשָׂ֗ר כְּבִרְכַּ֨ת יְהוָ֧ה אֱלֹהֶ֛יךָ אֲשֶׁ֥ר נָֽתַן־לְךָ֖ בְּכָל־שְׁעָרֶ֑יךָ הַטָּמֵ֤א וְהַטָּהוֹר֙ יֹאכְלֶ֔נּוּ כַּצְּבִ֖י וְכָאַיָּֽל׃

16 רַ֥ק הַדָּ֖ם לֹ֣א תֹאכֵ֑לוּ עַל־הָאָ֥רֶץ תִּשְׁפְּכֶ֖נּוּ כַּמָּֽיִם׃

§ 43 Lv 17, 8-9

	(CA)	(CS)

(Dt 12, 20-28)

25 לֹא תֹּאכְלֶנּוּ לְמַעַן יִיטַב לְךָ וּלְבָנֶיךָ אַחֲרֶיךָ כִּי־תַעֲשֶׂה הַיָּשָׁר בְּעֵינֵי יְהוָה

26 רַק קָדָשֶׁיךָ אֲשֶׁר־יִהְיוּ לְךָ וּנְדָרֶיךָ תִּשָּׂא וּבָאתָ אֶל־הַמָּקוֹם אֲשֶׁר־יִבְחַר יְהוָה

27 וְעָשִׂיתָ עֹלֹתֶיךָ הַבָּשָׂר וְהַדָּם עַל־מִזְבַּח יְהוָה אֱלֹהֶיךָ וְדַם־זְבָחֶיךָ יִשָּׁפֵךְ עַל־מִזְבַּח יְהוָה אֱלֹהֶיךָ וְהַבָּשָׂר תֹּאכֵל

28 שְׁמֹר וְשָׁמַעְתָּ אֵת כָּל־הַדְּבָרִים הָאֵלֶּה אֲשֶׁר אָנֹכִי מְצַוֶּךָּ לְמַעַן יִיטַב לְךָ וּלְבָנֶיךָ אַחֲרֶיךָ עַד־עוֹלָם כִּי תַעֲשֶׂה הַטּוֹב וְהַיָּשָׁר בְּעֵינֵי יְהוָה אֱלֹהֶיךָ

Dt 15, 21-23

21 וְכִי־יִהְיֶה בוֹ מוּם פִּסֵּחַ אוֹ עִוֵּר כֹּל מוּם רָע לֹא תִזְבָּחֶנּוּ לַיהוָה אֱלֹהֶיךָ

22 בִּשְׁעָרֶיךָ תֹּאכֲלֶנּוּ הַטָּמֵא וְהַטָּהוֹר יַחְדָּו כַּצְּבִי וְכָאַיָּל

23 רַק אֶת־דָּמוֹ לֹא תֹאכֵל עַל־הָאָרֶץ תִּשְׁפְּכֶנּוּ כַּמָּיִם

(Dt 12, 23-19)

17 לֹא־תוּכַל לֶאֱכֹל בִּשְׁעָרֶיךָ מַעְשַׂר דְּגָנְךָ וְתִירֹשְׁךָ וְיִצְהָרֶךָ וּבְכֹרֹת בְּקָרְךָ וְצֹאנֶךָ וְכָל־נְדָרֶיךָ אֲשֶׁר תִּדֹּר וְנִדְבֹתֶיךָ וּתְרוּמַת יָדֶךָ

18 כִּי אִם־לִפְנֵי יְהוָה אֱלֹהֶיךָ תֹּאכְלֶנּוּ בַּמָּקוֹם אֲשֶׁר יִבְחַר יְהוָה אֱלֹהֶיךָ בּוֹ אַתָּה וּבִנְךָ וּבִתֶּךָ וְעַבְדְּךָ וַאֲמָתֶךָ וְהַלֵּוִי אֲשֶׁר בִּשְׁעָרֶיךָ וְשָׂמַחְתָּ לִפְנֵי יְהוָה אֱלֹהֶיךָ בְּכֹל מִשְׁלַח יָדֶךָ

19 הִשָּׁמֶר לְךָ פֶּן־תַּעֲזֹב אֶת־הַלֵּוִי כָּל־יָמֶיךָ עַל־אַדְמָתֶךָ

---

§ 43 L'unicité du lieu de culte: Lv 17, 8-9; Dt 12, 1-7. 8-12. 13-19. 20-28

CS	(CA)	CD		
Lv 17, 8-9	Dt 12, 20-28	Dt 12, 13-19	Dt 12, 8-12	Dt 12, 1-7

8 ... **20** ... **13** ... **8** ... **1** ...

2 ...

(Dt 12, 1-7)	(Dt 12, 8-12)	(Dt 12, 13-19)	(Dt 12, 20-28)	(CA)	(Lv 17, 8-9)
9 כִּי לֹא־בָאתֶם עַד־עָתָּה אֶל־הַמְּנוּחָה וְאֶל־הַנַּחֲלָה אֲשֶׁר־יְהוָה אֱלֹהֶיךָ נֹתֵן לָךְ:	עַל־הֶהָרִים הָרָמִים וְעַל־הַגְּבָעוֹת וְתַחַת כָּל־עֵץ רַעֲנָן: 3 וְנִתַּצְתֶּם אֶת־מִזְבְּחֹתָם וְשִׁבַּרְתֶּם אֶת־מַצֵּבֹתָם וַאֲשֵׁרֵיהֶם תִּשְׂרְפוּן בָּאֵשׁ וּפְסִילֵי אֱלֹהֵיהֶם תְּגַדֵּעוּן וְאִבַּדְתֶּם אֶת־שְׁמָם מִן־הַמָּקוֹם הַהוּא: 4 לֹא־תַעֲשׂוּן כֵּן לַיהוָה אֱלֹהֵיכֶם:	אֲשֶׁר תִּרְאֶה:	וְאָמַרְתָּ אֹכְלָה בָשָׂר כִּי־תְאַוֶּה נַפְשְׁךָ לֶאֱכֹל בָּשָׂר בְּכָל־אַוַּת נַפְשְׁךָ תֹּאכַל בָּשָׂר:		אִישׁ אִישׁ מִבֵּית יִשְׂרָאֵל וּמִן־הַגֵּר אֲשֶׁר־יָגוּר בְּתוֹכָם אֲשֶׁר־יַעֲלֶה עֹלָה אוֹ־זָבַח: 9 וְאֶל־פֶּתַח אֹהֶל מוֹעֵד לֹא יְבִיאֶנּוּ לַעֲשׂוֹת אֹתוֹ לַיהוָה וְנִכְרַת הָאִישׁ הַהוּא מֵעַמָּיו:
10 וַעֲבַרְתֶּם אֶת־הַיַּרְדֵּן וִישַׁבְתֶּם בָּאָרֶץ אֲשֶׁר־יְהוָה אֱלֹהֵיכֶם מַנְחִיל אֶתְכֶם וְהֵנִיחַ לָכֶם מִכָּל־אֹיְבֵיכֶם מִסָּבִיב וִישַׁבְתֶּם־בֶּטַח:					
5 כִּי אִם־אֶל־הַמָּקוֹם אֲשֶׁר־יִבְחַר יְהוָה אֱלֹהֵיכֶם מִכָּל־שִׁבְטֵיכֶם לָשׂוּם אֶת־שְׁמוֹ שָׁם לְשִׁכְנוֹ תִדְרְשׁוּ וּבָאתָ שָׁמָּה:	11 וְהָיָה הַמָּקוֹם אֲשֶׁר־יִבְחַר יְהוָה אֱלֹהֵיכֶם בּוֹ לְשַׁכֵּן שְׁמוֹ שָׁם שָׁמָּה תָבִיאוּ אֵת כָּל־אֲשֶׁר אָנֹכִי מְצַוֶּה אֶתְכֶם	14 כִּי אִם־בַּמָּקוֹם אֲשֶׁר־יִבְחַר יְהוָה בְּאַחַד שְׁבָטֶיךָ	21 כִּי־יִרְחַק מִמְּךָ הַמָּקוֹם אֲשֶׁר יִבְחַר יְהוָה אֱלֹהֶיךָ לָשׂוּם שְׁמוֹ שָׁם		
6 וַהֲבֵאתֶם שָׁמָּה עֹלֹתֵיכֶם וְזִבְחֵיכֶם וְאֵת מַעְשְׂרֹתֵיכֶם וְאֵת תְּרוּמַת יֶדְכֶם וְנִדְרֵיכֶם וְנִדְבֹתֵיכֶם וּבְכֹרֹת בְּקַרְכֶם וְצֹאנְכֶם:	עוֹלֹתֵיכֶם מַעְשְׂרֹתֵיכֶם וּתְרוּמַת יֶדְכֶם וְכֹל מִבְחַר נִדְרֵיכֶם אֲשֶׁר תִּדְּרוּ לַיהוָה:	שָׁם תַּעֲלֶה עֹלֹתֶיךָ וְשָׁם תַּעֲשֶׂה כֹּל אֲשֶׁר אָנֹכִי מְצַוֶּךָּ:			
		15 רַק בְּכָל־אַוַּת נַפְשְׁךָ תִּזְבַּח וְאָכַלְתָּ בָשָׂר כְּבִרְכַּת יְהוָה אֱלֹהֶיךָ אֲשֶׁר נָתַן־לְךָ בְּכָל־שְׁעָרֶיךָ			

וְזָבַחְתָּ מִבְּקָרְךָ וּמִצֹּאנְךָ אֲשֶׁר נָתַן יְהוָה לְךָ כַּאֲשֶׁר צִוִּיתִךָ וְאָכַלְתָּ בִּשְׁעָרֶיךָ בְּכָל אַוַּת נַפְשֶׁךָ:

(Dt 12, 1-7)	(Dt 12, 8-12)	(Dt 12, 13-19)	(Dt 12, 20-28)	(CA)	(CS)
		הַטָּמֵא[a] וְהַטָּהוֹר[b] יֹאכְלֶנּוּ כַּצְּבִי וְכָאַיָּל׃	22 אַךְ כַּאֲשֶׁר יֵאָכֵל אֶת־הַצְּבִי וְאֶת־הָאַיָּל		
			כֵּן תֹּאכְלֶנּוּ		
			הַטָּמֵא[a] וְהַטָּהוֹר יַחְדָּו יֹאכְלֶנּוּ׃		
		16 [a]רַק הַדָּם לֹא תֹאכֵלוּ[b]	23 רַק חֲזַק לְבִלְתִּי אֲכֹל הַדָּם		
			כִּי הַדָּם הוּא הַנָּפֶשׁ		
			וְלֹא־תֹאכַל[a] הַנֶּפֶשׁ עִם־הַבָּשָׂר׃		
		עַל־הָאָרֶץ תִּשְׁפְּכֶנּוּ כַּמָּיִם׃	24 [ba]לֹא תֹּאכְלֶנּוּ[b] עַל־הָאָרֶץ תִּשְׁפְּכֶנּוּ[c] כַּמָּיִם׃		
			25 לֹא תֹּאכְלֶנּוּ		
			לְמַעַן יִיטַב לְךָ וּלְבָנֶיךָ אַחֲרֶיךָ		
			כִּי־תַעֲשֶׂה הַיָּשָׁר[a] בְּעֵינֵי יְהוָה[b]׃		
		17 לֹא־תוּכַל לֶאֱכֹל בִּשְׁעָרֶיךָ מַעְשַׂר דְּגָנְךָ	26 רַק קָדָשֶׁיךָ אֲשֶׁר־יִהְיוּ לְךָ וּנְדָרֶיךָ		
		וְתִירֹשְׁךָ[a] וְיִצְהָרֶךָ וּבְכֹרֹת בְּקָרְךָ וְצֹאנֶךָ	תִּשָּׂא וּבָאתָ אֶל־הַמָּקוֹם אֲשֶׁר־יִבְחַר יְהוָה[a]׃		
		וְכָל־נְדָרֶיךָ אֲשֶׁר תִּדֹּר וְנִדְבֹתֶיךָ	27 וְעָשִׂיתָ עֹלֹתֶיךָ הַבָּשָׂר וְהַדָּם[a] עַל־מִזְבַּח		
		וּתְרוּמַת יָדֶךָ[b]׃	יְהוָה אֱלֹהֶיךָ		
7 וַאֲכַלְתֶּם־שָׁם לִפְנֵי יְהוָה		18 כִּי אִם־לִפְנֵי יְהוָה אֱלֹהֶיךָ תֹּאכְלֶנּוּ	וְדַם־זְבָחֶיךָ יִשָּׁפֵךְ [b]עַל־מִזְבַּח[b] יְהוָה אֱלֹהֶיךָ		
אֱלֹהֵיכֶם		בַּמָּקוֹם אֲשֶׁר יִבְחַר יְהוָה אֱלֹהֶיךָ בּוֹ	וְהַבָּשָׂר תֹּאכֵל׃		
		אַתָּה וּבִנְךָ וּבִתֶּךָ וְעַבְדְּךָ[a] וַאֲמָתֶךָ			
		וְהַלֵּוִי אֲשֶׁר בִּשְׁעָרֶיךָ[b]			
וּשְׂמַחְתֶּם	12 וּשְׂמַחְתֶּם לִפְנֵי יְהוָה אֱלֹהֵיכֶם	וְשָׂמַחְתָּ לִפְנֵי יְהוָה אֱלֹהֶיךָ	28 שְׁמֹר וְשָׁמַעְתָּ[a] אֵת כָּל־הַדְּבָרִים		
בְּכֹל מִשְׁלַח יֶדְכֶם[a]		בְּכֹל מִשְׁלַח יָדֶךָ[c]׃	הָאֵלֶּה[b] אֲשֶׁר אָנֹכִי מְצַוֶּךָּ[c]		
אַתֶּם וּבָתֵּיכֶם	אַתֶּם וּבְנֵיכֶם וּבְנֹתֵיכֶם		לְמַעַן יִיטַב לְךָ וּלְבָנֶיךָ		
[b]אֲשֶׁר בֵּרַכְךָ יְהוָה אֱלֹהֶיךָ[b]׃	וְעַבְדֵיכֶם[a] וְאַמְהֹתֵיכֶם[b]	19 הִשָּׁמֶר לְךָ פֶּן־תַּעֲזֹב	אַחֲרֶיךָ עַד־עוֹלָם		
	וְהַלֵּוִי אֲשֶׁר בְּשַׁעֲרֵיכֶם	אֶת־הַלֵּוִי	כִּי תַעֲשֶׂה [d]הַטּוֹב וְהַיָּשָׁר[d]		
	כִּי אֵין לוֹ חֵלֶק וְנַחֲלָה אִתְּכֶם׃	כָּל־יָמֶיךָ[a] [b]עַל־אַדְמָתֶךָ[b]׃	בְּעֵינֵי יְהוָה אֱלֹהֶיךָ׃		

(§ 43 Lv 17, 8-9)

Ex 20, 24b

24 ... בְּכָל־הַמָּקוֹם אֲשֶׁר אַזְכִּיר אֶת־שְׁמִי אָבוֹא אֵלֶיךָ וּבֵרַכְתִּיךָ:

Jos 22, 19b.29

19 ... וְאֹתָנוּ אַל־תִּמְרֹדוּ וּבֵאלֹהִינוּ אַל־תִּמְרֹדוּ בִּבְנֹתְכֶם לָכֶם מִזְבֵּחַ מִבַּלְעֲדֵי מִזְבַּח יְהוָה אֱלֹהֵינוּ:

29 חָלִילָה לָּנוּ מִמֶּנּוּ לִמְרֹד בַּיהוָה וְלָשׁוּב הַיּוֹם מֵאַחֲרֵי יְהוָה לִבְנוֹת מִזְבֵּחַ לְעֹלָה לְמִנְחָה וּלְזָבַח מִלְּבַד מִזְבַּח יְהוָה אֱלֹהֵינוּ אֲשֶׁר לִפְנֵי מִשְׁכָּנוֹ:

2 R 18, 22

22 וְכִי־תֹאמְרוּן אֵלַי אֶל־יְהוָה אֱלֹהֵינוּ בָּטָחְנוּ הֲלוֹא־הוּא אֲשֶׁר הֵסִיר חִזְקִיָּהוּ אֶת־בָּמֹתָיו וְאֶת־מִזְבְּחֹתָיו וַיֹּאמֶר לִיהוּדָה וְלִירוּשָׁלַ͏ִם לִפְנֵי הַמִּזְבֵּחַ הַזֶּה תִּשְׁתַּחֲווּ בִּירוּשָׁלָ͏ִם:

2 R 23, 4-9

4 וַיְצַו הַמֶּלֶךְ אֶת־חִלְקִיָּהוּ הַכֹּהֵן הַגָּדוֹל וְאֶת־כֹּהֲנֵי הַמִּשְׁנֶה וְאֶת־שֹׁמְרֵי הַסַּף לְהוֹצִיא מֵהֵיכַל יְהוָה אֵת כָּל־הַכֵּלִים הָעֲשׂוּיִם לַבַּעַל וְלָאֲשֵׁרָה וּלְכֹל צְבָא הַשָּׁמָיִם וַיִּשְׂרְפֵם מִחוּץ לִירוּשָׁלַ͏ִם בְּשַׁדְמוֹת קִדְרוֹן וְנָשָׂא אֶת־עֲפָרָם בֵּית־אֵל:

5 וְהִשְׁבִּית אֶת־הַכְּמָרִים אֲשֶׁר נָתְנוּ מַלְכֵי יְהוּדָה וַיְקַטֵּר בַּבָּמוֹת בְּעָרֵי יְהוּדָה וּמְסִבֵּי יְרוּשָׁלָ͏ִם וְאֶת־הַמְקַטְּרִים לַבַּעַל לַשֶּׁמֶשׁ וְלַיָּרֵחַ וְלַמַּזָּלוֹת וּלְכֹל צְבָא הַשָּׁמָיִם:

6 וַיֹּצֵא אֶת־הָאֲשֵׁרָה מִבֵּית יְהוָה מִחוּץ לִירוּשָׁלַ͏ִם אֶל־נַחַל קִדְרוֹן וַיִּשְׂרֹף אֹתָהּ בְּנַחַל קִדְרוֹן וַיָּדֶק לְעָפָר וַיַּשְׁלֵךְ אֶת־עֲפָרָהּ עַל־קֶבֶר בְּנֵי הָעָם:

7 וַיִּתֹּץ אֶת־בָּתֵּי הַקְּדֵשִׁים אֲשֶׁר בְּבֵית יְהוָה אֲשֶׁר הַנָּשִׁים אֹרְגוֹת שָׁם בָּתִּים לָאֲשֵׁרָה:

8 וַיָּבֵא אֶת־כָּל־הַכֹּהֲנִים מֵעָרֵי יְהוּדָה וַיְטַמֵּא אֶת־הַבָּמוֹת אֲשֶׁר קִטְּרוּ־שָׁמָּה הַכֹּהֲנִים מִגֶּבַע עַד־בְּאֵר שָׁבַע וְנָתַץ אֶת־בָּמוֹת הַשְּׁעָרִים אֲשֶׁר־פֶּתַח שַׁעַר יְהוֹשֻׁעַ שַׂר־הָעִיר אֲשֶׁר־עַל־שְׂמֹאול אִישׁ בְּשַׁעַר הָעִיר:

9 אַךְ לֹא יַעֲלוּ כֹּהֲנֵי הַבָּמוֹת אֶל־מִזְבַּח יְהוָה בִּירוּשָׁלָ͏ִם כִּי אִם־אָכְלוּ מַצּוֹת בְּתוֹךְ אֲחֵיהֶם:

Es 36, 7

7 וְכִי־תֹאמַר אֵלַי אֶל־יְהוָה אֱלֹהֵינוּ בָּטָחְנוּ הֲלוֹא־הוּא אֲשֶׁר הֵסִיר חִזְקִיָּהוּ אֶת־בָּמֹתָיו וְאֶת־מִזְבְּחֹתָיו וַיֹּאמֶר לִיהוּדָה וְלִירוּשָׁלַ͏ִם לִפְנֵי הַמִּזְבֵּחַ הַזֶּה תִּשְׁתַּחֲווּ:

2 Ch 32, 12

12 הֲלֹא־הוּא יְחִזְקִיָּהוּ הֵסִיר אֶת־בָּמֹתָיו וְאֶת־מִזְבְּחֹתָיו וַיֹּאמֶר לִיהוּדָה וְלִירוּשָׁלַ͏ִם לֵאמֹר לִפְנֵי מִזְבֵּחַ אֶחָד תִּשְׁתַּחֲווּ וְעָלָיו תַּקְטִירוּ:

§ 44 Lv 17, 10-12

CD		(CA)	CS			P
Dt 12,16	Dt 12, 23-25		Lv 17, 10-12	Lv 19, 26a	Lv 3, 17	Lv 7, 26-27

Lv 7, 26-27

וְכָל־דָּם לֹא תֹאכְלוּ 26 בְּכֹל מוֹשְׁבֹתֵיכֶם לָעוֹף וְלַבְּהֵמָה׃ 27 כָּל־נֶפֶשׁ אֲשֶׁר־תֹּאכַל כָּל־דָּם וְנִכְרְתָה הַנֶּפֶשׁ הַהִוא מֵעַמֶּיהָ׃

Lv 3, 17

חֻקַּת עוֹלָם לְדֹרֹתֵיכֶם בְּכֹל מוֹשְׁבֹתֵיכֶם כָּל־חֵלֶב וְכָל־דָּם לֹא תֹאכֵלוּ׃

Lv 19, 26a

לֹא תֹאכְלוּ עַל־הַדָּם

Lv 17, 10-12

וְאִישׁ אִישׁ 10 מִבֵּית יִשְׂרָאֵל וּמִן־הַגֵּר הַגָּר בְּתוֹכָם אֲשֶׁר יֹאכַל כָּל־דָּם וְנָתַתִּי פָנַי בַּנֶּפֶשׁ הָאֹכֶלֶת אֶת־הַדָּם וְהִכְרַתִּי אֹתָהּ מִקֶּרֶב עַמָּהּ׃ 11 כִּי נֶפֶשׁ הַבָּשָׂר בַּדָּם הִוא וַאֲנִי נְתַתִּיו לָכֶם עַל־הַמִּזְבֵּחַ לְכַפֵּר עַל־נַפְשֹׁתֵיכֶם כִּי־הַדָּם הוּא בַּנֶּפֶשׁ יְכַפֵּר׃ 12 עַל־כֵּן אָמַרְתִּי לִבְנֵי יִשְׂרָאֵל כָּל־נֶפֶשׁ מִכֶּם לֹא־תֹאכַל דָּם וְהַגֵּר הַגָּר בְּתוֹכְכֶם לֹא־יֹאכַל דָּם׃

Dt 12, 23-25

רַק חֲזַק 23 לְבִלְתִּי אֲכֹל הַדָּם כִּי הַדָּם הוּא הַנָּפֶשׁ וְלֹא־תֹאכַל הַנֶּפֶשׁ עִם־הַבָּשָׂר׃ 24 לֹא תֹּאכְלֶנּוּ עַל־הָאָרֶץ תִּשְׁפְּכֶנּוּ כַּמָּיִם׃ 25 לֹא תֹּאכְלֶנּוּ לְמַעַן יִיטַב לְךָ וּלְבָנֶיךָ אַחֲרֶיךָ כִּי־תַעֲשֶׂה הַיָּשָׁר בְּעֵינֵי יְהוָה׃

Dt 12, 16

רַק הַדָּם 16 לֹא תֹאכֵלוּ עַל־הָאָרֶץ תִּשְׁפְּכֶנּוּ כַּמָּיִם׃

Gn 9,3-4

3 כָּל־רֶמֶשׂ אֲשֶׁר הוּא־חַי לָכֶם יִהְיֶה לְאָכְלָה כְּיֶרֶק עֵשֶׂב נָתַתִּי לָכֶם אֶת־כֹּל׃ 4 אַךְ־בָּשָׂר בְּנַפְשׁוֹ דָמוֹ לֹא תֹאכֵלוּ׃

Lv 17, 13-14

13 וְאִישׁ אִישׁ מִבְּנֵי יִשְׂרָאֵל וּמִן־הַגֵּר הַגָּר בְּתוֹכָם אֲשֶׁר יָצוּד צֵיד חַיָּה אוֹ־עוֹף אֲשֶׁר יֵאָכֵל וְשָׁפַךְ אֶת־דָּמוֹ וְכִסָּהוּ בֶּעָפָר׃ 14 כִּי־נֶפֶשׁ כָּל־בָּשָׂר דָּמוֹ בְנַפְשׁוֹ הוּא וָאֹמַר לִבְנֵי יִשְׂרָאֵל דַּם כָּל־בָּשָׂר לֹא תֹאכֵלוּ כִּי נֶפֶשׁ כָּל־בָּשָׂר דָּמוֹ הִוא כָּל־אֹכְלָיו יִכָּרֵת׃

Dt 15, 23

23 רַק אֶת־דָּמוֹ לֹא תֹאכֵל עַל־הָאָרֶץ תִּשְׁפְּכֶנּוּ כַּמָּיִם׃

1 S 14, 32-35

32 וַיַּעַשׂ הָעָם אֶל־שָׁלָל וַיִּקְחוּ צֹאן וּבָקָר וּבְנֵי בָקָר וַיִּשְׁחֲטוּ־אָרְצָה וַיֹּאכַל הָעָם עַל־הַדָּם׃ 33 וַיַּגִּידוּ לְשָׁאוּל לֵאמֹר הִנֵּה הָעָם חֹטִאים לַיהוָה לֶאֱכֹל עַל־הַדָּם וַיֹּאמֶר בְּגַדְתֶּם גֹּלּוּ־אֵלַי הַיּוֹם אֶבֶן גְּדוֹלָה׃ 34 וַיֹּאמֶר שָׁאוּל פֻּצוּ בָעָם וַאֲמַרְתֶּם לָהֶם הַגִּישׁוּ אֵלַי אִישׁ שׁוֹרוֹ וְאִישׁ שְׂיֵהוּ וּשְׁחַטְתֶּם בָּזֶה וַאֲכַלְתֶּם וְלֹא־תֶחֶטְאוּ לַיהוָה לֶאֱכֹל אֶל־הַדָּם וַיַּגִּשׁוּ כָל־הָעָם אִישׁ שׁוֹרוֹ בְיָדוֹ הַלַּיְלָה וַיִּשְׁחֲטוּ־שָׁם׃ 35 וַיִּבֶן שָׁאוּל מִזְבֵּחַ לַיהוָה אֹתוֹ הֵחֵל לִבְנוֹת מִזְבֵּחַ לַיהוָה׃

Ez 33, 25a*

25 ... הַדָּם תֹּאכֵלוּ וְעֵינֵכֶם תִּשְׂאוּ אֶל־גִּלּוּלֵיכֶם ...

§ 45 L'abattage des bêtes sauvages: Lv 17, 13-14

Lv 17, 15-16, voir § 30 (La consommation des bêtes crevées)

§ 46 Les relations sexuelles familiales interdites: Lv 18, 1-18; 20, 11-12.14.17.19-23: Dt 23, 1: 27, 20.22-23

CD Dt 23, 1	(CA)	CS		AL Dt 27, 20.22.23
		Lv 18, 1-18	Lv 20, 11-12.14.17.19-23	

CS — Lv 18, 1-18

1 וַיְדַבֵּר יְהוָה אֶל־מֹשֶׁה לֵּאמֹר׃
2 דַּבֵּר אֶל־בְּנֵי יִשְׂרָאֵל וְאָמַרְתָּ אֲלֵהֶם אֲנִי יְהוָה אֱלֹהֵיכֶם׃
3 כְּמַעֲשֵׂה אֶרֶץ־מִצְרַיִם אֲשֶׁר יְשַׁבְתֶּם־בָּהּ לֹא תַעֲשׂוּ וּכְמַעֲשֵׂה אֶרֶץ־כְּנַעַן אֲשֶׁר אֲנִי מֵבִיא אֶתְכֶם שָׁמָּה לֹא תַעֲשׂוּ וּבְחֻקֹּתֵיהֶם לֹא תֵלֵכוּ׃
4 אֶת־מִשְׁפָּטַי תַּעֲשׂוּ וְאֶת־חֻקֹּתַי תִּשְׁמְרוּ לָלֶכֶת בָּהֶם אֲנִי יְהוָה אֱלֹהֵיכֶם׃
5 וּשְׁמַרְתֶּם אֶת־חֻקֹּתַי וְאֶת־מִשְׁפָּטַי אֲשֶׁר יַעֲשֶׂה אֹתָם הָאָדָם וָחַי בָּהֶם אֲנִי יְהוָה׃
6 אִישׁ אִישׁ אֶל־כָּל־שְׁאֵר בְּשָׂרוֹ לֹא תִקְרְבוּ לְגַלּוֹת עֶרְוָה אֲנִי יְהוָה׃
7 עֶרְוַת אָבִיךָ וְעֶרְוַת אִמְּךָ לֹא תְגַלֵּה אִמְּךָ הִוא לֹא תְגַלֶּה עֶרְוָתָהּ׃
8 עֶרְוַת אֵשֶׁת־אָבִיךָ לֹא תְגַלֵּה עֶרְוַת אָבִיךָ הִוא׃
9 עֶרְוַת אֲחוֹתְךָ בַת־אָבִיךָ אוֹ בַת־אִמֶּךָ מוֹלֶדֶת בַּיִת אוֹ מוֹלֶדֶת חוּץ לֹא תְגַלֶּה עֶרְוָתָן׃

CS — Lv 20, 11-12.14.17.19-23

11 וְאִישׁ אֲשֶׁר יִשְׁכַּב אֶת־אֵשֶׁת אָבִיו עֶרְוַת אָבִיו גִּלָּה מוֹת־יוּמְתוּ שְׁנֵיהֶם דְּמֵיהֶם בָּם׃
17 וְאִישׁ אֲשֶׁר־יִקַּח אֶת־אֲחֹתוֹ בַּת־אָבִיו אוֹ בַת־אִמּוֹ וְרָאָה אֶת־עֶרְוָתָהּ
20 ...

AL — Dt 27, 20.22.23

20 אָרוּר שֹׁכֵב עִם־אֵשֶׁת אָבִיו ...
22 אָרוּר שֹׁכֵב עִם־אֲחֹתוֹ ...
23 אָרוּר שֹׁכֵב עִם־חֹתַנְתּוֹ ...

CD — Dt 23, 1

1 לֹא־יִקַּח אִישׁ אֶת־אֵשֶׁת אָבִיו וְלֹא יְגַלֶּה כְּנַף אָבִיו׃

(§ 46 Lv 18, 1-18)

(CD) (CA)	(Lv 18, 1-18)	(Lv 20, 11-12.14.17.19-23)	(Dt 27, 20.22.23)

(Lv 18, 1-18)

וַיְדַבֵּר יְהוָה אֶל־מֹשֶׁה לֵּאמֹר

דַּבֵּר אֶל־בְּנֵי יִשְׂרָאֵל וְאָמַרְתָּ אֲלֵהֶם אֲנִי יְהוָה אֱלֹהֵיכֶם

כְּמַעֲשֵׂה אֶרֶץ־מִצְרַיִם אֲשֶׁר יְשַׁבְתֶּם־בָּהּ לֹא תַעֲשׂוּ וּכְמַעֲשֵׂה אֶרֶץ־כְּנַעַן אֲשֶׁר אֲנִי מֵבִיא אֶתְכֶם שָׁמָּה לֹא תַעֲשׂוּ וּבְחֻקֹּתֵיהֶם לֹא תֵלֵכוּ

אֶת־מִשְׁפָּטַי תַּעֲשׂוּ וְאֶת־חֻקֹּתַי תִּשְׁמְרוּ לָלֶכֶת בָּהֶם אֲנִי יְהוָה אֱלֹהֵיכֶם

וּשְׁמַרְתֶּם אֶת־חֻקֹּתַי וְאֶת־מִשְׁפָּטַי אֲשֶׁר יַעֲשֶׂה אֹתָם הָאָדָם וָחַי בָּהֶם אֲנִי יְהוָה

10 עֶרְוַת בַּת־בִּנְךָ אוֹ בַת־בִּתְּךָ לֹא תְגַלֶּה עֶרְוָתָן כִּי עֶרְוָתְךָ הֵנָּה

11 עֶרְוַת בַּת־אֵשֶׁת אָבִיךָ מוֹלֶדֶת אָבִיךָ אֲחוֹתְךָ הִוא לֹא תְגַלֶּה עֶרְוָתָהּ

12 עֶרְוַת אֲחוֹת־אָבִיךָ לֹא תְגַלֵּה שְׁאֵר אָבִיךָ הִוא

13 עֶרְוַת אֲחוֹת־אִמְּךָ לֹא תְגַלֵּה כִּי־שְׁאֵר אִמְּךָ הִוא

14 עֶרְוַת אֲחִי־אָבִיךָ לֹא תְגַלֵּה אֶל־אִשְׁתּוֹ לֹא תִקְרָב דֹּדָתְךָ הִוא

(Lv 20, 11-12.14.17.19-23)

19 וְאִישׁ אֲשֶׁר־יִשְׁכַּב אֶת־אִשָּׁה דָּוָה וְגִלָּה אֶת־עֶרְוָתָהּ אֶת־מְקֹרָהּ הֶעֱרָה וְהִוא גִּלְּתָה אֶת־מְקוֹר דָּמֶיהָ וְנִכְרְתוּ שְׁנֵיהֶם מִקֶּרֶב עַמָּם

20 וְאִישׁ אֲשֶׁר יִשְׁכַּב אֶת־דֹּדָתוֹ עֶרְוַת דֹּדוֹ גִּלָּה חֶטְאָם יִשָּׂאוּ עֲרִירִים יָמֻתוּ

21 וְאִישׁ אֲשֶׁר יִקַּח אֶת־אֵשֶׁת אָחִיו נִדָּה הִוא עֶרְוַת אָחִיו גִּלָּה עֲרִירִים יִהְיוּ

(19)

14 וְאִישׁ אֲשֶׁר יִקַּח אֶת־אִשָּׁה וְאֶת־אִמָּהּ זִמָּה הִוא בָּאֵשׁ יִשְׂרְפוּ אֹתוֹ וְאֶתְהֶן וְלֹא־תִהְיֶה זִמָּה בְּתוֹכְכֶם

11 וְאִישׁ אֲשֶׁר יִשְׁכַּב אֶת־אֵשֶׁת אָבִיו עֶרְוַת אָבִיו גִּלָּה מוֹת־יוּמְתוּ שְׁנֵיהֶם דְּמֵיהֶם בָּם

12 וְאִישׁ אֲשֶׁר יִשְׁכַּב אֶת־כַּלָּתוֹ מוֹת יוּמְתוּ שְׁנֵיהֶם תֶּבֶל עָשׂוּ דְּמֵיהֶם בָּם

15 וְעֶרְוַת אֵשֶׁת־אָחִיךָ לֹא תְגַלֵּה עֶרְוַת אָחִיךָ הִוא

16 עֶרְוַת אֵשֶׁת־אָחִיךָ לֹא תְגַלֵּה עֶרְוַת אָחִיךָ הִוא

17 עֶרְוַת אִשָּׁה וּבִתָּהּ לֹא תְגַלֵּה אֶת־בַּת־בְּנָהּ וְאֶת־בַּת־בִּתָּהּ לֹא תִקַּח לְגַלּוֹת עֶרְוָתָהּ שַׁאֲרָה הֵנָּה זִמָּה הִוא

18 וְאִשָּׁה אֶל־אֲחֹתָהּ לֹא תִקָּח לִצְרֹר לְגַלּוֹת עֶרְוָתָהּ עָלֶיהָ בְּחַיֶּיהָ

(Dt 27, 20.22.23)

23 אָרוּר שֹׁכֵב עִם־חֹתַנְתּוֹ וְאָמַר כָּל־הָעָם אָמֵן

22 אָרוּר שֹׁכֵב עִם־אֲחֹתוֹ בַּת־אָבִיו אוֹ בַת־אִמּוֹ וְאָמַר כָּל־הָעָם אָמֵן

20 אָרוּר שֹׁכֵב עִם־אֵשֶׁת אָבִיו כִּי גִלָּה כְּנַף אָבִיו וְאָמַר כָּל־הָעָם אָמֵן

81

(§ 46 Lv 18, 1-18)

Am 2,7b

... אֶל־הַנַּעֲרָה אֵלֵךְ אִישׁ וְאָבִיו 7

Ez 22, 10-11

עֶרְוַת־אָב גִּלָּה־בָךְ טְמֵאַת הַנִּדָּה עִנּוּ־בָךְ׃ 10
וְאִישׁ ׀ אֶת־אֵשֶׁת רֵעֵהוּ עָשָׂה תּוֹעֵבָה וְאִישׁ 11
אֶת־כַּלָּתוֹ טִמֵּא בְזִמָּה וְאִישׁ אֶת־אֲחֹתוֹ בַת־אָבִיו עִנָּה־בָךְ׃

2 S 20, 3

... וַיִּתְּנֵם בֵּית־מִשְׁמֶרֶת וַיְכַלְכְּלֵם וַאֲלֵיהֶם לֹא־בָא וַתִּהְיֶינָה צְרֻרוֹת עַד־יוֹם מֻתָן אַלְמְנוּת חַיּוּת׃ 3

2 S 16, 21-22

וַיֹּאמֶר אֲחִיתֹפֶל אֶל־אַבְשָׁלֹם בּוֹא אֶל־פִּלַגְשֵׁי אָבִיךָ ... 21
וַיַּטּוּ לְאַבְשָׁלוֹם הָאֹהֶל עַל־הַגָּג וַיָּבֹא אַבְשָׁלוֹם אֶל־פִּלַגְשֵׁי אָבִיו לְעֵינֵי כָּל־יִשְׂרָאֵל׃ 22

Gn 35, 22a

וַיְהִי בִּשְׁכֹּן יִשְׂרָאֵל בָּאָרֶץ הַהִוא וַיֵּלֶךְ רְאוּבֵן וַיִּשְׁכַּב אֶת־בִּלְהָה פִּילֶגֶשׁ אָבִיו וַיִּשְׁמַע יִשְׂרָאֵל׃

2 S 13, 11-13

וַתַּגֵּשׁ אֵלָיו לֶאֱכֹל וַיַּחֲזֶק־בָּהּ וַיֹּאמֶר לָהּ בּוֹאִי שִׁכְבִי עִמִּי אֲחוֹתִי׃ 11
וַתֹּאמֶר לוֹ אַל־אָחִי אַל־תְּעַנֵּנִי כִּי לֹא־יֵעָשֶׂה כֵן בְּיִשְׂרָאֵל אַל־תַּעֲשֵׂה אֶת־הַנְּבָלָה הַזֹּאת׃ 12
וַאֲנִי אָנָה אוֹלִיךְ אֶת־חֶרְפָּתִי ... 13

Gn 49, 4

פַּחַז כַּמַּיִם אַל־תּוֹתַר כִּי עָלִיתָ מִשְׁכְּבֵי אָבִיךָ אָז חִלַּלְתָּ יְצוּעִי עָלָה׃ 4

(CD)   (CA)   (AL)

(Lv 20, 11-12.14.17.19-23)

וְאִישׁ אֲשֶׁר יִשְׁכַּב אֶת־אֵשֶׁת אָבִיו עֶרְוַת אָבִיו גִּלָּה מוֹת־יוּמְתוּ שְׁנֵיהֶם 22
... וְאִישׁ אֲשֶׁר יִקַּח אֶת־אֲחֹתוֹ בַּת־אָבִיו אוֹ בַת־אִמּוֹ ... 23
כִּי אֶת־שְׁאֵרוֹ הֶעֱרָה עֲוֹנָם יִשָּׂאוּ׃

§ 47 Les relations sexuelles avec une femme qui a ses règles: Lv 15, 24; 18, 19; 20, 18

(CD)	(CA)	CS	P

Lv 18, 19
וְאֶל־אִשָּׁה בְּנִדַּת טֻמְאָתָהּ
לֹא תִקְרַב לְגַלּוֹת עֶרְוָתָהּ׃ 19

Lv 20, 18
וְאִישׁ אֲשֶׁר־יִשְׁכַּב אֶת־אִשָּׁה דָּוָה 18
וְגִלָּה אֶת־עֶרְוָתָהּ אֶת־מְקֹרָהּ הֶעֱרָה
וְהִוא גִּלְּתָה אֶת־מְקוֹר דָּמֶיהָ
וְנִכְרְתוּ שְׁנֵיהֶם מִקֶּרֶב עַמָּם׃

Lv 15, 24
וְאִם שָׁכֹב יִשְׁכַּב אִישׁ אֹתָהּ 24

וּתְהִי נִדָּתָהּ עָלָיו וְטָמֵא שִׁבְעַת יָמִים
וְכָל־הַמִּשְׁכָּב אֲשֶׁר־יִשְׁכַּב עָלָיו יִטְמָא׃

Ez 18, 6b*
וְאֶל־אִשָּׁה נִדָּה לֹא יִקְרָב׃ ... 6

Ez 22, 10b
טְמֵאַת הַנִּדָּה עִנּוּ־בָךְ׃ ... 10

§ 48 L'adultère: Ex 20, 14; Lv 18, 20; 20, 10; Dt 5, 18; 22, 22

Dcl	CD	(CA)	CS

Ex 20, 14
לֹא תִנְאָף׃

Dt 5, 18
וְלֹא תִנְאָף׃ 18

Dt 22, 22
כִּי־יִמָּצֵא אִישׁ שֹׁכֵב עִם־אִשָּׁה בְעֻלַת־בַּעַל 22
וּמֵתוּ גַּם־שְׁנֵיהֶם הָאִישׁ הַשֹּׁכֵב עִם־הָאִשָּׁה

Lv 18, 20
וְאֶל־אֵשֶׁת עֲמִיתְךָ לֹא־תִתֵּן שְׁכָבְתְּךָ 20
לְזָרַע לְטָמְאָה־בָהּ׃

וְהָאִשָּׁה וּבִעַרְתָּ הָרָע מִיִּשְׂרָאֵל׃

Lv 20, 10
וְאִישׁ אֲשֶׁר יִנְאַף אֶת־אֵשֶׁת אִישׁ 10
אֲשֶׁר יִנְאַף אֶת־אֵשֶׁת רֵעֵהוּ
מוֹת־יוּמַת הַנֹּאֵף וְהַנֹּאָפֶת׃

Gn 20, 6
מֵחֲטוֹ־לִי׃

Gn 26, 10

83

41 ...

38 ...

39 ... 40 ...

<u>Ez 16, 38-41</u>

23 ...

9 ...

<u>Jr 29, 23a</u>

7 ...

<u>Jr 7, 9</u>

<u>Jr 5, 7b-9</u>

8 ... 9 ... 10 ... 11 ...

9 ...

<u>2 S 12, 9-11</u>

23 ... 24 ...

<u>Dt 22, 23-24</u>

21 ...

<u>Dt 5, 21a</u>

20 ...

<u>Ex 20, 17b*</u>

17 ... 17 ... 18 ...

<u>Gn 39, 17-18.20</u>

וְאֶל־אֵשֶׁת עֲמִיתְךָ לֹא־תִתֵּן שְׁכָבְתְּךָ לְזָרַע לְטָמְאָה־בָהּ׃

Ez 22, 11a

וְאִישׁ | אֶת־אֵשֶׁת רֵעֵהוּ עָשָׂה תּוֹעֵבָה וְאִישׁ אֶת־כַּלָּתוֹ טִמֵּא בְזִמָּה 11

Ez 23, 45-47

וַאֲנָשִׁים צַדִּיקִם הֵמָּה יִשְׁפְּטוּ אֶתְהֶם מִשְׁפַּט נֹאֲפוֹת וּמִשְׁפַּט שֹׁפְכוֹת דָּם 45
כִּי נֹאֲפֹת הֵנָּה וְדָם בִּידֵיהֶן׃ כִּי כֹה אָמַר אֲדֹנָי יְהוִה הַעֲלֵה עֲלֵיהֶם קָהָל 46
וְנָתֹן אֶתְהֶן לְזַעֲוָה וְלָבַז׃ וְרָגְמוּ עֲלֵיהֶן אֶבֶן קָהָל וּבָרֵא אוֹתְהֶן 47
בְּחַרְבוֹתָם בְּנֵיהֶם וּבְנוֹתֵיהֶם יַהֲרֹגוּ וּבָתֵּיהֶן בָּאֵשׁ יִשְׂרֹפוּ׃

Os 2, 4-5

רִיבוּ בְאִמְּכֶם רִיבוּ כִּי־הִיא לֹא אִשְׁתִּי וְאָנֹכִי לֹא אִישָׁהּ וְתָסֵר זְנוּנֶיהָ 4
מִפָּנֶיהָ וְנַאֲפוּפֶיהָ מִבֵּין שָׁדֶיהָ׃ פֶּן־אַפְשִׁיטֶנָּה עֲרֻמָּה וְהִצַּגְתִּיהָ 5
כְּיוֹם הִוָּלְדָהּ

Os 4, 2

אָלֹה וְכַחֵשׁ וְרָצֹחַ וְגָנֹב וְנָאֹף פָּרָצוּ וְדָמִים בְּדָמִים נָגָעוּ׃

Ml 3, 5a

וּבַמְנָאֲפִים

Jb 24, 15

וְעֵין נֹאֵף | שָׁמְרָה נֶשֶׁף לֵאמֹר לֹא־תְשׁוּרֵנִי עָיִן 15
וְסֵתֶר פָּנִים יָשִׂים׃

Jb 31, 9-11

אִם־נִפְתָּה לִבִּי עַל־אִשָּׁה וְעַל־פֶּתַח רֵעִי אָרָבְתִּי׃ תִּטְחַן לְאַחֵר אִשְׁתִּי 10
וְעָלֶיהָ יִכְרְעוּן אֲחֵרִין׃ כִּי־הִיא זִמָּה וְהוּא עָוֹן פְּלִילִים׃ 11

Pr 6, 29.32-33

כֵּן הַבָּא אֶל־אֵשֶׁת רֵעֵהוּ לֹא יִנָּקֶה כָּל־הַנֹּגֵעַ בָּהּ׃ נֹאֵף אִשָּׁה חֲסַר־לֵב 29
מַשְׁחִית נַפְשׁוֹ הוּא יַעֲשֶׂנָּה׃ נֶגַע־וְקָלוֹן יִמְצָא וְחֶרְפָּתוֹ לֹא תִמָּחֶה׃ 32 33

§ 49 Les sacrifices d'enfants: Lv 18, 21; 20, 1-5; Dt 18, 9-14

CD	(CA)		CS

CD
Dt 18, 9-14

Lv 18, 21

Lv 20, 1-5

Dt 12, 31

2 R 17, 17

2 R 21, 6

2 R 23,10

וְטִמֵּא אֶת־הַתֹּפֶת אֲשֶׁר בְּגֵי בֶן־[d]הִנֹּם לְבִלְתִּי לְהַעֲבִיר אִישׁ אֶת־בְּנ[a]וֹ וְאֶת־בִּתּוֹ בָּאֵשׁ לַמֹּלֶךְ׃ 10

Es 57,5

הַנֵּחָמִים בָּאֵלִים תַּחַת כָּל־עֵץ רַעֲנָן שֹׁחֲטֵי הַיְלָדִים בַּנְּחָלִים תַּחַת סְעִפֵי הַסְּלָעִים׃ 5

Jr 3,24

וְהַבֹּשֶׁת אָכְלָה אֶת־יְגִיעַ אֲבוֹתֵ[b]ינוּ מִנְּעוּרֵינוּ אֶת־צֹאנָם וְאֶת־בְּקָרָם אֶת־בְּנֵיהֶם וְאֶת־בְּנוֹתֵ[c]יהֶם׃ 24

Jr 7,31

וּבָנוּ בָּמוֹת הַתֹּפֶת אֲשֶׁר בְּגֵיא בֶן־הִנֹּם לִשְׂרֹף אֶת־בְּנֵיהֶם וְאֶת־בְּנֹתֵ[a]יהֶם בָּאֵשׁ אֲשֶׁר לֹא צִוִּיתִי וְלֹא עָלְתָה עַל־לִבִּי׃ 31

Jr 19,5

וּבָנוּ אֶת־בָּמוֹת הַבַּעַל לִשְׂרֹף אֶת־בְּנֵיהֶם בָּאֵשׁ עֹלוֹת לַבָּ[b]עַל אֲשֶׁר לֹא־צִוִּיתִי וְלֹא דִבַּרְתִּי וְלֹא עָלְתָה עַל־לִבִּי׃ 5

Jr 32,35

וַיִּבְנוּ אֶת־בָּמוֹת הַבַּ[a]עַל אֲשֶׁר בְּגֵיא בֶן־הִנֹּם לְהַעֲבִיר אֶת־בְּנֵיהֶם וְאֶת־בְּנוֹתֵיהֶם לַ[b]מֹּלֶךְ אֲשֶׁר לֹא־צִוִּיתִ[d]ים וְלֹא עָלְתָה עַל־לִבִּי לַעֲשׂוֹת הַתּוֹעֵבָה הַזֹּאת לְמַעַן הַחֲ[c]טִי אֶת־יְהוּדָה׃ 35

Ez 16,20-21.36b

וַתִּקְחִי אֶת־בָּנַיִךְ וְאֶת־בְּנוֹתַיִךְ אֲשֶׁר יָלַדְתְּ לִי וַתִּזְבָּחִים לָהֶם לֶאֱכוֹל הַמְעַט מִתַּזְנוּתֵךְ... 36 וַתִּשְׁחֲטִי אֶת־בָּנַי וַתִּתְּנִים בְּהַעֲבִיר אוֹתָם לָהֶם׃ 20

Ez 20,31a

וּבִשְׂאֵת מַתְּנֹתֵיכֶם בְּהַעֲבִיר בְּנֵיכֶם[a] בָּאֵשׁ אַתֶּם נִטְמְאִים לְכָל־גִּלּוּלֵיכֶם עַד־הַיּוֹם׃ 31

Ez 23,37b.39a

וְגַם אֶת־בְּנֵיהֶן אֲשֶׁר יָלְדוּ־לִי הֶעֱבִירוּ לָהֶם לְאָכְלָה׃ ...37
39 וּבְשַׁחֲטָם אֶת־בְּנֵיהֶם לְגִלּוּלֵיהֶם וַיָּבֹאוּ אֶל־מִקְדָּשִׁי בַּיּוֹם הַהוּא לְחַלְּלוֹ...

Mi 6,7

הַאֶתֵּן בְּכוֹרִי[a] פִּשְׁעִי פְּרִי בִטְנִי חַטַּאת נַפְשִׁי׃ 7

Ps 106,37-38

וַיִּזְבְּחוּ אֶת־בְּנֵיהֶם וְאֶת־בְּנוֹתֵיהֶם לַשֵּׁדִים׃ 37
38 וַיִּשְׁפְּכוּ דָם נָקִי דַּם־בְּנֵיהֶם וּבְנוֹתֵיהֶם אֲשֶׁר[a] זִבְּחוּ לַעֲצַבֵּי כְנָעַן וַתֶּחֱנַף הָאָרֶץ בַּדָּמִים׃

2 Ch 28,3

וְהוּא הִקְטִיר בְּגֵיא בֶן־[b]הִנֹּם וַיַּבְעֵר[a] אֶת־בָּנָיו בָּאֵשׁ כְּתֹעֲבוֹת הַגּוֹיִם אֲשֶׁר הֹרִישׁ יְהוָה מִפְּנֵי בְּנֵי יִשְׂרָאֵל׃ 3

2 Ch 33,6

וְהוּא הֶעֱבִיר אֶת־בָּנָיו בָּאֵשׁ בְּגֵי[b] בֶן־[a]הִנֹּם וְעוֹנֵן וְנִחֵשׁ וְכִשֵּׁף וְעָשָׂה אוֹב וְיִדְּעֹנִי הִרְבָּה לַעֲשׂוֹת הָרַע בְּעֵינֵי יְהוָה לְהַכְעִיסוֹ׃ 6

§ 50 Lv 18, 22

Lv 18, 21b, cf § 26 (Le respect de Yahvé et de son nom)

§ 50 L'homosexualité: Lv 18, 22; 20, 13

CS

Lv 20, 13

Lv 18 22

Gn 19, 5-8

Jg 19, 22-24

(CD) (CA)

Lv 18, 23-30, cf § 23 (La zoophilie)

Lv 19, 1-2, cf § 31 (Etre saint)

Lv 19, 3, cf § 5 (Le respect des parents)

Lv 19, 3*, cf § 35 (Le sabbat)

Lv 19, 4, cf § 1 (Les autres dieux, les idoles et leurs cultes)

§ 51 La consommation du sacrifice de paix; Lv 7, 11-15. 16-21; 19, 5-8; 22, 29-33

(CD)	(CA)	CS		P	
		Lv 19, 5-8	Lv 22, 29-33	Lv 7, 11-15	Lv 7, 16-21
		5 וְכִי תִזְבְּחוּ זֶבַח שְׁלָמִים	29 וְכִי־תִזְבְּחוּ זֶבַח־תּוֹדָה	11 וְזֹאת[a] תּוֹרַת זֶבַח הַשְּׁלָמִים	
		לַיהוָה	לַיהוָה	אֲשֶׁר יַקְרִיב[b] לַיהוָה׃	
		לִרְצֹנְכֶם תִּזְבָּחֻהוּ׃	לִרְצֹנְכֶם תִּזְבָּחוּ[a]׃	12 אִם עַל־תּוֹדָה	16 וְאִם־נֶדֶר ׀ אוֹ נְדָבָה זֶבַח
				יַקְרִיבֶנּוּ	קָרְבָּנוֹ
				וְהִקְרִיב ׀ עַל־זֶבַח הַתּוֹדָה	
				חַלּוֹת מַצּוֹת בְּלוּלֹת בַּשֶּׁמֶן	
				וּרְקִיקֵי מַצּוֹת מְשֻׁחִים בַּשָּׁמֶן	
				וְסֹלֶת מֻרְבֶּכֶת [a]חַלֹּת בְּלוּלֹת[a] בַּשָּׁמֶן׃	
				13 עַל־חַלֹּת לֶחֶם חָמֵץ יַקְרִיב קָרְבָּנוֹ	
				עַל־זֶבַח תּוֹדַת שְׁלָמָיו׃	
				14 וְהִקְרִיב [a]מִמֶּנּוּ אֶחָד מִכָּל־קָרְבָּן[a]	
				תְּרוּמָה לַיהוָה	
				לַכֹּהֵן הַזֹּרֵק אֶת־דַּם הַשְּׁלָמִים לוֹ יִהְיֶה׃	
				15 וּבְשַׂר זֶבַח תּוֹדַת שְׁלָמָיו[a]	
		6 בְּיוֹם זִבְחֲכֶם יֵאָכֵל	30 בַּיּוֹם הַהוּא יֵאָכֵל	בְּיוֹם קָרְבָּנוֹ יֵאָכֵל	בְּיוֹם הַקְרִיבוֹ אֶת־זִבְחוֹ יֵאָכֵל
		וּמִמָּחֳרָת			וּמִמָּחֳרָת [a]וְהַנּוֹתָר מִמֶּנּוּ יֵאָכֵל[a]׃
			לֹא[a]־תוֹתִירוּ מִמֶּנּוּ עַד־בֹּקֶר	לֹא־יַנִּיחַ[b] מִמֶּנּוּ עַד־בֹּקֶר׃	
			אֲנִי יְהוָה׃		
		וְהַנּוֹתָר עַד־יוֹם הַשְּׁלִישִׁי			17 וְהַנּוֹתָר[a] מִבְּשַׂר הַזָּבַח
		בָּאֵשׁ יִשָּׂרֵף׃			בַּיּוֹם הַשְּׁלִישִׁי בָּאֵשׁ יִשָּׂרֵף׃
		7 וְאִם הֵאָכֹל[a] יֵאָכֵל בַּיּוֹם הַשְּׁלִישִׁי			18 וְאִם הֵאָכֹל[a] יֵאָכֵל מִבְּשַׂר־זֶבַח שְׁלָמָיו בַּיּוֹם הַשְּׁלִישִׁי
		פִּגּוּל הוּא לֹא יֵרָצֶה׃			לֹא יֵרָצֶה הַמַּקְרִיב אֹתוֹ לֹא יֵחָשֵׁב לוֹ פִּגּוּל יִהְיֶה
		8 וְאֹכְלָיו[a] עֲוֹנוֹ יִשָּׂא			וְהַנֶּפֶשׁ הָאֹכֶלֶת מִמֶּנּוּ עֲוֹנָהּ תִּשָּׂא׃

§ 52 Lv 19, 9-10

(CD) | (CA)

(Lv 19, 5-8)

וְכִי תִזְבְּחוּ זֶבַח שְׁלָמִים לַיהוה
לִרְצֹנְכֶם תִּזְבָּחֻהוּ׃

(Lv 22, 29-33)

31 וּשְׁמַרְתֶּם מִצְוֺתַי וַעֲשִׂיתֶם אֹתָם
אֲנִי יְהוָה׃ 32 וְלֹא תְחַלְּלוּ אֶת־שֵׁם קָדְשִׁי וְנִקְדַּשְׁתִּי בְּתוֹךְ בְּנֵי יִשְׂרָאֵל אֲנִי יְהוָה מְקַדִּשְׁכֶם׃ 33 הַמּוֹצִיא אֶתְכֶם מֵאֶרֶץ מִצְרַיִם לִהְיוֹת לָכֶם לֵאלֹהִים אֲנִי יְהוָה׃

(Lv 7, 16-21)

19 וְהַבָּשָׂר אֲשֶׁר־יִגַּע בְּכָל־טָמֵא לֹא יֵאָכֵל בָּאֵשׁ יִשָּׂרֵף
20 וְהַבָּשָׂר כָּל־טָהוֹר ...
21 ...

אֲנִי יְהוָה אֱלֹהֵיכֶם׃

---

§ 52 Les restes des récoltes: Lv 19, 9-10; 23, 22; Dt 24, 19-22

CS

Lv 23, 22

22 וּבְקֻצְרְכֶם אֶת־קְצִיר אַרְצְכֶם לֹא־תְכַלֶּה פְּאַת שָׂדְךָ בְּקֻצְרֶךָ וְלֶקֶט קְצִירְךָ לֹא תְלַקֵּט לֶעָנִי וְלַגֵּר תַּעֲזֹב אֹתָם אֲנִי יְהוָה אֱלֹהֵיכֶם׃

(CA)

Lv 19, 9-10

9 וּבְקֻצְרְכֶם אֶת־קְצִיר אַרְצְכֶם לֹא תְכַלֶּה פְּאַת שָׂדְךָ לִקְצֹר וְלֶקֶט קְצִירְךָ לֹא תְלַקֵּט׃
10 וְכַרְמְךָ לֹא תְעוֹלֵל וּפֶרֶט כַּרְמְךָ לֹא תְלַקֵּט לֶעָנִי וְלַגֵּר תַּעֲזֹב אֹתָם אֲנִי יְהוָה אֱלֹהֵיכֶם׃

CD

Dt 24, 19-22

19 כִּי תִקְצֹר קְצִירְךָ בְשָׂדֶךָ וְשָׁכַחְתָּ עֹמֶר בַּשָּׂדֶה לֹא תָשׁוּב לְקַחְתּוֹ לַגֵּר לַיָּתוֹם וְלָאַלְמָנָה יִהְיֶה ...
20 כִּי תַחְבֹּט זֵיתְךָ לֹא תְפָאֵר אַחֲרֶיךָ לַגֵּר לַיָּתוֹם וְלָאַלְמָנָה יִהְיֶה׃
21 כִּי תִבְצֹר כַּרְמְךָ לֹא תְעוֹלֵל אַחֲרֶיךָ לַגֵּר לַיָּתוֹם וְלָאַלְמָנָה יִהְיֶה׃
22 וְזָכַרְתָּ כִּי־עֶבֶד הָיִיתָ בְּאֶרֶץ מִצְרָיִם עַל־כֵּן אָנֹכִי מְצַוְּךָ לַעֲשׂוֹת אֶת־הַדָּבָר הַזֶּה׃

§ 53 Les atteintes aux biens du prochain: Ex 20, 15. 17; Lv 19, 11-12. 13a*; Dt 5, 19. 21

Ex 20, 15	Ex 20, 17	Dt 5, 19	Dt 5, 21	(CD)	(CA)	Lv 19, 11-12	Lv 19, 13a*
	Dcl						CS

Ex 20, 15

:לֹא תִגְנֹב 15

Ex 20, 17

b‏לֹא־תַחְמֹד...17
(...d‏בֵּית רֵעֶךָ)
לֹא־תַחְמֹד
אֵשֶׁת רֵעֶךָ
b‏וְעַבְדּוֹ וַאֲמָתֹו
e‏וְשׁוֹרוֹ וַחֲמֹרוֹ
וְכֹל
d‏אֲשֶׁר לְרֵעֶךָ‏g‏
:

Dt 5, 19

:וְלֹא תִגְנֹב 19‏a

Dt 5, 21

וְלֹא תַחְמֹד 21‏a
b‏אֵשֶׁת רֵעֶךָ
d‏וְלֹא תִתְאַוֶּה
בֵּית רֵעֶךָ
שָׂדֵהוּ
וְעַבְדּוֹ וַאֲמָתוֹ
שׁוֹרוֹ וַחֲמֹרוֹ
e‏וְכֹל
g‏אֲשֶׁר לְרֵעֶךָ
:

Lv 19, 11-12

לֹא תִגְנֹבוּ 11
וְלֹא־תְכַחֲשׁוּ‏a‏
וְלֹא־תְשַׁקְּרוּ אִישׁ בַּעֲמִיתוֹ:‏b‏
וְלֹא־תִשָּׁבְעוּ בִשְׁמִי‏a‏ לַשֶּׁקֶר 12
וְחִלַּלְתָּ אֶת־שֵׁם אֱלֹהֶיךָ:

Lv 19, 13a*

CS

:לֹא תַעֲשֹׁק 13‏...
וְלֹא תִגְזֹל‏ ...13

Lv 5, 20-26

Dt 28, 31

Jr 7, 9a

Os 4, 2a

Os 7, 1

1 כִּי פָעֲלוּ שֶׁ֒קֶר וְגַנָּב יָבוֹא פָּשַׁט גְּדוּד בַּ[a]חוּץ

Mi 2, 2

2 וְחָמְדוּ שָׂדוֹת וְגָזָלוּ וּבָתִּים וְנָשָׂאוּ וְעָשְׁקוּ גֶּבֶר וּבֵיתוֹ וְאִישׁ וְנַחֲלָתוֹ

Za 5, 3-4

3 ‥זֹאת הָאָלָה הַיּוֹצֵאת עַל־פְּנֵי כָל־הָאָ֒רֶץ כִּי כָל־הַגֹּנֵב מִזֶּה כָּמוֹהָ נִקָּה וְכָל־הַ[b]נִּשְׁבָּע מִזֶּה כָּמוֹהָ נִקָּה

4 הוֹצֵאתִיהָ נְאֻם יְהוָה צְבָאוֹת וּבָאָה אֶל־בֵּית הַגַּנָּב וְאֶל־בֵּית הַנִּשְׁבָּע בִּשְׁמִי לַשָּׁקֶר

Jb 24, 14

14 ‥לָאוֹר יָקוּם רוֹצֵחַ יִ[c]קְטָל־עָנִי וְאֶבְיוֹן וּבַלַּיְלָה יְהִי כַגַּנָּב

Pr 6, 30-31

30 לֹא־יָבוּזוּ לַגַּנָּב כִּי יִגְנוֹב לְמַלֵּא נַפְשׁוֹ כִּי יִרְעָב

31 וְנִמְצָא יְשַׁלֵּם שִׁבְעָתָיִם אֶת־כָּל־הוֹן בֵּיתוֹ יִתֵּן

Pr 30, 9

9 פֶּן אֶ[a]שְׂבַּע ׀ וְכִחַשְׁתִּי וְאָמַרְתִּי מִי יְהוָה וּ[b]פֶן־אִוָּרֵשׁ וְגָנַבְתִּי וְתָפַשְׂתִּי שֵׁם אֱלֹהָי

Lv 19, 11a, cf § 6 (le rapt)

§ 54 La tromperie Lv 19, 11b

CS
Lv 19, 11b

11 ‥וְלֹא־תְכַחֲשׁ֣וּ[c] וְלֹא־תְשַׁקְּ[a]רוּ אִישׁ בַּעֲמִיתוֹ

(CA)

(CD)

Ex 23, 7a

7 מִדְּבַר־שֶׁ֒קֶר תִּרְחָק

Es 59, 13

13 פָּשֹׁעַ וְכַחֵשׁ[a] בַּיהוָה וְנָסוֹג מֵאַחַר אֱלֹהֵ[b]ינוּ דַּבֶּר־עֹשֶׁק וְסָרָה הֹרוֹ וְהֹגוֹ מִלֵּב דִּבְרֵי־שָׁ[c]קֶר

Mi 6, 12

12 אֲשֶׁר עֲשִׁירֶ[a]יהָ מָלְאוּ חָמָס וְיֹשְׁבֶיהָ דִּבְּרוּ־שָׁ[b]קֶר וּלְשׁוֹנָם רְמִיָּה בְּפִיהֶם

Ps 5, 7

7 תְּאַבֵּד[a] דֹּבְרֵי כָזָב אִישׁ־דָּמִים וּ[b]מִרְמָה יְתָעֵב ׀ יְהוָה

Ps 24,4

נְקִ֣י כַ֭פַּיִם וּֽבַר־לֵבָ֑ב אֲשֶׁ֤ר ׀ לֹא־נָשָׂ֣א לַשָּׁ֣וְא נַפְשִׁ֑י 4
וְלֹ֖א נִשְׁבַּ֣ע לְמִרְמָֽה׃

Ps 26,4

לֹא־יָשַׁ֥בְתִּי עִם־מְתֵי־שָׁ֑וְא וְעִ֥ם נַ֝עֲלָמִ֗ים לֹ֣א אָבֽוֹא׃ 4

Ps 34,14

נְצֹ֣ר לְשׁוֹנְךָ֣ מֵרָ֑ע וּ֝שְׂפָתֶ֗יךָ מִדַּבֵּ֥ר מִרְמָֽה׃ 14

Jb 15,31

אַל־יַאֲמֵ֣ן בַּשָּׁ֣יו נִתְעָ֑ה כִּי־שָׁ֝֗וְא תִּהְיֶ֥ה תְמוּרָתֽוֹ׃ 31

Pr 12,19,22

שְׂפַת־אֱ֭מֶת תִּכּ֣וֹן לָעַ֑ד וְעַד־אַ֝רְגִּ֗יעָה לְשׁ֣וֹן שָֽׁקֶר׃ 19
תּוֹעֲבַ֣ת יְ֭הוָה שִׂפְתֵי־שָׁ֑קֶר וְעֹשֵׂ֖י אֱמוּנָ֣ה רְצוֹנֽוֹ׃ 22

Pr 20,17

עָרֵ֣ב לָ֭אִישׁ לֶ֣חֶם שָׁ֑קֶר וְ֝אַחַ֗ר יִמָּֽלֵא־פִ֥יהוּ חָצָֽץ׃ 17

Lv 19, 12, cf § 26 (Le respect de Yahvé et de son nom)

§ 55 L'oppression et les abus envers les faibles (le journalier, le sourd et l'aveugle): Lv 19, 13-14: Dt 24, 14-15: 27, 18

CD	(CA)	CS	AL
Dt 24, 14-15		Lv 19, 13-14	Dt 27, 18

CS — Lv 19, 13-14:

לֹֽא־תַעֲשֹׁ֥ק אֶת־רֵֽעֲךָ֖ וְלֹ֣א תִגְזֹ֑ל 13
לֹֽא־תָלִ֞ין פְּעֻלַּ֥ת שָׂכִ֛יר אִתְּךָ֖ עַד־בֹּֽקֶר׃ 14
לֹא־תְקַלֵּ֣ל חֵרֵ֔שׁ וְלִפְנֵ֣י עִוֵּ֔ר לֹ֥א תִתֵּ֖ן מִכְשֹׁ֑ל
וְיָרֵ֥אתָ מֵּאֱלֹהֶ֖יךָ אֲנִ֥י יְהוָֽה׃

CD — Dt 24, 14-15:

לֹא־תַעֲשֹׁ֥ק שָׂכִ֖יר עָנִ֣י וְאֶבְי֑וֹן 14
מֵאַחֶ֕יךָ א֧וֹ מִגֵּרְךָ֛ אֲשֶׁ֥ר בְּאַרְצְךָ֖ בִּשְׁעָרֶֽיךָ׃
בְּיוֹמוֹ֩ תִתֵּ֨ן שְׂכָר֜וֹ וְֽלֹא־תָב֧וֹא עָלָ֣יו הַשֶּׁ֗מֶשׁ 15
כִּ֤י עָנִי֙ ה֔וּא וְאֵלָ֕יו ה֥וּא נֹשֵׂ֖א אֶת־נַפְשׁ֑וֹ
וְלֹֽא־יִקְרָ֤א עָלֶ֙יךָ֙ אֶל־יְהוָ֔ה וְהָיָ֥ה בְךָ֖ חֵֽטְא׃

AL — Dt 27, 18:

אָר֕וּר מַשְׁגֶּ֥ה עִוֵּ֖ר בַּדָּ֑רֶךְ 18
וְאָמַ֥ר כָּל־הָעָ֖ם אָמֵֽן׃

Right column (top)

22 ‏כִּי מִן־שִׁפְתֵי אֹתְךָ אֲבָל אֶת־עֲנִיֵּי עַמּוֹ:

Pr 22.22

Pr 14.31

31 ‏עֹשֵׁק דָּל חֵרֵף עֹשֵׂהוּ וּמְכַבְּדוֹ חֹנֵן אֶבְיוֹן:

Ps 62.11a*

11 ‏אַל־תִּבְטְחוּ בְעֹשֶׁק וּבְגָזֵל ...

Ml 3.5

5 ‏וְקָרַבְתִּי אֲלֵיכֶם לַמִּשְׁפָּט וְהָיִיתִי עֵד מְמַהֵר בַּמְכַשְּׁפִים וּבַמְנָאֲפִים וּבַנִּשְׁבָּעִים לַשָּׁקֶר וּבְעֹשְׁקֵי שְׂכַר־שָׂכִיר אַלְמָנָה וְיָתוֹם וּמַטֵּי־גֵר וְלֹא יְרֵאוּנִי אָמַר יְהוָה צְבָאוֹת:

Ez 33.15a*

15 ‏... חֲבֹל יָשִׁיב רָשָׁע גְּזֵלָה יְשַׁלֵּם

Ez 22.29a

29 ‏עַם הָאָרֶץ עָשְׁקוּ עֹשֶׁק וְגָזְלוּ גָּזֵל

Ez 22.12b*

12 ‏... וַתְּבַצְּעִי רֵעַיִךְ בַּעֹשֶׁק

Ez 18, 7a*.12a*.16a*.18a*

7 ‏... גְּזֵלָה לֹא יִגְזֹל ...
18 ‏... עֹשֶׁק עָשַׁק גָּזַל גֵּזֶל אָח ...
16 ‏... וְגָזֵל לֹא גָזָל

Left column (bottom)

Jr 22.17

17 ‏כִּי אֵין עֵינֶיךָ וְלִבְּךָ כִּי אִם־עַל־בִּצְעֶךָ וְעַל דַּם־הַנָּקִי לִשְׁפּוֹךְ וְעַל־הָעֹשֶׁק וְעַל־הַמְּרוּצָה לַעֲשׂוֹת:

Jr 22.13

13 ‏הוֹי בֹּנֶה בֵיתוֹ בְּלֹא־צֶדֶק וַעֲלִיּוֹתָיו בְּלֹא מִשְׁפָּט בְּרֵעֵהוּ יַעֲבֹד חִנָּם וּפֹעֲלוֹ לֹא יִתֶּן־לוֹ:

Es 61.8a

8 ‏כִּי אֲנִי יְהוָה אֹהֵב מִשְׁפָּט שֹׂנֵא גָזֵל בְּעוֹלָה ...

Es 30.12b

12 ‏... וַתִּבְטְחוּ בְּעֹשֶׁק וְנָלוֹז וַתִּשָּׁעֲנוּ עָלָיו:

Es 3.14b

14 ‏... וְאַתֶּם בִּעַרְתֶּם הַכֶּרֶם גְּזֵלַת הֶעָנִי בְּבָתֵּיכֶם:

1 S 12.3-4

3 ‏הִנְנִי עֲנוּ בִי נֶגֶד יְהוָה וְנֶגֶד מְשִׁיחוֹ אֶת־שׁוֹר מִי לָקַחְתִּי וַחֲמוֹר מִי לָקַחְתִּי וְאֶת־מִי עָשַׁקְתִּי אֶת־מִי רַצּוֹתִי וּמִיַּד־מִי לָקַחְתִּי כֹפֶר וְאַעְלִים עֵינַי בּוֹ וְאָשִׁיב לָכֶם: 4 וַיֹּאמְרוּ לֹא עֲשַׁקְתָּנוּ וְלֹא רַצּוֹתָנוּ וְלֹא־לָקַחְתָּ מִיַּד־אִישׁ מְאוּמָה:

§ 56 Lv 19, 17-18

Lv 19, 13a, cf § 53 (Les atteintes aux biens du prochain)

Lv 19, 15-16, cf § 32 (L'impartialité dans les procès)

§ 56 Le conflit avec un frère coupable: Lv 19, 17-18

(CD) | (CA)

CS

Lv 19.17-18

17 לֹא־תִשְׂנָא אֶת־אָחִיךָ בִּלְבָבֶךָ

הוֹכֵחַ תּוֹכִיחַ אֶת־עֲמִיתֶךָ וְלֹא־תִשָּׂא עָלָיו חֵטְא׃

18 לֹא־תִקֹּם וְלֹא־תִטֹּר אֶת־בְּנֵי עַמֶּךָ

וְאָהַבְתָּ לְרֵעֲךָ כָּמוֹךָ

אֲנִי יְהוָה׃

Pr 16.6

6 בְּחֶסֶד וֶאֱמֶת יְכֻפַּר עָוֺן וּבְיִרְאַת יְהוָה סוּר מֵרָע׃

Pr 17.9

9 מְכַסֶּה־פֶּשַׁע מְבַקֵּשׁ אַהֲבָה וְשֹׁנֶה בְדָבָר מַפְרִיד אַלּוּף׃

Pr 19.25

25 לֵץ תַּכֶּה וּפֶתִי יַעְרִם וְהוֹכִיחַ לְנָבוֹן יָבִין דָּעַת׃

Pr 24.24-25

24 אֹמֵר לְרָשָׁע צַדִּיק אָתָּה יִקְּבֻהוּ עַמִּים יִזְעָמוּהוּ לְאֻמִּים׃

25 וְלַמּוֹכִיחִים יִנְעָם וַעֲלֵיהֶם תָּבוֹא בִרְכַּת־טוֹב׃

Pr 28.23

23 מוֹכִיחַ אָדָם אַחֲרַי חֵן יִמְצָא מִמַּחֲלִיק לָשׁוֹן׃

Pr 30.33

33 כִּי מִיץ חָלָב יוֹצִיא חֶמְאָה וּמִיץ־אַף יוֹצִיא דָם וּמִיץ אַפַּיִם יוֹצִיא רִיב׃

Lv 19.34

34 כְּאֶזְרָח מִכֶּם יִהְיֶה לָכֶם הַגֵּר הַגָּר אִתְּכֶם וְאָהַבְתָּ לוֹ כָּמוֹךָ כִּי־גֵרִים הֱיִיתֶם בְּאֶרֶץ מִצְרָיִם אֲנִי יְהוָה אֱלֹהֵיכֶם׃

1 S 18.1b.3

1 ...וְנֶפֶשׁ יְהוֹנָתָן נִקְשְׁרָה בְּנֶפֶשׁ דָּוִד

3 וַיִּכְרֹת יְהוֹנָתָן וְדָוִד בְּרִית בְּאַהֲבָתוֹ אֹתוֹ כְּנַפְשׁוֹ׃

1 S 20.17

17 וַיּוֹסֶף יְהוֹנָתָן לְהַשְׁבִּיעַ אֶת־דָּוִד בְּאַהֲבָתוֹ אֹתוֹ

Ps 37.8

8 הֶרֶף מֵאַף וַעֲזֹב חֵמָה אַל־תִּתְחַר אַךְ־לְהָרֵעַ׃

Pr 9.8

8 אַל־תּוֹכַח לֵץ פֶּן־יִשְׂנָאֶךָּ הוֹכַח לְחָכָם וְיֶאֱהָבֶךָּ׃

Pr 10.12

12 שִׂנְאָה תְּעוֹרֵר מְדָנִים וְעַל כָּל־פְּשָׁעִים תְּכַסֶּה אַהֲבָה׃

§ 57 Les mélanges interdits: Lv 19, 19; Dt 22, 9-11

CD	(CA)	CS
Dt 22, 9-11		Lv 19, 19

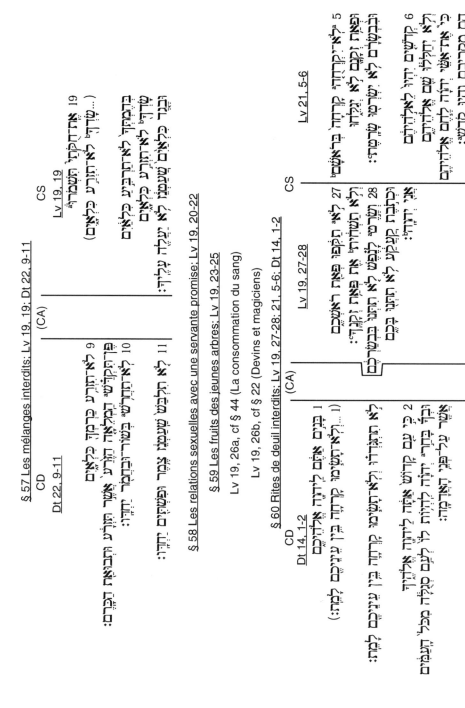

§ 58 Les relations sexuelles avec une servante promise: Lv 19, 20-22

§ 59 Les fruits des jeunes arbres: Lv 19, 23-25

Lv 19, 26a, cf § 44 (La consommation du sang)

Lv 19, 26b, cf § 22 (Devins et magiciens)

§ 60 Rites de deuil interdits: Lv 19, 27-28; 21, 5-6; Dt 14, 1-2

CD	(CA)	CS
Dt 14, 1-2		Lv 19, 27-28
		Lv 21, 5-6

20 וַיָּקָם אִיּוֹב וַיִּקְרַע אֶת־מְעִלוֹ וַיָּגָז אֶת־רֹאשׁוֹ וַיִּפֹּל אַרְצָה וַיִּשְׁתָּחוּ:

Jb 1,20

16 קָרְחִי וָגֹזִּי עַל־בְּנֵי תַּעֲנוּגָיִךְ הַרְחִבִי קָרְחָתֵךְ כַּנֶּשֶׁר כִּי גָלוּ מִמֵּךְ:

Mi 1,16

10 וְהָפַכְתִּי חַגֵּיכֶם לְאֵבֶל וְכָל־שִׁירֵיכֶם לְקִינָה וְהַעֲלֵיתִי עַל־כָּל־מָתְנַיִם שָׂק וְעַל־כָּל־רֹאשׁ קָרְחָה וְשַׂמְתִּיהָ כְּאֵבֶל יָחִיד וְאַחֲרִיתָהּ כְּיוֹם מָר:

Am 8,10

18 וְחָגְרוּ שַׂקִּים וְכִסְּתָה אוֹתָם פַּלָּצוּת וְאֶל כָּל־פָּנִים בּוּשָׁה וּבְכָל־רָאשֵׁיהֶם קָרְחָה:

Ez 7,18

37 כִּי כָל־רֹאשׁ קָרְחָה וְכָל־זָקָן גְּרֻעָה עַל כָּל־יָדַיִם גְּדֻדֹת וְעַל־מָתְנַיִם שָׂק:

Jr 48,37

5 וַיָּבֹאוּ אֲנָשִׁים מִשְּׁכֶם מִשִּׁלוֹ וּמִשֹּׁמְרוֹן שְׁמֹנִים אִישׁ מְגֻלְּחֵי זָקָן וּקְרֻעֵי בְגָדִים וּמִתְגֹּדְדִים וּמִנְחָה וּלְבוֹנָה בְּיָדָם לְהָבִיא בֵּית יְהוָה:

Jr 41,5

6 וּמֵתוּ גְדֹלִים וּקְטַנִּים בָּאָרֶץ הַזֹּאת לֹא יִקָּבֵרוּ וְלֹא יִסְפְּדוּ לָהֶם וְלֹא יִתְגֹּדַד וְלֹא יִקָּרֵחַ לָהֶם:

Jr 16,6

12 וַיִּקְרָא אֲדֹנָי יְהוִה צְבָאוֹת בַּיּוֹם הַהוּא לִבְכִי וּלְמִסְפֵּד וּלְקָרְחָה וְלַחֲגֹר שָׂק:

Es 22,12

2 עָלָה הַבַּיִת וְדִיבֹן הַבָּמוֹת לְבֶכִי עַל־נְבוֹ וְעַל מֵידְבָא מוֹאָב יְיֵלִיל בְּכָל־רֹאשָׁיו קָרְחָה כָּל־זָקָן גְּרוּעָה:

Es 15,2

§ 61 Lv 19, 29-30

§ 61 La prostitution sacrée: Lv 19, 29-30; 21, 9; Dt 23, 18-19

CD	(CA)	CS

Dt 23, 18-19

18 לֹא־תִהְיֶה קְדֵשָׁה מִבְּנוֹת יִשְׂרָאֵל
וְלֹא־יִהְיֶה קָדֵשׁ מִבְּנֵי יִשְׂרָאֵל׃

19 לֹא־תָבִיא אֶתְנַן זוֹנָה וּמְחִיר כֶּלֶב
בֵּית יְהוָה אֱלֹהֶיךָ לְכָל־נֶדֶר
כִּי תוֹעֲבַת יְהוָה אֱלֹהֶיךָ גַּם־שְׁנֵיהֶם׃

Lv 19, 29-30

29 אַל־תְּחַלֵּל אֶת־בִּתְּךָ לְהַזְנוֹתָהּ
וְלֹא־תִזְנֶה הָאָרֶץ וּמָלְאָה הָאָרֶץ זִמָּה׃

30 אֶת־שַׁבְּתֹתַי תִּשְׁמֹרוּ
וּמִקְדָּשִׁי תִּירָאוּ
אֲנִי יְהוָה׃

Lv 21, 9

9 וּבַת אִישׁ כֹּהֵן כִּי תֵחֵל לִזְנוֹת אֶת־אָבִיהָ הִיא מְחַלֶּלֶת בָּאֵשׁ תִּשָּׂרֵף׃

---

1 R 14.24

24 וְגַם־קָדֵשׁ הָיָה בָאָרֶץ עָשׂוּ כְּכֹל הַתּוֹעֲבֹת הַגּוֹיִם

1 R 15.12

12 וַיַּעֲבֵר הַקְּדֵשִׁים מִן־הָאָרֶץ

1 R 22.47

47 וְיֶתֶר הַקָּדֵשׁ אֲשֶׁר נִשְׁאַר בִּימֵי אָסָא אָבִיו בִּעֵר מִן־הָאָרֶץ׃

2 R 23.7

7 וַיִּתֹּץ אֶת־בָּתֵּי הַקְּדֵשִׁים אֲשֶׁר בְּבֵית יְהוָה אֲשֶׁר הַנָּשִׁים אֹרְגוֹת שָׁם בָּתִּים לָאֲשֵׁרָה׃

Jr 2.20

20 כִּי עַל־כָּל־גִּבְעָה גְּבֹהָה וְתַחַת כָּל־עֵץ רַעֲנָן אַתְּ צֹעָה זֹנָה׃

Jr 13.27

Ez 16.31

31 בִּבְנוֹתַיִךְ גַּבֵּךְ בְּרֹאשׁ כָּל־דֶּרֶךְ וְרָמָתֵךְ עשיתי בְּכָל־רְחוֹב וְלֹא־הָיִיתי כַּזּוֹנָה לְקַלֵּס אֶתְנָן׃

Os 4.13-14

§ 62 Lv 19, 30*

Lv 19, 30, voir § 35 (le sabbat)

§ 62 Le respect du sanctuaire: Lv 19, 30*; 26, 2*

(CD)	(CA)	CS
	Lv 19, 30*	Lv 26, 2*

Lv 19, 30*

‏אֶת־שַׁבְּתֹתַי תִּשְׁמֹרוּ וּמִקְדָּשִׁי תִּירָ֑אוּ אֲנִ֖י יְהוָֽה׃ ...30

Lv 26, 2*

‏אֶת־שַׁבְּתֹתַי תִּשְׁמֹרוּ וּמִקְדָּשִׁי תִּירָ֑אוּ אֲנִ֖י יְהוָֽה׃ ...2

Lv 20, 3
‏3 אֲנִ֞י אֶתֵּ֤ן אֶת־פָּנַי֙ בָּאִ֣ישׁ הַה֔וּא וְהִכְרַתִּ֥י אֹת֖וֹ מִקֶּ֣רֶב עַמּ֑וֹ כִּ֤י מִזַּרְעוֹ֙ נָתַ֣ן לַמֹּ֔לֶךְ לְמַ֗עַן טַמֵּא֙ אֶת־מִקְדָּשִׁ֔י וּלְחַלֵּ֖ל אֶת־שֵׁ֥ם קָדְשִֽׁי׃

Lv 21, 12
‏12 וּמִן־הַמִּקְדָּשׁ֙ לֹ֣א יֵצֵ֔א וְלֹ֣א יְחַלֵּ֔ל אֵ֖ת מִקְדַּ֣שׁ אֱלֹהָ֑יו כִּ֡י נֵ֠זֶר שֶׁ֣מֶן מִשְׁחַ֧ת אֱלֹהָ֛יו עָלָ֖יו אֲנִ֥י יְהוָֽה׃

Lv 21, 23
‏23 אַ֣ךְ אֶל־הַפָּרֹ֜כֶת לֹ֣א יָבֹ֗א וְאֶל־הַמִּזְבֵּ֛חַ לֹ֥א יִגַּ֖שׁ כִּֽי־מ֣וּם בּ֑וֹ וְלֹ֤א יְחַלֵּל֙ אֶת־מִקְדָּשַׁ֔י כִּ֛י אֲנִ֥י יְהוָ֖ה מְקַדְּשָֽׁם׃

Nb 19, 20
‏20 וְאִ֤ישׁ אֲשֶׁר־יִטְמָא֙ וְלֹ֣א יִתְחַטָּ֔א וְנִכְרְתָ֛ה הַנֶּ֥פֶשׁ הַהִ֖וא מִתּ֣וֹךְ הַקָּהָ֑ל כִּי֩ אֶת־מִקְדַּ֨שׁ יְהוָ֜ה טִמֵּ֗א מֵ֤י נִדָּה֙ לֹא־זֹרַ֣ק עָלָ֔יו טָמֵ֖א הֽוּא׃

Jr 32, 34
‏34 וַיָּשִׂ֣ימוּ שִׁקּֽוּצֵיהֶ֗ם בַּבַּ֛יִת אֲשֶׁר־נִקְרָֽא־שְׁמִ֥י עָלָ֖יו לְטַמְּאֽוֹ׃

Ez 5, 11
‏11 לָכֵ֣ן חַי־אָ֗נִי נְאֻם֮ אֲדֹנָ֣י יְהוִה֒ אִם־לֹ֗א יַ֚עַן אֶת־מִקְדָּשִׁ֣י טִמֵּ֔את בְּכָל־שִׁקּוּצַ֖יִךְ וּבְכָל־תּוֹעֲבֹתָ֑יִךְ וְגַם־אֲנִ֤י אֶגְרַע֙ וְלֹא־תָח֣וֹס עֵינִ֔י וְגַם־אֲנִ֖י לֹ֥א אֶחְמֽוֹל׃

Ez 23, 38-39
‏38 ע֥וֹד זֹ֖את עָ֣שׂוּ לִ֑י טִמְּא֤וּ אֶת־מִקְדָּשִׁי֙ בַּיּ֣וֹם הַה֔וּא וְאֶת־שַׁבְּתוֹתַ֖י חִלֵּֽלוּ׃
‏39 וּֽבְשַׁחֲטָ֤ם אֶת־בְּנֵיהֶם֙ לְגִלּ֣וּלֵיהֶ֔ם וַיָּבֹ֧אוּ אֶל־מִקְדָּשִׁ֛י בַּיּ֥וֹם הַה֖וּא לְחַלְּל֑וֹ וְהִנֵּה־כֹ֥ה עָשׂ֖וּ בְּת֥וֹךְ בֵּיתִֽי׃

§ 63 Lv 19, 32

Lv 19, 31, cf § 22 (Devins et magiciens)

(CD)	(CA)

§ 63 Le respect des personnes âgées: Lv 19, 32

CS

Lv 19, 32

מִפְּנֵי שֵׂיבָה תָּקוּם וְהָדַרְתָּ פְּנֵי זָקֵן וְיָרֵ֖אתָ מֵּאֱלֹהֶיךָ אֲנִי[a] יְהוָה׃ 32

Dt 28, 50

גּ֚וֹי עַ֣ז פָּנִ֔ים אֲשֶׁ֨ר לֹא־יִשָּׂ֤א פָנִים֙ לְזָקֵ֔ן וְנַ֖עַר לֹ֥א יָחֹֽן׃ 50

Es 3, 5

וְנִגַּ֣שׂ הָעָ֔ם אִ֥ישׁ בְּאִ֖ישׁ וְאִ֣ישׁ בְּרֵעֵ֑הוּ יִרְהֲב֗וּ הַנַּ֙עַר֙ בַּזָּקֵ֔ן וְהַנִּקְלֶ֖ה בַּנִּכְבָּֽד׃ 5

Lm 4, 16

פְּנֵ֤י יְהוָה֙ חִלְּקָ֔ם לֹ֥א יוֹסִ֖יף לְהַבִּיטָ֑ם פְּנֵ֤י כֹהֲנִים֙[b] לֹ֣א נָשָׂ֔אוּ זְקֵנִ֖ים[a] לֹ֥א חָנָֽנוּ׃ 16

Lm 5, 12

שָׂרִים֙ בְּיָדָ֣ם נִתְל֔וּ פְּנֵ֥י[a] זְקֵנִ֖ים לֹ֥א נֶהְדָּֽרוּ׃ 12

Lv 19, 33-34, cf § 24 (Le respect de l'étranger, de l'orphelin et de la veuve)

§ 64 L'équité dans le commerce: Lv 19, 35-37; Dt 25, 13-16

CS	(CA)
Lv 19, 35-37	

לֹא־תַעֲשׂ֥וּ עָ֖וֶל בַּמִּשְׁפָּ֑ט בַּמִּדָּ֕ה בַּמִּשְׁקָ֖ל וּבַמְּשׂוּרָֽה׃ 35

מֹ֧אזְנֵי צֶ֣דֶק אַבְנֵי־צֶ֗דֶק אֵ֥יפַת צֶ֛דֶק וְהִ֥ין צֶ֖דֶק יִהְיֶ֣ה לָכֶ֑ם אֲנִי֙[a] יְהוָ֣ה אֱלֹֽהֵיכֶ֔ם אֲשֶׁר־הוֹצֵ֥אתִי אֶתְכֶ֖ם מֵאֶ֥רֶץ מִצְרָֽיִם׃ 36

וּשְׁמַרְתֶּ֤ם אֶת־כָּל־חֻקֹּתַי֙ וְאֶת־כָּל־מִשְׁפָּטַ֔י וַעֲשִׂיתֶ֖ם אֹתָ֑ם אֲנִ֖י[a] יְהוָֽה׃ 37

CD	
Dt 25, 13-16	

לֹא־יִהְיֶ֥ה לְךָ֛ בְּכִֽיסְךָ֖ אֶ֣בֶן וָאָ֑בֶן גְּדוֹלָ֖ה וּקְטַנָּֽה׃ 13

לֹא־יִהְיֶ֥ה לְךָ֛ בְּבֵיתְךָ֖ אֵיפָ֣ה וְאֵיפָ֑ה גְּדוֹלָ֖ה וּקְטַנָּֽה׃ 14

אֶ֣בֶן שְׁלֵמָ֤ה וָצֶ֙דֶק֙ יִֽהְיֶה־לָּ֔ךְ אֵיפָ֧ה שְׁלֵמָ֛ה וָצֶ֖דֶק יִֽהְיֶה־לָּ֑ךְ לְמַ֙עַן֙[a] יַאֲרִ֣יכוּ יָמֶ֔יךָ עַ֚ל הָֽאֲדָמָ֔ה אֲשֶׁר־יְהוָ֥ה אֱלֹהֶ֖יךָ נֹתֵ֥ן לָֽךְ׃ 15

כִּ֧י תוֹעֲבַ֛ת יְהוָ֥ה אֱלֹהֶ֖יךָ כָּל־עֹ֣שֵׂה אֵ֑לֶּה כֹּ֖ל עֹ֥שֵׂה עָֽוֶל׃ 16

(§ 64 Lv 19, 35-37)

Ez 45,10
מֹאזְנֵי־צֶדֶק וְאֵיפַת־צֶדֶק וּבַת־צֶדֶק יְהִי לָכֶם׃ 10

Os 12,8
כְּנַעַן בְּיָדוֹ מֹאזְנֵי מִרְמָה לַעֲשֹׁק אָהֵב׃ 8

Am 8,5
לְהַגְדִּיל אֵיפָה וּלְהַקְטִין שֶׁקֶל וּלְעַוֵּת מֹאזְנֵי מִרְמָה׃ 5

Mi 6,10-11
הַאִשׁ בֵּית רָשָׁע אֹצְרוֹת רֶשַׁע וְאֵיפַת רָזוֹן זְעוּמָה׃ 10
הַאֶזְכֶּה בְּמֹאזְנֵי רֶשַׁע וּבְכִיס אַבְנֵי מִרְמָה׃ 11

Pr 11,1
מֹאזְנֵי מִרְמָה תּוֹעֲבַת יְהוָה וְאֶבֶן שְׁלֵמָה רְצוֹנוֹ׃ 1

Pr 20,10
אֶבֶן וָאֶבֶן אֵיפָה וְאֵיפָה תּוֹעֲבַת יְהוָה גַּם־שְׁנֵיהֶם׃ 10

Pr 20,23
תּוֹעֲבַת יְהוָה אֶבֶן וָאֶבֶן וּמֹאזְנֵי מִרְמָה לֹא־טוֹב׃ 23

Lv 20, 1-5, cf § 49 (Les sacrifices d'enfants)

Lv 20, 6-8, cf § 22 (Devins et magiciens)

Lv 20, 7-8, cf § 31 (Etre saint)

Lv 20, 9, cf § 5 (Le respect des parents)

Lv 20, 10, cf § 48 (L'adultère)

Lv 20, 11-12, cf § 46 (Les relations sexuelles familiales interdites)

Lv 20, 13, cf § 50 (L'homosexualité)

Lv 20, 14, cf § 46 (Les relations sexuelles fimiliales interdites)

Lv 20, 15-16, cf § 23 (La zoophilie)

Lv 20, 17, cf § 46 (Les relations sexuelles familiales interdites)

Lv 20, 18, cf § 47 (Les relations sexuelles avec une femme qui a ses règles)

Lv 20, 19-23, cf § 46 (Les relations sexuelles famliales interdites)

§ 65 Animaux purs et impurs: Lv 11, 1-23.41-47; 20, 24-26; Dt 14, 3-20

P
Lv 11, 1-23.41-47

CS
Lv 20, 24-26

CD
Dt 14, 3-20

(CA)

(Lv 11, 1-23.41-47)	(Lv 20, 24-26)	(CA)	(Dt 14, 3-20)

Lv 11 (column 1):

8 וּמִבְּשָׂרָם לֹא תֹאכֵלוּ וּבְנִבְלָתָם לֹא תִגָּעוּ טְמֵאִים הֵם לָכֶם׃

9 אֶת־זֶה תֹּאכְלוּ מִכֹּל אֲשֶׁר בַּמָּיִם כֹּל אֲשֶׁר־לוֹ סְנַפִּיר וְקַשְׂקֶשֶׂת בַּמַּיִם בַּיַּמִּים וּבַנְּחָלִים אֹתָם תֹּאכֵלוּ׃

10 וְכֹל אֲשֶׁר אֵין־לוֹ סְנַפִּיר וְקַשְׂקֶשֶׂת בַּיַּמִּים וּבַנְּחָלִים מִכֹּל שֶׁרֶץ הַמַּיִם וּמִכֹּל נֶפֶשׁ הַחַיָּה אֲשֶׁר בַּמָּיִם שֶׁקֶץ הֵם לָכֶם׃

11 וְשֶׁקֶץ יִהְיוּ לָכֶם מִבְּשָׂרָם לֹא תֹאכֵלוּ וְאֶת־נִבְלָתָם תְּשַׁקֵּצוּ׃

12 כֹּל אֲשֶׁר אֵין־לוֹ סְנַפִּיר וְקַשְׂקֶשֶׂת בַּמָּיִם שֶׁקֶץ הוּא לָכֶם׃

13 וְאֶת־אֵלֶּה תְּשַׁקְּצוּ מִן־הָעוֹף לֹא יֵאָכְלוּ שֶׁקֶץ הֵם אֶת־הַנֶּשֶׁר וְאֶת־הַפֶּרֶס וְאֵת הָעָזְנִיָּה׃

14 וְאֶת־הַדָּאָה וְאֶת־הָאַיָּה לְמִינָהּ׃

15 אֵת כָּל־עֹרֵב לְמִינוֹ׃

16 וְאֵת בַּת הַיַּעֲנָה וְאֶת־הַתַּחְמָס וְאֶת־הַשָּׁחַף וְאֶת־הַנֵּץ לְמִינֵהוּ׃

17 וְאֶת־הַכּוֹס וְאֶת־הַשָּׁלָךְ וְאֶת־הַיַּנְשׁוּף׃

18 וְאֶת־הַתִּנְשֶׁמֶת וְאֶת־הַקָּאָת וְאֶת־הָרָחָם׃

19 וְאֵת הַחֲסִידָה הָאֲנָפָה לְמִינָהּ וְאֶת־הַדּוּכִיפַת וְאֶת־הָעֲטַלֵּף׃

Lv 20, 24-26 (middle column, at v. 13):

לְהַבְדִּיל בֵּין הַטָּמֵא

Dt 14 (column 4):

9 אֶת־זֶה תֹּאכְלוּ מִכֹּל אֲשֶׁר בַּמָּיִם כֹּל אֲשֶׁר־לוֹ סְנַפִּיר וְקַשְׂקֶשֶׂת תֹּאכֵלוּ׃

10 וְכֹל אֲשֶׁר אֵין־לוֹ סְנַפִּיר וְקַשְׂקֶשֶׂת לֹא תֹאכֵלוּ טָמֵא הוּא לָכֶם׃

11 כָּל־צִפּוֹר טְהֹרָה תֹּאכֵלוּ׃

12 וְזֶה אֲשֶׁר לֹא־תֹאכְלוּ מֵהֶם הַנֶּשֶׁר וְהַפֶּרֶס וְהָעָזְנִיָּה׃

13 וְהָרָאָה וְאֶת־הָאַיָּה וְהַדַּיָּה לְמִינָהּ׃

14 וְאֵת כָּל־עֹרֵב לְמִינוֹ׃

15 וְאֵת בַּת הַיַּעֲנָה וְאֶת־הַתַּחְמָס וְאֶת־הַשָּׁחַף וְאֶת־הַנֵּץ לְמִינֵהוּ׃

16 אֶת־הַכּוֹס וְאֶת־הַיַּנְשׁוּף וְהַתִּנְשָׁמֶת׃

17 וְהַקָּאָת וְאֶת־הָרָחָמָה וְאֶת־הַשָּׁלָךְ׃

18 וְהַחֲסִידָה וְהָאֲנָפָה לְמִינָהּ וְהַדּוּכִיפַת וְהָעֲטַלֵּף׃

(Lv 11, 1-23.41-47)

(Lv 20, 24-26)

(CA)

(Dt 14, 3-20)

47 לְהַבְדִּיל בֵּין הַטָּמֵא וּבֵין הַטָּהֹר וּבֵין הַחַיָּה הַנֶּאֱכֶלֶת וּבֵין הַחַיָּה אֲשֶׁר לֹא תֵאָכֵל׃

46 זֹאת תּוֹרַת הַבְּהֵמָה וְהָעוֹף וְכֹל נֶפֶשׁ הַחַיָּה הָרֹמֶשֶׂת בַּמָּיִם וּלְכָל־נֶפֶשׁ הַשֹּׁרֶצֶת עַל־הָאָרֶץ׃

45 כִּי אֲנִי יְהוָה הַמַּעֲלֶה אֶתְכֶם מֵאֶרֶץ מִצְרַיִם לִהְיֹת לָכֶם לֵאלֹהִים וִהְיִיתֶם קְדֹשִׁים כִּי קָדוֹשׁ אָנִי׃

44 כִּי אֲנִי יְהוָה אֱלֹהֵיכֶם וְהִתְקַדִּשְׁתֶּם וִהְיִיתֶם קְדֹשִׁים כִּי קָדוֹשׁ אָנִי וְלֹא תְטַמְּאוּ אֶת־נַפְשֹׁתֵיכֶם׃

43 אַל־תְּשַׁקְּצוּ אֶת־נַפְשֹׁתֵיכֶם בְּכָל־הַשֶּׁרֶץ הַשֹּׁרֵץ וְלֹא תִטַּמְּאוּ בָּהֶם וְנִטְמֵתֶם בָּם׃

42 כֹּל הוֹלֵךְ עַל־גָּחוֹן וְכֹל הוֹלֵךְ עַל־אַרְבַּע עַד כָּל־מַרְבֵּה רַגְלַיִם לֹא תֹאכְלוּם׃

41 וְכָל־הַשֶּׁרֶץ הַשֹּׁרֵץ עַל־הָאָרֶץ שֶׁקֶץ הוּא לֹא יֵאָכֵל׃

26 וַהֲבַדַּלְתֶּם בֵּין הַבְּהֵמָה הַטְּהֹרָה לַטְּמֵאָה

אֲנִי יְהוָה אֱלֹהֵיכֶם אֲשֶׁר הִבְדַּלְתִּי אֶתְכֶם מִן־הָעַמִּים׃

(61) נֶבֶל וְכָל־בְּהֵמָה מַפְרֶסֶת פַּרְסָה

22 וַהֲבַדַּלְתֶּם בֵּין הַבְּהֵמָה הַטְּהֹרָה לַטְּמֵאָה

23 וִהְיִיתֶם לִי קְדֹשִׁים כִּי קָדוֹשׁ אֲנִי יְהוָה

21 אֶת־יְהוָה אֱלֹהֶיךָ

20 בֹּקֶר לֹא־תֹאכְלוּ

19 וְהָיִיתָ אַךְ שָׂמֵחַ

נִבֶּלֶת וַיֵּרַד עַל־הַיָּם הַנּוֹסֵעַ בְּיַרְדֵּן

19 וְכֹל שֶׁרֶץ הָעוֹף טָמֵא הוּא לָכֶם לֹא יֵאָכֵלוּ׃

20 כֹּל שֶׁרֶץ הָעוֹף הַהֹלֵךְ עַל־אַרְבַּע שֶׁקֶץ הוּא לָכֶם׃

§ 66 La sainteté des prêtres, rites de deuil et de mariage: Lv 10, 6-7. 21, 1-9. 10-15

(CD)	(CA)	CS		P

Lv 20, 26, cf § 31 (Etre saint)

Lv 20, 27, cf § 22 (Devins et magiciens)

Lv 21,1-9

1 וַיֹּאמֶר יְהוָה אֶל־מֹשֶׁה אֱמֹר אֶל־הַכֹּהֲנִים בְּנֵי אַהֲרֹן וְאָמַרְתָּ אֲלֵהֶם לְנֶפֶשׁ לֹא־יִטַּמָּא בְּעַמָּיו

2 כִּי אִם־לִשְׁאֵרוֹ הַקָּרֹב אֵלָיו לְאִמּוֹ וּלְאָבִיו וְלִבְנוֹ וּלְבִתּוֹ וּלְאָחִיו

3 וְלַאֲחֹתוֹ הַבְּתוּלָה הַקְּרוֹבָה אֵלָיו אֲשֶׁר לֹא־הָיְתָה לְאִישׁ לָהּ יִטַּמָּא

4 לֹא יִטַּמָּא בַּעַל בְּעַמָּיו לְהֵחַלּוֹ

Lv 21,10-15

10 וְהַכֹּהֵן הַגָּדוֹל מֵאֶחָיו אֲשֶׁר־יוּצַק עַל־רֹאשׁוֹ שֶׁמֶן הַמִּשְׁחָה וּמִלֵּא אֶת־יָדוֹ לִלְבֹּשׁ אֶת־הַבְּגָדִים אֶת־רֹאשׁוֹ לֹא יִפְרָע וּבְגָדָיו לֹא יִפְרֹם

11 וְעַל כָּל־נַפְשֹׁת מֵת לֹא יָבֹא לְאָבִיו וּלְאִמּוֹ לֹא יִטַּמָּא

P

Lv 10, 6-7

6 וַיֹּאמֶר מֹשֶׁה אֶל־אַהֲרֹן וּלְאֶלְעָזָר וּלְאִיתָמָר בָּנָיו

Jg 13,14

Es 65, 4

Es 66,17

Os 9, 3

(§ 66 Lv 21, 1-15)

(CD)

(CA)

(Lv 21, 1-9)

5 לֹא־יִקְרְח[a] קָרְחָ[b] בְּרֹאשָׁם וּפְאַת זְקָנָם לֹא יְגַלֵּחוּ וּבִבְשָׂרָם לֹא יִשְׂרְטוּ שָׂרָטֶת

6 קְדֹשִׁים יִהְיוּ לֵאלֹהֵיהֶם וְלֹא יְחַלְּלוּ שֵׁם אֱלֹהֵיהֶם כִּי אֶת־אִשֵּׁי יְהוָה לֶחֶם אֱלֹהֵיהֶם הֵם מַקְרִיבִם וְהָיוּ קֹדֶשׁ

7 אִשָּׁה זֹנָה וַחֲלָלָ[a] לֹא יִקָּחוּ וְאִשָּׁה גְּרוּשָׁה מֵאִישָׁהּ לֹא יִקָּחוּ כִּי־קָדֹשׁ הוּא לֵאלֹהָיו

8 וְקִדַּשְׁתּוֹ כִּי־אֶת־לֶחֶם אֱלֹהֶיךָ הוּא מַקְרִיב קָדֹשׁ יִהְיֶה־לָּ[a] כִּי קָדוֹשׁ אֲנִי יְהוָה מְקַדִּשְׁכֶם[b]

9 וּבַת אִישׁ כֹּהֵן כִּי תֵחֵל לִזְנוֹת אֶת־אָבִיהָ הִיא מְחַלֶּלֶת בָּאֵשׁ תִּשָּׂרֵף

(Lv 21, 10-15)

לֹא יִפְרָע[12] וְלֹא יְחַלֵּל אֵת מִקְדַּשׁ אֱלֹהָיו כִּי נֵזֶר שֶׁמֶן מִשְׁחַת אֱלֹהָיו עָלָיו אֲנִי יְהוָה

וְהוּא אִשָּׁה בִבְתוּלֶיהָ[a] יִקָּח[13]

אַלְמָנָה וּגְרוּשָׁה וַחֲלָלָה זֹנָ[b] אֶת־אֵלֶּה לֹא יִקָּח כִּי אִם־בְּתוּלָה מֵעַמָּיו יִקַּח אִשָּׁה[14]

וְלֹא־יְחַלֵּל זַרְעוֹ בְּעַמָּיו כִּי אֲנִי יְהוָה מְקַדְּשׁוֹ[15]

(Lv 10, 6-7)

רָאשֵׁיכֶם אַל־תִּפְרָעוּ[7]

וּבִגְדֵיכֶם לֹא־תִפְרֹמוּ וְלֹא תָמֻתוּ

וּמִפֶּתַח אֹהֶל מוֹעֵד לֹא תֵצְאוּ פֶּן־תָּמֻתוּ כִּי־שֶׁמֶן מִשְׁחַת יְהוָה עֲלֵיכֶם

Ez 44, 20.22.25

20 וְרֹאשָׁם לֹא יְגַלֵּחוּ וּפֶרַע לֹא יְשַׁלֵּחוּ כָּסוֹם יִכְסְמוּ אֶת־רָאשֵׁיהֶם

22 וְאַלְמָנָה וּגְרוּשָׁה לֹא־יִקְחוּ לָהֶם לְנָשִׁים כִּי אִם־בְּתוּלֹת מִזֶּרַע בֵּית יִשְׂרָאֵל וְהָאַלְמָנָה אֲשֶׁר תִּהְיֶה אַלְמָנָה מִכֹּהֵן יִקָּחוּ

25 וְאֶל־מֵת אָדָם לֹא יָבוֹא לְטָמְאָה כִּי אִם־לְאָב וּלְאֵם וּלְבֵן וּלְבַת לְאָח וּלְאָחוֹת אֲשֶׁר־לֹא־הָיְתָה לְאִישׁ יִטַּמָּאוּ

Né 13, 28-29

28 וּמִבְּנֵי יוֹיָדָע בֶּן־אֶלְיָשִׁיב הַכֹּהֵן הַגָּדוֹל חָתָן לְסַנְבַלַּט הַחֹרֹנִי וָאַבְרִיחֵהוּ מֵעָלָי

29 זָכְרָה לָהֶם אֱלֹהָי עַל גָּאֳלֵי הַכְּהֻנָּה וּבְרִית הַכְּהֻנָּה וְהַלְוִיִּם

Lv 21, 5-6, cf § 60 (Rites de deuil interdits)

Lv 21, 6 cf § 31 (Être saint)

§ 67 Lv 21, 16-24

Lv 21, 9, cf § 61 (La prostitution sacrée)

§ 67 Cas d'infirmité des prêtres: Lv 21, 16-24

§ 68 Cas d'impureté des prêtres: Lv 22, 1-9

Lv 22, 8-9, cf § 30 (La consommation de bêtes crevées)

§ 69 Les consommateurs des nourritures saintes: Lv 5, 14-16; 22, 10-16

P
Lv 5, 14-16

14 וַיְדַבֵּר יְהוָה אֶל־מֹשֶׁה לֵּאמֹר

15 נֶפֶשׁ כִּי־תִמְעֹל מַעַל וְחָטְאָה בִּשְׁגָגָה מִקָּדְשֵׁי יְהוָה וְהֵבִיא אֶת־אֲשָׁמוֹ לַיהוָה אַיִל תָּמִים מִן־הַצֹּאן בְּעֶרְכְּךָ כֶּסֶף־שְׁקָלִים בְּשֶׁקֶל־הַקֹּדֶשׁ לְאָשָׁם

16 וְאֵת אֲשֶׁר חָטָא מִן־הַקֹּדֶשׁ יְשַׁלֵּם וְאֶת־חֲמִישִׁתוֹ יוֹסֵף עָלָיו וְנָתַן אֹתוֹ לַכֹּהֵן וְהַכֹּהֵן יְכַפֵּר עָלָיו בְּאֵיל הָאָשָׁם וְנִסְלַח לוֹ

CS
Lv 22, 10-16

10 וְכָל־זָר לֹא־יֹאכַל קֹדֶשׁ תּוֹשַׁב כֹּהֵן וְשָׂכִיר לֹא־יֹאכַל קֹדֶשׁ

11 וְכֹהֵן כִּי־יִקְנֶה נֶפֶשׁ קִנְיַן כַּסְפּוֹ הוּא יֹאכַל בּוֹ וִילִיד בֵּיתוֹ הֵם יֹאכְלוּ בְלַחְמוֹ

12 וּבַת־כֹּהֵן כִּי תִהְיֶה לְאִישׁ זָר הִוא בִּתְרוּמַת הַקֳּדָשִׁים לֹא תֹאכֵל

13 וּבַת־כֹּהֵן כִּי תִהְיֶה אַלְמָנָה וּגְרוּשָׁה וְזֶרַע אֵין לָהּ וְשָׁבָה אֶל־בֵּית אָבִיהָ כִּנְעוּרֶיהָ מִלֶּחֶם אָבִיהָ תֹּאכֵל וְכָל־זָר לֹא־יֹאכַל בּוֹ

14 וְאִישׁ כִּי־יֹאכַל קֹדֶשׁ בִּשְׁגָגָה וְיָסַף חֲמִשִׁיתוֹ עָלָיו וְנָתַן לַכֹּהֵן אֶת־הַקֹּדֶשׁ

15 וְלֹא יְחַלְּלוּ אֶת־קָדְשֵׁי בְּנֵי יִשְׂרָאֵל אֵת אֲשֶׁר־יָרִימוּ לַיהוָה

16 וְהִשִּׂיאוּ אוֹתָם עֲוֹן אַשְׁמָה בְּאָכְלָם אֶת־קָדְשֵׁיהֶם כִּי אֲנִי יְהוָה מְקַדְּשָׁם

Ex 29, 33

33 וְאָכְלוּ אֹתָם אֲשֶׁר כֻּפַּר בָּהֶם לְמַלֵּא אֶת־יָדָם לְקַדֵּשׁ אֹתָם וְזָר לֹא־יֹאכַל כִּי־קֹדֶשׁ הֵם

Lv 6, 11

11 כָּל־זָכָר בִּבְנֵי אַהֲרֹן יֹאכֲלֶנָּה חָק־עוֹלָם לְדֹרֹתֵיכֶם מֵאִשֵּׁי יְהוָה כֹּל אֲשֶׁר־יִגַּע בָּהֶם יִקְדָּשׁ

(CA)

(CD)

§ 70 Lv 22, 17-25

§ 70 Cas d'infirmité des victimes sacrificielles: Lv 22, 17-25; Dt 17, 1

CD
Dt 17,1

CS
Lv 22, 17-25

(CA)

17
18
19
20
21
22
23
24
25

Lv 6.22

Lv 7.6

Lv 10.14a

1 S 21.5-7

14
5
6
7

6

Lv 1.3a

3 אִם־עֹלָה קָרְבָּנוֹ מִן־הַבָּקָר זָכָר תָּמִים יַקְרִיבֶנּוּ אֶל־פֶּתַח אֹהֶל מוֹעֵד יַקְרִיב אֹתוֹ לִרְצֹנוֹ לִפְנֵי יְהוָה׃

Lv 1.10

10 וְאִם־מִן־הַצֹּאן קָרְבָּנוֹ מִן־הַכְּשָׂבִים אוֹ מִן־הָעִזִּים לְעֹלָה זָכָר תָּמִים יַקְרִיבֶנּוּ׃

Lv 3.1

1 וְאִם־זֶבַח שְׁלָמִים קָרְבָּנוֹ אִם מִן־הַבָּקָר הוּא מַקְרִיב אִם־זָכָר אִם־נְקֵבָה תָּמִים יַקְרִיבֶנּוּ לִפְנֵי יְהוָה׃

Lv 3.6

6 וְאִם־מִן־הַצֹּאן קָרְבָּנוֹ לְזֶבַח שְׁלָמִים לַיהוָה זָכָר אוֹ נְקֵבָה תָּמִים יַקְרִיבֶנּוּ׃

Dt 15.21

21 וְכִי־יִהְיֶה בוֹ מוּם פִּסֵּחַ אוֹ עִוֵּר כֹּל מוּם רָע לֹא תִזְבָּחֶנּוּ לַיהוָה אֱלֹהֶיךָ׃

Ml 1.8

8 וְכִי־תַגִּשׁוּן עִוֵּר לִזְבֹּחַ אֵין רָע וְכִי תַגִּישׁוּ פִּסֵּחַ וְחֹלֶה אֵין רָע הַקְרִיבֵהוּ נָא לְפֶחָתֶךָ

Ml 1.13-14

13 ... 14 ...

§ 71 Les sacrifices d'animaux nouveau-nés: Lv 22, 26-28

(CD)	(CA)	CS
		Lv 22, 26-28

26 וַיְדַבֵּר יְהוָה אֶל־מֹשֶׁה לֵּאמֹר׃

27 שׁוֹר אוֹ־כֶשֶׂב אוֹ־עֵז כִּי יִוָּלֵד וְהָיָה שִׁבְעַת יָמִים תַּחַת אִמּוֹ

28 וְשׁוֹר אוֹ־שֶׂה אֹתוֹ וְאֶת־בְּנוֹ לֹא תִשְׁחֲטוּ בְּיוֹם אֶחָד׃

Ex 22.29

29 כֵּן־תַּעֲשֶׂה לְשֹׁרְךָ לְצֹאנֶךָ שִׁבְעַת יָמִים יִהְיֶה עִם־אִמּוֹ בַּיּוֹם הַשְּׁמִינִי תִּתְּנוֹ־לִי׃

§ 72 Lv 23, 9-14

Lv 22, 29-33, cf § 51 (La consommation du sacrifice de paix)

Lv 22, 32-33, cf § 26 (Le respect de Yahvé et de son nom)

Lv 23, 1-3, cf § 35 (Le sabbat)

Lv 23, 4-8, cf § 37 (La Pâque ou les Pains sans levain)

§ 72 La fête de la Première gerbe: Lv 23, 9-14

Lv 23, 15-21, cf § 39 (La fête des Moissons, des Prémices ou des Semaines)

Lv 23, 22, cf § 52 (Les restes des récoltes)

§ 73 Le jour de l'Acclamation: Lv 23, 23-25; Nb 29, 1-6

CS
Lv 23, 23-25

23 וַיְדַבֵּ֥ר יְהוָ֖ה אֶל־מֹשֶׁ֥ה לֵּאמֹֽר׃
24 דַּבֵּ֛ר אֶל־בְּנֵ֥י יִשְׂרָאֵ֖ל לֵאמֹ֑ר בַּחֹ֨דֶשׁ הַשְּׁבִיעִ֜י בְּאֶחָ֣ד לַחֹ֗דֶשׁ יִהְיֶ֤ה לָכֶם֙ שַׁבָּת֔וֹן זִכְר֥וֹן תְּרוּעָ֖ה מִקְרָא־קֹֽדֶשׁ׃
25 כָּל־מְלֶ֥אכֶת עֲבֹדָ֖ה לֹ֣א תַעֲשׂ֑וּ וְהִקְרַבְתֶּ֥ם אִשֶּׁ֖ה לַֽיהוָֽה׃
(... וְהִקְרַבְתֶּ֥ם ...24)

P
Nb 29, 1-6

1 וּבַחֹ֨דֶשׁ הַשְּׁבִיעִ֜י בְּאֶחָ֣ד לַחֹ֗דֶשׁ מִֽקְרָא־קֹ֙דֶשׁ֙ יִהְיֶ֣ה לָכֶ֔ם כָּל־מְלֶ֥אכֶת עֲבֹדָ֖ה לֹ֣א תַעֲשׂ֑וּ י֥וֹם תְּרוּעָ֖ה יִהְיֶ֥ה לָכֶֽם׃
2 וַעֲשִׂיתֶ֨ם עֹלָ֜ה לְרֵ֤יחַ נִיחֹ֙חַ֙ לַֽיהוָ֔ה פַּ֧ר בֶּן־בָּקָ֛ר אֶחָ֖ד אַ֣יִל אֶחָ֑ד כְּבָשִׂ֧ים בְּנֵֽי־שָׁנָ֛ה שִׁבְעָ֖ה תְּמִימִֽם׃
3 וּמִ֨נְחָתָ֔ם סֹ֖לֶת בְּלוּלָ֣ה בַשָּׁ֑מֶן שְׁלֹשָׁ֤ה עֶשְׂרֹנִים֙ לַפָּ֔ר שְׁנֵ֥י עֶשְׂרֹנִ֖ים לָאָֽיִל׃
4 וְעִשָּׂר֣וֹן אֶחָ֔ד לַכֶּ֖בֶשׂ הָאֶחָ֑ד לְשִׁבְעַ֖ת הַכְּבָשִֽׂים׃
5 וּשְׂעִיר־עִזִּ֥ים אֶחָ֖ד חַטָּ֑את לְכַפֵּ֖ר עֲלֵיכֶֽם׃
6 מִלְּבַד֩ עֹלַ֨ת הַחֹ֜דֶשׁ וּמִנְחָתָ֗הּ וְעֹלַ֤ת הַתָּמִיד֙ וּמִנְחָתָ֔הּ וְנִסְכֵּיהֶ֖ם כְּמִשְׁפָּטָ֑ם לְרֵ֣יחַ נִיחֹ֔חַ אִשֶּׁ֖ה לַֽיהוָֽה׃

Né 8, 2

2 וַיָּבֵ֣א עֶזְרָ֣א הַ֠כֹּהֵן אֶֽת־הַתּוֹרָ֞ה לִפְנֵ֣י הַקָּהָ֗ל מֵאִ֤ישׁ וְעַד־אִשָּׁה֙ וְכֹ֖ל מֵבִ֣ין לִשְׁמֹ֑עַ בְּי֥וֹם אֶחָ֖ד לַחֹ֥דֶשׁ הַשְּׁבִיעִֽי׃

(CA)

(CS)

§ 74 Le jour des Expiations: Lv 16, 29-34; 23, 26-32; Nb 29, 7-11

	CS			P
(CD) (CA)	Lv 23, 26-32	Lv 16, 29-34		Nb 29, 7-11

Lv 23, 26-32

26 וַיְדַבֵּ֥ר יְהוָ֖ה אֶל־מֹשֶׁ֥ה לֵּאמֹֽר׃
27 אַ֡ךְ בֶּעָשׂ֣וֹר לַחֹ֩דֶשׁ֩ הַשְּׁבִיעִ֨י הַזֶּ֜ה י֧וֹם הַכִּפֻּרִ֣ים ה֗וּא מִֽקְרָא־קֹ֙דֶשׁ֙ יִהְיֶ֣ה לָכֶ֔ם וְעִנִּיתֶ֖ם אֶת־נַפְשֹׁתֵיכֶ֑ם וְהִקְרַבְתֶּ֥ם אִשֶּׁ֖ה לַיהוָֽה׃
28 וְכָל־מְלָאכָה֙ לֹ֣א תַעֲשׂ֔וּ בְּעֶ֖צֶם הַיּ֣וֹם הַזֶּ֑ה כִּ֣י י֤וֹם כִּפֻּרִים֙ ה֔וּא לְכַפֵּ֣ר עֲלֵיכֶ֔ם לִפְנֵ֖י יְהוָ֥ה אֱלֹהֵיכֶֽם׃
(וְהָֽיְתָה לָכֶם ...27)

Lv 16, 29-34

29 וְהָֽיְתָה לָכֶ֖ם לְחֻקַּ֣ת עוֹלָ֑ם בַּחֹ֣דֶשׁ הַ֠שְּׁבִיעִי בֶּֽעָשׂ֨וֹר לַחֹ֜דֶשׁ תְּעַנּ֣וּ אֶת־נַפְשֹֽׁתֵיכֶ֗ם וְכָל־מְלָאכָה֙ לֹ֣א תַעֲשׂ֔וּ הָֽאֶזְרָ֔ח וְהַגֵּ֖ר הַגָּ֥ר בְּתוֹכְכֶֽם׃
30 כִּֽי־בַיּ֥וֹם הַזֶּ֛ה יְכַפֵּ֥ר עֲלֵיכֶ֖ם לְטַהֵ֣ר אֶתְכֶ֑ם מִכֹּל֙ חַטֹּ֣אתֵיכֶ֔ם לִפְנֵ֥י יְהוָ֖ה תִּטְהָֽרוּ׃

Nb 29, 7-11

7 וּבֶעָשׂוֹר֩ לַחֹ֨דֶשׁ הַשְּׁבִיעִ֜י הַזֶּ֗ה מִֽקְרָא־קֹ֙דֶשׁ֙ יִהְיֶ֣ה לָכֶ֔ם וְעִנִּיתֶ֖ם אֶת־נַפְשֹׁתֵיכֶ֑ם כָּל־מְלָאכָ֖ה לֹ֥א תַעֲשֽׂוּ׃
8 וְהִקְרַבְתֶּ֨ם עֹלָ֤ה לַֽיהוָה֙ רֵ֣יחַ נִיחֹ֔חַ

Lv 16, 29-34

31 שַׁבַּ֨ת שַׁבָּת֥וֹן הִיא֙ לָכֶ֔ם וְעִנִּיתֶ֖ם אֶת־נַפְשֹׁתֵיכֶ֑ם חֻקַּ֖ת עוֹלָֽם׃

Lv 16, 29-34 (suite)
32 וְכִפֶּ֨ר הַכֹּהֵ֜ן אֲשֶׁר־יִמְשַׁ֣ח אֹת֗וֹ וַאֲשֶׁ֤ר יְמַלֵּא֙ אֶת־יָד֔וֹ לְכַהֵ֖ן תַּ֣חַת אָבִ֑יו וְלָבַ֛שׁ אֶת־בִּגְדֵ֥י הַבָּ֖ד בִּגְדֵ֥י הַקֹּֽדֶשׁ׃

Lv 23, 29-34

29 כִּ֤י כָל־הַנֶּ֨פֶשׁ֙ אֲשֶׁ֣ר לֹֽא־תְעֻנֶּ֔ה בְּעֶ֖צֶם הַיּ֣וֹם הַזֶּ֑ה וְנִכְרְתָ֖ה מֵֽעַמֶּֽיהָ׃
30 וְכָל־הַנֶּ֗פֶשׁ אֲשֶׁ֤ר תַּעֲשֶׂה֙ כָּל־מְלָאכָ֔ה בְּעֶ֖צֶם הַיּ֣וֹם הַזֶּ֑ה וְהַֽאֲבַדְתִּ֛י אֶת־הַנֶּ֥פֶשׁ הַהִ֖וא מִקֶּ֥רֶב עַמָּֽהּ׃
31 כָּל־מְלָאכָ֖ה לֹ֣א תַעֲשׂ֑וּ (חֻקַּת עוֹלָם ...31)

Nb 29, 7-11

פַּ֧ר בֶּן־בָּקָ֛ר אֶחָ֖ד

Nb 29, 7-11 (suite)

111

(§ 74 Lv 23, 26-32)

(Lv 16, 29-34)

(CD) | (CA) | (CS)

Ex 30, 10

Lv 16, 1-28

(§ 74 Lv 23, 26-32)

(Lv 16, 1-28)

23 וַיְדַבֵּר יְהוָה אֶל־מֹשֶׁה לֵּאמֹר׃ 24 דַּבֵּר אֶל־בְּנֵי יִשְׂרָאֵל לֵאמֹר בַּחֹדֶשׁ הַשְּׁבִיעִי בְּאֶחָד לַחֹדֶשׁ יִהְיֶה לָכֶם שַׁבָּתוֹן זִכְרוֹן תְּרוּעָה מִקְרָא־קֹדֶשׁ׃ 25 כָּל־מְלֶאכֶת עֲבֹדָה לֹא תַעֲשׂוּ וְהִקְרַבְתֶּם אִשֶּׁה לַיהוָה׃ 26 וַיְדַבֵּר יְהוָה אֶל־מֹשֶׁה לֵּאמֹר׃ 27 אַךְ בֶּעָשׂוֹר לַחֹדֶשׁ הַשְּׁבִיעִי הַזֶּה יוֹם הַכִּפֻּרִים הוּא מִקְרָא־קֹדֶשׁ יִהְיֶה לָכֶם וְעִנִּיתֶם אֶת־נַפְשֹׁתֵיכֶם וְהִקְרַבְתֶּם אִשֶּׁה לַיהוָה׃ 28 וְכָל־מְלָאכָה לֹא תַעֲשׂוּ בְּעֶצֶם הַיּוֹם הַזֶּה כִּי יוֹם כִּפֻּרִים הוּא לְכַפֵּר עֲלֵיכֶם לִפְנֵי יְהוָה אֱלֹהֵיכֶם׃

Lv 25, 9

וְהַעֲבַרְתָּ שׁוֹפַר תְּרוּעָה בַּחֹדֶשׁ הַשְּׁבִעִי בֶּעָשׂוֹר לַחֹדֶשׁ בְּיוֹם הַכִּפֻּרִים תַּעֲבִירוּ שׁוֹפָר בְּכָל־אַרְצְכֶם׃

Ez 45, 18-20

18 כֹּה־אָמַר אֲדֹנָי יְהוִה בָּרִאשׁוֹן בְּאֶחָד לַחֹדֶשׁ תִּקַּח פַּר־בֶּן־בָּקָר תָּמִים וְחִטֵּאתָ אֶת־הַמִּקְדָּשׁ׃ 19 וְלָקַח הַכֹּהֵן מִדַּם הַחַטָּאת וְנָתַן אֶל־מְזוּזַת הַבַּיִת וְאֶל־אַרְבַּע פִּנּוֹת הָעֲזָרָה לַמִּזְבֵּחַ וְעַל־מְזוּזַת שַׁעַר הֶחָצֵר הַפְּנִימִית׃ 20 וְכֵן תַּעֲשֶׂה בְּשִׁבְעָה בַחֹדֶשׁ מֵאִישׁ שֹׁגֶה וּמִפֶּתִי וְכִפַּרְתֶּם אֶת־הַבָּיִת׃

Lv 23, 33-38.39-44 cf § 40 (la fête des Tentes ou de la Récolte)

§ 75 Le service de la lampe du sanctuaire: Ex 27, 20-21; Lv 24, 1-4

(CD)	(CA)	CS	P

CS — Lv 24, 1-4

1 וַיְדַבֵּר יְהוָה אֶל־מֹשֶׁה לֵּאמֹר׃

2 צַו אֶת־בְּנֵי יִשְׂרָאֵל וְיִקְחוּ אֵלֶיךָ שֶׁמֶן זַיִת זָךְ כָּתִית לַמָּאוֹר לְהַעֲלֹת נֵר תָּמִיד׃

3 מִחוּץ לְפָרֹכֶת הָעֵדֻת בְּאֹהֶל מוֹעֵד יַעֲרֹךְ אֹתוֹ אַהֲרֹן מֵעֶרֶב עַד־בֹּקֶר לִפְנֵי יְהוָה תָּמִיד חֻקַּת עוֹלָם לְדֹרֹתֵיכֶם׃

4 עַל הַמְּנֹרָה הַטְּהֹרָה יַעֲרֹךְ אֶת־הַנֵּרוֹת לִפְנֵי יְהוָה תָּמִיד׃

P — Ex 27, 20-21

20 וְאַתָּה תְּצַוֶּה אֶת־בְּנֵי יִשְׂרָאֵל וְיִקְחוּ אֵלֶיךָ שֶׁמֶן זַיִת זָךְ כָּתִית לַמָּאוֹר לְהַעֲלֹת נֵר תָּמִיד׃

21 בְּאֹהֶל מוֹעֵד מִחוּץ לַפָּרֹכֶת אֲשֶׁר עַל־הָעֵדֻת יַעֲרֹךְ אֹתוֹ אַהֲרֹן וּבָנָיו מֵעֶרֶב עַד־בֹּקֶר לִפְנֵי יְהוָה חֻקַּת עוֹלָם לְדֹרֹתָם מֵאֵת בְּנֵי יִשְׂרָאֵל׃

Ex 30, 7b-8a

7b ...

8 וּבְהַעֲלֹת אַהֲרֹן אֶת־הַנֵּרֹת בֵּין הָעַרְבַּיִם יַקְטִירֶנָּה׃

Nb 3, 31

31 וּמִשְׁמַרְתָּם הָאָרֹן וְהַשֻּׁלְחָן וְהַמְּנֹרָה וְהַמִּזְבְּחֹת וּכְלֵי הַקֹּדֶשׁ אֲשֶׁר יְשָׁרְתוּ בָּהֶם וְהַמָּסָךְ וְכֹל עֲבֹדָתוֹ׃

Nb 4, 16a

16 וּפְקֻדַּת אֶלְעָזָר בֶּן־אַהֲרֹן הַכֹּהֵן שֶׁמֶן הַמָּאוֹר וּקְטֹרֶת הַסַּמִּים

1 S 3, 3

3 וְנֵר אֱלֹהִים טֶרֶם יִכְבֶּה וּשְׁמוּאֵל שֹׁכֵב בְּהֵיכַל יְהוָה אֲשֶׁר־שָׁם אֲרוֹן אֱלֹהִים׃

2 Ch 4, 20

20 וְאֶת־הַמְּנֹרוֹת וְנֵרֹתֵיהֶם לְבַעֲרָם כַּמִּשְׁפָּט לִפְנֵי הַדְּבִיר זָהָב סָגוּר׃

2 Ch 13, 11

11 וּמַקְטִרִים לַיהוָה עֹלוֹת בַּבֹּקֶר־בַּבֹּקֶר וּבָעֶרֶב־בָּעֶרֶב וּקְטֹרֶת־סַמִּים וּמַעֲרֶכֶת לֶחֶם עַל־הַשֻּׁלְחָן הַטָּהוֹר וּמְנוֹרַת הַזָּהָב וְנֵרֹתֶיהָ לְבָעֵר בָּעֶרֶב בָּעֶרֶב כִּי־שֹׁמְרִים אֲנַחְנוּ אֶת־מִשְׁמֶרֶת יְהוָה אֱלֹהֵינוּ וְאַתֶּם עֲזַבְתֶּם אֹתוֹ׃

2 Ch 29, 7

7 גַּם סָגְרוּ דַּלְתוֹת הָאוּלָם וַיְכַבּוּ אֶת־הַנֵּרוֹת וּקְטֹרֶת לֹא הִקְטִירוּ וְעֹלָה לֹא־הֶעֱלוּ בַקֹּדֶשׁ לֵאלֹהֵי יִשְׂרָאֵל׃

§ 76 Lv 24, 5-9

§ 76 Le service des pains d'offrande: Lv 24, 5-9

(CD) _____ (CA) _____

CS

Lv 24, 5-9

5 וְלָקַחְתָּ סֹלֶת וְאָפִיתָ אֹתָהּ שְׁתֵּים עֶשְׂרֵה חַלּוֹת שְׁנֵי עֶשְׂרֹנִים יִהְיֶה הַחַלָּה הָאֶחָת׃

6 וְשַׂמְתָּ אוֹתָם שְׁתַּיִם מַעֲרָכוֹת שֵׁשׁ הַמַּעֲרָכֶת עַל הַשֻּׁלְחָן הַטָּהֹר לִפְנֵי יְהוָה׃

7 וְנָתַתָּ עַל הַמַּעֲרֶכֶת לְבֹנָה זַכָּה וְהָיְתָה לַלֶּחֶם לְאַזְכָּרָה אִשֶּׁה לַיהוָה׃

8 בְּיוֹם הַשַּׁבָּת בְּיוֹם הַשַּׁבָּת יַעַרְכֶנּוּ לִפְנֵי יְהוָה תָּמִיד מֵאֵת בְּנֵי יִשְׂרָאֵל בְּרִית עוֹלָם׃

9 וְהָיְתָה לְאַהֲרֹן וּלְבָנָיו וַאֲכָלֻהוּ בְּמָקוֹם קָדֹשׁ כִּי קֹדֶשׁ קָדָשִׁים הוּא לוֹ מֵאִשֵּׁי יְהוָה חָק עוֹלָם׃

Ex 25, 30

30 וְנָתַתָּ עַל הַשֻּׁלְחָן לֶחֶם פָּנִים לְפָנַי תָּמִיד׃

1 S 21, 5-7

Né 10, 33-34

1 Ch 9, 32

1 Ch 23, 29

2 Ch 13, 11

(§ 76)   Lv 24, 10-16

Lv 24, 10-16.22-23, cf § 26 (Le respect de Yahvé et de son nom)

Lv 24, 17-22, cf § 10 (Le talion)

Lv 24, 17, cf § 4 (L'homicide et le droit d'asile)

Lv 24, 18, cf § 13 (Atteintes à la vie d'une bête)

Lv 24, 19-20, cf § 7 (Coups et blessures à un homme)

Lv 24, 21a, cf § 13 (Atteintes à la vie d'une bête)

Lv 24, 21b, cf § 4 (L'homicide et le droit d'asile)

Lv 24, 22-23, cf § 26 (Le respect de Yahvé et de son nom)

Lv 25, cf § 3 (La septième année et le jubilé)

Lv 25, 35-38, cf § 25 (Le prêt et les gages)

Lv 26, 1, cf § 1 (Les autres dieux, les idoles et leurs cultes)

Lv 26, 2, cf § 35 (Le sabbat)

Lv 26, 2*, cf § 62 (Le respect du sanctuaire)

CODE DEUTERONOMIQUE

Dt 12, 1-28, cf § 43 (L'unicité du lieu de culte)

Dt 12, 13-28, cf § 42 (L'abattage profane)

Dt 12, 16, cf § 44 (La consommation du sang)

Dt 12, 23-25, cf § 44 (La consommation du sang)

Dt 12, 29 - 13, 1, cf § 1 (Les autres dieux, les idoles et leurs cultes)

§ 77 Incitations à l'apostasie: Dt 13, 1-6. 7-12. 13-19

(CA)	(CS)

Dt 13,1-6	CD Dt 13,7-12	Dt 13,13-19

(CA)	(CD)

(Dt 13, 13-19)

15 וְדָרַשְׁתָּ וְחָקַרְתָּ וְשָׁאַלְתָּ הֵיטֵב וְהִנֵּה אֱמֶת נָכוֹן הַדָּבָר נֶעֶשְׂתָה הַתּוֹעֵבָה הַזֹּאת בְּקִרְבֶּךָ׃

16 הַכֵּה תַכֶּה אֶת־יֹשְׁבֵי הָעִיר הַהִוא לְפִי־חָרֶב הַחֲרֵם אֹתָהּ וְאֶת־כָּל־אֲשֶׁר־בָּהּ וְאֶת־בְּהֶמְתָּהּ לְפִי־חָרֶב׃

17 וְאֶת־כָּל־שְׁלָלָהּ תִּקְבֹּץ אֶל־תּוֹךְ רְחֹבָהּ וְשָׂרַפְתָּ בָאֵשׁ אֶת־הָעִיר וְאֶת־כָּל־שְׁלָלָהּ כָּלִיל לַיהוָה אֱלֹהֶיךָ וְהָיְתָה תֵּל עוֹלָם לֹא תִבָּנֶה עוֹד׃

18 וְלֹא־יִדְבַּק בְּיָדְךָ מְאוּמָה מִן־הַחֵרֶם לְמַעַן יָשׁוּב יְהוָה מֵחֲרוֹן אַפּוֹ וְנָתַן־לְךָ רַחֲמִים וְרִחַמְךָ

61 [16] ...

(Dt 13, 7-12)

9 לֹא־תֹאבֶה לוֹ וְלֹא תִשְׁמַע אֵלָיו וְלֹא־תָחוֹס עֵינְךָ עָלָיו וְלֹא־תַחְמֹל וְלֹא־תְכַסֶּה עָלָיו׃

10 כִּי הָרֹג תַּהַרְגֶנּוּ יָדְךָ תִּהְיֶה־בּוֹ בָרִאשׁוֹנָה לַהֲמִיתוֹ וְיַד כָּל־הָעָם בָּאַחֲרֹנָה׃

11 וּסְקַלְתּוֹ בָאֲבָנִים וָמֵת כִּי בִקֵּשׁ לְהַדִּיחֲךָ

12 ...

(Dt 13, 1-6)

4 לֹא תִשְׁמַע אֶל־דִּבְרֵי הַנָּבִיא הַהוּא אוֹ אֶל־חוֹלֵם הַחֲלוֹם הַהוּא כִּי מְנַסֶּה יְהוָה אֱלֹהֵיכֶם אֶתְכֶם לָדַעַת הֲיִשְׁכֶם אֹהֲבִים אֶת־יְהוָה אֱלֹהֵיכֶם בְּכָל־לְבַבְכֶם וּבְכָל־נַפְשְׁכֶם׃

5 אַחֲרֵי יְהוָה אֱלֹהֵיכֶם תֵּלֵכוּ וְאֹתוֹ תִירָאוּ וְאֶת־מִצְוֺתָיו תִּשְׁמֹרוּ וּבְקֹלוֹ תִשְׁמָעוּ וְאֹתוֹ תַעֲבֹדוּ וּבוֹ תִדְבָּקוּן׃

6 וְהַנָּבִיא הַהוּא אוֹ חֹלֵם הַחֲלוֹם הַהוּא יוּמָת כִּי דִבֶּר סָרָה עַל־יְהוָה אֱלֹהֵיכֶם ...

Ex 32, 1b.4

¹ ...וַיִּקָּהֵל הָעָם עַל־אַהֲרֹן וַיֹּאמְרוּ אֵלָיו קוּם עֲשֵׂה־לָנוּ אֱלֹהִים אֲשֶׁר יֵלְכוּ לְפָנֵינוּ כִּי־זֶה מֹשֶׁה הָאִישׁ אֲשֶׁר הֶעֱלָנוּ מֵאֶרֶץ מִצְרַיִם לֹא יָדַעְנוּ מֶה־הָיָה לוֹ׃ ⁴ ...וַיַּעֲשֵׂהוּ עֵגֶל מַסֵּכָה וַיֹּאמְרוּ אֵלֶּה אֱלֹהֶיךָ יִשְׂרָאֵל אֲשֶׁר הֶעֱלוּךָ מֵאֶרֶץ מִצְרָיִם׃

1 R 12, 28

²⁸ ...וַיֹּאמֶר אֲלֵהֶם הִנֵּה אֱלֹהֶיךָ יִשְׂרָאֵל אֲשֶׁר הֶעֱלוּךָ מֵאֶרֶץ מִצְרָיִם׃

2 R 17, 21b

²¹ ...וַיַּדַּח יָרָבְעָם אֶת־יִשְׂרָאֵל מֵאַחֲרֵי יְהוָה וְהֶחֱטֵיאָם חֲטָאָה גְדוֹלָה׃

2 Ch 21, 11

¹¹ ...גַּם־הוּא עָשָׂה בָמוֹת בְּהָרֵי יְהוּדָה וַיֶּזֶן אֶת־יֹשְׁבֵי יְרוּשָׁלִַם וַיַּדַּח אֶת־יְהוּדָה׃

Dt 14, 1-2, cf § 60 (Rites de deuil interdits)

Dt 14, 3-20, cf § 65 (Les animaux purs et impurs)

Dt 14, 21a, cf § 30 (La consommation des bêtes crevées)

Dt 14, 21b, cf § 41 (Le chevreau dans le lait de sa mère)

§ 78 La dîme: Lv 27, 30-34: Nb 18, 25-29: Dt 14, 22-29: 26, 12-19

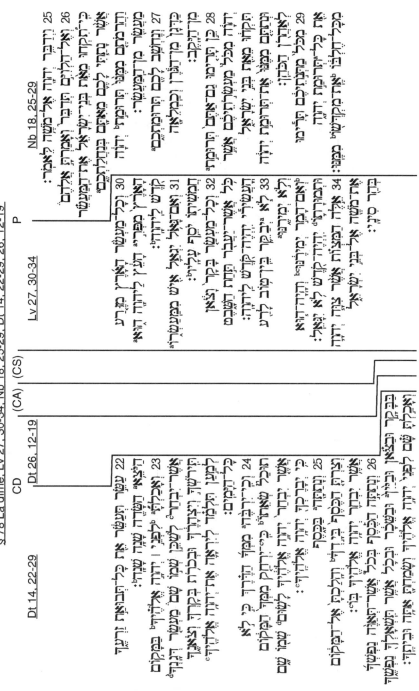

| Nb 18, 25-29 | P | Lv 27, 30-34 | (CA) | (CS) | CD | Dt 26, 12-19 | Dt 14, 22-29 |

(§ 78   Dt 14, 22-29)

(Dt 26, 12-19)

	(P)	(CS)	(CA)

(Dt 14, 22-29)

Dt 26, 12-19

12 כִּי תְכַלֶּה לַעְשֵׂר אֶת־כָּל־מַעְשַׂר תְּבוּאָתְךָ בַּשָּׁנָה הַשְּׁלִישִׁת שְׁנַת הַמַּעֲשֵׂר וְנָתַתָּה לַלֵּוִי לַגֵּר לַיָּתוֹם וְלָאַלְמָנָה וְאָכְלוּ בִשְׁעָרֶיךָ וְשָׂבֵעוּ׃

13 וְאָמַרְתָּ לִפְנֵי יְהוָה אֱלֹהֶיךָ בִּעַרְתִּי הַקֹּדֶשׁ מִן־הַבַּיִת וְגַם נְתַתִּיו לַלֵּוִי וְלַגֵּר לַיָּתוֹם וְלָאַלְמָנָה כְּכָל־מִצְוָתְךָ אֲשֶׁר צִוִּיתָנִי לֹא־עָבַרְתִּי מִמִּצְוֺתֶיךָ וְלֹא שָׁכָחְתִּי׃

14 לֹא־אָכַלְתִּי בְאֹנִי מִמֶּנּוּ וְלֹא־בִעַרְתִּי מִמֶּנּוּ בְּטָמֵא וְלֹא־נָתַתִּי מִמֶּנּוּ לְמֵת שָׁמַעְתִּי בְּקוֹל יְהוָה אֱלֹהָי עָשִׂיתִי כְּכֹל אֲשֶׁר צִוִּיתָנִי׃

15 הַשְׁקִיפָה מִמְּעוֹן קָדְשְׁךָ מִן־הַשָּׁמַיִם וּבָרֵךְ אֶת־עַמְּךָ אֶת־יִשְׂרָאֵל וְאֵת הָאֲדָמָה אֲשֶׁר נָתַתָּה לָנוּ כַּאֲשֶׁר נִשְׁבַּעְתָּ לַאֲבֹתֵינוּ אֶרֶץ זָבַת חָלָב וּדְבָשׁ׃

16 הַיּוֹם הַזֶּה יְהוָה אֱלֹהֶיךָ מְצַוְּךָ לַעֲשׂוֹת אֶת־הַחֻקִּים הָאֵלֶּה וְאֶת־הַמִּשְׁפָּטִים וְשָׁמַרְתָּ וְעָשִׂיתָ אוֹתָם בְּכָל־לְבָבְךָ וּבְכָל־נַפְשֶׁךָ׃

17 אֶת־יְהוָה הֶאֱמַרְתָּ הַיּוֹם לִהְיוֹת לְךָ לֵאלֹהִים וְלָלֶכֶת בִּדְרָכָיו וְלִשְׁמֹר חֻקָּיו וּמִצְוֺתָיו וּמִשְׁפָּטָיו וְלִשְׁמֹעַ בְּקֹלוֹ׃

18 וַיהוָה הֶאֱמִירְךָ הַיּוֹם לִהְיוֹת לוֹ לְעַם סְגֻלָּה כַּאֲשֶׁר דִּבֶּר־לָךְ וְלִשְׁמֹר כָּל־מִצְוֺתָיו׃

19 וּלְתִתְּךָ עֶלְיוֹן עַל כָּל־הַגּוֹיִם אֲשֶׁר עָשָׂה לִתְהִלָּה וּלְשֵׁם וּלְתִפְאָרֶת וְלִהְיֹתְךָ עַם־קָדֹשׁ לַיהוָה אֱלֹהֶיךָ כַּאֲשֶׁר דִּבֵּר׃

Dt 14, 22-29

27 וְהַלֵּוִי אֲשֶׁר־בִּשְׁעָרֶיךָ לֹא תַעַזְבֶנּוּ כִּי אֵין לוֹ חֵלֶק וְנַחֲלָה עִמָּךְ׃

28 מִקְצֵה שָׁלֹשׁ שָׁנִים תּוֹצִיא אֶת־כָּל־מַעְשַׂר תְּבוּאָתְךָ בַּשָּׁנָה הַהִוא וְהִנַּחְתָּ בִּשְׁעָרֶיךָ׃

29 וּבָא הַלֵּוִי כִּי אֵין־לוֹ חֵלֶק וְנַחֲלָה עִמָּךְ וְהַגֵּר וְהַיָּתוֹם וְהָאַלְמָנָה אֲשֶׁר בִּשְׁעָרֶיךָ וְאָכְלוּ וְשָׂבֵעוּ לְמַעַן יְבָרֶכְךָ יְהוָה אֱלֹהֶיךָ בְּכָל־מַעֲשֵׂה יָדְךָ אֲשֶׁר תַּעֲשֶׂה׃

Gn 14.20

Gn 28.22

Nb 18.21.24

Dt 12.17-18

Am 4.4

Ml 3.8.10a

Né 10.38-39

Né 13.12

2 Ch 31.5-6

Dt 15, 1-18, cf § 3 (La septième année et le jubilé)

Dt 15, 19-23, cf § 29 (Les premiers-nés)

Dt 16, 1-8, cf § 37 (La Pâque ou les Pains sans levain)

Dt 16, 9-12, cf § 39 (La fête des Moissons, des Prémices ou des Semaines)

Dt 16, 13-15, cf § 40 (La fête des Tentes ou de la Récolte)

Dt 16, 16-17, cf § 36 (Les trois pèlerinages annuels)

Dt 16, 16b, cf § 38 (L'interdiction de se présenter devant Dieu les mains vides)

Dt 16, 18-20, cf § 32 (L'impartialité dans les procès)

Dt 16, 21-22, cf § 1 (Les autres dieux, les idoles et leurs cultes)

Dt 17, 1, cf § 70 (Cas d'infirmité des victimes sacrificielles)

Dt 17, 2-7, cf § 1 (Les autres dieux, les idoles et leurs cultes)

§ 79 Le nombre des témoins: Nb 35, 30: Dt 17, 6-7; 19, 15

CD	(CA)	(CS)	P

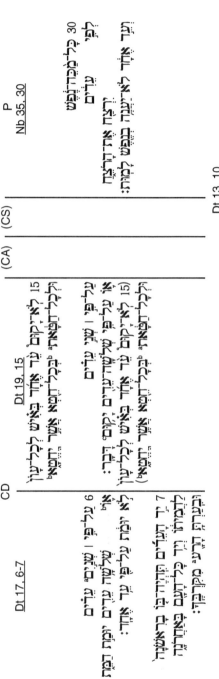

§ 80 Le tribunal suprême du sanctuaire: Dt 17, 8-13

CD	(CA)	(CS)

Dt 17,8-13

8 כִּי יִפָּלֵא מִמְּךָ דָבָר לַמִּשְׁפָּט בֵּין־דָּם לְדָם בֵּין־דִּין לְדִין וּבֵין נֶגַע לָנֶגַע דִּבְרֵי רִיבֹת בִּשְׁעָרֶיךָ וְקַמְתָּ וְעָלִיתָ אֶל־הַמָּקוֹם אֲשֶׁר יִבְחַר יְהוָה אֱלֹהֶיךָ בּוֹ

9 וּבָאתָ אֶל־הַכֹּהֲנִים הַלְוִיִּם וְאֶל־הַשֹּׁפֵט אֲשֶׁר יִהְיֶה בַּיָּמִים הָהֵם וְדָרַשְׁתָּ וְהִגִּידוּ לְךָ אֵת דְּבַר הַמִּשְׁפָּט

10 וְעָשִׂיתָ עַל־פִּי הַדָּבָר אֲשֶׁר יַגִּידוּ לְךָ מִן־הַמָּקוֹם הַהוּא אֲשֶׁר יִבְחַר יְהוָה וְשָׁמַרְתָּ לַעֲשׂוֹת כְּכֹל אֲשֶׁר יוֹרוּךָ

11 עַל־פִּי הַתּוֹרָה אֲשֶׁר יוֹרוּךָ וְעַל־הַמִּשְׁפָּט אֲשֶׁר־יֹאמְרוּ לְךָ תַּעֲשֶׂה לֹא תָסוּר מִן־הַדָּבָר אֲשֶׁר־יַגִּידוּ לְךָ יָמִין וּשְׂמֹאל

12 וְהָאִישׁ אֲשֶׁר־יַעֲשֶׂה בְזָדוֹן לְבִלְתִּי שְׁמֹעַ אֶל־הַכֹּהֵן הָעֹמֵד לְשָׁרֶת שָׁם אֶת־יְהוָה אֱלֹהֶיךָ אוֹ אֶל־הַשֹּׁפֵט וּמֵת הָאִישׁ הַהוּא וּבִעַרְתָּ הָרָע מִיִּשְׂרָאֵל

13 וְכָל־הָעָם יִשְׁמְעוּ וְיִרָאוּ וְלֹא יְזִידוּן עוֹד

Ex 18,22.26

Dt 1,17b

2 Ch 19,11

17 ... לֹא תַכִּירוּ פָנִים בַּמִּשְׁפָּט

11 וְהִנֵּה אֲמַרְיָהוּ כֹהֵן הָרֹאשׁ עֲלֵיכֶם לְכֹל דְּבַר־יְהוָה וּזְבַדְיָהוּ בֶן־יִשְׁמָעֵאל הַנָּגִיד לְבֵית־יְהוּדָה לְכֹל דְּבַר־הַמֶּלֶךְ וְשֹׁטְרִים הַלְוִיִּם לִפְנֵיכֶם

22 וְשָׁפְטוּ אֶת־הָעָם בְּכָל־עֵת וְהָיָה כָּל־הַדָּבָר הַגָּדֹל יָבִיאוּ אֵלֶיךָ וְכָל־הַדָּבָר הַקָּטֹן יִשְׁפְּטוּ־הֵם וְהָקֵל מֵעָלֶיךָ וְנָשְׂאוּ אִתָּךְ

26 וְשָׁפְטוּ אֶת־הָעָם בְּכָל־עֵת אֶת־הַדָּבָר הַקָּשֶׁה יְבִיאוּן אֶל־מֹשֶׁה וְכָל־הַדָּבָר הַקָּטֹן יִשְׁפּוּטוּ הֵם

1 R 21,10.13

10 וְהוֹשִׁיבוּ שְׁנַיִם אֲנָשִׁים בְּנֵי־בְלִיַּעַל נֶגְדּוֹ וִיעִדֻהוּ לֵאמֹר בֵּרַכְתָּ אֱלֹהִים וָמֶלֶךְ וְהוֹצִיאֻהוּ וְסִקְלֻהוּ וְיָמֹת

13 וַיָּבֹאוּ שְׁנֵי הָאֲנָשִׁים בְּנֵי־בְלִיַּעַל וַיֵּשְׁבוּ נֶגְדּוֹ וַיְעִדֻהוּ אַנְשֵׁי הַבְּלִיַּעַל אֶת־נָבוֹת נֶגֶד הָעָם לֵאמֹר בֵּרַךְ נָבוֹת אֱלֹהִים וָמֶלֶךְ וַיֹּצִאֻהוּ מִחוּץ לָעִיר וַיִּסְקְלֻהוּ בָאֲבָנִים וַיָּמֹת

§ 81 Prescriptions pour le roi: Dt 17, 14-20

(CA)	(CS)

CD

Dt 17, 14-20

14 כִּי־תָבֹא אֶל־הָאָרֶץ אֲשֶׁר יְהוָה אֱלֹהֶיךָ נֹתֵן לָךְ וִירִשְׁתָּהּ וְיָשַׁבְתָּה בָּהּ וְאָמַרְתָּ אָשִׂימָה עָלַי מֶלֶךְ כְּכָל־הַגּוֹיִם אֲשֶׁר סְבִיבֹתָי׃
15 שׂוֹם תָּשִׂים עָלֶיךָ מֶלֶךְ אֲשֶׁר יִבְחַר יְהוָה אֱלֹהֶיךָ בּוֹ מִקֶּרֶב אַחֶיךָ תָּשִׂים עָלֶיךָ מֶלֶךְ לֹא תוּכַל לָתֵת עָלֶיךָ אִישׁ נָכְרִי אֲשֶׁר לֹא־אָחִיךָ הוּא׃
16 רַק לֹא־יַרְבֶּה־לּוֹ סוּסִים וְלֹא־יָשִׁיב אֶת־הָעָם מִצְרַיְמָה לְמַעַן הַרְבּוֹת סוּס וַיהוָה אָמַר לָכֶם לֹא תֹסִפוּן לָשׁוּב בַּדֶּרֶךְ הַזֶּה עוֹד׃
17 וְלֹא יַרְבֶּה־לּוֹ נָשִׁים וְלֹא יָסוּר לְבָבוֹ וְכֶסֶף וְזָהָב לֹא יַרְבֶּה־לּוֹ מְאֹד׃
18 וְהָיָה כְשִׁבְתּוֹ עַל כִּסֵּא מַמְלַכְתּוֹ וְכָתַב לוֹ אֶת־מִשְׁנֵה הַתּוֹרָה הַזֹּאת עַל־סֵפֶר מִלִּפְנֵי הַכֹּהֲנִים הַלְוִיִּם׃
19 וְהָיְתָה עִמּוֹ וְקָרָא בוֹ כָּל־יְמֵי חַיָּיו לְמַעַן יִלְמַד לְיִרְאָה אֶת־יְהוָה אֱלֹהָיו לִשְׁמֹר אֶת־כָּל־דִּבְרֵי הַתּוֹרָה הַזֹּאת וְאֶת־הַחֻקִּים הָאֵלֶּה לַעֲשֹׂתָם׃
20 לְבִלְתִּי רוּם־לְבָבוֹ מֵאֶחָיו וּלְבִלְתִּי סוּר מִן־הַמִּצְוָה יָמִין וּשְׂמֹאול לְמַעַן יַאֲרִיךְ יָמִים עַל־מַמְלַכְתּוֹ הוּא וּבָנָיו בְּקֶרֶב יִשְׂרָאֵל׃

1 S 10, 24-25

1 R 2, 3

1 R 5, 6

16

14

2 Ch 1.14.16

12

1 Ch 22.12-13

13

4

21

Jr 30. 21a

Os 8. 4a

Es 31. 1

1

25

3

2 R 23.3.25

38

1 R 11.3

1 R 11.38

3

1 R 10. 26-28

26

27

28

2 Ch 9, 25.27

25 וַיְהִי לִשְׁלֹמֹה אַרְבַּעַת[a] אֲלָפִים אֻרְיוֹת סוּסִים וּמַרְכָּבוֹת וּשְׁנֵים־עָשָׂר אֶלֶף פָּרָשִׁים וַיַּנִּיחֵם בְּעָרֵי הָרֶכֶב וְעִם־הַמֶּלֶךְ בִּירוּשָׁלָם׃
27 וַיִּתֵּן הַמֶּלֶךְ[a] אֶת־הַכֶּסֶף בִּירוּשָׁלַם כָּאֲבָנִים וְאֵת הָאֲרָזִים נָתַן כַּשִּׁקְמִים אֲשֶׁר־בַּשְּׁפֵלָה לָרֹב׃

2 Ch 34, 31

31 וַיַּעֲמֹד הַמֶּלֶךְ עַל־עָמְדוֹ[a] וַיִּכְרֹת אֶת־הַבְּרִית לִפְנֵי יְהוָה לָלֶכֶת אַחֲרֵי יְהוָה וְלִשְׁמוֹר אֶת־מִצְוֹתָיו וְעֵדְוֹתָיו וְחֻקָּיו בְּכָל־לְבָבוֹ
וּבְכָל־נַפְשׁוֹ לַעֲשׂוֹת אֶת־דִּבְרֵי הַבְּרִית הַכְּתוּבִים עַל־הַסֵּפֶר הַזֶּה׃

2 Ch 35, 26

26 וְיֶתֶר דִּבְרֵי יֹאשִׁיָּהוּ וַחֲסָדָיו[a] כַּכָּתוּב בְּתוֹרַת יְהוָה׃

§ 82 Les revenus des prêtres et des lévites: Nb 18, 8-24.30-32; Dt 18, 1-8

P	(CA)	(CS)	CD
Nb 18, 8-24.30-32			Dt 18, 1-8

(§ 82   Dt 18, 1-8)

| (Dt 18, 1-8) | (CA) | (CS) | (Nb 18, 8-24. 30-32) |

Lv 2, 3.10

Lv 6, 9-11

וְהַנּוֹתֶרֶת מִן־הַמִּנְחָה לְאַהֲרֹן וּלְבָנָיו ... 3

9 וְנֶפֶשׁ כִּי תַקְרִיב קָרְבַּן מִנְחָה לַיהוָה ...   11 כָּל־הַמִּנְחָה אֲשֶׁר

10 וְהַנּוֹתֶרֶת מִן־הַמִּנְחָה לְאַהֲרֹן וּלְבָנָיו ...

17 אַךְ

18 וְזֶה

19

20 וַיֹּאמֶר

21 וְלִבְנֵי

22 וְלֹא־יִקְרְבוּ

23 וְעָבַד

24 כִּי

30 וְאָמַרְתָּ

31 וַאֲכַלְתֶּם

32 וְלֹא־תִשְׂאוּ

Jg 17.10

Jos 13. 14

Nb 18. 28

Nb 3. 48.51

Lv 27. 21

Lv 24. 9

Lv 7. 31-36

Lv 7. 14

Lv 7. 6-10

Lv 6. 19.22

1 S 2,13-14

2 R 12,5-6.9.17

2 R 23,9

Ez 44,28-30

Né 12,44

Né 13,10-12

2 Ch 31,4

Né 10,36-38

§ 83 Dt 18, 15-22

Dt 18, 9-14, cf § 22 (Devins et magiciens)

Dt 18, 9-14, cf § 49 (Les sacrifices d'enfants)

§ 83 Prescriptions pour les prophètes: Dt 18, 15-22

CD	(CA)	(CS)

Dt 18, 15-22

15 נָבִ֨יא מִקִּרְבְּךָ֤ מֵאַחֶ֙יךָ֙ כָּמֹ֔נִי יָקִ֥ים לְךָ֖ יְהוָ֣ה אֱלֹהֶ֑יךָ אֵלָ֖יו תִּשְׁמָעֽוּן׃

16 כְּכֹ֨ל אֲשֶׁר־שָׁאַ֜לְתָּ מֵעִ֨ם יְהוָ֤ה אֱלֹהֶ֙יךָ֙ בְּחֹרֵ֔ב בְּי֥וֹם הַקָּהָ֖ל לֵאמֹ֑ר לֹ֣א אֹסֵ֗ף לִשְׁמֹ֙עַ֙ אֶת־קוֹל֙ יְהוָ֣ה אֱלֹהָ֔י

17 וַיֹּ֥אמֶר יְהוָ֖ה אֵלָ֑י הֵיטִ֖יבוּ אֲשֶׁ֥ר דִּבֵּֽרוּ׃

18 נָבִ֨יא אָקִ֥ים לָהֶ֛ם מִקֶּ֥רֶב אֲחֵיהֶ֖ם כָּמ֑וֹךָ וְנָתַתִּ֤י דְבָרַי֙ בְּפִ֔יו

19 וְהָיָ֗ה הָאִישׁ֙ אֲשֶׁ֤ר לֹֽא־יִשְׁמַע֙ אֶל־דְּבָרַ֔י אֲשֶׁ֥ר יְדַבֵּ֖ר בִּשְׁמִ֑י

20 אַ֣ךְ הַנָּבִ֡יא אֲשֶׁ֣ר יָזִיד֩ לְדַבֵּ֨ר דָּבָ֜ר בִּשְׁמִ֗י

21 וְכִ֥י תֹאמַ֖ר בִּלְבָבֶ֑ךָ אֵיכָה֙ נֵדַ֣ע אֶת־הַדָּבָ֔ר

22 אֲשֶׁר֩ יְדַבֵּ֨ר הַנָּבִ֜יא בְּשֵׁ֣ם יְהוָ֗ה

Es 9, 14

14 וַיַּכְרֵ֨ת יְהוָ֧ה מִיִּשְׂרָאֵ֛ל רֹ֥אשׁ וְזָנָ֖ב כִּפָּ֣ה וְאַגְמ֑וֹן בְּי֖וֹם אֶחָֽד׃

Jr 2, 8

8 הַכֹּֽהֲנִ֗ים לֹ֤א אָֽמְרוּ֙ אַיֵּ֣ה יְהוָ֔ה וְתֹפְשֵׂ֤י הַתּוֹרָה֙ לֹ֣א יְדָע֔וּנִי וְהָֽרֹעִ֖ים פָּ֣שְׁעוּ בִ֑י וְהַנְּבִיאִים֙ נִבְּא֣וּ בַבַּ֔עַל וְאַחֲרֵ֥י לֹֽא־יוֹעִ֖לוּ הָלָֽכוּ׃

14 כִּי הַגּוֹיִם הָאֵלֶּה אֲשֶׁר אַתָּה יוֹרֵשׁ אוֹתָם אֶל־מְעֹנְנִים וְאֶל־קֹסְמִים יִשְׁמָעוּ וְאַתָּה לֹא כֵן נָתַן לְךָ יְהוָה אֱלֹהֶיךָ׃

Lm 2.14

12 נְבִיאַיִךְ חָזוּ לָךְ שָׁוְא וְתָפֵל וְלֹא־גִלּוּ עַל־עֲוֺנֵךְ לְהָשִׁיב שְׁבוּתֵךְ וַיֶּחֱזוּ לָךְ מַשְׂאוֹת שָׁוְא וּמַדּוּחִים׃

Za 7.12

12 וְלִבָּם שָׂמוּ שָׁמִיר מִשְּׁמוֹעַ אֶת־הַתּוֹרָה וְאֶת־הַדְּבָרִים אֲשֶׁר שָׁלַח יְהוָה צְבָאוֹת בְּרוּחוֹ בְּיַד הַנְּבִיאִים הָרִאשֹׁנִים וַיְהִי קֶצֶף גָּדוֹל מֵאֵת יְהוָה צְבָאוֹת׃

Jr 28.15-16

15 וַיֹּאמֶר יִרְמְיָה הַנָּבִיא אֶל־חֲנַנְיָה הַנָּבִיא שְׁמַע־נָא חֲנַנְיָה לֹא־שְׁלָחֲךָ יְהוָה וְאַתָּה הִבְטַחְתָּ אֶת־הָעָם הַזֶּה עַל־שָׁקֶר׃
16 לָכֵן כֹּה אָמַר יְהוָה הִנְנִי מְשַׁלֵּחֲךָ מֵעַל פְּנֵי הָאֲדָמָה הַשָּׁנָה אַתָּה מֵת כִּי־סָרָה דִבַּרְתָּ אֶל־יְהוָה׃

Jr 28.8-9

8 הַנְּבִיאִים אֲשֶׁר הָיוּ לְפָנַי וּלְפָנֶיךָ מִן־הָעוֹלָם וַיִּנָּבְאוּ אֶל־אֲרָצוֹת רַבּוֹת וְעַל־מַמְלָכוֹת גְּדֹלוֹת לְמִלְחָמָה וּלְרָעָה וּלְדָבֶר׃
9 הַנָּבִיא אֲשֶׁר יִנָּבֵא לְשָׁלוֹם בְּבֹא דְּבַר הַנָּבִיא יִוָּדַע הַנָּבִיא אֲשֶׁר־שְׁלָחוֹ יְהוָה בֶּאֱמֶת׃

Jr 27.14-15

14 וְאַל־תִּשְׁמְעוּ אֶל־דִּבְרֵי הַנְּבִאִים הָאֹמְרִים אֲלֵיכֶם לֵאמֹר לֹא תַעַבְדוּ אֶת־מֶלֶךְ בָּבֶל כִּי שֶׁקֶר הֵם נִבְּאִים לָכֶם׃
15 כִּי לֹא שְׁלַחְתִּים נְאֻם־יְהוָה וְהֵם נִבְּאִים בִּשְׁמִי לַשָּׁקֶר לְמַעַן הַדִּיחִי אֶתְכֶם וַאֲבַדְתֶּם אַתֶּם וְהַנְּבִאִים הַנִּבְּאִים לָכֶם׃

Jr 26.4-6

4 וְאָמַרְתָּ אֲלֵיהֶם כֹּה אָמַר יְהוָה אִם־לֹא תִשְׁמְעוּ אֵלַי לָלֶכֶת בְּתוֹרָתִי אֲשֶׁר נָתַתִּי לִפְנֵיכֶם׃
5 לִשְׁמֹעַ עַל־דִּבְרֵי עֲבָדַי הַנְּבִאִים אֲשֶׁר אָנֹכִי שֹׁלֵחַ אֲלֵיכֶם וְהַשְׁכֵּם וְשָׁלֹחַ וְלֹא שְׁמַעְתֶּם׃
6 וְנָתַתִּי אֶת־הַבַּיִת הַזֶּה כְּשִׁלֹה וְאֶת־הָעִיר הַזֹּאת אֶתֵּן לִקְלָלָה לְכֹל גּוֹיֵי הָאָרֶץ׃

Jr 20.6

6 וְאַתָּה פַשְׁחוּר וְכֹל יֹשְׁבֵי בֵיתֶךָ תֵּלְכוּ בַּשֶּׁבִי וּבָבֶל תָּבוֹא וְשָׁם תָּמוּת וְשָׁם תִּקָּבֵר אַתָּה וְכָל־אֹהֲבֶיךָ אֲשֶׁר־נִבֵּאתָ לָהֶם בַּשָּׁקֶר׃

Jr 14.14-15

14 וַיֹּאמֶר יְהוָה אֵלַי שֶׁקֶר הַנְּבִאִים נִבְּאִים בִּשְׁמִי לֹא שְׁלַחְתִּים וְלֹא צִוִּיתִים וְלֹא דִבַּרְתִּי אֲלֵיהֶם חֲזוֹן שֶׁקֶר וְקֶסֶם וֶאֱלִיל וְתַרְמִת לִבָּם הֵמָּה מִתְנַבְּאִים לָכֶם׃
15 לָכֵן כֹּה־אָמַר יְהוָה עַל־הַנְּבִאִים הַנִּבְּאִים בִּשְׁמִי וַאֲנִי לֹא־שְׁלַחְתִּים וְהֵמָּה אֹמְרִים חֶרֶב וְרָעָב לֹא יִהְיֶה בָּאָרֶץ הַזֹּאת בַּחֶרֶב וּבָרָעָב יִתַּמּוּ הַנְּבִאִים הָהֵמָּה׃

§ 84   Dt 19, 14

Dt 19, 1-13, cf § 4 (L'homicide et le droit d'asile)

§ 84 Le respect des limites foncières: Dt 19, 14: 27,17

CD	(CA)	(CS)	AL
Dt 19, 14			Dt 27, 17

CD — Dt 19,14

לֹא תַסִּיג גְּבוּל רֵעֲךָ אֲשֶׁר גָּבְלוּ רִאשֹׁנִים בְּנַחֲלָתְךָ אֲשֶׁר תִּנְחַל בָּאָרֶץ אֲשֶׁר יְהוָה אֱלֹהֶיךָ נֹתֵן לְךָ לְרִשְׁתָּהּ׃

AL — Dt 27,17

אָרוּר מַסִּיג גְּבוּל רֵעֵהוּ וְאָמַר כָּל־הָעָם אָמֵן׃

Os 5, 10

הָיוּ שָׂרֵי יְהוּדָה כְּמַסִּיגֵי גְּבוּל עֲלֵיהֶם אֶשְׁפּוֹךְ כַּמַּיִם עֶבְרָתִי׃

Jb 24, 2

גְּבֻלוֹת יַשִּׂיגוּ עֵדֶר גָּזְלוּ וַיִּרְעוּ׃

Pr 22, 28

אַל־תַּסֵּג גְּבוּל עוֹלָם אֲשֶׁר עָשׂוּ אֲבוֹתֶיךָ׃

Pr 23, 10

אַל־תַּסֵּג גְּבוּל עוֹלָם וּבִשְׂדֵי יְתוֹמִים אַל־תָּבֹא׃

Dt 19, 15, cf § 79 (Le nombre des témoins)

Dt 19, 16-21, cf § 10 (Le talion)

Dt 19, 16-21, cf § 33 (Les faux témoignages)

§ 85 La préparation de l'armée: Dt 20, 1-9; 24, 5

CD	Dt 24, 5	(CA)	(CS)

Dt 20, 1-9

1 כִּי־תֵצֵא לַמִּלְחָמָה עַל־אֹיְבֶ֗ךָ וְרָאִ֜יתָ ס֤וּס וָרֶ֙כֶב֙ עַ֚ם רַ֣ב מִמְּךָ֔ לֹ֥א תִירָ֖א מֵהֶ֑ם כִּֽי־יְהוָ֤ה אֱלֹהֶ֙יךָ֙ עִמָּ֔ךְ הַמַּֽעַלְךָ֖ מֵאֶ֥רֶץ מִצְרָֽיִם׃

2 וְהָיָ֕ה כְּקָֽרָבְכֶ֖ם אֶל־הַמִּלְחָמָ֑ה וְנִגַּ֥שׁ הַכֹּהֵ֖ן וְדִבֶּ֥ר אֶל־הָעָֽם׃

3 וְאָמַ֤ר אֲלֵהֶם֙ שְׁמַ֣ע יִשְׂרָאֵ֔ל אַתֶּ֨ם קְרֵבִ֥ים הַיּ֛וֹם לַמִּלְחָמָ֖ה עַל־אֹיְבֵיכֶ֑ם אַל־יֵרַ֣ךְ לְבַבְכֶ֗ם אַל־תִּֽירְא֧וּ וְאַֽל־תַּחְפְּז֛וּ וְאַל־תַּֽעַרְצ֖וּ מִפְּנֵיהֶֽם׃

4 כִּ֚י יְהוָ֣ה אֱלֹֽהֵיכֶ֔ם הַהֹלֵ֖ךְ עִמָּכֶ֑ם לְהִלָּחֵ֥ם לָכֶ֛ם עִם־אֹיְבֵיכֶ֖ם לְהוֹשִׁ֥יעַ אֶתְכֶֽם׃

5 וְדִבְּר֣וּ הַשֹּֽׁטְרִים֮ אֶל־הָעָ֣ם לֵאמֹר֒ מִֽי־הָאִ֞ישׁ אֲשֶׁ֨ר בָּנָ֤ה בַֽיִת־חָדָשׁ֙ וְלֹ֣א חֲנָכ֔וֹ יֵלֵ֖ךְ וְיָשֹׁ֣ב לְבֵית֑וֹ פֶּן־יָמוּת֙ בַּמִּלְחָמָ֔ה וְאִ֥ישׁ אַחֵ֖ר יַחְנְכֶֽנּוּ׃

6 וּמִֽי־הָאִ֞ישׁ אֲשֶׁר־נָטַ֥ע כֶּ֙רֶם֙ וְלֹ֣א חִלְּל֔וֹ יֵלֵ֖ךְ וְיָשֹׁ֣ב לְבֵית֑וֹ פֶּן־יָמוּת֙ בַּמִּלְחָמָ֔ה וְאִ֥ישׁ אַחֵ֖ר יְחַלְּלֶֽנּוּ׃

7 וּמִֽי־הָאִ֞ישׁ אֲשֶׁר־אֵרַ֤שׂ אִשָּׁה֙ וְלֹ֣א לְקָחָ֔הּ יֵלֵ֖ךְ וְיָשֹׁ֣ב לְבֵית֑וֹ פֶּן־יָמוּת֙ בַּמִּלְחָמָ֔ה וְאִ֥ישׁ אַחֵ֖ר יִקָּחֶֽנָּה׃

8 וְיָסְפ֣וּ הַשֹּׁטְרִים֮ לְדַבֵּ֣ר אֶל־הָעָם֒ וְאָֽמְר֗וּ מִי־הָאִ֤ישׁ הַיָּרֵא֙ וְרַ֣ךְ הַלֵּבָ֔ב יֵלֵ֖ךְ וְיָשֹׁ֣ב לְבֵית֑וֹ

Dt 24, 5

5 כִּֽי־יִקַּ֥ח אִישׁ֙ אִשָּׁ֣ה חֲדָשָׁ֔ה לֹ֤א יֵצֵא֙ בַּצָּבָ֔א וְלֹא־יַעֲבֹ֥ר עָלָ֖יו לְכָל־דָּבָ֑ר נָקִ֞י יִהְיֶ֤ה לְבֵית֙וֹ֙ שָׁנָ֣ה אֶחָ֔ת וְשִׂמַּ֖ח אֶת־אִשְׁתּ֥וֹ אֲשֶׁר־לָקָֽח׃

9 וְלֹ֥א יִמַּ֖ס אֶת־לְבַ֣ב אֶחָ֑יו כִּלְבָבֽוֹ׃ וְהָיָ֛ה כְּכַלֹּ֥ת הַשֹּׁטְרִ֖ים לְדַבֵּ֣ר אֶל־הָעָ֑ם וּפָֽקְד֛וּ שָׂרֵ֥י צְבָא֖וֹת בְּרֹ֥אשׁ הָעָֽם׃

135

(§ 85 Dt 20, 1-9)

וַיְדַבֵּ֣ר מֹשֶׁ֔ה׃

17 אֹתָ֗ךְ כִּֽי־הֵ֣מָּה ... מֹרִ֣ים הֱיִיתֶ֗ם עִם־יְהוָ֔ה ... מֵאֹיְבֵיכֶ֑ם ... וְיַצְרְכֶ֖ם ... לֹ֥א תִֽירָא֖וּן וְלֹ֥א תֶחֱזָ֑קוּ ... אֱלֹהֵיכֶ֖ם הַהֹלֵ֥ךְ עִמָּכֶֽם׃

2 Ch 20.17

4 כִּ֚י יְהוָ֣ה אֱלֹֽהֵיכֶ֔ם הַהֹלֵ֖ךְ עִמָּכֶ֑ם לְהִלָּחֵ֥ם לָכֶ֛ם עִם־אֹיְבֵיכֶ֖ם לְהוֹשִׁ֥יעַ אֶתְכֶֽם׃

Es 7.4

3 וְאָמַ֣ר אֲלֵהֶ֗ם שְׁמַ֣ע יִשְׂרָאֵ֗ל אַתֶּ֨ם קְרֵבִ֥ים הַיּ֛וֹם לַמִּלְחָמָ֖ה עַל־אֹיְבֵיכֶ֑ם אַל־יֵרַ֣ךְ לְבַבְכֶ֗ם אַל־תִּֽירְא֧וּ וְאַל־תַּחְפְּז֛וּ וְאַל־תַּֽעַרְצ֖וּ מִפְּנֵיהֶֽם׃

Jg 7.3

6 וְיָסְפ֣וּ הַשֹּׁטְרִים֮ לְדַבֵּ֣ר אֶל־הָעָם֒ וְאָֽמְר֗וּ מִי־הָאִ֤ישׁ הַיָּרֵא֙ וְרַ֣ךְ הַלֵּבָ֔ב יֵלֵ֖ךְ וְיָשֹׁ֣ב לְבֵית֑וֹ וְלֹ֥א יִמַּ֛ס אֶת־לְבַ֥ב אֶחָ֖יו כִּלְבָבֽוֹ׃

Dt 31.6

Dt 1.29-30

29 וָאֹמַ֖ר אֲלֵכֶ֑ם לֹא־תַֽעַרְצ֥וּן וְֽלֹא־תִֽירְא֖וּן מֵהֶֽם׃ 30 יְהוָ֤ה אֱלֹֽהֵיכֶם֙ הַהֹלֵ֣ךְ לִפְנֵיכֶ֔ם ה֖וּא יִלָּחֵ֣ם לָכֶ֑ם כְּ֠כֹל אֲשֶׁ֨ר עָשָׂ֧ה אִתְּכֶ֛ם בְּמִצְרַ֖יִם לְעֵינֵיכֶֽם׃

Ex 14.13-14

13 וַיֹּ֨אמֶר מֹשֶׁ֣ה אֶל־הָעָם֮ אַל־תִּירָאוּ֒ הִֽתְיַצְב֗וּ וּרְאוּ֙ אֶת־יְשׁוּעַ֣ת יְהוָ֔ה אֲשֶׁר־יַעֲשֶׂ֥ה לָכֶ֖ם הַיּ֑וֹם כִּ֗י אֲשֶׁ֨ר רְאִיתֶ֤ם אֶת־מִצְרַ֙יִם֙ הַיּ֔וֹם לֹ֥א תֹסִ֛פוּ לִרְאֹתָ֥ם ע֖וֹד עַד־עוֹלָֽם׃ 14 יְהוָ֖ה יִלָּחֵ֣ם לָכֶ֑ם וְאַתֶּ֖ם תַּחֲרִישֽׁוּן׃

§ 86 Dt 20, 10-18

§ 86 La conquête des villes: Dt 20, 10-18

CD	CA	CS

Dt 20, 10-18

10 כִּי־תִקְרַב אֶל־עִיר לְהִלָּחֵם עָלֶיהָ וְקָרָאתָ אֵלֶיהָ לְשָׁלוֹם׃
11 וְהָיָה אִם־שָׁלוֹם תַּעַנְךָ וּפָתְחָה לָךְ וְהָיָה כָּל־הָעָם הַנִּמְצָא־בָהּ יִהְיוּ לְךָ לָמַס וַעֲבָדוּךָ׃
12 וְאִם־לֹא תַשְׁלִים עִמָּךְ וְעָשְׂתָה עִמְּךָ מִלְחָמָה וְצַרְתָּ עָלֶיהָ׃
13 וּנְתָנָהּ יְהוָה אֱלֹהֶיךָ בְּיָדֶךָ וְהִכִּיתָ אֶת־כָּל־זְכוּרָהּ לְפִי־חָרֶב׃
14 רַק הַנָּשִׁים וְהַטַּף וְהַבְּהֵמָה וְכֹל אֲשֶׁר יִהְיֶה בָעִיר כָּל־שְׁלָלָהּ תָּבֹז לָךְ
15 כֵּן תַּעֲשֶׂה לְכָל־הֶעָרִים הָרְחֹקֹת מִמְּךָ מְאֹד אֲשֶׁר לֹא־מֵעָרֵי הַגּוֹיִם־הָאֵלֶּה הֵנָּה׃
16 רַק מֵעָרֵי הָעַמִּים הָאֵלֶּה אֲשֶׁר יְהוָה אֱלֹהֶיךָ נֹתֵן לְךָ נַחֲלָה לֹא תְחַיֶּה כָּל־נְשָׁמָה׃
17 כִּי־הַחֲרֵם תַּחֲרִימֵם כַּאֲשֶׁר צִוְּךָ יְהוָה אֱלֹהֶיךָ׃
18 לְמַעַן אֲשֶׁר לֹא־יְלַמְּדוּ אֶתְכֶם לַעֲשׂוֹת כְּכֹל תּוֹעֲבֹתָם׃

Nb 21, 2-3

2 וַיִּדַּר יִשְׂרָאֵל נֶדֶר לַיהוָה וַיֹּאמַר אִם־נָתֹן תִּתֵּן אֶת־הָעָם הַזֶּה בְּיָדִי וְהַחֲרַמְתִּי אֶת־עָרֵיהֶם׃
3 וַיִּשְׁמַע יְהוָה בְּקוֹל יִשְׂרָאֵל וַיִּתֵּן אֶת־הַכְּנַעֲנִי וַיַּחֲרֵם אֶתְהֶם וְאֶת־עָרֵיהֶם׃

Dt 2, 34-35

34 וַנִּלְכֹּד אֶת־כָּל־עָרָיו בָּעֵת הַהִוא וַנַּחֲרֵם אֶת־כָּל־עִיר מְתִם וְהַנָּשִׁים וְהַטָּף לֹא הִשְׁאַרְנוּ שָׂרִיד׃
35 רַק הַבְּהֵמָה בָּזַזְנוּ לָנוּ וּשְׁלַל הֶעָרִים אֲשֶׁר לָכָדְנוּ׃

Dt 3, 6-7

6 וַנַּחֲרֵם אוֹתָם כַּאֲשֶׁר עָשִׂינוּ לְסִיחֹן מֶלֶךְ חֶשְׁבּוֹן הַחֲרֵם כָּל־עִיר מְתִם הַנָּשִׁים וְהַטָּף׃
7 וְכָל־הַבְּהֵמָה וּשְׁלַל הֶעָרִים בַּזּוֹנוּ לָנוּ׃

Dt 7,1-2

Jos 6,17a.21

Jos 9,6-8.24

Jos 10,40

Jos 11,12-15

1 S 15,3.8

1 Ch 4,41

§ 87 Dt 20, 19-20

§ 87 L'abattage des arbres en cas de siège: Dt 20, 19-20

CD	CA	CS

Dt 20, 19-20

19 כִּי־תָצוּר אֶל־עִיר יָמִים רַבִּים לְהִלָּחֵם עָלֶיהָ לְתָפְשָׂהּ לֹא־תַשְׁחִית אֶת־עֵצָהּ לִנְדֹּחַ עָלָיו גַּרְזֶן כִּי מִמֶּנּוּ תֹאכֵל וְאֹתוֹ לֹא תִכְרֹת כִּי הָאָדָם עֵץ הַשָּׂדֶה לָבֹא מִפָּנֶיךָ בַּמָּצוֹר׃ 20 רַק עֵץ אֲשֶׁר־תֵּדַע כִּי־לֹא־עֵץ מַאֲכָל הוּא אֹתוֹ תַשְׁחִית וְכָרָתָּ וּבָנִיתָ מָצוֹר עַל־הָעִיר אֲשֶׁר־הִוא עֹשָׂה עִמְּךָ מִלְחָמָה עַד רִדְתָּהּ׃

2 R 3, 19.25

19 וְהִכִּיתֶם כָּל־עִיר מִבְצָר וְכָל־עִיר מִבְחוֹר וְכָל־עֵץ טוֹב תַּפִּילוּ וְכָל־מַעְיְנֵי־מַיִם תִּסְתֹּמוּ וְכֹל הַחֶלְקָה הַטּוֹבָה תַּכְאִבוּ בָּאֲבָנִים׃ 25 וְהֶעָרִים יַהֲרֹסוּ וְכָל־חֶלְקָה טוֹבָה יַשְׁלִיכוּ אִישׁ־אַבְנוֹ וּמִלְאוּהָ וְכָל־מַעְיַן־מַיִם יִסְתֹּמוּ וְכָל־עֵץ־טוֹב יַפִּילוּ עַד־הִשְׁאִיר אֲבָנֶיהָ בַּקִּיר חֲרָשֶׂת וַיָּסֹבּוּ הַקַּלָּעִים וַיַּכּוּהָ׃

§ 88 L'expiation d'un meurtre insoluble: Dt 21, 1-9

§ 89 Le mariage avec une captive de guerre: Dt 21, 10-14

§ 90 Dt 21, 15-17

§ 90 Le droit d'aînesse en cas de polygamie: Dt 21, 15-17

CD	(CA)	(CS)

Dt 21, 15-17

15 כִּי־תִהְיֶיןָ לְאִישׁ שְׁתֵּי נָשִׁים הָאַחַת אֲהוּבָה וְהָאַחַת שְׂנוּאָה וְיָלְדוּ־לוֹ בָנִים הָאֲהוּבָה וְהַשְּׂנוּאָה וְהָיָה הַבֵּן הַבְּכוֹר לַשְּׂנִיאָה

16 וְהָיָה בְּיוֹם הַנְחִילוֹ אֶת־בָּנָיו אֵת אֲשֶׁר־יִהְיֶה לוֹ לֹא יוּכַל לְבַכֵּר אֶת־בֶּן־הָאֲהוּבָה עַל־פְּנֵי בֶן־הַשְּׂנוּאָה הַבְּכֹר

17 כִּי אֶת־הַבְּכֹר בֶּן־הַשְּׂנוּאָה יַכִּיר לָתֶת לוֹ פִּי שְׁנַיִם בְּכֹל אֲשֶׁר־יִמָּצֵא לוֹ כִּי־הוּא רֵאשִׁית אֹנוֹ לוֹ מִשְׁפַּט הַבְּכֹרָה

1 R 2, 15.22

Dt 21, 18-21, cf § 5 (Le respect des parents)

§ 91 La durée de la pendaison des cadavres: Dt 21, 22-23

CD	(CA)	(CS)

Dt 21, 22-23

22 וְכִי־יִהְיֶה בְאִישׁ חֵטְא מִשְׁפַּט־מָוֶת וְהוּמָת וְתָלִיתָ אֹתוֹ עַל־עֵץ

23 לֹא־תָלִין נִבְלָתוֹ עַל־הָעֵץ כִּי־קָבוֹר תִּקְבְּרֶנּוּ בַּיּוֹם הַהוּא כִּי־קִלְלַת אֱלֹהִים תָּלוּי וְלֹא תְטַמֵּא אֶת־אַדְמָתְךָ אֲשֶׁר יְהוָה אֱלֹהֶיךָ נֹתֵן לְךָ נַחֲלָה

Jos 8, 29

Jos 10, 26-27

26 ... 27 ... 29

§ 92   Dt 22, 5

Dt 22, 1-4, cf § 34 (Le respect des animaux du frère ou de l'ennemi)

§ 92 Le travestissement: Dt 22, 5

§ 93 La mère oiseau et ses petits: Dt 22, 6-7

§ 94 La sécurité des terrasses: Dt 22, 8

Dt 22, 9-11, cf § 57 (Les mélanges interdits)

§ 95 Le bord des vêtements: Nb 15, 37-41; Dt 22, 12

§ 96 La contestation de la virginité de l'épouse: Dt 22, 13-21

Dt 22, 22, cf § 48 (L'adultère)

§ 97 Les relations sexuelles avec une vierge fiancée: Dt 22, 23-27

Dt 22, 28-29, cf § 21 (Les relations sexuelles avec une vierge non fiancée)

CD
Dt 22, 12

(CA)   (CS)

P
Nb 15, 37-41

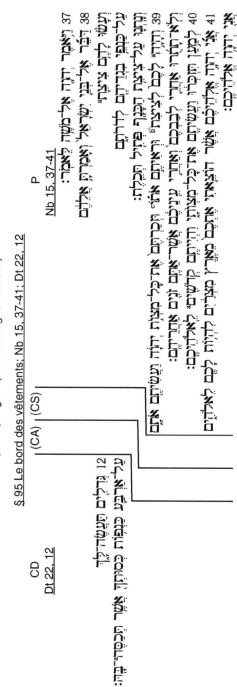

Dt 23, 1, cf § 46 (Les relations sexuelles familiales interdites)

§ 98 Les exclus de l'assemblée: Dt 23, 2-9

(CA)	(CS)	CD
		Dt 23, 2-9

CD — Dt 23, 2-9

2 לֹֽא־יָבֹ֧א פְצֽוּעַ־דַּכָּ֛א וּכְר֥וּת שָׁפְכָ֖ה בִּקְהַ֥ל יְהוָֽה׃

3 לֹא־יָבֹ֥א מַמְזֵ֖ר בִּקְהַ֣ל יְהוָ֑ה גַּ֚ם דּ֣וֹר עֲשִׂירִ֔י לֹא־יָ֥בֹא ל֖וֹ בִּקְהַ֥ל יְהוָֽה׃

4 לֹֽא־יָבֹ֧א עַמּוֹנִ֛י וּמוֹאָבִ֖י בִּקְהַ֣ל יְהוָ֑ה גַּ֚ם דּ֣וֹר עֲשִׂירִ֔י לֹא־יָבֹ֥א לָהֶ֛ם בִּקְהַ֥ל יְהוָ֖ה עַד־עוֹלָֽם׃

5 עַל־דְּבַ֞ר אֲשֶׁ֨ר לֹא־קִדְּמ֤וּ אֶתְכֶם֙ בַּלֶּ֣חֶם וּבַמַּ֔יִם בַּדֶּ֖רֶךְ בְּצֵאתְכֶ֣ם מִמִּצְרָ֑יִם וַאֲשֶׁר֩ שָׂכַ֨ר עָלֶ֜יךָ אֶת־בִּלְעָ֣ם בֶּן־בְּע֗וֹר מִפְּת֛וֹר אֲרַ֥ם נַהֲרַ֖יִם לְקַֽלְלֶֽךָּ׃

6 וְלֹֽא־אָבָ֞ה יְהוָ֤ה אֱלֹהֶ֙יךָ֙ לִשְׁמֹ֣עַ אֶל־בִּלְעָ֔ם וַיַּהֲפֹךְ֩ יְהוָ֨ה אֱלֹהֶ֧יךָ לְּךָ֛ אֶת־הַקְּלָלָ֖ה לִבְרָכָ֑ה כִּ֥י אֲהֵֽבְךָ֖ יְהוָ֥ה אֱלֹהֶֽיךָ׃

7 לֹא־תִדְרֹ֥שׁ שְׁלֹמָ֖ם וְטֹבָתָ֑ם כָּל־יָמֶ֖יךָ לְעוֹלָֽם׃

8 לֹֽא־תְתַעֵ֣ב אֲדֹמִ֔י כִּ֥י אָחִ֖יךָ ה֑וּא לֹא־תְתַעֵ֣ב מִצְרִ֔י כִּי־גֵ֖ר הָיִ֥יתָ בְאַרְצֽוֹ׃

9 בָּנִ֛ים אֲשֶׁר־יִוָּלְד֥וּ לָהֶ֖ם דּ֣וֹר שְׁלִישִׁ֑י יָבֹ֥א לָהֶ֖ם בִּקְהַ֥ל יְהוָֽה׃

Nb 19, 20

20 וְאִ֤ישׁ אֲשֶׁר־יִטְמָא֙ וְלֹ֣א יִתְחַטָּ֔א וְנִכְרְתָ֛ה הַנֶּ֥פֶשׁ הַהִ֖וא מִתּ֣וֹךְ הַקָּהָ֑ל כִּי֩ אֶת־מִקְדַּ֨שׁ יְהוָ֜ה טִמֵּ֗א מֵ֣י נִדָּ֞ה לֹא־זֹרַ֥ק עָלָ֛יו טָמֵ֖א הֽוּא׃

Mi 2, 5

5 לָכֵן֙ לֹֽא־יִֽהְיֶ֣ה לְךָ֔ מַשְׁלִ֥יךְ חֶ֖בֶל בְּגוֹרָ֑ל בִּקְהַ֖ל יְהוָֽה׃

Lm 1, 10

10 יָדוֹ֙ פָּ֣רַשׂ צָ֔ר עַ֖ל כָּל־מַחֲמַדֶּ֑יהָ כִּֽי־רָאֲתָ֤ה גוֹיִם֙ בָּ֣אוּ מִקְדָּשָׁ֔הּ אֲשֶׁ֣ר צִוִּ֔יתָה לֹא־יָבֹ֥אוּ בַקָּהָ֖ל לָֽךְ׃

Né 13, 1-3

1 בַּיּ֣וֹם הַה֗וּא נִקְרָ֛א בְּסֵ֥פֶר מֹשֶׁ֖ה בְּאָזְנֵ֣י הָעָ֑ם וְנִמְצָא֙ כָּת֣וּב בּ֔וֹ אֲשֶׁר֩ לֹא־יָב֨וֹא עַמֹּנִ֧י וּמֹאָבִ֛י בִּקְהַ֥ל הָאֱלֹהִ֖ים עַד־עוֹלָֽם׃

2 כִּ֣י לֹ֧א קִדְּמ֛וּ אֶת־בְּנֵ֥י יִשְׂרָאֵ֖ל בַּלֶּ֣חֶם וּבַמָּ֑יִם וַיִּשְׂכֹּ֨ר עָלָ֜יו אֶת־בִּלְעָ֣ם לְקַֽלְל֔וֹ וַיַּהֲפֹ֧ךְ אֱלֹהֵ֛ינוּ הַקְּלָלָ֖ה לִבְרָכָֽה׃

3 וַיְהִ֖י כְּשָׁמְעָ֣ם אֶת־הַתּוֹרָ֑ה וַיַּבְדִּ֥ילוּ כָל־עֵ֖רֶב מִיִּשְׂרָאֵֽל׃

§ 99 La pureté du camp: Nb 5, 1-4; Dt 23, 10-15

CD	(CA)	(CS)	P

Dt 23, 10-15

כִּי־תֵצֵא מַחֲנֶה עַל־אֹיְבֶיךָ וְנִשְׁמַרְתָּ מִכֹּל דָּבָר רָע׃ 10
כִּי־יִהְיֶה בְךָ אִישׁ אֲשֶׁר לֹא־יִהְיֶה טָהוֹר מִקְּרֵה־לָיְלָה וְיָצָא אֶל־מִחוּץ לַמַּחֲנֶה לֹא יָבֹא אֶל־תּוֹךְ הַמַּחֲנֶה׃ 11
וְהָיָה לִפְנוֹת־עֶרֶב יִרְחַץ בַּמָּיִם וּכְבֹא הַשֶּׁמֶשׁ יָבֹא אֶל־תּוֹךְ הַמַּחֲנֶה׃ 12
וְיָד תִּהְיֶה לְךָ מִחוּץ לַמַּחֲנֶה וְיָצָאתָ שָּׁמָּה חוּץ׃ 13
וְיָתֵד תִּהְיֶה לְךָ עַל־אֲזֵנֶךָ וְהָיָה בְּשִׁבְתְּךָ חוּץ וְחָפַרְתָּה בָהּ וְשַׁבְתָּ וְכִסִּיתָ אֶת־צֵאָתֶךָ׃ 14
כִּי יְהוָה אֱלֹהֶיךָ מִתְהַלֵּךְ בְּקֶרֶב מַחֲנֶךָ לְהַצִּילְךָ וְלָתֵת אֹיְבֶיךָ לְפָנֶיךָ וְהָיָה מַחֲנֶיךָ קָדוֹשׁ וְלֹא־יִרְאֶה בְךָ עֶרְוַת דָּבָר וְשָׁב מֵאַחֲרֶיךָ׃ 15

P

Nb 5, 1-4

וַיְדַבֵּר יְהוָה אֶל־מֹשֶׁה לֵּאמֹר׃ 1
צַו אֶת־בְּנֵי יִשְׂרָאֵל וִישַׁלְּחוּ מִן־הַמַּחֲנֶה כָּל־צָרוּעַ וְכָל־זָב וְכֹל טָמֵא לָנָפֶשׁ׃ 2
מִזָּכָר עַד־נְקֵבָה תְּשַׁלֵּחוּ אֶל־מִחוּץ לַמַּחֲנֶה תְּשַׁלְּחוּם וְלֹא יְטַמְּאוּ אֶת־מַחֲנֵיהֶם אֲשֶׁר אֲנִי שֹׁכֵן בְּתוֹכָם׃ 3
וַיַּעֲשׂוּ־כֵן בְּנֵי יִשְׂרָאֵל וַיְשַׁלְּחוּ אוֹתָם אֶל־מִחוּץ לַמַּחֲנֶה כַּאֲשֶׁר דִּבֶּר יְהוָה אֶל־מֹשֶׁה כֵּן עָשׂוּ בְּנֵי יִשְׂרָאֵל׃ 4

Nb 12, 14-15

Nb 31.19

Lv 13, 46

Lv 15, 16.31

§ 100 Dt 23, 16-17

§ 100 L'accueil de l'esclave fugitif: Dt 23, 16-17

Dt 23, 18-19, cf § 61 (La prostitution sacrée)

Dt 23, 20-21, cf § 25 (Le prêt et les gages)

§ 101 L'accomplissement des voeux: Nb 30, 2-3; Dt 23, 22-24

CD	(CA)	(CS)	P
Dt 23, 22-24			Nb 30, 2-3

Dt 23, 22-24

22 כִּי־תִדֹּר נֶדֶר לַיהוָה אֱלֹהֶיךָ לֹא תְאַחֵר לְשַׁלְּמוֹ כִּי־דָרֹשׁ יִדְרְשֶׁנּוּ יְהוָה אֱלֹהֶיךָ מֵעִמָּךְ וְהָיָה בְךָ חֵטְא
23 וְכִי תֶחְדַּל לִנְדֹּר לֹא־יִהְיֶה בְךָ חֵטְא
24 מוֹצָא שְׂפָתֶיךָ תִּשְׁמֹר וְעָשִׂיתָ כַּאֲשֶׁר נָדַרְתָּ לַיהוָה אֱלֹהֶיךָ נְדָבָה אֲשֶׁר דִּבַּרְתָּ בְּפִיךָ

Nb 30, 2-3

2 וַיְדַבֵּר מֹשֶׁה אֶל־רָאשֵׁי הַמַּטּוֹת לִבְנֵי יִשְׂרָאֵל לֵאמֹר זֶה הַדָּבָר אֲשֶׁר צִוָּה יְהוָה
3 אִישׁ כִּי־יִדֹּר נֶדֶר לַיהוָה אוֹ־הִשָּׁבַע שְׁבֻעָה לֶאְסֹר אִסָּר עַל־נַפְשׁוֹ לֹא יַחֵל דְּבָרוֹ כְּכָל־הַיֹּצֵא מִפִּיו יַעֲשֶׂה

Nb 21, 2-3

2 וַיִּדַּר יִשְׂרָאֵל נֶדֶר לַיהוָה וַיֹּאמַר אִם־נָתֹן תִּתֵּן אֶת־הָעָם הַזֶּה בְּיָדִי וְהַחֲרַמְתִּי אֶת־עָרֵיהֶם
3 וַיִּשְׁמַע יְהוָה בְּקוֹל יִשְׂרָאֵל וַיִּתֵּן אֶת־הַכְּנַעֲנִי וַיַּחֲרֵם אֶתְהֶם וְאֶת־עָרֵיהֶם וַיִּקְרָא שֵׁם־הַמָּקוֹם חָרְמָה

Jg 11, 35-36.39a

35 וַיְהִי כִרְאוֹתוֹ אוֹתָהּ וַיִּקְרַע אֶת־בְּגָדָיו וַיֹּאמֶר אֲהָהּ בִּתִּי הַכְרֵעַ הִכְרַעְתִּנִי וְאַתְּ הָיִיתְ בְּעֹכְרָי וְאָנֹכִי פָּצִיתִי־פִי אֶל־יְהוָה וְלֹא אוּכַל לָשׁוּב
36 וַתֹּאמֶר אֵלָיו אָבִי פָּצִיתָה אֶת־פִּיךָ אֶל־יְהוָה עֲשֵׂה לִי כַּאֲשֶׁר יָצָא מִפִּיךָ אַחֲרֵי אֲשֶׁר עָשָׂה לְךָ יְהוָה נְקָמוֹת מֵאֹיְבֶיךָ מִבְּנֵי עַמּוֹן
39 וַיְהִי מִקֵּץ שְׁנַיִם חֳדָשִׁים וַתָּשָׁב אֶל־אָבִיהָ וַיַּעַשׂ לָהּ אֶת־נִדְרוֹ אֲשֶׁר נָדָר

Es 19, 21

וְנוֹדַע יְהוָה לְמִצְרַיִם וְיָדְעוּ מִצְרַיִם אֶת־יְהוָה בַּיּוֹם הַהוּא וְעָבְדוּ זֶבַח וּמִנְחָה וְנָדְרוּ־נֵדֶר לַיהוָה וְשִׁלֵּמוּ׃ 21

Ps 116, 14

נְדָרַי לַיהוָה אֲשַׁלֵּם נֶגְדָה־נָּא[b] לְכָל־עַמּוֹ׃ 14[a]

Jb 22, 27

תַּעְתִּיר אֵלָיו וְיִשְׁמָעֶךָּ וּנְדָרֶיךָ תְשַׁלֵּם׃ 27

Qo 5, 3-5

3 כַּאֲשֶׁר תִּדֹּר נֶדֶר לֵאלֹהִים אַל־תְּאַחֵר לְשַׁלְּמוֹ כִּי אֵין חֵפֶץ בַּכְּסִילִים אֵת אֲשֶׁר־תִּדֹּר שַׁלֵּם׃ 4 טוֹב אֲשֶׁר לֹא־תִדֹּר מִשֶּׁתִּדּוֹר וְלֹא תְשַׁלֵּם׃ 5 אַל־תִּתֵּן אֶת־פִּיךָ לַחֲטִיא אֶת־בְּשָׂרֶךָ וְאַל־תֹּאמַר לִפְנֵי הַמַּלְאָךְ כִּי שְׁגָגָה הִיא לָמָּה יִקְצֹף הָאֱלֹהִים עַל־קוֹלֶךָ וְחִבֵּל אֶת־מַעֲשֵׂה יָדֶיךָ׃

§ 103 Dt 24, 1-4

§ 103 Le remariage avec son ancienne femme: Dt 24, 1-4

CD	(CA)	(CS)

Dt 24, 1-4

1 כִּי־יִקַּח אִישׁ אִשָּׁה[a] וּבְעָלָהּ וְהָיָה אִם־לֹא תִמְצָא־חֵן בְּעֵינָיו כִּי־מָצָא בָהּ עֶרְוַת דָּבָר וְכָתַב לָהּ[b] סֵפֶר כְּרִיתֻת וְנָתַן בְּיָדָהּ וְשִׁלְּחָהּ מִבֵּיתוֹ
2 וְיָצְאָה מִבֵּיתוֹ וְהָלְכָה וְהָיְתָה[a] לְאִישׁ־אַחֵר
3 וּשְׂנֵאָהּ הָאִישׁ הָאַחֲרוֹן[b] וְכָתַב לָהּ סֵפֶר כְּרִיתֻת וְנָתַן בְּיָדָהּ וְשִׁלְּחָהּ[c] מִבֵּיתוֹ אוֹ כִי יָמוּת הָאִישׁ הָאַחֲרוֹן אֲשֶׁר־לְקָחָהּ לוֹ לְאִשָּׁה
4 לֹא־יוּכַל בַּעְלָהּ הָרִאשׁוֹן אֲשֶׁר־שִׁלְּחָהּ לָשׁוּב לְקַחְתָּהּ לִהְיוֹת לוֹ לְאִשָּׁה אַחֲרֵי אֲשֶׁר הֻטַּמָּאָה כִּי־תוֹעֵבָה הִוא לִפְנֵי יְהוָה וְלֹא תַחֲטִיא אֶת־הָאָרֶץ אֲשֶׁר יְהוָה אֱלֹהֶיךָ נֹתֵן לְךָ נַחֲלָה

Jr 3, 1

לֵאמֹר הֵן[a] יְשַׁלַּח אִישׁ אֶת־אִשְׁתּוֹ וְהָלְכָה מֵאִתּוֹ וְהָיְתָה לְאִישׁ־אַחֵר[b] הֲיָשׁוּב אֵלֶיהָ עוֹד הֲלוֹא חָנוֹף תֶּחֱנַף הָאָרֶץ הַהִיא וְאַתְּ זָנִית רֵעִים רַבִּים וְשׁוֹב אֵלַי נְאֻם־יְהוָה

Dt 24, 5, cf § 85 (La préparation de l'armée)

Dt 24, 6, cf § 25 (Le prêt et les gages)

Dt 24, 7, cf § 6 (Le rapt)

§ 104 La lèpre: Lv 13, 45-46; Dt 24, 8-9

CD	(CA)	(CS)	P

CD — Dt 24, 8-9

‎8 הִשָּׁמֶר בְּנֶֽגַע־הַצָּרַ֛עַת לִשְׁמֹ֥ר מְאֹ֖ד וְלַעֲשׂ֑וֹת כְּכֹל֩ אֲשֶׁר־יוֹר֨וּ אֶתְכֶ֜ם הַכֹּהֲנִ֤ים הַלְוִיִּם֙ כַּאֲשֶׁ֣ר צִוִּיתִ֔ם תִּשְׁמְר֖וּ לַעֲשֽׂוֹת׃

‎9 זָכ֕וֹר אֵ֧ת אֲשֶׁר־עָשָׂ֛ה יְהוָ֥ה אֱלֹהֶ֖יךָ לְמִרְיָ֑ם בַּדֶּ֖רֶךְ בְּצֵאתְכֶ֥ם מִמִּצְרָֽיִם׃

P — Lv 13, 45-46

‎45 וְהַצָּר֜וּעַ אֲשֶׁר־בּ֣וֹ הַנֶּ֗גַע בְּגָדָ֞יו יִהְי֤וּ פְרֻמִים֙ וְרֹאשׁוֹ֙ יִהְיֶ֣ה פָר֔וּעַ וְעַל־שָׂפָ֖ם יַעְטֶ֑ה וְטָמֵ֥א ׀ טָמֵ֖א יִקְרָֽא׃

‎46 כָּל־יְמֵ֞י אֲשֶׁ֨ר הַנֶּ֥גַע בּ֛וֹ יִטְמָ֖א טָמֵ֣א ה֑וּא בָּדָ֣ד יֵשֵׁ֔ב מִח֥וּץ לַֽמַּחֲנֶ֖ה מוֹשָׁבֽוֹ׃

Nb 5, 2-4

‎2 צַו֙ אֶת־בְּנֵ֣י יִשְׂרָאֵ֔ל וִֽישַׁלְּחוּ֙ מִן־הַֽמַּחֲנֶ֔ה כָּל־צָר֖וּעַ וְכָל־זָ֑ב וְכֹ֖ל טָמֵ֥א לָנָֽפֶשׁ׃

‎3 מִזָּכָ֤ר עַד־נְקֵבָה֙ תְּשַׁלֵּ֔חוּ אֶל־מִח֥וּץ לַֽמַּחֲנֶ֖ה תְּשַׁלְּח֑וּם וְלֹ֤א יְטַמְּאוּ֙ אֶת־מַ֣חֲנֵיהֶ֔ם אֲשֶׁ֥ר אֲנִ֖י שֹׁכֵ֥ן בְּתוֹכָֽם׃

‎4 וַיַּֽעֲשׂוּ־כֵן֙ בְּנֵ֣י יִשְׂרָאֵ֔ל וַיְשַׁלְּח֣וּ אוֹתָ֔ם אֶל־מִח֖וּץ לַֽמַּחֲנֶ֑ה כַּאֲשֶׁ֨ר דִּבֶּ֤ר יְהוָה֙ אֶל־מֹשֶׁ֔ה כֵּ֥ן עָשׂ֖וּ בְּנֵ֥י יִשְׂרָאֵֽל׃

Nb 12, 14-15

‎14 ...

‎15 וַתִּסָּגֵ֥ר מִרְיָ֛ם מִח֥וּץ לַֽמַּחֲנֶ֖ה שִׁבְעַ֣ת יָמִ֑ים וְהָעָם֙ לֹ֣א נָסַ֔ע עַד־הֵאָסֵ֖ף מִרְיָֽם׃

2 R 15, 5

‎5 וַיְנַגַּ֨ע יְהוָ֜ה אֶת־הַמֶּ֗לֶךְ וַיְהִ֤י מְצֹרָע֙ עַד־י֣וֹם מֹת֔וֹ וַיֵּ֖שֶׁב בְּבֵ֣ית הַֽחָפְשִׁ֑ית וְיוֹתָ֤ם בֶּן־הַמֶּ֙לֶךְ֙ עַל־הַבַּ֔יִת שֹׁפֵ֖ט אֶת־עַ֥ם הָאָֽרֶץ׃

2 Ch 26, 20-21

‎20 וַיִּ֣פֶן אֵלָ֡יו עֲזַרְיָהוּ֩ כֹהֵ֨ן הָרֹ֜אשׁ וְכָל־הַכֹּהֲנִ֗ים וְהִנֵּה־ה֤וּא מְצֹרָע֙ בְּמִצְח֔וֹ וַיַּבְהִל֖וּהוּ מִשָּׁ֑ם וְגַם־הוּא֙ נִדְחַ֣ף לָצֵ֔את כִּ֥י נִגְּע֖וֹ יְהוָֽה׃

‎21 וַיְהִי֩ עֻזִּיָּ֨הוּ הַמֶּ֜לֶךְ מְצֹרָ֣ע ׀ עַד־י֣וֹם מוֹת֗וֹ וַיֵּ֜שֶׁב בֵּ֤ית הַֽחָפְשִׁית֙ מְצֹרָ֔ע כִּ֥י נִגְזַ֖ר מִבֵּ֣ית יְהוָ֑ה וְיוֹתָ֤ם בְּנוֹ֙ עַל־בֵּ֣ית הַמֶּ֔לֶךְ שׁוֹפֵ֖ט אֶת־עַ֥ם הָאָֽרֶץ׃

§ 105   Dt 24, 16

Dt 24, 10-13, cf § 25 (Le prêt et les gages)

Dt 24, 14-15, cf § 55 (L'oppression et les abus envers les faibles (le journalier, le sourd et l'aveugle)

§ 105 La responsabilité individuelle: Dt 24, 16

CD	(CA)	(CS)

Dt 24, 16

16 לֹא־יוּמְתוּ אָבוֹת עַל־בָּנִים וּבָנִים לֹא־יוּמְתוּ עַל־אָבוֹת
אִישׁ בְּחֶטְאוֹ יוּמָתוּ:

Dt 7, 9-10

9 וְיָדַעְתָּ כִּי־יְהוָה אֱלֹהֶיךָ הוּא הָאֱלֹהִים הָאֵל הַנֶּאֱמָן שֹׁמֵר הַבְּרִית וְהַחֶסֶד לְאֹהֲבָיו וּלְשֹׁמְרֵי מִצְוֹתוֹ לְאֶלֶף דּוֹר:
10 וּמְשַׁלֵּם לְשֹׂנְאָיו אֶל־פָּנָיו לְהַאֲבִידוֹ לֹא יְאַחֵר לְשֹׂנְאוֹ אֶל־פָּנָיו יְשַׁלֶּם־לוֹ:

2 R 14, 6

6 וְאֶת־בְּנֵי הַמַּכִּים לֹא הֵמִית כַּכָּתוּב בְּסֵפֶר תּוֹרַת־מֹשֶׁה אֲשֶׁר־צִוָּה יְהוָה לֵאמֹר לֹא־יוּמְתוּ אָבוֹת עַל־בָּנִים וּבָנִים לֹא־יוּמְתוּ עַל־אָבוֹת כִּי אִם־אִישׁ בְּחֶטְאוֹ יוּמָת:

Jr 31, 29-30

29 בַּיָּמִים הָהֵם לֹא־יֹאמְרוּ עוֹד אָבוֹת אָכְלוּ בֹסֶר וְשִׁנֵּי בָנִים תִּקְהֶינָה:
30 כִּי אִם־אִישׁ בַּעֲוֹנוֹ יָמוּת כָּל־הָאָדָם הָאֹכֵל הַבֹּסֶר תִּקְהֶינָה שִׁנָּיו:

Ez 18, 4.20

4 הֵן כָּל־הַנְּפָשׁוֹת לִי הֵנָּה כְּנֶפֶשׁ הָאָב וּכְנֶפֶשׁ הַבֵּן לִי־הֵנָּה הַנֶּפֶשׁ הַחֹטֵאת הִיא תָמוּת:
20 הַנֶּפֶשׁ הַחֹטֵאת הִיא תָמוּת בֵּן לֹא־יִשָּׂא בַּעֲוֹן הָאָב וְאָב לֹא יִשָּׂא בַּעֲוֹן הַבֵּן צִדְקַת הַצַּדִּיק עָלָיו תִּהְיֶה וְרִשְׁעַת הָרָשָׁע עָלָיו תִּהְיֶה:

2 Ch 25, 3-4

3 וַיְהִי כַּאֲשֶׁר חָזְקָה הַמַּמְלָכָה עָלָיו וַיַּהֲרֹג אֶת־עֲבָדָיו הַמַּכִּים אֶת־הַמֶּלֶךְ אָבִיו:
4 וְאֶת־בְּנֵיהֶם לֹא הֵמִית כִּי כַכָּתוּב בַּתּוֹרָה בְּסֵפֶר מֹשֶׁה אֲשֶׁר־צִוָּה יְהוָה לֵאמֹר לֹא־יָמוּתוּ אָבוֹת עַל־בָּנִים וּבָנִים לֹא־יָמוּתוּ עַל־אָבוֹת כִּי אִישׁ בְּחֶטְאוֹ יָמוּתוּ:

148

§ 106   Dt 25, 1-3

Dt 24, 17-18, cf § 24 (Le respect de l'étranger, de l'orphelin et de la veuve)

Dt 24, 17b-18, cf § 25 (Le prêt et les gages)

Dt 24, 19-22, cf § 52 (Les restes des récoltes)

§ 106 La bastonnade: Dt 25, 1-3

§ 107 Le boeuf qui foule les épis: Dt 25, 4

§ 108 Dt 25, 5-10

149

§ 108 Le lévirat: Dt 25, 5-10

CD	(CA)	(CS)
Dt 25,5-10		

Dt 25,5-10

5 כִּי-יֵשְׁבוּ אַחִים יַחְדָּו וּמֵת אַחַד מֵהֶם וּבֵן אֵין-לוֹ לֹא-תִהְיֶה אֵשֶׁת-הַמֵּת הַחוּצָה לְאִישׁ זָר יְבָמָהּ יָבֹא עָלֶיהָ וּלְקָחָהּ לוֹ לְאִשָּׁה וְיִבְּמָהּ׃

6 וְהָיָה הַבְּכוֹר אֲשֶׁר תֵּלֵד יָקוּם עַל-שֵׁם אָחִיו הַמֵּת וְלֹא-יִמָּחֶה שְׁמוֹ מִיִּשְׂרָאֵל׃

7 וְאִם-לֹא יַחְפֹּץ הָאִישׁ לָקַחַת אֶת-יְבִמְתּוֹ וְעָלְתָה יְבִמְתּוֹ הַשַּׁעְרָה אֶל-הַזְּקֵנִים וְאָמְרָה מֵאֵן יְבָמִי לְהָקִים לְאָחִיו שֵׁם בְּיִשְׂרָאֵל לֹא אָבָה יַבְּמִי׃

8 וְקָרְאוּ-לוֹ זִקְנֵי-עִירוֹ וְדִבְּרוּ אֵלָיו וְעָמַד וְאָמַר לֹא חָפַצְתִּי לְקַחְתָּהּ׃

9 וְנִגְּשָׁה יְבִמְתּוֹ אֵלָיו לְעֵינֵי הַזְּקֵנִים וְחָלְצָה נַעֲלוֹ מֵעַל רַגְלוֹ וְיָרְקָה בְּפָנָיו וְעָנְתָה וְאָמְרָה כָּכָה יֵעָשֶׂה לָאִישׁ אֲשֶׁר לֹא-יִבְנֶה אֶת-בֵּית אָחִיו׃

10 וְנִקְרָא שְׁמוֹ בְּיִשְׂרָאֵל בֵּית חֲלוּץ הַנָּעַל׃

Gn 38, 8-11

8 וַיֹּאמֶר יְהוּדָה לְאוֹנָן בֹּא אֶל-אֵשֶׁת אָחִיךָ וְיַבֵּם אֹתָהּ וְהָקֵם זֶרַע לְאָחִיךָ׃

9 וַיֵּדַע אוֹנָן כִּי לֹּא לוֹ יִהְיֶה הַזָּרַע וְהָיָה אִם-בָּא אֶל-אֵשֶׁת אָחִיו וְשִׁחֵת אַרְצָה לְבִלְתִּי נְתָן-זֶרַע לְאָחִיו׃

10 וַיֵּרַע בְּעֵינֵי יְהוָה אֲשֶׁר עָשָׂה וַיָּמֶת גַּם-אֹתוֹ׃

11 וַיֹּאמֶר יְהוּדָה לְתָמָר כַּלָּתוֹ שְׁבִי אַלְמָנָה בֵית-אָבִיךְ עַד-יִגְדַּל שֵׁלָה בְנִי כִּי אָמַר פֶּן-יָמוּת גַּם-הוּא כְּאֶחָיו וַתֵּלֶךְ תָּמָר וַתֵּשֶׁב בֵּית אָבִיהָ׃

Rt 4, 5-10

5 וַיֹּאמֶר בֹּעַז בְּיוֹם-קְנוֹתְךָ הַשָּׂדֶה מִיַּד נָעֳמִי וּמֵאֵת רוּת הַמּוֹאֲבִיָּה אֵשֶׁת-הַמֵּת קָנִיתִי לְהָקִים שֵׁם-הַמֵּת עַל-נַחֲלָתוֹ׃

6 וַיֹּאמֶר הַגֹּאֵל לֹא אוּכַל לִגְאֹל-לִי פֶּן-אַשְׁחִית אֶת-נַחֲלָתִי גְּאַל-לְךָ אַתָּה אֶת-גְּאֻלָּתִי כִּי לֹא-אוּכַל לִגְאֹל׃

7 וְזֹאת לְפָנִים בְּיִשְׂרָאֵל עַל-הַגְּאוּלָּה וְעַל-הַתְּמוּרָה לְקַיֵּם כָּל-דָּבָר שָׁלַף אִישׁ נַעֲלוֹ וְנָתַן לְרֵעֵהוּ וְזֹאת הַתְּעוּדָה בְּיִשְׂרָאֵל׃

8 וַיֹּאמֶר הַגֹּאֵל לְבֹעַז קְנֵה-לָךְ וַיִּשְׁלֹף נַעֲלוֹ׃

9 וַיֹּאמֶר בֹּעַז לַזְּקֵנִים וְכָל-הָעָם עֵדִים אַתֶּם הַיּוֹם כִּי קָנִיתִי אֶת-כָּל-אֲשֶׁר לֶאֱלִימֶלֶךְ וְאֵת כָּל-אֲשֶׁר לְכִלְיוֹן וּמַחְלוֹן מִיַּד נָעֳמִי׃

10 וְגַם אֶת-רוּת הַמֹּאֲבִיָּה אֵשֶׁת מַחְלוֹן קָנִיתִי לִי לְאִשָּׁה לְהָקִים שֵׁם-הַמֵּת עַל-נַחֲלָתוֹ וְלֹא-יִכָּרֵת שֵׁם-הַמֵּת מֵעִם אֶחָיו וּמִשַּׁעַר מְקוֹמוֹ עֵדִים אַתֶּם הַיּוֹם׃

§ 109 Dt 25, 11-12

§ 109 L'atteinte aux organes sexuels dans une rixe: Dt 25, 11-12

Dt 25, 13-16, cf § 64 (L'équité dans le commerce)

§ 110 L'extermination des Amalécites: Dt 25, 17-19

CD	(CA)	(CS)

Dt 25, 17-19

זָכוֹר אֵת אֲשֶׁר־עָשָׂה לְךָ עֲמָלֵק בַּדֶּרֶךְ בְּצֵאתְכֶם מִמִּצְרָיִם׃ 17
אֲשֶׁר קָרְךָ בַּדֶּרֶךְ וַיְזַנֵּב בְּךָ כָּל־הַנֶּחֱשָׁלִים אַחֲרֶיךָ וְאַתָּה עָיֵף וְיָגֵעַ וְלֹא יָרֵא אֱלֹהִים׃ 18
וְהָיָה בְּהָנִיחַ יְהוָה אֱלֹהֶיךָ לְךָ מִכָּל־אֹיְבֶיךָ מִסָּבִיב בָּאָרֶץ אֲשֶׁר יְהוָה־אֱלֹהֶיךָ נֹתֵן לְךָ נַחֲלָה לְרִשְׁתָּהּ תִּמְחֶה אֶת־זֵכֶר עֲמָלֵק מִתַּחַת הַשָּׁמָיִם לֹא תִּשְׁכָּח׃ 19

Ex 17, 14-16

וַיֹּאמֶר יְהוָה אֶל־מֹשֶׁה כְּתֹב זֹאת זִכָּרוֹן בַּסֵּפֶר וְשִׂים בְּאָזְנֵי יְהוֹשֻׁעַ כִּי־מָחֹה אֶמְחֶה אֶת־זֵכֶר עֲמָלֵק מִתַּחַת הַשָּׁמָיִם׃ 14
וַיִּבֶן מֹשֶׁה מִזְבֵּחַ וַיִּקְרָא שְׁמוֹ יְהוָה נִסִּי׃ 15
וַיֹּאמֶר כִּי־יָד עַל־כֵּס יָהּ מִלְחָמָה לַיהוָה בַּעֲמָלֵק מִדֹּר דֹּר׃ 16

1 S 15, 2-3

כֹּה אָמַר יְהוָה צְבָאוֹת פָּקַדְתִּי אֵת אֲשֶׁר־עָשָׂה עֲמָלֵק לְיִשְׂרָאֵל אֲשֶׁר־שָׂם לוֹ בַּדֶּרֶךְ בַּעֲלֹתוֹ מִמִּצְרָיִם׃ 2
עַתָּה לֵךְ וְהִכִּיתָה אֶת־עֲמָלֵק וְהַחֲרַמְתֶּם אֶת־כָּל־אֲשֶׁר־לוֹ וְלֹא תַחְמֹל עָלָיו וְהֵמַתָּה מֵאִישׁ עַד־אִשָּׁה מֵעֹלֵל וְעַד־יוֹנֵק מִשּׁוֹר וְעַד־שֶׂה מִגָּמָל וְעַד־חֲמוֹר׃ 3

Dt 26, 1-11, cf § 28 (L'offrande des prémices)

Dt 26, 12-19, cf § 78 (La dîme)

(§ 110)   Ex 20, 2-6; Dt 5, 6-10

LE DECALOGUE

Ex 20, 2-6; Dt 5, 6-10, cf § 1 (Les autres dieux, les idoles et leurs cultes)

Ex 20, 7; Dt 5, 11, cf § 26 (Le respect de Yahvé et de son nom)

Ex 20, 8-11; Dt 5, 12-15, cf § 35 (Le sabbat)

Ex 20, 12; Dt 5, 16, cf § 5 (Le respect des parents)

Ex 20, 13; Dt 5, 17, cf § 4 (L'homicide et le droit d'asile)

Ex 20, 14; Dt 5, 18, cf § 48 (L'adultère)

Ex 20, 15; Dt 5, 19, cf § 6 (Le rapt)

Ex 20, 15; Dt 5, 19, cf § 53 (Les atteintes aux biens du prochain)

Ex 20, 16; Dt 5, 20, cf § 33 (Les faux témoignages)

Ex 20, 17; Dt 5, 21, cf § 53 (Les atteintes aux biens du prochain)

LES PAROLES DE L'ALLIANCE

Ex 34, 11-17, cf § 1 (Les autres dieux, les idoles et leurs cultes)

§ 111 Les alliances avec les peuples du pays: Ex 34, 11-16

AL

Ex 34,11-16

(CS)

(CA)

(CD)

1 R 11, 1-2.4

1 וְהַמֶּלֶךְ שְׁלֹמֹה אָהַב נָשִׁים נָכְרִיּוֹת רַבּוֹת וְאֶת־בַּת־פַּרְעֹה מוֹאֲבִיּוֹת עַמֳּנִיּוֹת אֲדֹמִיֹּת צֵדְנִיֹּת חִתִּיֹּת׃

2 מִן־הַגּוֹיִם אֲשֶׁר אָמַר־יְהוָה אֶל־בְּנֵי יִשְׂרָאֵל לֹא־תָבֹאוּ בָהֶם וְהֵם לֹא־יָבֹאוּ בָכֶם אָכֵן יַטּוּ אֶת־לְבַבְכֶם אַחֲרֵי אֱלֹהֵיהֶם בָּהֶם דָּבַק שְׁלֹמֹה לְאַהֲבָה׃

4 וַיְהִי לְעֵת זִקְנַת שְׁלֹמֹה נָשָׁיו הִטּוּ אֶת־לְבָבוֹ אַחֲרֵי אֱלֹהִים אֲחֵרִים וְלֹא־הָיָה לְבָבוֹ שָׁלֵם עִם־יְהוָה אֱלֹהָיו כִּלְבַב דָּוִיד אָבִיו׃

Jg 3.5-6

5 וּבְנֵי יִשְׂרָאֵל יָשְׁבוּ בְּקֶרֶב הַכְּנַעֲנִי הַחִתִּי וְהָאֱמֹרִי וְהַפְּרִזִּי וְהַחִוִּי וְהַיְבוּסִי׃

6 וַיִּקְחוּ אֶת־בְּנוֹתֵיהֶם לָהֶם לְנָשִׁים וְאֶת־בְּנוֹתֵיהֶם נָתְנוּ לִבְנֵיהֶם וַיַּעַבְדוּ אֶת־אֱלֹהֵיהֶם׃

Jos 23.12-13

12 כִּי אִם־שׁוֹב תָּשׁוּבוּ וּדְבַקְתֶּם בְּיֶתֶר הַגּוֹיִם הָאֵלֶּה הַנִּשְׁאָרִים הָאֵלֶּה אִתְּכֶם וְהִתְחַתַּנְתֶּם בָּהֶם וּבָאתֶם בָּהֶם וְהֵם בָּכֶם׃

13 יָדוֹעַ תֵּדְעוּ כִּי לֹא יוֹסִיף יְהוָה אֱלֹהֵיכֶם לְהוֹרִישׁ אֶת־הַגּוֹיִם הָאֵלֶּה מִלִּפְנֵיכֶם וְהָיוּ לָכֶם לְפַח וּלְמוֹקֵשׁ וּלְשֹׁטֵט בְּצִדֵּיכֶם וְלִצְנִנִים בְּעֵינֵיכֶם עַד־אֲבָדְכֶם מֵעַל הָאֲדָמָה הַטּוֹבָה הַזֹּאת אֲשֶׁר נָתַן לָכֶם יְהוָה אֱלֹהֵיכֶם׃

Jg 2.2-3

2 וְאַתֶּם לֹא־תִכְרְתוּ בְרִית לְיוֹשְׁבֵי הָאָרֶץ הַזֹּאת מִזְבְּחוֹתֵיהֶם תִּתֹּצוּן וְלֹא־שְׁמַעְתֶּם בְּקֹלִי מַה־זֹּאת עֲשִׂיתֶם׃

3 וְגַם אָמַרְתִּי לֹא־אֲגָרֵשׁ אוֹתָם מִפְּנֵיכֶם וְהָיוּ לָכֶם לְצִדִּים וֵאלֹהֵיהֶם יִהְיוּ לָכֶם לְמוֹקֵשׁ׃

Jos 9.6-7

6 וַיֵּלְכוּ אֶל־יְהוֹשֻׁעַ אֶל־הַמַּחֲנֶה הַגִּלְגָּל וַיֹּאמְרוּ אֵלָיו וְאֶל־אִישׁ יִשְׂרָאֵל מֵאֶרֶץ רְחוֹקָה בָּאנוּ וְעַתָּה כִּרְתוּ־לָנוּ בְרִית׃

7 וַיֹּאמֶר אִישׁ־יִשְׂרָאֵל אֶל־הַחִוִּי אוּלַי בְּקִרְבִּי אַתָּה יוֹשֵׁב וְאֵיךְ אֶכְרוֹת־לְךָ בְרִית׃

Dt 7 1-6

1 כִּי יְבִיאֲךָ יְהוָה אֱלֹהֶיךָ אֶל־הָאָרֶץ אֲשֶׁר־אַתָּה בָא־שָׁמָּה לְרִשְׁתָּהּ וְנָשַׁל גּוֹיִם־רַבִּים מִפָּנֶיךָ הַחִתִּי וְהַגִּרְגָּשִׁי וְהָאֱמֹרִי וְהַכְּנַעֲנִי וְהַפְּרִזִּי וְהַחִוִּי וְהַיְבוּסִי שִׁבְעָה גוֹיִם רַבִּים וַעֲצוּמִים מִמֶּךָּ׃

2 וּנְתָנָם יְהוָה אֱלֹהֶיךָ לְפָנֶיךָ וְהִכִּיתָם הַחֲרֵם תַּחֲרִים אֹתָם לֹא־תִכְרֹת לָהֶם בְּרִית וְלֹא תְחָנֵּם׃

3 וְלֹא תִתְחַתֵּן בָּם בִּתְּךָ לֹא־תִתֵּן לִבְנוֹ וּבִתּוֹ לֹא־תִקַּח לִבְנֶךָ׃

4 כִּי־יָסִיר אֶת־בִּנְךָ מֵאַחֲרַי וְעָבְדוּ אֱלֹהִים אֲחֵרִים וְחָרָה אַף־יְהוָה בָּכֶם וְהִשְׁמִידְךָ מַהֵר׃

5 כִּי־אִם־כֹּה תַעֲשׂוּ לָהֶם מִזְבְּחֹתֵיהֶם תִּתֹּצוּ וּמַצֵּבֹתָם תְּשַׁבֵּרוּ וַאֲשֵׁירֵהֶם תְּגַדֵּעוּן וּפְסִילֵיהֶם תִּשְׂרְפוּן בָּאֵשׁ׃

6 כִּי עַם קָדוֹשׁ אַתָּה לַיהוָה אֱלֹהֶיךָ בְּךָ בָּחַר יְהוָה אֱלֹהֶיךָ לִהְיוֹת לוֹ לְעַם סְגֻלָּה מִכֹּל הָעַמִּים אֲשֶׁר עַל־פְּנֵי הָאֲדָמָה׃

1 R 16.31

Ml 2.11-12

Esd 9. 1-2.10-12

Né 10.31

Né 13. 23.25-27

(§ 111)   Ex 34, 17

Ex 34, 17, cf § 1 (Les autres dieux, les idoles et leurs cultes)

Ex 34, 18.25, cf § 37 (La Pâque ou les Pains sans levain)

Ex 34, 19-20, cf § 29 (Les premiers-nés)

Ex 34, 20b* cf § 38 (L'interdiction de se présenter devant Dieu les mains vides)

Ex 34, 21, cf § 35 (Le sabbat)

Ex 34, 22a, cf § 39 (La fête des Moissons, des Prémices ou des Semaines)

Ex 34, 22b, cf § 40 (La fête des Tentes ou de la Récolte)

Ex 34, 23-25 cf § 36 (Les trois pèlerinages annuels)

Ex 34, 25, cf § 37 (La Pâque ou les Pains sans levain)

Ex 34, 26a, cf § 28 (L'offrande des prémices)

Ex 34, 26b, cf § 41 (Le chevreau dans le lait de sa mère)

LES DOUZE MALEDICTIONS

Dt 27, 15, cf § 1 (Les autres dieux, les idoles et leurs cultes)

Dt 27, 16, cf § 5 (Le respect des parents)

Dt 27, 17, cf § 84 (Le respect des limites foncières)

Dt 27, 18, cf § 55 (L'oppression envers les faibles (le journalier, le sourd et l'aveugle)

Dt 27, 19, cf § 24 (Le respect de l'étranger, de l'orphelin et de la veuve)

Dt 27, 20.22-23, cf § 46 (Les relations sexuelles familiales interdites)

Dt 27, 21, cf § 23 (La zoophilie)

Dt 27, 22-23, cf § 46 (Les relations sexuelles familiales interdites)

Dt 27, 24, cf § 4 (L'homicide et le droit d'asile)

Dt 27, 24, cf § 7 (Coups et blessures à un homme)

Dt 27, 25-26, cf § 32 (L'impartialité dans les procès)

NOTES SUR LES SYNOPSES

§ 1 *Les autres dieux, les idoles et leurs cultes: Ex 20, 2-6. 23; 22, 19; 23, 13; 34, 11-17; Lv 19, 4; 26, 1; Dt 5, 6-10; 12, 29 - 13, 1; 16, 21-22; 17, 2-7; 27, 15*

Dans tous les recueils et les listes de lois (sauf dans les recueils de P autres que le CS), une ou plusieurs prescriptions concernent l'exclusivisme du culte de Yahvé, l'interdiction des images ou le refus des cultes païens. Dans cette synopse sont présentées les lois qui interdisent ou condamnent la présence d'autres dieux, la fabrication de représentations divines (quelle que soit la divinité représentée) et le culte rendu à d'autres dieux. Ces trois thèmes correspondent aux trois premières interdictions du Dcl, généralement considérées comme constituant deux commandements mais formant une unité (voir Zimmerli, *Zweite Gebot*, p. 554 (= *Gottesoffenbarung*, p. 238). Malgré le nombre des parallèles, ils sont présentés dans une même synopse car les thèmes sont proches et abordés parfois conjointement. D'autres prescriptions sur des pratiques religieuses refusées par la foi yahviste apparaissent ailleurs (voir par exemple le § 49 sur les sacrifices d'enfants ou le § 61 sur la prostitution sacrée).

Dans le CA, trois prescriptions présentent chacune l'un des thèmes de la synopse: Ex 20, 23; 22, 19; 23, 13. Même si certaines sont grammaticalement liées à leur contexte, elles en sont thématiquement distinctes. Il en va de même pour les prescriptions du CS. Dans le CD, Dt 13, 1 peut être considéré comme conclusion ou comme introduction (voir par exemple Mayes, *Deuteronomy*, p. 231). Il est aussi présent dans le § 77. L'ensemble du contexte est cultuel et vise à assurer la juste pratique du culte de Yahvé. Dt 16, 21-22 et 17, 2-7 forment un ensemble de lois cultuelles avec Dt 17, 1 qui interdit de sacrifier des bêtes infirmes (voir § 70). Cet ensemble est composé de deux interdictions coordonnées, 16, 21-22, d'une interdiction indépendante, 17, 1, et d'une loi casuistique en style direct, 17, 2-5 à laquelle est juxtaposée la loi sur le nombre des témoins, v. 6-7 qui apparaît aussi au § 79. Il est inséré dans des lois sur l'exercice de la justice. Dans les listes, les prescriptions de cette synopse viennent en tête et sont thématiquement bien délimitées. Ex 34, 11-16 traite aussi des alliances avec les peuples du pays, thème repris au § 111 (pour le découpage de ces versets et la détermination de leur thème, voir les notes du § 111). Les introductions narratives des recueils ou des listes ne sont pas citées (seules le sont celles qui apparaissent à l'intérieur des recueils).

Vu le nombre de textes, pour éviter la multiplication des colonnes et des pages, les trois textes du CA sont exceptionnellement disposés à la suite dans une même colonne, de même que Dt 16, 21-22 et 17, 2-7. Pour les mêmes raisons, les bords des colonnes ne sont pas toujours rectilignes. La disposition de la synopse met au même niveau les prescriptions sur les autres dieux (Ex 20, 3; Dt 5, 7; Ex 23, 13b et Lv 19, 4aα), celles sur les représentations de divinités (Ex 20, 4; Dt 5, 8; 16, 21-22; Ex 20, 23; Lv 19, 4aβ; 26, 1a*; Ex 34, 13.17, et Dt 27, 15) et celles sur leur culte (Ex 20, 5a; Dt 5, 9a; 12, 30b-31a; Dt 17, 3-7; Ex 22, 19; Lv 19, 4aα (déplacé); 26, 1a* et Ex 34, 14). Ex 34, 17 est répété et déplacé mais ses parallèles ne le sont pas (ce verset devrait en fait avoir sa propre colonne, ce qui n'est pas possible pour des raisons de place). A l'intérieur de ces trois parties, seuls quelques parallèles de mots ou de motifs sont mis en évidence. Pour les autres, leur ordre d'apparition est trop divers. Le tout est précédé par les introductions et suivi par les motivations (mises en regard de la loi de Dt 17, 2-7, sans pour autant lui correspondre). Pour Dt 12, 29 - 13, 1 et Ex 34, 11-16, la distinction entre les parties prescriptives et les motivations n'est pas claire. Elle est faite ici en fonction d'un critère thématique plus que formel. Pour des raisons de place, la motivation de Dt 16, 22b et l'introduction de Dt 17, 2 (elle aussi distinguée selon un critère thématique) ne sont pas juxtaposées aux autres. Dans les motivations, certains motifs similaires n'ont pu être mis en vis-à-vis.

Les parallèles secondaires sont eux aussi très nombreux. Même en ne prenant en considération que les textes généraux sur le refus des cultes païens, l'interdiction des images et l'exclusivisme de la foi en Yahvé, il en reste encore près de deux cents dont certains sont fort longs. Un tri est donc indispensable. J'ai choisi de présenter des passages brefs, qui soient de genres littéraires divers, qui utilisent différents mots et expressions (en particulier mais non exclusivement ceux des textes de la synopse) et qui proviennent des principaux courants théologiques de l'AT, en privilégiant ceux du Pt (l'historiographie chroniste est la seule grande oeuvre non représentée où le thème joue un rôle important). Les textes retenus appartiennent aux types suivants: interdiction, commandement ou exhortation, parfois avec des menaces de punition (Gn 35, 2; Ex 23, 24; Nb 33, 52; Dt 4, 15-19; 6, 14-15; 12, 3; Jr 7, 6; Ez 20, 18-19; Ps 81, 10-11); justification de malheurs présents ou futurs (1 R 9, 9; 2 R 17, 35-39); présentation ou autoprésentation de Dieu comme unique (Dt 4, 39; Es 46, 9); promesse de destruction des idoles (Es 2, 20; Mi 5, 12-13); description ou dénonciation de pratiques coupables, parfois avec annonce d'une punition (Dt 32, 16-17; 1 R 14, 9; Os 8, 4; Jr 2, 5); description opposant Yahvé et les idoles (Es 40, 18-20; Ha 2, 18-19); description du juste comportement (Ez 18, 6) et engagement à ne servir que Yahvé (2 R 5, 17). Deux de ces textes contiennent une référence aux ordres donnés par Dieu à son peuple (2 R 17, 35-39; Ez 20, 18-19). Seul Dt 12, 3 appartient aux recueils de lois du Pt. Dans ceux-ci, quelques textes mentionnent les autres dieux mais ne sont pas cités: Dt 13, car il s'agit de l'incitation à l'apostasie, voir § 77, et Dt 18, 20, car il s'agit du cas particulier d'un prophète qui parle au nom d'un autre dieu. D'autres lois traitent de certaines pratiques païennes réprouvées, voir ci-dessus. Je n'ai pas non plus retenu les textes mentionnant des pratiques condamnées mais sans les considérer comme fautives (voir par exemple Gn 28, 18; 31, 45; 35, 14; Ex 24, 4; Jg 17, 3-4; 2 R 5, 18-19; Es 19, 19; Os 3, 4). Les jugements portés sur les rois d'Israël et de Juda dans les brèves notices qui leurs sont consacrées, les condamnations à servir d'autres dieux ainsi que les textes traitant aussi des mariages mixtes (voir au § 111).

§ 2 La construction de l'autel: Ex 20, 24-26

La loi sur la construction de l'autel est constituée dans le CA de trois prescriptions coordonnées concernant les matériaux utilisables et l'accès. Elles forment une petite unité thématique juxtaposée à la loi précédente sur les idoles, voir § 1, et liée par une copule à l'introduction qui suit, voir § 3. Elles sont sans parallèle dans les lois du Pt. L'exigence de l'unicité du lieu de culte (§ 43), avec laquelle on les a parfois comparées, a un thème trop différent pour être présentée conjointement. Seul Ex 20, 24b, qui a ici plutôt un rôle de motivation, peut être mis en rapport avec elle. Comme le fait remarquer Crüsemann (*Tora*, p. 204), l'intention est cependant proche de celle de Dt 12: limiter le nombre des lieux de culte pour mieux assurer leur conformité à la foi en Yahvé, contre l'existence de pratiques liées aux cultes d'autres dieux.

Dans les lois sur la construction des autels du sanctuaire du Sinaï, ainsi que dans le récit de leur exécution, les matériaux sont autres que ceux dont parle le CA (autels de bois, plaqués de métaux, or ou bronze, voir Ex 27, 1; 30, 1; 37, 25; 38, 1.30; 39, 38.39; 40, 5.26). Ces textes n'apparaissent ni dans la synopse ni dans les parallèles secondaires. Les autres textes mentionnant des autels en bois (1R 6, 20; Ez 41, 22?) ou en métal, (or: Nb 4, 11; 1 R 7, 48; 1 Ch 28, 18; 2 Ch 4, 19, ou bronze: 1 R 8, 64; 2 R 16, 14-15; Ez 9, 2; 2 Ch 1, 5-6; 4, 1; 7, 7) ne sont pas non plus présents. Il en va de même des mentions d'autels faits sur le rocher (Jg 6, 20; 13, 19) ou sur une grosse pierre (1 S 6, 14; 14, 33-35) ainsi que des indications sur ceux de Gédéon, Jg 6, 26, et d'Elie, 1 R 18, 32, qui sont en pierre. La présence d'un escalier pour monter sur l'autel est prévue par Ez (Ez 43, 17b), texte cité. Elle semble sous-entendue dans 1 R 12, 32-33 et 2 R 16, 12 où l'on monte sur l'autel (à moins de lire les verbes au hiphil, voir Gray, *Kings*, p. 324 et 634), textes non retenus. Pour une discussion récente des rapports entre l'autel d'Akhaz et Ex 20, 24-26, voir Osumi, *Kompositionsgeschichte*, p. 160-162.

§ 3 La septième année et le jubilé: Ex 21, 1-11; 23, 10-11; Lv 25; Dt 15, 1-18

Une septième année particulière apparaît dans deux lois du CA: pour la libération des esclaves hébreux après six ans de travail (Ex 21, 2-6) et pour la jachère des champs (Ex 23, 10-11). Dans le CS, la jachère et la libération des esclaves se retrouvent conjoints dans le ch. 25 sur la septième année et le jubilé, chapitre qui comprend en plus l'exigence du retour des terres. Dans le CD, la libération des esclaves est prescrite, comme dans le CA, après six ans de travail (Dt 15, 12-18) et elle est juxtaposée à une autre exigence liée à une septième année, celle de la remise des dettes (Dt 15, 1-11). Ces divers textes sont assez différents tout en ayant entre eux un certain nombre de parentés, comme l'ont montré plusieurs études (voir entre autres Lasserre, *Prescriptions*, p. 6-8). Vu le parallèle de structures entre Lv 25 et Dt 15, 1-18, l'ensemble de ces passages est présenté dans un seul paragraphe (pour une mise en évidence de ce parallélisme, voir Cholewiński, *Heiligkeitsgesetz*, p. 242). De plus, Lv 25 forme une unité théologique et littéraire forte, soulignée par un système d'inclusions. Isoler ce qui concerne les esclaves dans une synopse particulière briserait cette unité et dénaturerait le jubilé. Seuls les v. 35-38 ne concernent ni la septième année ni le jubilé mais ils leur sont liés comme moyen d'éviter les maux que le jubilé veut combattre. Ils sont aussi présentés avec leurs parallèles thématiques au § 25 sur les prêts et les gages. Dt 15, 1-18 est composé de deux lois distinctes, de genres littéraires différents, unies non seulement par leur référence à une septième année mais aussi par leur volonté de lutter contre les conséquences de l'endettement. Ex 21, 2-6 et 23, 10-11 ont un commun essentiellement cette référence. Ils sont présentés dans la même synopse en fonction des parallèles du CD et du CS. Ex 21, 2-6, première loi casuistique du CA, est précédé de son introduction, v. 1, et suivi d'un deuxième cas principal faisant partie du même ensemble: la loi sur la femme esclave, v. 7-11. La première protase, v. 7b, fait explicitement référence au cas précédent et la dernière apodose, v. 11b, en est comme un écho. Ex 23, 10-11 est lié à ce qui précède par une copule, mais aussi par son souci humanitaire, et à ce qui suit par sa structure. Son thème lui est cependant propre.

Pour la disposition de la synopse, après les introductions (Ex 21, 1; Lv 25, 1-2aα), j'ai placé en parallèle d'une part ce qui concerne la jachère et la remise des dettes de la septième année (Ex 23, 10-11; Lv 25, 2aβ-7; Dt 15, 1-3) et d'autre part ce qui concerne la libération des esclaves (Ex 21, 2-6; Lv 25, 39-43; Dt 15, 12-18).

Pour la jachère et la remise des dettes, j'ai mis, en fonction de leur parallèle dans le CS, la formule d'ouverture qui annonce le thème de la loi (Dt 15, 1), puis les divers motifs d'Ex 23, 10-11. L'élargissement à la vigne et à l'olivier, Ex 23, 11b, n'est pas déplacé en face de ce que Lv 25 dit de la vigne. L'interdiction de Dt 15, 1-3 est au niveau de celle qui est au centre de Lv 25, 1-7.

Pour la libération des esclaves, j'ai disposé vis-à-vis les protases initiales (Ex 21, 2aα; Dt 15, 12aα; Lv 25, 39a), ce qui concerne la durée du travail puis la libération des esclaves (Ex 21, 2aβ-b; Dt 15, 12aβ-b; Lv 25, 40), ce qui concerne la famille des esclaves (Ex 21, 3-4; Lv 25, 41), la motivation avec référence à l'Egypte (Dt 15, 15; Lv 25, 42), les règles pour celui qui désire rester esclave (Ex 21, 5-6; Dt 15, 16-17, l'interdiction de Lv 25, 43a, sans parallèle, est mise à ce même niveau pour des raisons de place) et les motivations finales (Dt 15, 18; Lv 25, 43b).

Pour le reste, les parties parénétiques de Dt 15, 7-11 sont placées au niveau des passages de Lv 25 dont elles sont les plus proches: Dt 15, 4-6 vis-à-vis de Lv 25, 18-19 (le v. 5 est mis en regard de Lv 25, 18 et les autres sont disposés en conséquence), Dt 15, 7-11 au niveau de Lv 25, 35-38 (les protases et les premières interdictions sont placées à la même hauteur, pour une question de place, les motivations de Lv 25, 36 sont côte à côte, sans mise à la ligne pour le v. 36b). Ex 21, 7-11 est au niveau de Lv 25, 44-46 qui concerne les vrais esclaves, hommes et femmes. Ces versets ne sont pas rapprochés de ce que Dt 15, 12-18 dit de la femme esclave.

Pour les parallèles secondaires, tous les textes qui traitent du jubilé (sauf l'allusion de Nb 36, 4), de la remise des dettes (sauf l'allusion de Dt 31, 10), de la libération d'esclaves et des édits de libération (דרור) sont présents. La jachère de la septième année et le retour des terres n'apparaissent pas ailleurs dans l'AT. Pour les récits de Jr 34, 8-22 et de Né 5, 1-13, seuls les versets les plus proches sont repris. Les textes sur le droit de rachat ne sont pas retenus (voir notamment Jr 32, 7-8 et Rt 3, 9.12-13; 4, 1-12), ni ceux sur les conséquences de l'endettement (voir par exemple 1 S 22, 2; 2 R 4, 1; Es 50, 1; Am 2, 6.8; 8, 6; Pr 22, 7; Né 5, 5) ni la protestation de Job à propos des conflits avec ses esclaves (Jb 31, 13-15), texte trop général. Pour le prêt à intérêt et les gages, voir au § 25.

§ 4 *L'homicide et le droit d'asile: Ex 20, 13; 21, 12-14; Lv 24, 17.21b; Nb 35, 9-34; Dt 5, 17; 19, 1-13; 27, 24*

L'homicide et le droit d'asile sont liés dans Ex 21, 12-14. Dans Nb 35, 9-34 et dans Dt 19, 1-13, l'homicide est réglé dans le cadre de la prescription sur les villes de refuge, forme particulière du droit d'asile (Nb 35 y inclut encore d'autres exigences pour le jugement: le nombre des témoins requis, voir § 79, et l'impossibilité de compensations financières). L'homicide est abordé seul dans les autres lois citées. Le fait de donner la mort est probablement sous-entendu dans Dt 27, 24 (voir les commentaires), cette malédiction est cependant quand même reprise dans le § 7 sur les coups et blessures à un homme (voir aussi les notes du § 88 sur l'expiation d'un meurtre commis par un inconnu). Dans le CS, Lv 24, 17-22 forme un ensemble, structuré concentriquement, sur les coups et leur sanction. Ces versets sont liés à une loi sur le blasphème. Ici n'est repris que ce qui concerne l'homicide (pour l'ensemble des v. 17-22, voir §10 sur le talion). Lv 24, 21b ne précise pas que les coups donnés sont mortels mais le contexte l'indique. Dans les autres recueils ou listes, ce qui concerne l'homicide ou le droit d'asile est bien délimité thématiquement, même s'il est parfois lié grammaticalement à son contexte (Ex 21, 12-14; Nb 35, 9-34; Dt 5, 17).

Pour la disposition de la synopse, après l'introduction de Nb 35, 9-10a, j'ai placé ce qui concerne le meurtre: les interdictions, les protases et la malédiction de Dt 27, puis les sanctions et la réponse du peuple dans Dt 27. Dans Nb 35, le meurtre est traité dans les v. 16-21 mais seul le v. 16 est répété et déplacé à cet endroit (dans le CD, le meurtre n'est traité que dans le cas où son auteur a abusé du droit d'asile, v. 11-12). Pour le droit d'asile, les structures des textes sont différentes, ce qui oblige à des déplacements. La disposition des parallèles se fait dans l'ordre suivant:

- l'institution des villes de refuge, Nb 35, 10b-15 et Dt 19, 1-3 avec, comme motifs mis en regard, une proposition temporelle sur l'installation dans le pays (Nb 35 10b et Dt 19, 1), la désignation de villes pour le refuge (Nb 35, 11a et Dt 19, 2), la description de leur but (Nb 35, 11b et Dt 19, 3b) et la détermination de leur nombre, deux fois trois villes, avec déplacement des éléments dans le CD (Nb 35, 14 et Dt 19, 2a.9b). Les éléments du CA instituant le lieu de l'asile et sa fonction sont déplacés respectivement en regard de Nb 35, 11a; Dt 19, 2 et de Nb 35, 11b; Dt 19, 3b.
- l'homicide involontaire, Ex 21, 13; Nb 35, 22-25 et Dt 19, 4-7, avec, comme motifs disposés au même niveau, la définition ou la description de l'homicide involontaire (Ex 21, 13; Nb 35, 22-23; Dt 19, 4b-5a) et ses conséquences (Ex 21, 13b; Nb 35, 24; Dt 19, 5b).
- l'abus du droit d'asile en cas de meurtre, Ex 21, 14; Dt 19, 11-13, avec, comme motifs placés vis-à-vis, la définition ou la description du meurtre (Ex 21, 14 et Dt 19, 11a), puis la saisie du meurtrier au lieu d'asile et sa mise à mort (Ex 21, 14b et Dt 19, 12). Dans Nb 35, 16-21, le meurtre est traité sans référence au droit d'asile et divers cas sont énumérés. Seuls ceux des v. 20-21, qui sont les plus proches d'Ex 21, 14 et de Dt 19, 11a, sont répétés.

Le reste de ces lois est disposé en fonction d'autres lois, non reprises ici parmi les parallèles secondaires (voir entre autres au § 8, le meurtre d'un esclave, au § 15, le meurtre d'un voleur surpris en flagrant délit, au § 49, les sacrifices d'enfants, ou au § 88 l'expiation pour un meurtre commis par un inconnu). Il en va de même de la loi sur les relations sexuelles avec une vierge fiancée (Dt 22, 23-27, § 97) qui fait explicitement référence au meurtre et à sa sanction. Sur les conséquences de l'homicide, Gn 9, 5-6 et Pr 28, 17 sont présentés, malgré l'incertitude quant au sens de ce dernier texte (voir par exemple TOB², p. 1598, et MacKane, *Proverbs*, p. 625s). Aucun récit d'homicide n'est cité, si ce n'est parmi les meurtres exécutés par vengeance. Seuls les éléments les plus proches des prescriptions sont alors présents: dans 2 S 3, 26-30, le v. 27; dans 2 S 14, 4-17, les v. 7a et 11; dans 2 R 14, 5-6, le v. 5 (pour d'autres récits avec une vengeance ou une menace de vengeance, voir par exemple Gn 4, 11-12.15.23-24; Ex 2, 15; Jg 8, 18-21; 9, 24.56; 2 S 1, 16; 4, 11-12; 1 R 19, 1-2; 21, 19; 2 Ch 24, 25; 25, 3). Des dénonciations générales de meurtres, je ne retiens que Jr 7, 9a et Os 4, 2, à cause de leur proximité avec les interdictions du Dcl, ainsi que Jb 24, 14, où la dénonciation des meurtriers est suivie de celles des adultères et des voleurs, v. 15-16 (pour d'autres dénonciations, voir encore Es 1, 21; Os 6, 8-9; Ps 10, 8; 37, 32; 94, 6). Concernant le droit d'asile, je cite à propos des villes de refuge Nb 35, 6; Dt 4, 41-43; Jos 20; 21, 13a.21a.27a*.32a*.38a (le v. 36 n'est pas gardé, car Bécèr n'apparaît comme ville de refuge que dans la LXX); 1 Ch 6, 42a*.52a, et, à propos de l'asile dans le Temple, 1 R 2, 29.31-33. Je ne reprends pas Jg 9, 46-49 et 1 R 1, 50-51, textes plus éloignés des situations prévues par les prescriptions, ainsi que les affirmations selon lesquelles Dieu ou son sanctuaire est un refuge, avec l'usage de la racine חסה, notamment 2 S 22, 3; Ps 16, 1; 27, 4-5; 31, 2; 61, 4-5; 142, 6. Pour les parallèles secondaires sur le nombre des témoins, voir au § 79.

§ 5 *Le respect des parents: Ex 20, 12; 21, 15.17; Lv 19, 3; 20, 9; Dt 5, 16; 21, 18-21; 27, 16*

L'exigence pour les enfants de respecter leurs parents est exprimée de manières diverses dans les lois du Pt. Malgré cela, l'ensemble des prescriptions est repris ici. Celles-ci sont parfois liées à leur contexte grammaticalement (Ex 21, 15.17, le v. 16 est de même forme mais son thème est autre, Lv 19,3a*; 20, 9; Dt 21, 18-21) mais elles ont un thème bien distinct (Dt 21, 18-21 suit une autre loi casuistique sur la famille mais en rapport au droit d'héritage). Lv 19, 3 contient deux commandements, l'un sur le respect des parents, v. 3aα, et l'autre sur le sabbat, v. 3aβ, voir § 35, puis une motivation, v. 3b. Il forme l'une des petites unités du ch. 19, voir notes du § 53, c'est pourquoi il est repris ici en entier. Dans le Dcl, les mêmes thèmes apparaissent ensemble mais dans l'ordre inverse.

A part Dt 21, 18-21, les prescriptions ne contiennent qu'un verbe décrivant le comportement interdit, sanctionné ou exigé. Ceux-ci sont tous placés au même niveau, ainsi que leur objet (les parents), sauf pour Lv 19, 3 où le complément d'objet précède le verbe. Ils sont placés respectivement en face du premier verbe similaire de Dt 21 et de son objet. Les motivations et le deuxième commandement de Lv 19, 3 sont disposés en regard les uns des autres, sauf pour Dt 21 dont la fin est disposée indépendamment des autres textes. Pour les deux versions du Dcl, tous les éléments semblables sont mis en parallèle.

En dehors des lois du Pt, le respect des parents est demandé surtout dans les Pr. Les affirmations uniquement positives sur ce qu'apporte aux parents un bon fils, Pr 4, 3; 23, 24-25, ne sont pas citées. Dans les histoires de familles, seul 1 S 2, 25 est gardé. Les autres passages sont plus éloignés, voir par exemple Gn 27, 12, Jacob hésite entre le respect qu'il doit à son père et ce qu'il lui propose sa mère; Gn 28, 7, Esaü constate que son frère a obéi à ses parents; Gn 38, 24, Juda veut faire mourir sa belle-fille pour prostitution, ou, dans une situation plus particulière, les démêlés de David avec ses fils. L'image des relations entre père et fils est parfois utilisée pour parler des rapports entre Dieu et son peuple. Seuls deux passages sont gardés, Es 1, 2, car le père y fait juger ses fils, et Ml 1, 6a, car il constate comme une vérité établie le respect des fils pour leur père (pour d'autres emplois de cette image, voir entre autres Dt 4, 36; 8, 5; 32, 5-6.18-19; Es 1, 4; 63, 8; Jr 3, 14.19; Os 11, 1-7; Pr 3, 11-12).

§ 6 *Le rapt: Ex 20, 15; 21, 16; Lv 19, 11a; Dt 5, 19; 24, 7*

Le rapt, vol d'une personne humaine, est sanctionné dans Ex 21, 16 et dans Dt 24, 7. Dans le Dcl, le sens de l'interdiction גנב est discuté. Pour les uns le vol en général, pour d'autres le rapt. Dans cette synopse, c'est ce dernier sens qui est pris en considération. Ce qui concerne le vol n'est traité au § 53 (sur les atteintes aux biens du prochain, voir les notes) où cette interdiction est aussi présente. La même difficulté se retrouve en Lv 19, 11a, présent lui aussi dans ces deux synopses. Le contexte suggérant plutôt le sens de voler (voir Mathys, *Liebe*, p. 58), seule l'interdiction est retenue ici, alors que les v. 11-12 apparaissent en entier au § 53. Pour les autres lois sur ce thème, la délimitation est claire même s'il peut y avoir un lien grammatical avec le contexte (Ex 21,16; Dt 5, 19).

Dans la synopse, j'ai disposé en regard les interdictions du Dcl et du CS ainsi que les protases d'Ex 21, 16 et Dt 24, 7, puis les sanctions prévues.

En dehors des lois du Pt, le rapt se retrouve mentionné parmi d'autres fautes dans Jr 7, 9a; Os 4, 2 et Jb 24, 14, avec la même difficulté d'interprétation que dans le Dcl. Ces trois textes sont cités. Du récit de la capture et de la vente de Joseph par ses frères, Gn 37, 12-36, seuls les v. 24 et 27 sont retenus, ainsi que le rappel de cet événement par Joseph dans Gn 40, 15. En revanche le récit de l'enlèvement de Joas pour le protéger n'est pas repris, ni ceux de prise d'une femme afin de coucher avec elle, textes qui n'utilisent pas le même vocabulaire (voir Gn 12; 15; 20, 2; 34, 2; Jg 21, 21; 2S 11, 4). Il en va de même des textes qui visent probablement davantage l'oppression que le rapt, par exemple Jr 5, 26 ou Ps 10, 9.

§ 7 *Coups et blessures à un homme: Ex 21, 18-19; Lv 24, 19-20; Dt 27, 24*

Les coups et les blessures infligés par un homme à un autre sont envisagés très différemment selon les recueils de lois. Dans le CS, Lv 24, 19-20 a une formulation très large donnant un principe de compensation pour toutes les blessures n'entraînant pas la mort (cas traité aux v. 17 et 21b, voir § 4), alors que, dans le CA, Ex 21, 18-19 vise à régler un cas très particulier, celui d'une impotence partielle suite à une querelle. Dt 27, 24 concerne aussi un cas très précis, celui de coups donnés en secret et entraînant peut-être la mort (voir au § 4 sur l'homicide et le droit d'asile où cette malédiction est aussi présente). Lv 24, 19-20 forme la partie centrale d'un ensemble structuré concentriquement et présent en son entier au § 10 sur le talion. Ex 21, 18-19 est lié à d'autres prescriptions sur les atteintes corporelles à la personne d'autrui (sauf v. 17).

Vu les différences entre ces trois lois, elles sont disposées indépendamment les unes des autres.

En dehors de ces textes, une allusion à des cas de blessures est faite dans Dt 21, 5 mais le contexte est tout autre et le sens précis n'est pas clair. Ce passage n'est pas cité. Dans le reste de l'AT, les récits de querelles se terminent par la mort de l'un des adversaires ou se taisent sur les conséquences des coups. Seul Gn 4, 23, texte retenu ici, fait exception.

§ 8 *Le meurtre d'un esclave par son maître: Ex 21, 20-21*

Dans le cadre de lois sur les atteintes corporelles à autrui, lois grammaticalement coordonnées entre elles, Ex 21, 20-21 règle le cas de coups mortels portés à un esclave par son maître. Aucune autre prescription du Pt ne traite de cette situation qui n'apparaît pas non plus ailleurs dans l'AT.

§ 9 *L'accouchement d'une femme suite à des coups: Ex 21, 22-25*

Dans la suite des lois sur les atteintes corporelles à autrui (voir § 8), Ex 21, 22-25 règle le cas d'une femme enceinte qui accouche suite à des coups reçus dans une querelle. Deux possibilités sont envisagées, selon qu'il y a ou non malheur (אסון). Celui-ci peut concerner soit l'enfant, qui survit ou meurt, soit la mère. La seconde hypothèse semble la plus probable (voir Schenker, *Versöhnung*, p. 42, ainsi que les parallèles du PO ancien). Ce cas n'apparaît pas ailleurs dans l'AT. La référence au talion se retrouve dans d'autres lois. Elles sont présentées synoptiquement au § 10 sur le talion.

§ 10 *Le talion: Ex 21, 22-25; Lv 24, 17-22; Dt 19, 16-21*

Dans l'AT, le talion n'apparaît pas comme une loi indépendante. Il vaut comme principe légal auquel il est fait référence dans diverses prescriptions. La synopse présente chaque fois son cadre: dans le CA la loi sur l'accouchement d'une femme à la suite de coups, Ex 21, 22-25 (voir § 9); dans le CS, un ensemble de prescriptions structurées concentriquement sur

162

les coups mortels et les blessures faites à un homme ou à un animal, Lv 24, 17-22 (voir § 4, 7 et 13); et, dans le CD, la loi sur les faux témoignages, Dt 19, 16-21 (voir § 33).

La définition du principe du talion (Lv 24, 19b; Dt 19, 19a), puis sa formulation concrète sous forme de cas particuliers (Ex 21, 23b-25; Dt 19, 21b; Lv 24, 18b, déplacé, 20) sont disposées en regard. Le reste est placé en fonction de ces éléments.

Dans les lois du Pt, le principe d'une juste compensation est courant. Seul Ex 21, 36, où la formulation est analogue à celle du talion, apparaît dans les parallèles secondaires. En dehors des lois, je cite les textes où le talion apparaît explicitement dans une formulation concrète, ainsi que Gn 4, 23-24 et Pr 24, 29 qui le contestent. Des formulations générales, proches de celles de Lv 24, 19b et Dt 19, 19a, se trouvent dans plusieurs récits comme menaces, demandes ou annonces de châtiments ou comme justifications d'une punition (voir entre autres Jg 15, 10-11; Jr 50, 15; Ez 16, 59; Ab 15; Lm 1, 22), mais le contexte est plutôt celui d'une vengeance que d'une compensation légale. Aucun de ces textes n'est donc retenu. Le refus de toute compensation en Nb 35, 31-33 peut être considéré comme une application du talion mais le texte ne s'y réfère pas explicitement et la formulation est trop différente pour que ce passage soit présenté.

§ 11 *Les coups donnés par un maître à ses esclaves: Ex 21, 26-27*

Dans le cadre de diverses prescriptions sur les coups et blessures, et grammaticalement lié à elles, Ex 21, 26-27 traite du cas particulier de coups donnés par un maître à ses esclaves, hommes ou femmes. Le cas principal traite d'un coup entraînant la perte d'un oeil et un sous-cas, la perte d'une dent. Ni ces situations, ni des coups sur d'autres parties du corps ne se retrouvent dans l'AT. Dans Jb 31, 13-15, la raison des litiges entre maître et esclave n'est pas indiquée, ce passage n'est pas cité.

§ 12 *Les coups donnés par un boeuf: Ex 21, 28-32*

Après plusieurs lois sur les coups et blessures infligés par un homme, Ex 21, 28-32, lié grammaticalement à son contexte, envisage des situations de coups donnés par un boeuf et entraînant la mort d'un être humain. Des sous-cas prennent en compte la nouveauté ou la récidive ainsi que les différentes catégories de personnes frappées. Aucune de ces situations ne se retrouve dans l'AT. Le texte le plus proche est celui de Gn 9, 5, mais il concerne les animaux en général et n'est pas cité.

§ 13 *Atteintes à la vie d'une bête: Ex 21, 33-34; Lv 24, 18.21a*

Le CA et le CS traitent tous deux d'atteintes à la vie d'un animal domestique appartenant à autrui, mais les causes de la mort y sont très différentes. Dans Ex 21, 33-34, lié grammaticalement et thématiquement à son contexte, la mort est due à une chute dans un trou non recouvert. L'atteinte est accidentelle. Dans Lv 24, 18 et 21a, dans le contexte de lois sur les coups et blessures (sur la structure des v. 17-22, voir les notes), elle est la conséquence de coups (le v. 21a semble aussi viser des coups mortels, comme pour le v. 21 b, voir les notes du § 4).

Protases et apodoses sont à chaque fois disposées en regard les unes des autres. La référence au talion dans Lv 24, 18b est mise à la hauteur d'Ex 21, 34b sans pour autant lui être parallèle.

Dans le reste de l'AT, l'atteinte à la vie d'une bête domestique appartenant à autrui n'apparaît que dans des contextes de razzias ou de guerres (voir entre autres Dt 28, 31; Jos 6, 21; Jg 6, 4; 20, 48; 2 Ch 14, 14). Aucun texte n'est retenu.

§ 14 *Les coups entre boeufs: Ex 21, 35-36*

Ex 21, 35-36, lié grammaticalement à ce qui précède, est la dernière loi sur les atteintes corporelles aux personnes ou aux animaux (meurtre, coups ou blessures). Elle traite des coups donnés à un boeuf par un autre. Ce thème n'est abordé par aucune autre loi de l'AT. En dehors des lois, les textes les plus proches sont des passages imagés concernant les relations à l'intérieur du peuple, comparé à un troupeau de moutons (Ez 34, 21), ou l'annonce de combats entre des chefs de nations, comparés eux aussi à des ovins (Dn 8, 7). Ces textes sont trop éloignés pour être repris.

§ 15 *Le vol de bétail: Ex 21, 37 - 22, 3*

Après une liste de lois sur les atteintes corporelles par coups et blessures, débute une autre liste de lois casuistiques, grammaticalement indépendantes les unes des autres (sauf Ex 22, 13.15), sur les atteintes aux biens d'autrui. La première loi, Ex 21, 37 - 22, 3, traite du vol de bétail. Elle envisage diverses situations, selon que les bêtes volées ont disparu ou sont retrouvées en vie et selon que le meurtre du voleur pris en flagrant délit a lieu de nuit ou de jour. Le vol de bétail n'est pas traité comme tel dans les autres lois de l'AT. Il apparaît comme un motif dans le dernier commandement du Dcl qui est donc présent dans les parallèles secondaires.

Hors des lois, la parabole de Natan évoque une situation de vol d'un mouton et 2 S 12, 4-6 est cité, de même que le constat de Jb 24, 2 sur l'existence de troupeaux dérobés. Les cas de vol de bétail dans le contexte de razzias ou de guerres ne sont pas retenus ni, dans les menaces de malheurs, l'annonce du vol de l'âne, Dt 28, 31. Pour le vol de bêtes confiées en garde, voir § 19; pour les atteintes aux biens du prochain, voir § 53.

§ 16 Les dégâts aux cultures dus aux troupeaux: Ex 22, 4

Ex 22, 4 évoque, dans le cadre de lois sur les atteintes aux biens d'autrui, le cas de dégâts aux cultures par des troupeaux. Ce cas est sans parallèle dans le reste de l'AT. Pour certains, il s'agirait là de dégâts dus au feu, mais même alors l'AT n'offre pas de parallèle (sur ce thème, voir § 17, Les dégâts aux cultures dus au feu).

§ 17 Les dégâts aux cultures dus au feu: Ex 22, 5

Après le cas de dégâts aux cultures d'autrui dus au troupeaux, Ex 22, 5, loi indépendante, envisage une autre cause: le feu. Pour certains exégètes, il s'agirait dans ces deux lois de dégâts dus au feu, volontaires dans un cas et involontaires dans l'autre. Cela ne change rien pour les synopses. Cette loi est sans parallèle dans les lois et dans le reste de l'AT, si l'on excepte les situations de guerre ou de luttes entre clans. Les textes les plus proches sont ceux de la vengeance de Samson (Jg 15, 4-5) et de la mise à feu du champ de Joas (2 S 14, 30-31).

§ 18 La garde d'argent ou d'objets: Ex 22, 6-8; Lv 5, 20-26

Les lois du Pt règlent des problèmes nés de la garde d'objet ou d'argent dans deux contextes très différents. Dans le CA, ces situations sont traitées dans Ex 22, 6-8, loi casuistique indépendante, dans le cadre d'atteintes aux biens d'autrui (les v. 9-12 s'occupent aussi de problèmes nés de la garde de biens, mais à propos d'animaux domestiques et surtout pour des atteintes différentes, voir § 19). Dans les v. 6 et 7, il s'agit du vol d'objets ou d'argent confiés, selon que le voleur est retrouvé ou non. Le v. 8 élargit le propos à d'autres contestations sur des atteintes aux biens entraînant la nécessité d'un jugement au sanctuaire. Les animaux domestiques confiés en garde sont ici inclus. Chez P, à la suite de l'institution du sacrifice de réparation, diverses situations de sacrilège sont évoquées, dont la garde d'objets. Celles-ci nécessitent toutes dans leur règlement l'offrande d'un sacrifice de réparation. Le point commun à ces diverses situations peut aussi être compris comme le fait qu'elles ont entraîné un faux serment. Le but de la prescription serait alors de régler le tort fait à Dieu par ce parjure et non les atteintes aux biens du prochain. Cela expliquerait les différences avec le CA (voir Schenker, *Anlässe*, p. 51s). Ces versets forment une petite unité avec sa formule narrative d'énonciation (la suivante se trouve en 6, 1). Ils se retrouvent parmi les parallèles secondaires du § 26 (sur le respect de Yahvé et de son nom) et du § 53 (sur les atteintes aux biens d'autrui).

Pour la disposition des lois, après l'introduction de Lv 5, 20 et le premier sous-cas d'Ex 20, 6; Ex 20, 7-8 et Lv 5, 21-26 sont disposés au même niveau car ils traitent de situations dont la résolution passe par un acte accompli au sanctuaire. Les textes sont trop différents pour permettre une mise en regard plus précise.

En dehors de ces lois, aucun texte ne traite de problèmes similaires nés de la garde d'argent ou d'objets.

§ 19 La garde d'animaux domestiques: Ex 22, 9-12

Après une loi sur la garde d'argent ou d'objets (voir § 18), en vient une autre sur celle d'animaux domestiques, Ex 22, 9-12. Elle envisage d'autres situations conflictuelles nées de la garde de biens. Un ensemble de problèmes est ainsi abordé au travers de cas concernant les biens matériels puis les animaux (voir Schenker, *Versöhnung*, p. 32). La prescription suivante concerne l'emprunt d'animaux domestiques et elle est grammaticalement liée à celle-ci.

La garde d'animaux domestiques n'apparaît pas ailleurs dans les lois du Pt. La généralisation des contestations à propos de la garde d'objets en Ex 22, 8 y fait cependant allusion et ce verset est parmi les parallèles secondaires. En dehors des lois, l'AT parle souvent de pertes de bêtes confiés à des bergers mais la mention du règlement de pertes de bêtes entre le propriétaire et le berger n'apparaît qu'en Gn 31, 39, passage cité, si l'on excepte les textes où le troupeau est une image pour le peuple confié à ses chefs (voir essentiellement Ez 34, 1-16; Za 11, 15-17). Am 3, 12, qui est peut-être une allusion à cette loi (Osumi, *Kompositionsgeschichte*, p. 168s), n'est pas retenu. Il en va de même des textes sur la garde de personnes, voir notamment 1 R 20, 39-40.

§ 20 L'emprunt d'animaux domestiques: Ex 22, 13-14

Dans le cadre de lois sur les atteintes aux biens d'autrui, Ex 22, 13-14 règle des situations nées de l'emprunt d'animaux domestiques qui ont été blessés ou qui sont morts. Cette prescription est grammaticalement liée à celles qui l'entourent, sur la garde d'animaux domestiques, voir § 19, et les relations sexuelles avec une vierge non fiancée, voir § 21. Aucun autre texte de l'AT ne traite d'atteintes à des animaux domestiques empruntés.

§ 21 *Les relations sexuelles avec une vierge non fiancée: Ex 22, 15-16; Dt 22, 28-29*

Les relations sexuelles avec une vierge non fiancée sont réglées en Ex 22, 15-16 et Dt 22, 28-29. Dans le CA, cette loi se présente comme la dernière d'une série sur les atteintes aux biens d'autrui, grammaticalement liée à ce qui précède. Elle termine l'ensemble des lois casuistiques du CA. Dans le CD, elle est la dernière de quatre lois casuistiques indépendantes sur les relations sexuelles et le mariage (voir les notes du § 96) et précède l'interdiction de coucher avec une femme de son père (Dt 23, 1, voir § 46). A la différence du cas d'une vierge fiancée, la distinction entre viol et relation consentie n'est pas faite (voir § 97). Dans les prescriptions sur les relations sexuelles familiales de Lv 18 et 20, certaines peuvent concerner des vierges non fiancées, mais ce critère n'est pas déterminant et n'est pas précisé. Ces lois ne sont pas présentes ici (voir § 46).

Pour la disposition de la synopse, les protases puis les apodoses du cas principal sont mises en regard. Le sous-cas d'Ex 22, 16, sans parallèle dans le Dt, vient en dernier.

En dehors des lois, des relations sexuelles avec une vierge non fiancée n'apparaissent qu'en Gn 34. Seuls les v. 2 et 11-12 sont cités. Sur le viol, voir encore les notes du § 97. L'engagement de Job de se préserver de la tentation d'une vierge (Jb 31, 1) est trop général pour être retenu.

§ 22 *Devins et magiciens: Ex 22, 17; Lv 19, 26b.31; 20, 6-8.27; Dt 18, 9-14*

Qui sont les porte-parole autorisés de Dieu? Quels moyens peuvent être utilisés pour connaître ou influencer sa volonté? Ce sont des questions auxquelles tente de répondre Dt 18, 9-18. Dans une première partie, la seule présentée ici, sont écartées les personnes ou les pratiques répréhensibles (pour l'ensemble de Dt 18, 9-22, voir les notes du § 49). Le Dt semble vouloir viser l'ensemble des pratiques (von Rad, *Deuteronomium*, p. 88) même si certains silences sont étonnants: rien n'est dit par exemple des téraphim, ni dans les pratiques réprouvées ni dans celles autorisées. Dans le CA et le CS, seules certaines pratiques ou personnes mentionnées par le CD sont réprouvées ou sanctionnées. Ex 22, 17, prescription indépendante, commence une nouvelle partie du recueil, sur des sujets divers mais plus spécifiquement religieux. Elle peut être comprise comme une participale (comme les v. 18-19) ou comme une interdiction. Dans le CS, diverses lois traitent ce thème, sous forme d'interdiction dans Lv 19 et de casuistique (relative ou conditionnelle) dans Lv 20. Dans Lv 19, les v. 26b et 31 n'appartiennent pas à la même unité, si l'on suit un découpage en fonction des formules d'autoprésentation. Le v. 26b appartient à une série de rites religieux interdits, v. 26-28, et le v. 31 constitue à lui seul une unité. Dans Lv 20, les v. 6-8 suivent une loi sur les sacrifices d'enfants, thème aussi présent en Dt 18, 9-14, et en précédant d'autres sur le respect des parents et les relations sexuelles familiales interdites. Toutes sont grammaticalement liées, ce qui rend difficile la délimitation. Le v. 7 peut aussi être compris comme une loi distincte, sur l'exigence de la sainteté (voir § 31), et le v. 8 est parfois considéré comme introduction à la suite (voir par exemple Elliger, *Leviticus*, p. 270.274). Lv 20, 27, grammaticalement lié à ce qui précède, termine ce chapitre et semble en être une annexe.

Pour la disposition de la synopse, après l'introduction de Dt 18, 9, les descriptions des pratiques ou des personnes réprouvées puis les sanctions et finalement les motivations et parénèses (celles qui concernent la pureté ou la sainteté sont au même niveau) sont placées en regard de leurs correspondants dans le Dt. Les parallèles de structures entre Lv 19.20 et Dt 18, 9-14 (voir Cholewinski, *Heiligkeitsgesetz*, p. 255-258) ne peuvent être mis en évidence.

Les parallèles secondaires sont nombreux. Je n'ai pas pris en considération: - les textes où les pratiques condamnées par les lois sont utilisées ou mentionnées par des étrangers (Ex 7, 11; Nb 22, 7; 24, 1; Jos 13, 22; 1 S 6, 2; 1 R 20, 33; Es 19, 3; 47, 9.12; Ez 21, 26-27; Na 3, 4; Dn 2, 2), sauf Nb 23, 23 qui est une parole de Balaam mais concerne la pratique des Israélites; - ceux où de telles pratiques ne sont pas réprouvées (Gn 30, 27; 44, 5.15; Jg 9, 37; Es 3, 2-3; 29, 4; Ez 21, 28; Ps 58, 6; Pr 16, 10.33, autre vocabulaire); - ceux où ces pratiques sont condamnées pour la vénalité de leurs agents (Mi 3, 6-7.11); - ceux qui traitent d'autres moyens de connaître la volonté de Dieu (voir par exemple les passages sur les téraphim, les songes ou les ourim et toumim), sauf quand ces moyens sont associés à ceux traités dans les lois. Chez Jr et Ez, les condamnations des faux prophètes associent parfois faux prophètes et devins divers, oracle et présage (racine קסם). Je n'ai gardé que Jr 27, 9; 29, 8, à cause de la multiplicité des pratiques concernées, et Ez 13, 6-7, à cause des expressions typiques de ce prophète (non retenus: Jr 14, 14; Ez 12, 24; 13, 8-9.23; 21, 34; 22, 25.28). Es 65, 4 et Ez 13, 18 sont cités malgré leur vocabulaire différent de celui de Dt 18, 9-14, car les actes décrits sont proches de ceux réprouvés. Vu le nombre des parallèles secondaires, seuls les éléments les plus proches des lois sont présentés avec, quand elles leur sont jointes, les références à une parole ou un texte justificateur ainsi que l'opposition à des pratiques justes ou efficaces, comme dans le CD (ainsi par exemple, pour le récit d'1 S 28 sont conservés les v. 3b et 6-8).

§ 23 *La zoophilie: Ex 22, 18; Lv 18, 23-30; 20, 15-16; Dt 27, 21*

Le CA, le CS et les Douze malédictions interdisent ou condamnent la zoophilie. Le CS distingue les relations entre un homme et un animal de celles d'une femme avec un animal, alors que les formulations du CA et de Dt 27, 21 peuvent englober les deux. A part dans le CA, ces prescriptions se trouvent parmi d'autres sur les relations sexuelles. Dans le CS, elles leur sont grammaticalement liées. Lv 18, 23 contient la dernière interdiction du chapitre et la parénèse conclusive à l'ensemble de Lv 18 lui est jointe dans la synopse. Dans le CA, deux autres participiales entourent Ex 22, 18, mais elles sont indépendantes et leurs thèmes sont différents.

Les interdictions ou les descriptions des relations sanctionnées, puis les apodoses sont disposées au même niveau. Les formulations d'Ex 22, 18 et Dt 27, 21 sont mises avec celles concernant les hommes et ne sont pas répétées. La réponse du peuple dans Dt 27, 21 est en regard des apodoses.

En dehors de ces lois, l'AT ne parle pas de relations sexuelles entre des êtres humains et des animaux.

§ 24 *Le respect de l'étranger, de l'orphelin et de la veuve: Ex 22, 20-23; 23, 9; Lv 19, 33-34; Dt 24, 17-18; 27, 19*

L'étranger (גר), l'orphelin et la veuve appartiennent aux groupes de personnes démunies et socialement faibles. Plusieurs lois visent à les protéger ou à assurer le respect de leurs droits. Celles où ils n'apparaissent que comme bénéficiaires indirects (par exemple en pouvant profiter de ce qui n'a pas été récolté dans les champs) ne sont pas traitées ici. Seule la malédiction de Dt 27, 19 considère ensemble et à part ces trois groupes de personnes. Dans le CA, Ex 22, 20 concerne l'étranger et Ex 22, 21-23 la veuve et l'orphelin. Les prescriptions sont indépendantes mais proches dans leur forme. Avec les v. 24-26, elles constituent un ensemble de prescriptions sociales avec des motivations religieuses. Dans le CD, Dt 24, 17-18 contient deux interdictions liées, l'une à propos de l'étranger et de l'orphelin, l'autre à propos de la veuve. Grammaticalement et thématiquement, elles se distinguent de leur contexte et ont leur motivation propre (l'étranger, l'orphelin et la veuve réapparaissent au v. 19 comme bénéficiaires indirects). La seconde interdiction, qui concerne la prise de gages, se retrouve au § 25 sur le prêt et les gages. Le respect de l'étranger est aussi exigé en Dt

24, 14 à propos des droits du journalier (voir § 55), ce verset est parmi les parallèles secondaires. Dans le CS, Lv 19, 33-34 traite du respect de l'étranger dans une prescription spécifique, liée par une copule à ce qui précède et formant une unité avec sa formule d'autoprésentation conclusive. Aucune prescription particulière ne s'occupe du respect de la veuve et de l'orphelin.

La synopse présente successivement ce qui concerne l'étranger puis ce qui concerne l'orphelin et la veuve. Les prescriptions englobant l'étranger et l'orphelin ou la veuve (Dt 24, 17a et 27, 19) sont répétées. Les interdictions et la malédiction sont chaque fois mises au même niveau puis viennent les motivations ou les parénèses, avec les éléments les plus proches placés à la même hauteur. La réponse du peuple dans Dt 27, 19b est mise avec les motivations ou parénèses concernant la veuve et l'orphelin.

En dehors de ces prescriptions, l'étranger, la veuve ou l'orphelin apparaissent ailleurs dans les lois du Pt parmi les bénéficiaires de certaines pratiques (jamais dans le CA, seulement pour l'étranger dans le CS, exemples: Lv 19, 9-10; 23, 22; 25, 6; Dt 14, 29; 16, 11.14; 24, 19-22; 26, 11-13) ou, pour l'étranger, comme sujet dispensé ou au contraire participant à l'application de certains droits, devoirs ou rites (voir des exemples dans de Vaux, *Institutions*, vol. I, p. 117-118, ou Martin-Achard, גר, c. 410-411). Ces passages ne sont pas pris en considération ici, à l'exception de Lv 24, 22 et Nb 15, 16 qui demandent l'unicité du droit (משפט) pour tous (pour d'autres formules avec un vocabulaire différent, voir Ex 12, 49; Nb 9, 14; 15, 15.29). Dt 24, 14 est aussi repris, voir ci-dessus. En dehors des lois, j'ai retenu les passages qui constatent ou condamnent le non respect des droits de l'étranger, de l'orphelin ou de la veuve, ou qui prescrivent leur respect, ainsi que la déclaration d'innocence de Job dans Jb 31, 21-22 (les déclarations de Jb 29, 12-13; 31, 16-18.32, plus éloignées des thèmes des lois, ne sont pas citées). Pour les textes plus généraux sur la pratique de la justice, voir au § 32. Les passages qui traitent du soutien de Dieu à ces catégories de personnes, soutien affirmé, demandé ou contesté, ne sont pas présentés (voir 1 R 17, 20; Es 9, 16; Jr 49, 11; Os 14, 4; Ps 10, 14.18; 68, 6; 109, 12; 146, 9; Pr 15, 25) sauf quand ce motif apparaît en plus, voir par exemple Dt 10, 17-19. Il en va de même des cas particuliers cités dans d'autres synopses (Jb 24, 3.9, voir § 25 sur le prêt et les gages et Pr 23, 10, voir § 84 sur le respect des limites foncières), de 2 S 14, 5-7 et 2 Ch 2, 16-17 où les situations sont différentes ainsi que des textes où les Israélites sont les étrangers non respectés (ou Loth en Gn 19, 9).

§ 25 *Le prêt et les gages: Ex 22, 24-26; Lv 25, 35-38; Dt 23, 20-21; 24, 6.10-13.17b-18*

Plusieurs prescriptions traitent du prêt et des gages. Leur compréhension est rendue difficile par la diversité du vocabulaire dont elles usent et le peu d'autres indications de l'AT sur le ou les systèmes de prêt et de gages. Lv 25, 35-38 et Dt 23, 20-21 traitent uniquement des intérêts du prêt, et Dt 24, 6.10-13.17b-18 uniquement des gages, avec une incertitude sur le moment de leur saisie (sont-ils pris tout de suite ou seulement en cas d'impossibilité de remboursement?) et sur leur fonction (sont-ils des garanties ou des gages à jouissance?). Ces questions se posent pour les divers termes utilisés et sont discutées (voir par exemple Weil, *Gage*, ou les articles de dictionnaires). Ex 22, 24-26 traite des intérêts, v. 24b, et des gages, v. 25. La difficulté vient du v. 24a qui pour les uns concerne les gages (Schwienhorst-Schönberger, *Bundesbuch*, p. 357s., ou Osumi, *Kompositionsgeschichte*, p. 54s.) et pour les autres les intérêts (Michaeli, *Exode*, p. 210, ou Halbe, *Privilegrecht*, p. 428), hypothèse qui me semble plus probable (voir Lasserre, *Prescriptions*, p. 38-41). Dans la synopse, Ex 22, 24a est donc placé avec ce qui concerne les intérêts. Il forme l'un des cas, grammaticalement l'un avec les autres, traitant des suites de l'appauvrissement et de l'endettement du frère. Il se retrouve au § 3 (La septième année et le jubilé). Dt 24, 17b-18, lié au v. 17a qui exige le respect du droit de l'étranger et de l'orphelin, est aussi présent au § 24. Les autres lois de Dt 23 - 24 se trouvent dans un ensemble de prescriptions, indépendantes et diverses par leurs thèmes et leurs formes, dont plusieurs visent la justice sociale. Ex 22, 24-26, juxtaposé aux v. 20-23, forme avec eux un ensemble de lois sociales avec motivations religieuses.

A partir d'Ex 22, 24-26, la synopse présente d'abord ce qui concerne les intérêts du prêt puis les gages. Pour les intérêts, les protases puis les apodoses ou les interdictions sont mises au même niveau (Lv 25, 37 est déplacé pour être rapproché des autres interdictions). Pour les gages, la protase d'Ex 22, 25 est à la hauteur de Dt 24, 12a et b, ainsi que des interdictions de Dt 24, 6 et 17b, et l'apodose en regard de Dt 24, 13. Ainsi les indications particulières concernant les objets pris et leurs propriétaires sont à la même hauteur, comme les divers mots décrivant les gages, même si ceux-ci ne sont peut-être pas tous du même type. Les motivations sont à la fin, sauf celles de Lv 25, 36aβb qui ne sont pas répétées.

Dans les lois du Pt, les conséquences du prêt sont aussi traitées à propos de la libération des esclaves pour dettes, dans la remise de Dt 15, 1-11 et dans le jubilé, textes qui se retrouvent au § 3. Ici n'est repris en parallèle secondaire que Dt 15, 1-3, qui institue la remise des dettes (ou des gages à jouissance). Dans les notes du § 3, les principaux passages sur les conséquences de l'endettement et la remise des dettes sont indiqués. Ici sont présentés des textes qui décrivent le comportement juste (déclarations d'innocence ou exemples), dénoncent les pratiques injustes ou accusent leurs auteurs, ainsi que Ps 109, 11 où le psalmiste souhaite à son adversaire l'intervention d'un créancier contre lui. Les textes sur les cautions ne sont pas repris (voir entre autres Pr 6, 1-5; 11, 15; 17, 18; 20, 16 = 27, 13; 22, 26-27), ni ceux invitant à la générosité ou au prêt (par exemple Dt 15, 7-11; Ps 37, 21.26; 112, 5; Pr 19, 17; 28, 27), ni les promesses de pouvoir prêter et les menaces de devoir emprunter (Dt 15, 6; 28, 12.44), ni l'usage figuré en Ha 2, 6b-7.

§ 26 *Le respect de Yahvé et de son nom: Ex 20, 7; 22, 27a; Lv 18, 21b; 19, 12; 22, 32-33; 24, 10-16.22-23; Dt 5, 11*

A plusieurs reprises, les lois du Pt exigent le respect de Yahvé ou de son nom, au travers d'interdictions ou dans la loi casuistique qui conclut le récit de Lv 24. La portée précise de ces prescriptions est parfois difficile à déterminer, surtout dans le Dcl. Lv 24 vise le blasphème, Lv 19, 12, les faux serments, Ex 22, 27a, la malédiction de Dieu, Lv 18, 21b et 22, 32-33, la profanation de son nom. Les faux serments sont cependant peut-être aussi ceux faits au nom de Yahvé avec un cœur partagé entre lui et les idoles. La profanation du nom de Dieu peut dépendre de la fidélité à diverses exigences divines, comme le montrent les contextes de cette interdiction. Les interdictions du Dcl concernant des pratiques magiques, comme les faux serments, l'apostasie ou des pratiques magiques. Malgré la diversité des visées, ces textes sont présentés conjointement, car tous constituent des atteintes à Yahvé par l'association de son nom à des paroles ou à des pratiques qui lui sont contraires et ils peuvent être considérés comme parallèles aux interdictions du Dcl, selon l'une ou l'autre des interprétations qui en sont données. Seules les interdictions d'Ex 20, 7 et Dt 5, 11 sont grammaticalement indépendantes de leur contexte et ont clairement un contenu propre. Ex 22, 27a est en tête d'un petit ensemble de lois religieuses et Ex 22, 27-30 est situé entre des lois sociales à motivations religieuses. Ce verset est particulièrement lié au v. 27b, voir ci-dessous (§27). Dans le CS, les interdictions de profaner le nom de Yahvé sont liées à ce qui les précède et peuvent aussi n'être considérées que comme des motivations. Elles se retrouvent au § 49 pour Lv 18, 21b et au § 51 pour Lv 22, 32-33. Lv 21, 6a et 22, 2a me semblent en revanche plus étroitement liés à leur contexte et ne sont présents que dans les parallèles secondaires, de même que Lv 20, 3b où la formulation est positive et descriptive. La profanation du nom divin apparaît encore dans le CS dans la motivation de Lv 19, 12b, cité dans la synopse à cause de l'interdiction du v. 12a. Cette interdiction des faux serments est grammaticalement liée à celles du v. 11 sur les atteintes aux biens du prochain et peut en être considérée comme une conséquence (voir § 53, où le v. 12 est joint au v. 11), elle a toutefois un contenu qui peut être plus large, d'où sa présence ici. Lv 24, 10-23 forme une unité narrative coordonnée à ce qui précède mais avec un contenu bien distinct. Les v. 17-21 traitent d'autres thèmes et ne sont pas gardés ici. Le v. 22 fait la transition et renvoie au v. 16b, il se trouve aussi, avec les v. 17-21, au § 10 (sur le talion).

Dans la synopse, les interdictions sont toutes en regard, mises à la hauteur de la description du blasphème dans Lv 24, 15. Les parénèses viennent ensuite, sans tenir compte de Lv 24, placées en bas de la première page pour faciliter la lecture. Seul Lv 22, 32-33 continue sur la seconde page, avec la fin de Lv 24.

Dans les lois du Pt, en dehors des passages du CS déjà mentionnés à propos des parallèles primaires, les faux serments apparaissent dans Lv 5, 20-26, comme l'un des cas devant se régler avec l'offrande d'un sacrifice de réparation ou comme conséquence de ces cas. Ce texte, dont la préoccupation est différente, est placé parmi les parallèles secondaires et non dans la synopse pour éviter de l'encombrer (voir aussi aux § 18 et 53). L'accomplissement des serments est demandé à propos de celui des voeux en Nb 30, 3, (voir aussi au § 110 sur l'accomplissement des voeux), texte retenu ici. En revanche, je n'ai pas gardé Lv 5, 4 qui mentionne les serments irréfléchis parmi les fautes demandant réparation avec un rite sacrificiel particulier. En dehors des lois du Pt, le nombre de parallèles possibles est grand, d'une part à cause de la diversité des pratiques visées par les prescriptions et de l'autre par leur fréquence. Pour la description des atteintes au respect de Yahvé et son nom, d'autres mots que ceux des lois de la synopse sont pris en compte, notamment les racines אלה, שבע, נדר ou, positivement, קום (parfois en correction de קלל). J'ai choisi de privilégier les textes généraux et réprobateurs. Je ne présente donc pas : - les cas particuliers d'engagements non respectés (voir par exemple Jg 17, 2; 1 S 14, 24.43-45; 19, 6; 2 S 21, 2; 1 R 2, 42-46; Jr 34, 10-11.15-16; Ez 17, 13-20) ou d'autres atteintes au respect de Yahvé (Nb 14, 11.23; 16, 30; 1 S 2, 29-30; 3, 13; 2 S 12, 14; 1 R 21, 10.13; 2 R 19, 4.16.22-23; Es 37, 4.17.23-24; 65, 7; Am 2, 7; Ps 79, 12; Jb 1, 5.11; 2, 5.9; Né 6, 13; 2 Ch 32, 17); - les invitations à faire des serments véridiques au nom de Yahvé (Dt 6, 13; 10, 20; Jr 4, 2; 12, 16; Ps 63, 12?); - les

condamnations des serments en d'autres noms (Jos 23, 7; Jr 5, 7; 12, 16; Am 8, 14?; So 1, 5) ou au nom de Yahvé par des gens qui adorent en même temps d'autres dieux (Jr 44, 26; So 1, 5); - les passages où Dieu agit pour que son nom ne soit pas (plus) déshonoré (Es 48, 11; Ez 20, 9.14.22; 36, 21-23; 39, 7); - ceux où ce n'est pas directement lui ou son nom qui sont mis en cause, mais sa parole, ses ordres ou son Temple par exemple (voir notamment, parmi bien d'autres, Es 5, 24; Ez 7, 21-22; Ps 89, 32; 107, 11); - l'annonce que le nom de Dieu sera bafoué (Dt 31, 20) ou ne le sera plus (Ez 20, 39); - des textes plus éloignés (par exemple Nb 21, 5, parler contre Yahvé; Jr 23, 10, le pays est plein d'imprécations; Jr 29, 23 ou Za 13, 3, les faux-prophètes disent des mensonges au nom de Yahvé, voir aussi au § 83; ainsi que Ps 37, 22 où une correction révérencieuse du TM n'est pas sûre). Quelques passages qui lient le non respect de Dieu et celui du souverain, comme Ex 22, 27, sont présents dans les parallèles secondaires du § 27: Nb 21, 5; 1 R 21, 10.13; Es 8, 21 (cité aussi ici).

§ 27 *Le respect du souverain: Ex 22, 27b*

Conjointement à l'interdiction de maudire (קלל) Dieu (voir § 26 sur le respect de Yahvé et de son nom), Ex 22, 27 interdit de maudire (ארר) le souverain. La conjonction de ces deux interdictions vise les contestations de l'ordre social dans ses dimensions religieuses et politiques (voir Schwienhorst-Schönberger, *Bundesbuch*, p. 364s.). Le responsable politique décrit par Ex 22, 27b est le "prince" (נשיא) mais ce terme semble désigner le responsable politique du peuple quel que soit son titre et particulièrement le roi (voir les commentaires et études sur le CA). Ce thème ne se retrouve pas dans les autres lois du Pt.

En dehors des lois, plusieurs récits décrivent la contestation du responsable politique en place. Ceux qui utilisent le verbe maudire (קלל), aucun passage n'emploie ארר, sont retenus, ainsi que 2 R 21, 10.13 où le TM a corrigé קלל en ברך par respect pour Dieu, et Nb 21, 5 où le verbe est différent (נקב + ב) mais où Dieu et le responsable du peuple sont contestés ensemble. Seuls quelques versets, les plus significatifs, sont présentés ici: l'histoire de Shiméi et David, voir 2 S 16, 5-13; 19, 17-24; 1 R 2, 36-46, le verbe maudire revient souvent mais seule la première occurrence a été gardée, ainsi que la réaction caractéristique d'Avishaï). En dehors des récits, la malédiction du roi est déconseillée en Qo 10, 20, aussi cité. Les textes utilisant un autre vocabulaire ne sont pas repris (voir notamment Jg 9, 27-28; Os 7, 7; Qo 7, 8, 2-4; Lm 2, 6 ou le respect de David pour la personne du messie Saül, 1 S 24, 5-8.11; 26, 9-11.23; 2 S 1, 14-16, ainsi que les contestations du pouvoir de David par ses fils ou les critiques contre Moïse).

§ 28 *L'offrande des prémices: Ex 22, 28a; 23, 19a; 34, 26a; Lv 2, 14-16; Dt 26, 1-11*

Les prémices apparaissent dans plusieurs lois, dans des contextes différents. Ces lois sont réparties dans quatre paragraphes: l'offrande des prémices (§ 28), la fête de la Moisson, des Semaines ou des Prémices (§ 39), la fête de la Première gerbe (§ 72) et les revenus des prêtres et des lévites (§ 82). Pour avoir une vue d'ensemble, il est nécessaire de consulter les quatre synopses (il en va de même pour les parallèles secondaires).

L'interdiction d'Ex 22, 28a est difficile à comprendre et son sens est discuté (voir les commentaires et les études sur le CA). Elle est généralement comprise comme interdisant de retarder l'offrande des prémices, c'est pourquoi elle est incluse ici (d'autres interprétations la rapprocheraient des interdictions d'offrir des sacrifices à d'autres dieux). Le vocabulaire de ce texte lui est propre. En fonction de parentés thématiques, Ex 23, 19a; 34, 26a; Dt 26, 1-11 et Lv 2, 14-16 sont regroupés. Les prescriptions du CA et d'Ex 34 sont grammaticalement et thématiquement distinctes de leur contexte qui est composé de lois sur les sacrifices et les fêtes. Entre Ex 23, 10-19 et Ex 34, 11-26 existent des parallèles dans l'ordre des lois mais il n'est pas possible de les faire apparaître (voir les tableaux synoptiques). Dt 26, 1-11 est grammaticalement lié à la loi précédente sur les Amalécites. Le texte du Lv, sous-cas de la loi sur les offrandes (מנחה), est le plus éloigné (les personnages qui y apparaissent sont cependant les mêmes que ceux du Dt 26). Pour des raisons de place et de thème, je n'ai retenu que ce sous-cas. La prescription sacerdotale de Nb 15, 17-21 est parmi les parallèles secondaires, car elle applique la loi sur les prémices à un autre type de produit.

Pour la disposition des parallèles, après l'introduction de Dt 26, viennent la définition des prémices à apporter, puis l'ordre de les apporter dans un lieu particulier, ou d'y aller pour les porter. Pour Ex 22, 28a, l'objet du verbe est mis en regard des descriptions des prémices et le verbe au niveau de ceux indiquant un don à Yahvé. La suite de Dt 26 est sans parallèle. Lv 2, 14-16 est disposé indépendamment, après l'introduction de Dt 26.

Le nombre des parallèles secondaires est limité. Quelques textes plus éloignés ne sont pas cités: Lv 2, 12, pour les prémices, exception à l'interdiction d'offrir en sacrifice du levain ou du miel; Dt 33, 21, prémices pour le roi; 2 R 4, 42, offrande des prémices du pain, dont les textes de ne synoptiques se ne parlent pas; Ez 48, 14, reprise de l'idée d'une consécration à Dieu des prémices, mais pour la terre, et Ml 3, 8, reproche de ne pas avoir consacré à Dieu dîmes et redevances, celles-ci incluant peut-être les prémices.

§ 29 *Les premiers-nés: Ex 13, 1-2.11-16; 22, 28b-29; 34, 19-20: Dt 15, 19-23*

Les lois sur les premiers-nés se trouvent dans le CA, le CD, Ex 34, 11-26 et Ex 13, 1-16. Dans le CA, Ex 22, 28b-29 appartient à un ensemble de prescriptions religieuses (v. 27-30). Cette loi est liée à l'exigence de sainteté qui suit et qui peut être considérée comme une motivation (voir § 31). Dt 15, 19-23 est grammaticalement et thématiquement indépendant de son contexte constitué de lois sur des pratiques sociales ou religieuses récurrentes. Ex 34, 19-20 se trouve parmi des prescriptions sur les fêtes, après ce qui concerne les Pains sans levain, mais est grammaticalement indépendant. L'interdiction de paraître devant Dieu les mains vides (v. 20b) fait aussi l'objet d'une synopse (§ 38). Dans Ex 13, les v. 1-16 forment un ensemble de prescriptions rituelles dont les v. 3-10 traitent de la fête de la Pâque et les v. 1-2 ainsi que 11-16 des premiers-nés. Ces versets semblent représenter des expressions différentes de la coutume et sont placés dans deux colonnes, à la place de P, même s'ils ne lui appartiennent peut-être pas entièrement.

Après les introductions narratives (seulement pour Ex 13), j'ai disposé en regard le commandement principal (on y trouve toujours un verbe, sauf dans Ex 34, 19a, un objet et une attribution à Yahvé, mais l'ordre varie, ce qui empêche une mise en parallèle exacte), des précisions sur l'extension de l'application au bétail (dans Ex 13, 12b; 22, 29a; 34, 19b), les compléments pour l'âne et les premiers-nés humains (dans Ex 13, 13; 34, 20) ainsi que d'autres compléments dans le CD et le CA, mis là pour permettre une présentation sur une page. La fin des prescriptions (Ex 13, 14-16; 34, 20b;Dt 15, 20-23) termine l'ensemble sans qu'il n'y ait de parenté entre les textes.

Parmi les parallèles secondaires, on trouve d'une part des extraits de prescriptions mentionnant les premiers-nés à propos d'autres thèmes: la tarification des voeux (Lv 27), la justification du statut des lévites (Nb 3 et 8, 5-22), les revenus des prêtres (Nb 18, 8-20), la centralisation du culte (Dt 12) et la dîme (Dt 14, 22-29); et d'autre part des mentions de sacrifices de premiers-nés dans des récits ou des paroles prophétiques (Gn 4, 4; Ez 20, 26; Mi 6, 7 et Né 10, 37). Lv 22, 27 offre un parallèle à Ex 22, 29b pour l'indication du moment de la consécration à Yahvé mais ne concerne pas les premiers-nés et n'est donc pas cité.

§ 30 La consommation de bêtes crevées: Ex 22, 30; Lv 11, 39-40; 17, 15-16; 22, 8-9; Dt 14, 21a

Les textes présentés traitent de l'usage des cadavres des bêtes crevées et non abattues rituellement. Les genres littéraires sont divers: interdiction dans le CA, le CD et Lv 22,8, participiale dans Lv 11, 15-16 et relative dans Lv 11, 40, présent ici avec le v. 39 de forme casuistique. Lv 22, 8 ne concerne que les prêtres. Il est repris dans son contexte au § 68 sur les cas d'impureté des prêtres (voir les notes). Le v. 9, parénèse qui conclut l'ensemble des v. 3-8, est aussi cité. Ex 22, 30 commence par l'exigence de la sainteté, voir § 31, qui peut être liée à ce qui précède ou à ce qui suit. Ce verset termine une unité de prescriptions religieuses (sauf 27b) en style direct, v. 27-30, mais il se distingue de son contexte par son expression au pluriel. Lv 11, 39-40 constitue une unité formelle, le יכ? du v. 39 introduit un nouveau cas principal dans la loi sur les animaux purs et impurs et sur les contacts avec leurs cadavres. Ce cas comprend trois sous-cas dont les protases sont des participiales. Seul le deuxième a un contenu parallèle aux autres textes de la synopse. Lv 17, 15-16 termine l'ensemble des lois du chapitre. Lié par une copule à la loi précédente, il en apparaît comme un contre cas. Dt 14, 21, grammaticalement indépendant, suit la loi sur les animaux purs et impurs et précède une autre interdiction alimentaire.

La diversité des genres littéraires complique la disposition. Celle-ci est faite principalement à partir des prescriptions de même forme. J'ai disposé au même niveau ce qui précède les indications sur la consommation des bêtes crevées (exigence de sainteté dans le CA, cas principal et premier sous-cas dans Lv 11, 39-40), l'usage alimentaire des bêtes crevées (interdiction ou règlement de la situation) et les motifs annexes (motivations ou autres situations). Les protases de Lv 11, 40 et 17, 15 sont en regard, ainsi que les apodoses. Pour les interdictions, les destinataires possibles des cadavres (CA et CD) apparaissent aussi vis-à-vis, ainsi que les motivations (CD et Lv 22, 8-9), avec répétition de l'exigence de la sainteté du CA dont la fonction est proche (voir les notes du § 31).

Parmi les parallèles secondaires, Lv 7, 24 traite d'un sujet plus précis: l'usage de la graisse des bêtes crevées. Je l'ai inclus car le vocabulaire est proche. Je n'ai pas repris Lv 5, 2 qui traite de cadavres d'animaux mais se limite au cas d'attouchements involontaires. Comme Lv 22, 8, Ez 44, 31 ne concerne que les prêtres.

§ 31 Être saint: Ex 22, 30a; Lv 11, 44-45; 19, 1-2; 20, 7-8.26; 21, 6; Nb 15, 40b-41

Le thème de la sainteté est courant dans les motivations et les parénèses, surtout dans le CS, mais il se trouve aussi ailleurs, notamment dans le CD (Dt 14, 21; 26, 19). La sainteté y est mentionnée comme promesse ou comme don de Dieu. Dans quelques passages, l'exigence de la sainteté apparaît sous forme de commandement (à la troisième personne en Lv 21, 6 qui ne concerne que les prêtres). J'ai choisi de présenter ces passages dans une synopse. Ils ont tous une forme de commandement mais leur fonction est proche de celle des motivations et ils sont toujours liés, grammaticalement ou au moins contextuellement, à des exigences qu'ils viennent renforcer (significativement, le thème de la sainteté apparaît une fois sous forme de commandement et l'autre sous forme de motivation dans les lois parallèles d'Ex 22, 30 et de Dt 14, 21, voir § 30). Vu cette particularité, tous ces passages, sauf Lv 19, 1-2 qui prélude l'ensemble des lois de Lv 19, se retrouvent ailleurs: Ex 22, 30a au § 30 sur la consommation des bêtes crevées; Lv 11, 44-45 et 20, 26 au § 65 sur les animaux purs et impurs; Lv 20, 7-8 au § 22 sur les devins et magiciens (où se trouvent en parallèle des invitations à la pureté); Lv 21, 6 au § 66 sur la sainteté des prêtres; Nb 15, 40b-41 au § 95 sur le bord des vêtements.

La synopse est disposée en fonction des exigences de sainteté qui sont toutes au même niveau (sauf celle de Lv 11, 45 qui reprend celle du v. 44). Auparavant apparaît ce qui les précède (introduction ou motivation) puis, après elles, une interdiction complémentaire (seulement dans Lv 21, 6) et des motivations.

Pour les parallèles secondaires, seuls les appels à être saint sont retenus.

§ 32 L'impartialité dans les procès: Ex 23, 1-3.6-8; Lv 19, 15-16; Dt 16, 18-20; 27, 25-26

Dans les trois principaux recueils de lois, plusieurs textes traitent de l'administration de la justice. Le plus souvent, ils demandent l'impartialité dans les jugements, en dénonçant ce qui la menace, pour les témoins, pour les juges ou pour chacun. Les autres prescriptions concernent l'institution du système judiciaire (Dt 16, 18; 17, 8-13, voir Ex 18, 13-26; Dt 1, 9-18) ou la limitation des peines infligées (Dt 25, 1-3).

Pour ne pas multiplier les colonnes et pour faciliter la lecture, je présente séparément d'une part des textes plus généraux sur l'impartialité dans les procès et l'administration de la justice, Ex 23, 1-3.6-8, Lv 19, 15-16 et Dt 16, 18-20, § 32, et d'autre part des prescriptions plus précises ou isolées:

les faux témoignages, § 33 (avec reprise d'Ex 23, 1b), le nombre des témoins, § 79, l'institution du tribunal suprême du sanctuaire, § 80, et la bastonnade, § 106 (voir aussi au § 24, le respect de l'étranger, de l'orphelin et de la veuve). Il en va de même pour les parallèles secondaires. Dt 27, 25 est cité dans le § 32, avec les textes généraux, car c'est le seul autre texte de loi sur la corruption.

La délimitation des péricopes est difficile pour le CA. La structure d'Ex 23, 1-8 ou 1-9 est discutée. La forme et le thème des v. 4-5 sont distincts et l'ordre des autres prescriptions n'est généralement pas expliqué. A partir de l'analyse de Halbe (*Privilegrecht*, p. 430ss), je me limite aux v. 1-8 (pour le v. 9, voir au § 24) et j'omets les v. 4-5 (la structure concentrique fait que leur suppression ne porte guère atteinte à l'ordre du tout, pour ces versets, voir le § 34). Lv 19, 15-16 forme une petite unité, qui se termine par une formule d'autoprésentation de Yahvé. Les v. 17-18, qui forment l'unité suivante, ont un thème différent, même s'ils restent dans le contexte des conflits entre Israélites (voir Mathys, *Liebe*, p. 67). Dt 16, 18-20 est indépendant de son contexte et a un thème très différent. Dt 27, 25 constitue la onzième des Douze malédictions. La dernière, v. 26, qui sert de conclusion renforçant l'autorité des précédentes, lui est liée.

La disposition de la synopse essaie de respecter au mieux les parallèles de structure et de thème entre les parallèles de structure entre Dt 16, 18-20 et Lv 19, 15-16, voir Cholewinski, *Heiligkeitsgesetz*, p. 294). Le commandement du Dt de se donner des juges, sans parallèle dans les autres textes, est mis seul en tête. L'injonction qui le suit est mise en regard avec la première interdiction du CS. Toutes deux ont probablement une valeur plus générale de principe. La première interdiction du CA est mise au même niveau. Après les deux suivantes, sans parallèle, viennent les interdictions de favoriser certaines catégories sociales ou économiques, dans le CA et le CS, mises en face des interdictions de la partialité dans le CD (l'interdiction de fausser la justice est commune à Ex 23, 6 et à Dt 16, 19a). La formulation positive suivante dans le CS est sans parallèle à ce niveau. Elle est reprise en regard de Dt 16, 20a (elle aurait aussi pu être mise en rapport avec Dt 16, 18b). L'interdiction de la corruption et sa motivation, proches dans le CD et le CA, sont placées ensuite en regard, avec la malédiction de Dt 27, 25 et la réponse du peuple. Finalement se trouve Dt 16, 20, sans parallèle, si ce n'est dans la reprise de l'ordre de Lv 19, 15b. Au même niveau est placé Dt 27, 26.

Pour les parallèles secondaires, les textes sur la justice sont nombreux dans l'AT. Sont repris ici :

- quelques versets des récits d'institution de juges (Ex 18, 21-22; Dt 1, 16-17; 2 Ch 19, 5-7; pour des questions de place, j'ai dû limiter au maximum ce que j'ai gardé; Esd 7, 25-26 n'est pas repris, car il est plus lointain, de même que l'institution des anciens dans Nb 11, 16-17, car aucune fonction judiciaire ne leur est explicitement confiée);

- des textes de lois dont certains motifs sont proches des textes de la synopse (Lv 19, 35a; Dt 25, 1);

- un passage de récit décrivant la corruption de juges (1 S 8, 3b; en revanche la déclaration d'innocence de Samuel, 1 S 12, 3-5, n'est pas retenue);

- des textes décrivant le bon ou le mauvais fonctionnement de la justice ou donnant des conseils à ce sujet (Es 33, 15b*; Ez 18, 8*; 22, 9a.12a; Ps 15, 5a*; 26, 10b; Ps 82, 2-4; 94, 21; Pr 17, 23.26; 22, 2; 24, 23-24; 28, 21a); - des condamnations par les prophètes de la corruption et des injustices (Es 1, 23a; 5, 23; 10, 2a; Jr 6, 28a; 9, 3b*; Am 2,6b; Mi 3, 11a*: je n'ai gardé les passages dans lesquels l'injustice est décrite en des termes trop généraux ou trop différents des textes synoptiques, tels Es 10, 1; Jr 5, 28; Os 10, 4; Am 5, 7.10-12.15.25; Mi 3, 9, ou Za 7, 9).

Pour les textes qui ne concernent que l'étranger, la veuve ou l'orphelin, voir au § 24.

§ 33 *Les faux témoignages: Ex 20, 16; 23, 1b; Dt 5, 20; 19, 16-21*

Les prescriptions sur les témoins peuvent se répartir en deux groupes; ce qui concerne les faux témoignages et ce qui concerne le nombre des témoins (dans les lois sacerdotales est encore abordé le cas du témoin qui refuse de se faire connaître, Lv 5, 2, voir aussi Pr 29, 24). Seul Dt 19, 15-21 juxtapose ces deux thèmes. Pour la clarté des synopses, ils sont présentés séparément: les faux témoignages, § 33, et le nombre des témoins, § 79. Dans le Dcl d'Ex 20, l'interdiction des faux témoignages est juxtaposée à celles qui l'entourent, dans Dt 5, elle leur est liée. Pour Ex 23, 1b et son contexte, voir le § 32.

Les faux témoignages sont interdits dans le CA et le Dcl, et réglés dans le CD (forme casuistique avec éléments parénétiques). A cause de cette différence de forme, le texte du CD est disposé indépendamment des autres. Pour les interdictions, les verbes niés puis les expressions décrivant les faux témoins sont mis au même niveau.

Les parallèles secondaires se trouvent tous dans les Pr. Des faux témoins sont mentionnés dans Ps 27, 12 et 35, 11, textes non repris. L'histoire de la vigne de Naboth, 1 R 21, met en scène des faux témoins mais sans employer cette expression ou faire référence à l'interdiction du faux témoignage et à ses conséquences.

§ 34 *Le respect des animaux du frère ou de l'ennemi: Ex 23, 4-5; Dt 22, 1-4*

Ex 23, 4-5 et Dt 22, 1-4, proches par leur vocabulaire et leurs motifs, sont souvent mis en relation (voir les commentaires et les études). Leur thème et leur forme sont cependant différents: Ex 23, 4-5 concerne le boeuf ou l'âne de l'ennemi et la forme est celle de la casuistique en style direct; Dt 22, 1-4 concerne le boeuf, les moutons, l'âne et même l'ensemble des biens du frère et la forme est apodictique avec des caractères proches de la casuistique (le v. 3 se présente comme un sous-cas et, dans les v. 1 et 4, la présence d'un כִּי au lieu du לֹא initial du v. 1 donnerait une forme casuistique en style direct régulière). Le titre essaie de rendre compte du contenu de ces textes, sans trop élargir le sujet (le Dt ne parle pas que des animaux mais ceux-ci caractérisent le parallélisme et une synopse intitulée "le respect des biens du frère ou de l'ennemi" aurait dû inclure d'autres lois). Pour l'insertion d'Ex 23, 4-5 dans son contexte, voir les notes du § 32. Dt 22, 1-4 est thématiquement et grammaticalement indépendant.

Le CS n'offre pas de parallèle. Le texte le plus proche est Lv 19, 17-18: dans les deux cas, les prescriptions sur la justice aboutissent à une demande de respecter, voire d'aimer, son ennemi personnel. Dans le CA cet aboutissement se marque par la position centrale dans une structure concentrique et dans le CS par une succession des deux thèmes. Ce parallélisme est cependant trop lointain et fragile pour justifier une présentation synoptique.

Les interdictions de Dt 22, 1 et 4 sont en regard des cas du CA (quelques parallèles de mots sont mis en évidence pour Ex 23, 5 et Dt 22, 4).

L'AT n'offre pas de parallèle secondaire pour ces prescriptions.

§ 35 *Le sabbat: Ex 20, 8-11; 23, 12; 31, 12-17; 34, 21; 35, 1-3; Lv 19, 3*30; 23, 1-3; 26, 2; Dt 5, 12-15*

Les prescriptions sur le sabbat ou sur le repos du septième jour sont très nombreuses. Avec le § 1 sur les autres dieux, les idoles et leurs cultes, c'est celui qui offre le plus de parallèles dans les recueils et listes du Pt. Ici cependant les textes sont beaucoup plus proches dans leur formulation, ce qui m'a amené à présenter une synopse horizontale plutôt que verticale. Ce type de disposition a l'avantage de permettre la mise en parallèle de beaucoup de textes et de bien faire ressortir certaines similitudes, notamment de vocabulaire. Les parallèles de structure ou de genres littéraires sont en revanche moins visibles. Selon le principe des autres synopses, une place vide est

maintenue pour le CD, qui ne contient pas de loi sur le sabbat. De même, une ligne vide est gardée pour chaque recueil ou liste, lorsque sa ou ses prescriptions sont terminées. Les en-têtes des colonnes sont transposés à la droite des lignes en reprenant chaque fois l'indication du recueil ou de la liste, afin de simplifier la lecture.

Le découpage des textes est généralement clair. La prescription sur le sabbat est coordonnée à une autre en Ex 34, 21; Lv 19, 3.30; 26, 1. En Ex 23, 12, elle l'est à la parénèse du v. 13. Celle-ci semble cependant plutôt introduire ce qui suit (voir les discussions dans les études sur le CA) et elle est présentée au § 1. Pour Lv 19, 30 et 26, 2, la motivation figure alors même qu'elle ne suit pas directement l'ordre de garder le sabbat, car elle me semble porter autant sur ce commandement que sur le suivant (le respect du sanctuaire, voir au § 62).

Les prescriptions sur le sabbat sont de longueurs et de structures diverses. Pour la disposition de la synopse, l'ordre est le suivant:
- introduction (pour Lv 23, 1-3 et les deux textes de P);
- premier commandement du sabbat, avec les verbes garder (Dt 5, 12-15; Lv 19, 3.30; 26, 2; Ex 31, 12-17) ou se souvenir (Ex 20, 8-11);
- premières motivations (plus d'autres éléments dans Ex 31 et pour Lv 19, 30 et 26, 2, commandement sur le sanctuaire);
- institution du sabbat, avec la structure "six jours... le septième ..." (tous les textes sauf Lv 19, 3.30; 26, 2), assemblée pour le sabbat (Lv 13, 1-3) et consécration du sabbat à Yahvé (קָדוֹשׁ, dans Ex 20, 8-11; Dt 5, 12-15; Ex 31, 12-17; 35, 1-3; dans Lv 23, 1-3 ce motif n'est pas mis en parallèle car il suit l'interdiction du travail le jour du sabbat);
- interdiction du travail le jour du sabbat (Ex 20, 8-11; Dt 5, 12-15; Lv 23, 1-3) ou participiale condamnant ceux qui oeuvrent ce jour-là (Ex 31, 12-17; 35, 1-3, suivie d'une interdiction relative au feu) et motivations se référant au repos des êtres vivants (Ex 20, 8-11; 23, 12) avec, pour Lv 23, 1-3; Ex 31, 12-17 et 34, 21, d'autres motifs sans parallèle, mis là pour des raisons de place;
- motivations se référant à la création (Ex 20, 8-11 et 31, 12-17) ou à la sortie d'Egypte (Dt 5, 12-15), avec une justification de l'institution du sabbat (subordonnée introduite par עַל־כֵּן) dans Ex 20, 8-11 et Dt 5, 12-15.

Cet ordre essaie de respecter au mieux les diverses prescriptions tout en n'utilisant pas trop de place et en ne mettant au même niveau qu'un minimum d'éléments hétérogènes. Certains parallèles n'apparaissent pas, notamment le motif de la sainteté, et quelques éléments auraient pu être mis ailleurs ou répétés. Le texte le plus difficile à insérer dans la synopse est Ex 31, 12-17, car sa structure est la plus complexe (il contient trois fois l'ordre de garder le sabbat, deux participiales avec condamnation à mort, et de nombreuses motivations).

Pour les parallèles secondaires, le choix est très grand. Ne sont retenus que les textes qui décrivent le sabbat avec des expressions ou des motifs proches de ceux des textes de la synopse. Je n'ai donc gardé:
- ni les textes mentionnant le sabbat parmi d'autres fêtes sans le décrire (par exemple 2 R 4, 23 ou Os 2, 13);
- ni ceux qui parlent du sabbat sans utiliser les motifs ou les expressions des textes de la synopse (Es 58, 13-14 par exemple);
- ni ceux qui traitent du sabbat de la terre ou de l'année sabbatique (Lv 25, 1-8; 26, 34-35.43; 2 Ch 36, 21);
- ni ceux qui décrivent ou prescrivent des rites cultuels ou des sacrifices pour le sabbat (Lv 24, 8; Nb 28, 9-10; Ez 46, 1-15; Ps 92,1 et 1 Ch 9, 32), parfois en lien avec d'autres fêtes (Lv 23, 37-38; Ez 45, 17; Né 10, 33-34; 1 Ch 23, 31; 2 Ch 2, 3; 8, 13; 31, 3);
- ni ceux qui mentionnent le sabbat au cours de certaines fêtes ou pour le calcul des jours de fête (Lv 16, 31; 23, passim);
- ni ceux qui, sans mentionner le sabbat, en partagent certains motifs: la structure "six... le septième..." (Ex 21, 2; 23, 10; Lv 25, 3-4; Dt 15, 12) ou l'interdiction du travail un septième jour (Dt 16, 8).

Pour les récits, seuls les versets les plus proches des textes synoptiques sont retenus, même si d'autres rapports avec le sabbat ou avec les conséquences de son observation ou de son oubli. Cela vaut particulièrement pour Ex 16, 23.25-26; Jr 17, 21-22 et Ez 20, 12.20.

§ 36 *Les trois pèlerinages annuels: Ex 23, 14-18; 34, 23-25; Dt 16, 16-17*

Le CA, le CS, le CD, Ex 34, 11-26 et Nb 28 - 29, présentent chacun un calendrier des fêtes (avec en plus le sabbat dans le CS et les sacrifices pour les jours normaux, le sabbat et le début du mois dans Nb 28 - 29). Par respect pour leur structure, ces calendriers devraient pouvoir être pris en un seul paragraphe mais cela est impossible vu le nombre de parallèles et leur longueur. Chaque fête a donc son propre paragraphe: § 37, la Pâque ou les Pains sans levain; § 39, la fête des Moissons, des Prémices ou des Semaines; § 40, la fête de la Récolte ou des Tentes; § 72, la fête de la Première gerbe; § 73, le jour de l'Acclamation; § 74, le jour des Expiations.

En relation avec leur calendrier, le CA, le CD et Ex 34, 11-26 prescrivent de faire trois pèlerinages chaque année. Dans le CA, cette prescription sert de cadre au calendrier, Ex 23, 14-18 (pour la structure de cette unité, voir Halbe, *Privilegrecht*, p. 446), qui est présenté en entier avec les deux interdictions qui le terminent (v. 18). Dans le CD et dans Ex 34, 11-26,

cette prescription suit, sans lien par une copule, celle sur la dernière fête de l'année. Les deux interdictions d'Ex 34, 25, parallèles à celles d'Ex 23, 18, sont aussi reprises. Elles se retrouvent dans la synopse sur la Pâque ou la fête des Pains sans levain, § 37, à cause du parallèle de Dt 16, 4 et de la mention de la Pâque en Ex 34, 25b. Pour les interdictions de se présenter devant Dieu les mains vides, Ex 23, 18b et Dt 16, 16b, voir le § 38.

Pour la disposition de la synopse, les motifs parallèles sont disposés dans l'ordre suivant: commandement de faire trois pèlerinages annuels, nom des fêtes (avec des indications complémentaires dans le CA), renouvellement du commandement dans le CA, avec répétition des parallèles du CD et d'Ex 34, et, en dernier, les deux interdictions d'Ex 23, 18 et Ex 34, 25, précédées d'éléments propres au CD et à Ex 34, non parallèles entre eux mais mis en regard pour une question de place.

En dehors de ces lois, trois sacrifices annuels sont signalés dans 1 R 9, 25. Il est probable qu'il s'agisse des trois fêtes de pèlerinage, comme le comprend 2 Ch 8, 13. Ces deux textes sont cités. Pour l'interdiction de sacrifier des pâtes levées, les textes les plus proches sont Lv 2, 11 et Am 4, 5, non retenus car le sang n'y apparaît pas et ils sont sans lien avec les pèlerinages. L'interdiction de garder le sacrifice ou sa graisse jusqu'au lendemain est sans parallèle dans l'AT, si ce n'est Dt 16, 4 (voir § 37).

§ 37 *La Pâque ou les Pains sans levain: Ex 23, 14-15.18; 34, 18.25; Lv 23, 4-8; Nb 28, 16-25; Dt 16, 1-8*

Dans les calendriers des fêtes, les prescriptions sur la fête de la Pâque et sur celle des Pains sans levain (מצה) sont le plus souvent conjointes ou confondues. Seul le CA ne dit rien de la Pâque et seul Ex 34, 11-26 sépare les Pains sans levain (v. 18) et la Pâque (v. 25b, le v. 25a, en rapport avec les pâtes levées est aussi cité). La synopse présente ce qui concerne ces deux fêtes. Ex 23, 18 est là à cause du parallèle avec Ex 34, 25 (sur ces versets, voir aussi le § 36). Pour l'interdiction de se présenter devant Dieu les mains vides, Ex 23, 15b, voir le § 38. Pour les calendriers des fêtes, voir au § 36.

La disposition de la synopse est la suivante:
- introduction aux institutions des fêtes (CA et CS);
- date (tous les textes, avec déplacement pour le CA et Ex 34 dans lesquels la date est liée aux Pains sans levain);
- nom et attribution de la Pâque à Yahvé (CD, CS et P, avec en plus ordre de célébrer dans le CD);
- justification de la date (avec déplacement dans le CA et Ex 34); sacrifice de la Pâque selon le CD;
- date des Pains sans levain (CS et P);

- indication de la fête (CS et P), avec nom et attribution pour Yahvé dans le CS ou nom de la fête et ordre de la célébrer (CA et Ex 34);
- ordre de manger des pains sans levain (tous les textes), ordre précédé dans le CD par une interdiction de manger du levain;
- référence à l'ordre de Yahvé et date (CA et Ex 34, sans répétition et déplacement des autres parallèles);
- motivations (CD, CA, Ex 34);
- interdictions complémentaires (présentation devant Dieu les mains vides, seulement dans le CA, pâtes levées, CA et Ex 34, mis en parallèle avec ce qui concerne le levain dans le CD, conservation du sacrifice, CD, CA et Ex 34, avec précision du premier jour dans le CD, mis en regard de ce qui concerne ce jour dans le CS et P);
- indication des sacrifices à offrir (CS et P), avec, dans le CD, d'autres éléments liés surtout au lieu du sacrifice); règles pour le septième jour (CD, CS et P).

Cette structure convient au CD, au CS et à Nb 28. Pour les textes de l'Ex, une répétition est nécessaire et l'usage parallèle du verbe שמר dans ces textes et dans le CD n'apparaît pas, ni celui du terme מצה dans les interdictions d'Ex 23, 18; 34, 25 et dans celle de Dt 16, 3a. Dans Dt 16, l'ordre de manger les pains sans levain est donné deux fois mais sans que les autres parallèles ne soient répétés.

Le récit d'Ex 12 - 13 est inclus dans les parallèles secondaires et non dans la synopse du fait des différences de forme et de structure. Les passages n'offrant pas de parallèles précis avec les prescriptions de la synopse, notamment Ex 12, 21-28 et 43-51, ne sont pas repris. Il en va de même pour Nb 9, 1-14 dont les v. 6-14 sont omis.

Les parallèles secondaires retenus possèdent tous au moins un trait commun avec les textes de la synopse. La loi sur la participation des étrangers (Ex 12, 43-49; Nb 9, 14), celle sur la célébration différée de la Pâque en cas d'impureté (Nb 9, 6-13, voir 2 Ch 30) et le récit de la cuisson des pains lors de la sortie d'Egypte (Ex 19, 39) ne sont pas repris. En dehors de ces textes, toutes les mentions de la fête des Pains sans levain sont citées. Pour la Pâque, à part Nb 33, 3, les emplois du mot פסח appartiennent tous à des textes repris ou à leur contexte proche. Pour des raisons de place, le contexte est réduit au minimum.

§ 38 *L'interdiction de se présenter devant Dieu les mains vides: Ex 23, 15; 34, 19-20; Dt 16, 16-17*

Le CA, le CD et Ex 34, 11-26 interdisent de voir Dieu les mains vides mais dans des contextes différents. Dans le CA, l'interdiction est jointe à la fête des Pains sans levain, voir § 36 et 37, dans le CD, à l'ordre d'accomplir trois pèlerinages chaque année, voir § 36, et dans Ex 34, 11-26, à la loi sur les premiers-nés, voir § 29. Elle fait donc le sujet d'une synopse particulière qui reprend chaque fois le contexte immédiat.

Les interdictions sont au même niveau mais leur contexte est disposé indépendamment.

Je n'ai trouvé ni prescription correspondante dans le CS ou chez P, ni parallèle secondaire.

§ 39 *La fête des Moissons, des Prémices ou des Semaines: Ex 23, 16a; 34, 22a; Lv 23, 15-21; Nb 28, 26-31; Dt 16, 9-12*

Le nom de la deuxième fête de pèlerinage des calendriers de l'Ex et du Dt varie. Il s'agit cependant de la même fête, liée à l'offrande des prémices de la moisson (sur le thème des prémices, voir le § 28 et ses notes; pour les calendriers des fêtes, voir les notes du § 36). Pour Lv 23, les v. 9-22 forment une unité comprenant l'institution de la fête de la Première gerbe, v. 9-14, celle des Prémices, v. 15-21, et l'ordre de laisser des épis pour les pauvres, v. 22. Seuls les v. 15-21 sont pris en considération ici (pour les v. 9-14, voir § 72 et pour le v. 22, voir § 52).

La disposition de la synopse est rendue difficile par la diversité des structures et le nombre des parallèles croisés. L'ordre retenu est le suivant:
- calcul de la date (CD et CS);
- nom de la fête et ordre de la faire (l'ordre de ces deux motifs varie et le deuxième est absent du CA, du CS et de Nb 28; ces parallèles auraient aussi pu être disposés en face de Lv 23, 17b, qui est déplacé);
- attribution pour Yahvé (CD et CS) ou pour toi (Ex 34);
- précisions sur la fête (dans les textes de l'Ex);
- offrande (dans le CD, le CS et Nb 28);
- nom de la fête et attribution pour Yahvé, selon le CS (sans répétition des autres parallèles);
- rassemblement et interdiction des travaux pénibles (CS et Nb 28, avec déplacement pour le CS), puis sacrifices prescrits (CS et Nb 28) avec en vis-à-vis, pour le CD, invitation à la joie et motivations (motifs non parallèles, mis là pour une question de place);
- convocation (CS), rassemblement et interdiction des travaux pénibles (CS et Nb 28, avec répétition pour Nb 28);
- durée de validité (CS).

En dehors de 2 Ch 8, 13, cité au § 36, cette fête n'est pas mentionnée ailleurs dans l'AT.

§ 40 *La fête des Tentes ou de la Récolte: Ex 23, 16b; 34, 22b; Lv 23, 33-38.39-44; Nb 29, 12-16; 29, 35 - 30, 1; Dt 16, 13-15*

Le nom de la dernière fête de pèlerinage change selon les recueils de lois. Dans Lv 23, 39-44 et dans les Nb, elle n'a pas de nom et elle est caractérisée comme le "Pèlerinage pour Yahvé" (ou "de Yahvé" dans Lv 23, 39). Dans l'Ex, elle est appelée fête de la Récolte, dans le CD et Lv 23, 33-38, fête des Tentes (cette appellation courante est reprise par commodité, bien qu'elle soit discutable, voir Martin-Achard, *Essai*, p. 76, ou TOB, AT, p. 245). Pour le CS et P, les conclusions des calendriers des fêtes sont jointes (Ex 23, 17; 34, 13-14 et Dt 16, 16-17, même s'ils remplissent cette fonction, contiennent encore des prescriptions). Nb 29, 12 - 30, 1 enumère les sacrifices à offrir pour chacun des jours de la fête. Pour éviter d'allonger la synopse, seul ce qui concerne le premier et le huitième jour est gardé. Pour le découpage des autres textes, voir les notes du § 36.

Comme pour le § 39, les structures des textes varient, ce qui rend la disposition difficile. Pour simplifier, lorsque des éléments parallèles ont des places différentes, ils ne sont mis à la même hauteur qu'une seule fois et les diverses actions à accomplir pendant sept jours ne sont pas toutes mises en regard les unes des autres. Pour la même raison, les indications sur les sacrifices (dans Lv 23, 33-38 et chez P) sont au même niveau que Dt 16, 14-15 et Lv 23, 40b-44, sans leur être pour autant similaires.

L'ordre des éléments est le suivant:
- introduction (pour Lv 23, 33-38);
- date (tous les textes sauf le CD, avec déplacement pour le CA et Ex 34);
- nom de la fête (sauf Lv 23, 39-44 et P), verbe d'institution (CD) ou d'indication de pèlerinage (Lv 23, 39-44 et P), attribution (CD, Lv 23, 33-38 et P, état construit dans Lv 23, 33-38) et durée de la fête (sauf les textes de l'Ex), l'ordre de ces motifs varie et ils sont déplacés pour Lv 23, 39-44 et P;
- moment de la fête selon le CD, le CA; Lv 23, 39-44 et Ex 34;
- ordre de faire le pèlerinage de Yahvé et durée dans Lv 23, 39-44 (sans répétition des parallèles);
- premier jour, rassemblement (CS et P) et interdiction du travail (Lv 23, 33-38 et P);
- ordre de faire pèlerinage, attribution à Yahvé et durée (dans Nb 29 - 30, sans répétition des parallèles);
- huitième jour selon Lv 23, 39-44 (sans déplacement des parallèles);
- sacrifices des sept jours dans Lv 23, 33-38 ou du premier jour chez P, et indications pour le huitième jour dans ces textes et Lv 23, 39-44 (répété) et, pour le CD (en fonction des parallèles de Lv 23, 39-44), invitation à la joie,

ordre de faire sept jours de pèlerinage pour Yahvé, plus indication sur le lieu du pèlerinage (seulement dans le CD), sur la durée de validité du rite et sa date dans Lv 23, 39-44 (sans répétition des parallèles), séjour dans les tentes dans Lv 23, 39-44 et motivations (CD et Lv 23, 39-44);
- conclusions (CS et P).

Pour les parallèles secondaires, plusieurs textes parlent d'une fête de pèlerinage sans en indiquer le nom. Il est difficile de savoir de quelle fête il s'agit (voir par exemple Martin-Achard, *Essai*, p. 76ss). Les passages trop incertains ou traitant de cette fête mais sans parallèle avec les textes synoptiques ne sont pas retenus, notamment Dt 31, 10 (mention de la fête des Tentes de la septième année); Jg 9, 27 (fête sichémite au moment des vendanges); 1 S 1, 3.21 (pèlerinage annuel à Silo); Os 9, 5 (oracle d'Osée à propos d'une fête au moment des récoltes). 2 Ch 8, 13, qui mentionne les trois fêtes de pèlerinage, est repris au § 36.

§ 41 *Le chevreau dans le lait de sa mère: Ex 23, 19b; 34, 26b; Dt 14, 21b*
L'interdiction de cuire un chevreau dans le lait de sa mère se retrouve identique dans le CA, Ex 34, 11-26 et le CD, à chaque fois grammaticalement indépendante. Elle est en revanche absente du CS, de P et du reste de l'AT.

§ 42 *L'abattage profane: Lv 17, 1-7; Dt 12, 13-19.20-28*
Dt 12 et Lv 17 ont tous deux pour but de garantir la pureté du culte. Le Dt le fait en centralisant le culte et Lv 17 en reprenant cette centralisation et en en modifiant les conséquences (c'est ainsi que leur rapport est le plus souvent compris, voir les commentaires et Cholewiński, *Heiligkeitsgesetz*, p. 149-178, état de la recherche, p.177-178). Pour respecter l'unité de ces chapitres, il conviendrait de présenter en une seule synopse l'ensemble de Dt 12 et de Lv 17. J'y ai renoncé parce que leur structure est différente et qu'à l'intérieur de Dt 12, certaines parties traitent des mêmes thèmes (voir par exemple les parallèles de contenu et de structure des v. 13-19 et 20-28).

Lv 17 est composé d'une introduction, v. 1-2, puis de cinq prescriptions, dont les quatre premières commencent par: (...) אִישׁ אִישׁ מִבֵּית יִשְׂרָאֵל, v. 3-7. 8-9. 10-12 et 13-14 (la deuxième de ces prescriptions a en plus une brève introduction et la dernière par לָכֵן), v. 15-16 (le ch. 18 a sa propre introduction et son propre thème). Ces diverses parties constituent les paragraphes suivants: § 42: l'abattage profane, v. 1-7; § 43: l'unicité du lieu de culte, v. 8-9; § 44: la consommation du sang, v. 10-12 et 13-14. Les v. 15-16 sont traités au § 30: la consommation des bêtes crevées. L'introduction des v. 1-2 est jointe à la première prescription.

Dt 12 a une structure plus complexe. A l'intérieur d'un double cadre, 12, 1-3 et 12, 29 - 13,1, plusieurs parties d'origines diverses traitent de la centralisation du culte et de ses conséquences: v. 4-7 (auxquels se rattachent les v. 2-3), 8-12.13-19.20-28 (pour la délimitation de ces quatre parties, voir notamment von Rad, *Deuteronomium*, p. 63s.). Le premier cadre (12, 1; 13, 1), qui sert de transition avec les chapitres précédents, est une exhortation générale à l'obéissance, le deuxième (12, 2-3.29-31), une polémique contre les cultes des nations du pays. L'exigence de la centralisation du culte apparaît dans chaque partie et les thèmes de l'abattage profane et de la consommation du sang sont traités dans les v. 13-19 et 20-28 (ces versets définissent en même temps ce qui peut être fait chez soi et ce qui doit être accompli au sanctuaire). Pour respecter la structure de ce chapitre et les exigences de la synopse, les paragraphes suivants contiennent des passages de Dt 12: § 42 l'abattage profane, v. 13-19.20-28; § 43 l'unicité du lieu de culte, v. 1-7.8-12.13-19.20-28; § 44 la consommation du sang, v. 16.23-25. Lorsque plusieurs parties du chapitre sont présentes dans une synopse, chacune a sa colonne, afin d'éviter des répétitions et de faciliter les comparaisons à l'intérieur de Dt 12 et avec les autres parallèles. Dt 12, 29 - 13, 1 est présenté dans le § 1: les autres dieux, les idoles et leurs cultes (dans ce même paragraphe, les v. 2-3 apparaissent comme parallèle secondaire).

L'abattage profane est considéré dans Dt 12, 13-19.20-28 comme l'une des conséquences de la centralisation du culte. L'ensemble de ces parties est repris car la question de l'abattage des animaux en forme le thème central (la centralisation du culte y est abordée essentiellement sous cet aspect).

Dans Lv 17, le thème de l'abattage profane apparaît au travers de la condamnation de l'Israélite qui tue un animal sacrifiable ailleurs qu'à l'entrée de la Tente. L'animal doit y être amené et abattu rituellement. Ce thème est traité dans les v. 3-7. Cette prescription est parfois comprise comme un refus des sacrifices pour d'autres divinités (voir Kaufmann, cité par Cholewinski, *Heiligkeitsgesetz*, p. 178), ce qui la rapprocherait du § 1. Aucun lien n'est alors fait avec Dt 12.

La présentation synoptique des textes du Dt et de celui du Lv est difficile car ils n'ont pas la même structure et n'offrent que peu de parallèles de vocabulaire. Les textes du Dt ont eux aussi des structures différentes mais ils possèdent des motifs communs apparaissant dans un ordre similaire. Pour les v. 13-19, une structure concentrique a été mise en évidence par Seitz (*Studien*, p. 211): au centre le v. 15b et autour les v. 15a et 16; 14 et 18 puis 13 et 19. Dans les v. 20-28, l'affirmation principale, v. 21-22, loi casuistique en style direct autorisant l'abattage profane, est limitée par sa prostase, puis par deux propositions introduites par כִּי: l'interdiction de la consommation du sang, v. 23-25 et l'obligation d'aller au sanctuaire pour certains sacrifices, v. 26-27. Une introduction historique (qui a peut-être aussi une fonction limitative), v. 20, et une parénèse, v. 28, encadrent l'ensemble. Les motifs communs apparaissant dans le même ordre sont les suivants: autorisation de l'abattage profane (v. 15 et 21-22), interdiction de la consommation du sang et rite (v. 16 et 23-25, avec des motivations), énumération de ce qui doit être apporté au sanctuaire (v. 17-18a et 26-27), parénèse (v. 18b-19 et 28). Ces parallèles sont chaque fois disposés vis-à-vis, ainsi que les v. 13-14 et 20 qui les précèdent. À l'intérieur de ces motifs, d'autres parentés de structure ou de mots sont parfois mises en évidence. L'introduction générale du Lv, sans analogue dans les textes du Dt, est placée seule en tête. Le reste de la prescription suit, indépendamment du Dt.

Chez P, l'abattage des animaux est réglé dans la législation sur les sacrifices, mais aucun texte ne traite de l'abattage profane. Dans le reste de l'AT, ce thème ne se retrouve qu'en Dt 15, 21-23, seul texte cité ici, qui reprend Dt 12 dans le cas des premiers-nés qui ont une tare et ne peuvent être offerts à Yahvé. Dans 1 S 14, 31-35, le problème vient de l'usage du sang plutôt que d'un abattage profane, voir au § 44.

§ 43 *L'unicité du lieu de culte: Lv 17, 8-9; Dt 12, 1-7.8-12.13-19.20-28*

Lv 17, 8-9 exprime, selon sa propre perspective, la centralisation du culte exigée par Dt 12. Pour le CS, il s'agit de régler le culte au lieu unique plus que de le centraliser, d'où le titre du paragraphe (pour la justification des rapports entre Lv 17 et Dt 12, voir Cholewinski, *Heiligkeitsgesetz*, p. 153-176). L'interprétation de ces versets comme une interdiction des sacrifices aux autres dieux est possible pour une formulation antérieure de cette loi mais improbable pour le texte actuel (voir Elliger, *Leviticus*, p. 219-220, ou Cholewinski, *Heiligkeitsgesetz*, p. 17). La centralisation du culte de Dt 12 est parfois rapprochée de la loi sur la construction de l'autel en Ex 20, 24-26 (voir par exemple Preuss, *Deuteronomium*, p. 105) mais les thèmes des prescriptions sont différents. Seul Ex 20, 24b est repris ici parmi les parallèles secondaires (voir aussi les notes du § 2).

Pour la disposition de la synopse, les quatre parties de Dt 12 (voir les notes du § 42) ont chacune leur colonne afin d'éviter des répétitions et de mettre en évidence les parallèles internes. Ces parties et Lv 17, 8-9 ayant des structures différentes, seules les introductions et les formules désignant le lieu unique du culte sont mises au même niveau. Le reste de Lv 17 est disposé indépendamment de Dt 12.

Pour les parties de Dt 12, la disposition essaie de rendre compte des parentés de motifs. Celles-ci ont déjà été présentées pour les v. 13-19 et 20-

28, voir le § 42 et ses notes. Dans les v. 2-7 et 8-12, on trouve une exhortation à rompre avec les habitudes des peuples du pays, v. 2-4, ou de l'époque, v. 8-10 (avec une perspective historicisante, comme au v. 20), puis l'affirmation de l'unicité du lieu de culte, lieu où l'on doit apporter sacrifices et offrandes et lieu de joie. A part le premier motif, qui est différent dans les v. 13-20, les autres s'y retrouvent dans le même ordre. La disposition de la synopse est donc la suivante:

- introduction générale (Dt 12,1; Lv 17, 8aα);
- introductions particulières (aux contenus très variables, Dt 12, 2-4.8-10.13.20);
- formulation de l'unicité du lieu de culte (Dt 12, 5-6.11.14.21a*; Lv 17, 9a), avec en Dt 12, 21a* et Lv 17, 8aβ-b, le début de l'énoncé au niveau de la fin des introductions particulières;
- l'abattage profane et ses règles concernant le sang (Dt 12, 15-16.21a*-25); - ce qui doit se faire au lieu de culte (Dt 12, 7aα.17-18a.26-27; sans répétition des formulations de l'unicité du lieu);
- la joie du culte ou du repas (Dt 12, 7aβ-b.12.18b-19) ou une parénèse générale (Dt 12, 28).

A l'intérieur de ces diverses parties, les parallèles de mots sont mis en évidence lorsque les expressions sont assez semblables et que les mêmes termes apparaissent au même niveau (certaines parentés supplémentaires auraient pu être mises en évidence, par exemple la liste des participants au lieu de culte, aux v. 12 et 18). Vu l'ampleur de la synopse, certains motifs, comme l'interdiction de consommer le sang (voir § 44) ou les formules d'unicité du sanctuaire (pour les v 18 et 26), ne sont pas répétés.

Pour les parallèles secondaires, je n'ai retenu ni les diverses lois du Dt influencées par la centralisation du culte (voir von Rad, *Deuteronomium*, p. 63), ni les occurrences des formules d'unicité du lieu de culte (voir Weinfeld, *Deuteronomy*, p. 324s.). Dans les récits, l'unicité du lieu de culte apparaît dans trois situations différentes. Pour la première situation (Jos 22, 9-34), seuls sont gardés les v. 19b et 29, où la condamnation de l'existence d'un autre autel apparaît particulièrement. Dans les récits de la réforme d'Ezékias, la centralisation du culte est sous-entendue par les destructions de sanctuaires et d'objets de culte (2 R 18, 4; 2 Ch 31, 1), ainsi que, chez le Chroniste, par la convocation à tout Israël de venir célébrer la Pâque à Jérusalem (2 Ch 30, 1.5.8.10-11). Elle est en revanche explicite dans la déclaration du porte-parole de Sennachérib dans 2 R 18, 22; Es 36, 7 et 2 Ch 32, 12. Seuls ces passages sont présentés. Du récit de la réforme de Josias, seul 2 R 23, 4-9 est repris car on y trouve, en plus de

la description de démolitions de lieux et d'objets consacrés (récit qui se poursuit jusqu'au v. 20), l'indication du rassemblement des prêtres du Royaume de Juda dans un seul lieu de culte, v. 8-9. Le récit parallèle des Chroniques (2 Ch 34, 3-7), qui ne contient pas ce motif et précède la découverte du livre de la Loi, n'est pas repris. Aucune des nombreuses mentions de constructions d'autels à Yahvé sans condamnation n'est citée.

§ 44 *La consommation du sang: Lv 3, 17; 7, 26-27; 17, 10-12; 19, 26a; Dt 12, 16.23-25*

Dans Lv 17, la prescription sur la consommation du sang constitue la troisième loi de forme relative. Dans le Dt, l'interdiction de consommer le sang apparaît à propos de l'abattage profane, comme l'une des conséquences de la centralisation du culte (pour les structures de Dt 12 et Lv 17 ainsi que pour la présentation synoptique de leurs parallèles, voir les notes des § 42 et 43). Vu les synopses précédentes, je reprends du Dt que ce qui concerne la consommation du sang.

Dans Lv 19, 26a, il est interdit de "manger sur le sang" (לֹא תֹאכְלוּ עַל־הַדָּם). Il est possible que cela vise non pas la consommation du sang mais une pratique religieuse païenne (voir TOB, AT, p. 533, à propos de 1 S 14, 32). Cette opinion n'étant pas partagée par tous (voir par exemple Cholewinski, *Heiligkeitsgesetz*, p. 295), ce texte est présent dans la synopse (ainsi que 1 S 14, 32-35 et Ez 33, 25a dans les parallèles secondaires). Cette interdiction est la première d'une petite unité de sept visant des pratiques religieuses ou magiques prohibées, v. 26-28. Elle est grammaticalement indépendante.

Chez P, les interdictions de la consommation du sang et de la graisse sont liées: elles apparaissent dans une seule formulation dans Lv 3, 17, qui termine la loi sur le sacrifice de paix, et se suivent dans Lv 7, 22-27, petite unité ayant sa formule narrative introductive, la suivante étant au v. 28. Pour Lv 7, 22-27, n'est repris que ce qui concerne le sang, v. 26-27.

La disposition de la synopse suit principalement Lv 17, 10-12, en mettant en regard de la forme participiale puis des deux interdictions de manger le sang les trois commandements de Dt 12, 23-25 (le premier positif et les deux autres négatifs). Les interdictions des autres textes sont en face de la première de Lv 17. Pour Lv 7, la forme participiale est déplacée au niveau de celle de Lv 17. Les motivations parallèles de Dt 12 et Lv 17 se trouvent vis-à-vis.

Pour les parallèles secondaires, la consommation du sang apparaît dans d'autres lois: dans Dt 15, 23 (à propos des premiers-nés, voir § 29) et dans Lv 17, 13-14 (l'abattage des bêtes sauvages, voir § 45). Ces textes sont cités, ainsi que ceux qui décrivent ou interdisent cette pratique.

§ 45 L'abattage des bêtes sauvages: Lv 17, 13-14

Après la loi sur la consommation du sang, comme un nouveau cas dans un même ensemble de lois, Lv 17, 13-14 traite de l'abattage des bêtes que l'on chasse et ne sacrifie pas. Ce thème est absent des autres recueils de lois et du reste de l'AT. Cette prescription figure à titre de parallèle secondaire au § 44 car on y retrouve, à propos du sang, des motifs de cette synopse.

§ 46 Les relations sexuelles familiales interdites: Lv 18, 1-18; 20, 11-12.14.17.19-23; Dt 23,1; 27, 20.22-23

Lv 18 et 20 présentent chacun une liste de relations sexuelles interdites ou sanctionnées. Ces listes sont différentes par leur forme, leur contenu et leur ordre. Pour éviter de prendre chaque cas séparément, ce qui multiplie les paragraphes et rompt les unités, l'ensemble des interdictions de Lv 18 concernant les relations sexuelles à l'intérieur de la famille, v. 6-18, est présenté dans une seule synopse. Ces versets contiennent la liste régulière la plus grande, v. 6-17, complétée par le v. 18 et introduite par les v. 1-5 (selon l'hypothèse d'Elliger, Leviticus, p. 231s.238s.). Les prescriptions suivantes, liées thématiquement et grammaticalement, concernent d'autres situations. Le choix des parallèles est fait en fonction de cette liste. Dans Lv 20, les v. 9-23 forment une unité: toutes les phrases sont grammaticalement liées, toutes les lois sont des participiales, sauf celle du v. 19, et toutes concernent des relations sexuelles interdites, sauf la première sur le respect des parents (voir § 5). Le v. 9 n'est pas lié au v. 8 qui se termine par une formule d'autoprésentation et le v. 24, grammaticalement lié au v. 23, commence par un verbe d'élocution. Contrairement aux principes habituels, l'ordre des versets de Lv 20 n'est pas respecté et certains sont omis. Ceux qui sont déplacés ne sont ni signalés, ni répétés (seul le v. 19, parallèle à deux interdictions de Lv 18, est répété avec la présentation habituelle). Dans les malédictions de Dt 27, les v. 20-23 concernent des relations sexuelles. Comme pour Lv 20, le v. 21, sans parallèle dans Lv 18, 15 et 20, est omis (pour ce verset, voir au § 23 sur la zoophilie). A propos de Lv 18, 15 et 20, 21, les textes sur le lévirat ne sont pas insérés car, même s'ils impliquent des relations sexuelles entre un homme et l'épouse de son frère, c'est un cas particulier (sur ce thème voir § 108).

Entre l'introduction de Lv 18 et la parénèse finale de Lv 20, 9-23, la synopse présente les diverses relations sexuelles interdites ou sanctionnées, selon l'ordre de Lv 18. Les réponses du peuple dans Dt 27 sont mises au niveau des sanctions dans Lv 20.

Pour les parallèles secondaires, les récits qui décrivent sans jugement de valeur explicite des relations sexuelles interdites selon Lv 18, 1-18 ne sont pas repris. Voir par exemple Gn 19, 32-35 et Lv 18, 7 (Loth et ses filles), Gn 20, 12 et Lv 18, 9; 20, 17 (Abraham et Sara), Gn 29, 15-29 et Lv 18, 18 (Jacob épouse Rachel et Léa), Gn 38, 15-18 et Lv 18, 15; 20, 12 (Juda et Tamar), Ex 6, 20 et Lv 18, 12-13; 20, 19 (Amrâm et sa tante Yokèvèd), 2 S 3, 7; 1 R 2, 17.21-22 et Lv 18, 8 et parallèles (Avner et Riçpa, Adonias et Avishag, pour ces cas, voir aussi ci-dessous à propos de 2 S 16, 21-22). En revanche, Gn 35, 22a est présent, à cause de la condamnation en Gn 49, 4. Il en va de même pour 2 S 16, 21-22 et 2 S 20, 3. La faute d'Absalom est l'usurpation de la royauté plutôt que les relations sexuelles avec des concubines de son père (le fait de coucher avec les concubines du roi précédent est un moyen d'affirmer sa prétention au trône voir 2 S 3, 7; 12, 8; 1 R 2, 17.21-22 et TOB, AT, p. 569) mais la réaction de Salomon est peut-être le signe qu'il y a vu aussi une relation sexuelle à l'intérieur de la famille, ce qui l'empêche d'avoir de nouvelles relations avec ces femmes devenues concubines de son fils, voir Lv 18, 15; 20, 12. Pour Am 2, 7, l'acte reproché par le prophète n'est pas interdit en ces termes (Wolff, Dodekapropheton 2, p. 202). Il peut être compris comme faute du fils couchant avec une femme de son père, Lv 18, 8 et parallèles (par exemple TOB, AT, p. 1136), ou comme faute du père couchant avec sa belle-fille, Lv 18, 15 et parallèle (par exemple Wolff, Dodekapropheton 2, p. 202). Pour d'autres interprétations, voir Amsler, Amos, p. 181.

§ 47 Les relations sexuelles avec une femme qui a ses règles: Lv 15, 24; 18, 19; 20, 18

Dans Lv 18 et 20, les prescriptions sur les relations sexuelles avec une femme qui a ses règles sont liées à leur contexte thématiquement et grammaticalement (voir les notes du § 46). Lv 15, 24 appartient à un ensemble plus vaste. Il se présente comme le dernier sous-cas d'un paragraphe structuré en partie de manière casuistique (v. 19-24 sur l'impureté provoquée par les règles). Le reste de ce paragraphe, sans rapport avec les autres textes, n'est pas repris, de même que le v. 33b qui rappelle cette situation.

Pour les parallèles secondaires, 2 S 11, 4 n'est pas retenu car David ne semble pas agir par par respect de la Loi.

§ 48 L'adultère: Ex 20, 14; Lv 18, 20; 20, 10; Dt 5, 18; 22, 22

Comme pour le § 47, la prescription sur l'adultère est liée à d'autres dans Lv 18 et 20, mais traitée séparément, voir les notes du § 46. Dans le CD, Dt

22, 13 - 23, 1 forme un ensemble de lois sur les relations sexuelles et le mariage. Les quatre premières sont des lois casuistiques indépendantes. L'adultère y est traité au v. 22. Les v. 23-27 concernent les relations sexuelles avec une vierge fiancée (voir le § 97). C'est un cas proche, et les v. 23-24 sont repris ici parmi les parallèles secondaires. Dans le Dcl, l'interdiction de l'adultère forme l'un des commandements, indépendant dans Ex 20, lié à ceux qui l'entourent dans Dt 5. La convoitise de la femme du prochain, qui est l'un des motifs du dernier commandement (voir § 53 Les atteintes aux biens du prochain), vise aussi l'adultère et se trouve parmi les parallèles secondaires. La prescription de Nb 5, 11-31 sur l'accusation d'adultère n'est pas citée car sa visée est de déterminer si l'acte a été commis, et non de l'interdire ou de le sanctionner.

Pour la mise en évidence des parallèles, sont disposées au même niveau les interdictions ou les protases puis les sanctions et finalement les motivations (en considérant Lv 18, 20b comme une motivation).

Pour le choix des parallèles secondaires, il est parfois difficile de distinguer entre adultère et prostitution, de même qu'entre usage propre et usage figuré du vocabulaire (sur ce point, voir par exemple, Hauck, μοιχεύω, p.739). Souvent apparaissent en plus des traits appartenant au divorce. Pour la prostitution, seuls sont retenus les passages où elle est décrite comme adultère (Os 2, 4-5 par exemple). Lorsqu'elle est une image pour l'infidélité du peuple envers Dieu, seuls les textes qui reprennent des sanctions infligées aux femmes adultères ou prostituées sont gardés (Ez 16, 38-41; 23, 45-47 et Os 2, 4-5, voir Zimmerli, *Ezechiel*, p. 360s., Wolff, *Dodekapropheton 1*, p. 40, ou McKeating, *Sanctions*, p. 61s.).

Des mentions de l'adultère dans les reproches des prophètes (Jr 9, 1 ou 23, 10 par exemple), seules les listes d'Os 4, 2 et Jr 7, 9 sont reprises, à cause de leur proximité avec le Dcl (l'ordre de Dieu à Osée d'aimer une femme adultère, Os 3, 1, n'est pas cité).

Dans les récits, je n'ai gardé que les jugements portés sur l'acte, accompli ou non, ou les éléments ayant un parallèle dans les lois. Ainsi des textes comme Gn 12, 19; Jg 19, 25 ou 1 S 2, 22 ne sont pas retenus. Du récit de Gn 39 ne sont conservés que les v. 17-18.20 avec l'indication des cris de la femme, comme dans Dt 22, 23-24, mais dans le cas d'une femme mariée (voir aussi Gn 39, 14-15).

Des dénonciations de la femme séductrice dans les Pr (Pr 2, 16-19; 5; 5, 6, 20-35; 7; 9, 13-18, voir aussi Qo 7, 26) ne sont retenus que Pr 6, 29.32-33, passages les plus proches des lois. Chez Jb, la description de l'homme adultère en Jb 24, 15 et la déclaration d'innocence de Job en Jb 31, 9-11 sont citées. Pour les relations sexuelles avec une vierge, voir § 21 et 97.

---

§ 49 *Les sacrifices d'enfants: Lv 18, 21; 20, 1-5; Dt 18, 9-14*

Dans Lv 18, l'interdiction de sacrifier les enfants (v. 21a) est liée aux relations sexuelles indépendantes. Elle en est ici séparée à cause de la particularité de son thème. Le v. 21b est joint car il peut être considéré comme une motivation ou comme un nouveau commandement (voir § 26 sur le respect du nom de Dieu). Ce thème se retrouve dans Lv 20, précédant ce qui concerne la divination, comme dans Dt 18, 9-14 (voir à ce sujet le § 22, sur les parallèles de structure entre Lv 18, Lv 20 et Dt 18, 9-14, voir Cholewinski, *Heiligkeitsgesetz*, p. 255-258). Les textes ne mentionnant pas Molek comme destinataire du sacrifice (à moins que ‏מלך‎ ne désigne un type de sacrifice, voir les commentaires), sont aussi pris en considération. Pour ceux qui traitent du sacrifice des premiers-nés, voir au § 29. Dans Dt 12, 31, les sacrifices d'enfants apparaissent dans le cadre d'une motivation, c'est pourquoi ce texte est parmi les parallèles secondaires (pour Dt 12, 31 voir aussi au § 1). Lv 20, 3 se retrouve dans les parallèles secondaires du § 62 sur le respect du sanctuaire.

Pour la disposition, les interdictions de Lv 18, 21a et de Dt 18, 10a sont mises au même niveau que la description de l'action dans la protase de Lv 20, 2. Le reste est disposé indépendamment, sauf les introductions et les références à la profanation du Nom dans Lv 18 et 20 ainsi que le début des motivations dans Dt 12 et Lv 20.

Pour les parallèles secondaires, je n'ai pris en compte ni les textes sur les premiers-nés (Ez 20, 26; Mi 6, 7), ni celui sur Molek qui ne mentionne pas les sacrifices humains (1 R 11, 7), ni les sacrifices d'enfants pratiqués par des étrangers (2 R 3, 27; 17, 31), ni le récit du sacrifice d'Isaac (Gn 22), ni celui du voeu de Jephté (Jg 11, 30-40), ni la malédiction sur les fils du reconstructeur des murailles de Jéricho (Jos 6, 26; 1 R 16, 34, sacrifice de fondation?), ni l'allusion possible en Es 30, 33 (voir les commentaires), ni la mention probable de sacrifices humains, et non spécifiquement d'enfants, dans Es 66, 3. Ces textes ne sont pas assez proches de ceux de la synopse. Comme dans celle-ci, le destinataire du sacrifice n'est pas toujours Molek et les expressions pour désigner les sacrifices varient.

---

§ 50 *L'homosexualité: Lv 18, 22; 20, 13*

L'homosexualité est traitée dans le cadre des lois sur les relations sexuelles de Lv 18 et 20. Elle est liée aux prescriptions qui l'entourent mais distincte par son contenu. Dans les deux cas, c'est l'homosexualité masculine qui est condamnée (l'AT ne dit rien de l'homosexualité féminine). Dans le CA, aucune prescription ne traite de ce thème. Dans Dt 23, 18-19, voir § 61, il s'agit de prostitution sacrée plutôt que d'homosexualité.

L'interdiction de Lv 18, 22 et la protase de Lv 20, 13 sont mises en regard, ainsi que les définitions de l'acte comme abomination.

Pour les parallèles secondaires, les textes parlant de l'amitié de deux personnes du même sexe sans la décrire comme homosexualité ne sont pas repris.

§ 51 *La consommation du sacrifice de paix: Lv 7, 11-15.16-21; 19, 5-8; 22, 29-33*

Plusieurs prescriptions règlent le sacrifice de paix. Ici ne sont présentées que celles qui traitent de la consommation du sacrifice. Lv 19, 5-8, grammaticalement lié à son contexte, constitue la première partie de l'une des petites unités de Lv 19 (voir les notes du § 53), avec son sujet et sa forme propres. Dans Lv 22, les v. 29-30 constituent la dernière prescription d'un petit ensemble, v. 26-30. Ils s'en différencient par leur forme et leur contenu. Les v. 31-33 sont une parénèse qui conclut cet ensemble ou celui formé par les ch. 21 - 22. Le v. 32 se retrouve au § 26 sur le respect de Yahvé et de son nom. A la différence des autres textes de la synopse, Lv 22, 29-30 ne parle pas du sacrifice de paix mais du sacrifice de louange qui, selon Lv 7, 11-21, est l'un des types de sacrifices de paix. Ce passage de Lv 7, coordonné à ce qui précède, vient terminer une série de lois sur les sacrifices. Consacré aux sacrifices de paix, il s'intéresse surtout à la définition de ce qui est sacrifié et à sa consommation. Cette loi possède deux sous-cas principaux, v. 12-15 et 16-19a, chacun pour des types particuliers de sacrifices de paix. Le v. 11 en est l'introduction et les v. 19b-21 en sont un appendice, de forme différente. Pour éviter de répéter les autres parallèles, ce passage est disposé sur deux colonnes, l'introduction étant dans la première et l'appendice dans la seconde.

Après les introductions, j'ai disposé, en regard et dans l'ordre, ce qui concerne le jour du sacrifice, le lendemain de ce jour, l'interdiction de manger les restes, l'ordre de les brûler, le refus d'obéir et ses conséquences. La suite est disposée au même niveau pour des raisons de place, alors même qu'il n'y a plus de parallèle.

Beaucoup d'autres textes mentionnent les sacrifices de paix, les décrivent ou les prescrivent. Aucun n'est retenu comme parallèle secondaire car il n'y apparaissent ni les questions de pureté réglées dans Lv 7, 19b-21, ni la limitation du temps de la consommation du sacrifice. Ce dernier thème se retrouve en revanche dans certaines prescriptions sur la Pâque, non reprises ici (Ex 12, 10; 23, 18; 34, 25; Dt 16, 4, voir § 37).

§ 52 *Les restes des récoltes: Lv 19, 9-10; 23, 22; Dt 24, 19-22*

Le CS et le CD prévoient qu'une part des récoltes est pour les démunis: La définition de cette part, les récoltes concernées et les bénéficiaires des restes varient. Malgré ces différences, des parallélismes existent et ont été souvent reconnus (voir les commentaires). Dans Lv 19, les v. 9-10, grammaticalement liés à ce qui précède, mais de thème différent, vont ensemble et sont terminés par une formule d'autoprésentation. Lv 23, 22 appartient au passage sur les fêtes de la Première gerbe (voir § 72) et des Prémices (voir § 39 et les notes). Dans la perspective de son contexte, il n'y est question que des moissons. Dt 24, 19-22 est une unité indépendante des lois qui l'entourent et constituée de trois lois casuistiques en style direct, juxtaposées et conclues par une motivation qui renvoie au v. 18 (en plus, l'appel au souvenir du v. 22 renvoie peut-être à l'oubli du v. 19).

La disposition suit l'ordre du Dt. La motivation de Lv 23, 22 est répétée. Pour des raisons de place, la protase et l'apodose de Dt 24, 20 sont sur la même ligne.

Les restes de la moisson, des vendanges ou de la récolte des olives sont évoqués dans quelques textes soit comme image de l'intervention de Dieu qui laisse ou ne laisse pas de restes (voir par exemple Es 17, 5-6; 24, 13 ou Jr 49, 9), soit dans le récit de Ruth. Ces textes ne sont cependant pas repris comme parallèles secondaires car ils sont trop éloignés des prescriptions de la synopse (le texte de Rt 2, 1-16 est le plus proche, mais le fait de laisser certains épis pour Ruth, v. 15-16, doit être ordonné particulièrement et il est indépendamment de toute coutume ou prescription).

§ 53 *Les atteintes aux biens du prochain: Ex 20, 15.17; Lv 19, 11-12.13a*; Dt 5, 19.21*

Ce cas est un bon exemple des problèmes que peut poser la définition du thème d'une synopse. Dans le Dcl, quels sont les thèmes des huitième et dixième commandements? L'interdiction לא תחמד concerne-t-elle le rapt ou le vol, problème qui se repose pour Lv 19, 11? Le dernier commandement interdit-il l'intention qui précède l'atteinte aux biens du prochain ou l'acte lui-même (pour le développement de ces questions, voir les commentaires et études sur ces textes)? Pour que la synopse laisse autant que possible ces questions ouvertes, l'interdiction לא תחמד se trouve à la fois ici et dans le paragraphe sur le rapt (§ 6). D'autre part, pour inclure le dernier commandement du Dcl, le thème est ici défini assez largement. Ainsi sont présents le huitième et le dernier commandements du Dcl, juxtaposés aux autres dans l'Ex, coordonnés dans le Dt. Pour éviter une multiplication des parallèles, seules les interdictions générales sont retenues. Les atteintes à des catégories particulières de biens ou de personnes ne sont pas reprises ici (pour le vol de bétail, voir § 15; pour le vol d'argent ou d'objets donnés en garde, voir § 18; pour le vol d'animaux confiés en garde, voir § 19; pour le rapt, vol de personnes, voir § 6; pour la convoitise de la femme du prochain, voir § 48; pour les atteintes à des catégories de personnes démunies, voir les § 24 ou 55).

Dans Lv 19, la grande diversité des thèmes, souvent abordés brièvement, pose le problème de la structure et de l'unité du chapitre (voir au point 2.1 l'alinéa consacré à la structure du CS). En partant de l'observation du TM, un des facteurs de structuration est la récurrence des formules d'autoprésentation (יְהוָה אֱלֹהֵיכֶם ou אֲנִי, אֲנִי) qui viennent conclure une petite unité, phénomène visible surtout dans les v. 11-18, avec la formule courte. Pour respecter dans la mesure du possible cette structuration, chacune de ces unités fait comme telle l'objet d'une synopse (font exception les cas où les prescriptions d'une même unité n'ont entre elles que des liens lâches, les v. 5-10, § 51 et 52; 19-25, § 57-59; et 26-28, § 44.22.60). Celles-ci contiennent cependant souvent des prescriptions diverses qui ont un aspect commun mais qui peuvent aussi avoir leurs propres parallèles. Ainsi par exemple, pour les v. 11-12, les interdictions de mentir ou de jurer faussement au nom de Yahvé ont leur place dans le contexte des atteintes aux biens du prochain, auxquelles elles ont souvent dû être liées, mais se retrouvent ailleurs dans d'autres contextes. Pour éviter la multiplication des parallèles, elles y sont reprises indépendamment: pour la tromperie (Lv 19, 11b), voir § 54, et pour le respect de Yahvé et de son nom (Lv 19, 12), voir § 26.

Dans le cadre des v. 11-18, qui traitent des relations sociales (voir Mathys, *Liebe*, p. 67 et 71), les v. 11-12 et 13-14 sont proches par leurs interdictions du vol: גָּנַב וְלֹא (au sens d'une interdiction du vol) et לֹא תִגְזֹל. La différence semble résider dans le fait que les v. 13-14 regroupent des atteintes aux biens du prochain, auxquelles se manifestent la contrainte ou la force (voir Elliger, *Leviticus*, p. 257s.) et qui ne visent pas que les biens du prochain, mais aussi ses droits ou sa personne. L'interdiction לֹא תִגְזֹל apparaît ici seule. Elle sera reprise dans son contexte au § 55 sur l'oppression et les abus envers les faibles (le journalier, le sourd et l'aveugle).

La loi de Lv 5, 20-26 traite d'atteintes diverses aux biens d'autrui, liées à de faux serments (voir § 18 et 26), mais sa visée et sa formulation sont différentes. Elle se trouve donc parmi les parallèles secondaires. Comme dans Lv 19, 11-12, vol, tromperie et faux serments s'y retrouvent.

Pour la disposition, les deux versions du dixième commandement sont mises en parallèle, avec répétition et déplacement d'Ex 20, 17bα. Les interdictions du vol sont mises en regard avec l'interdiction la plus englobante de ce commandement, celle concernant la maison (voir Mayes, *Deuteronomy*, p. 171). La fin de Lv 19, 11-12 vient en dernier.

La généralité du thème multiplie le nombre des parallèles secondaires possibles. Les descriptions d'atteintes aux biens d'autrui et leurs condamnations sont très nombreuses. Un choix est indispensable. Seuls les textes généraux et proches par leur vocabulaire sont repris (pour des textes un peu plus éloignés, voir par exemple Jr 5, 27 ou Ab 5). Les cas particuliers dont les thèmes sont traités dans d'autres synopses s'y trouvent. Aucun récit n'est présent, car tous sont marqués par le caractère défini des objets pris ou des personnes lésées, même si leur vocabulaire est parfois proche (voir par exemple Jos 7, 11.21). Les passages sur le recel ou la complicité ne sont pas non plus retenus (voir par exemple Es 1, 23; Ps 50, 18; Pr 29, 24).

§ 54 *La tromperie: Lv 19, 11b*

Dans le passage sur les atteintes aux biens du prochain (voir le § 53 et ses notes), se trouve l'interdiction de tromper son concitoyen. Cette double interdiction est plus large que le simple mensonge. Elle est sans parallèle dans les lois du Pt et n'apparaît qu'en passant dans le cadre des prescriptions sur les procès dans Ex 23, 7a (voir § 32), mis ici comme parallèle secondaire.

Dans le reste de l'AT, les textes où apparaissent le mensonge ou la tromperie, avec les termes de Lv 19, 11b ou avec des synonymes, sont très nombreux. Il est impossible de tous les citer. Certains appartiennent à des domaines particuliers, comme le faux témoignage, voir § 33, ou les dénonciations des paroles des faux prophètes (Jr 23, 25, ou Ez 22, 28) et des faux dieux (Jr 10, 14, ou Ha 2, 18). Ils ne sont pas repris ici. Il en va de même de ceux qui, mentionnant la tromperie conjointement aux atteintes aux biens du prochain, se trouvent dans les parallèles secondaires du § 53 (Lv 5, 20-26; Os 4,2; 7,1). Les mentions du mensonge de telles personnes ou de tel groupe n'entrent pas non plus en considération. Malgré cela, parmi les passages restants, il a fallu opérer un choix. Seuls quelques exemples sont retenus, deux pour chacune des catégories suivantes: réprobation de la tromperie par Yahvé (Ps 5, 7; Pr 12, 22), conséquences de celle-ci (Pr 12, 19; 20, 17), invitation à ne pas mentir (Ps 34, 14; Jb 15, 31), tromperie et autres méfaits (Es 59, 13; Mi 6, 12) et description ou déclaration d'innocence (Ps 24, 4; 26, 4).

§ 55 L'oppression et les abus envers les faibles (le journalier, le sourd et l'aveugle): Lv 19, 13-14; Dt 24, 14-15; 27, 18

Lv 19, 13-14 constitue une des petites unités de Lv 19 (voir les notes du § 53). Comme dans celles qui l'entourent, il s'agit des relations avec autrui. La particularité de ces versets est d'interdire des relations marquées par l'oppression du prochain en général ou l'abus des faiblesses de certaines catégories de personnes: les journaliers, les sourds et les aveugles. Les interdictions générales sont sans parallèle dans les lois du Pt. Le thème de l'oppression s'y retrouve, mais pour des groupes particuliers (la veuve, l'orphelin et l'étranger, voir § 24). En revanche, les abus des faiblesses du journalier ou de l'aveugle figurent dans le CD. Dt 24, 14-15 traite du journalier dans le cadre d'autres prescriptions humanitaires auxquelles il est relié par des mots crochets (voir Mayes, *Deuteronomy*, p. 326). Dans les Douze malédictions, l'une est consacrée aux abus de la cécité, Dt 27, 18. Vu le nombre restreint de ces parallèles, tous sont présentés dans une même synopse. L'interdiction du vol avec violence (גזל) est aussi présente dans le § 53 sur les atteintes aux biens du prochain (voir les notes).

Pour la disposition, après les interdictions plus générales, en tête dans Lv 19 et Dt 24, j'ai placé au même niveau ce qui concerne le moment de la paie du journalier (Lv 19, 13b et Dt 24, 15aα), puis l'abus de la cécité (Lv 19, 14aβ et Dt 27, 18a) et finalement les motivations (Lv 19, 14b et Dt 24, 15aβ.b) ou la réponse du peuple (Dt 27, 18b).

Le thème de l'oppression est courant dans l'AT, que ce soit dans les récits, les condamnations des prophètes, les descriptions des méchants des psalmistes ou les réflexions des sages. Seuls les passages généraux sur l'oppression utilisant les mêmes termes que les interdictions de la synopse (עשק ou גזל) ou traitant du salaire des journaliers (Ml 3, 5 et Jr 22, 13) sont repris ici. Les abus de la surdité ou de la cécité sont sans parallèle (pour les aveugles, le texte le plus proche est la description du juste comportement de Job envers eux, Jb 29, 15). Pour l'oppression de l'étranger, de la veuve ou de l'orphelin, voir § 24, pour le vol des parents, voir § 5 (Pr 28, 24), pour la fraude dans le commerce, voir § 64 (Os 12, 8). Les passages avec mention du vol ou de la tromperie sont au § 53 (Lv 5, 20-26 et Mi 2, 2) ou 54 (Es 59, 13). Ne sont présents ni les appels d'opprimés, ni les demandes ou les promesses d'absence d'oppression, ni les descriptions ou les récits de cas particuliers, ni les menaces d'oppression, ni les cas où Dieu est sujet des verbes d'oppression. En plus des textes repris, les verbes עשק et גזל se retrouvent ensemble dans Dt 28, 29; Jr 21, 12; 22, 3; Mi 2, 2; Qo 5, 7. Vu le nombre de parallèles secondaires, les contextes sont réduits au minimum.

§ 56 Le conflit avec un frère coupable: Lv 19, 17-18

Lv 19, 17-18 constitue l'une des petites unités de Lv 19 (voir les notes du § 53). Alors que les v. 15-16 concernent le comportement au tribunal, les v. 17-18 n'appartiennent probablement pas à ce contexte (voir la discussion chez Elliger, *Leviticus*, p. 259, ou Mathys, *Liebe*, p. 67) mais à celui des relations à l'intérieur de la communauté. Ce passage est sans parallèle dans les lois de l'AT.

En dehors de ces textes, il existe des parallèles soit au thème dans son ensemble, soit à certains de ses motifs. L'exhortation à l'amour plutôt qu'à la haine du fautif se retrouve dans Pr 10, 12; 16, 6; 17, 9, présentés ici. La haine apparaît aussi dans les textes sur le droit d'asile (Nb 35, 20; Dt 4, 42; 19, 4.6.11; Jos 20, 5), mais le sens et les contextes sont trop différents pour justifier une citation. Le fait de "reprendre" (יכח) un coupable est un thème assez fréquent dans les Pr. Les appels à un tel comportement sont retenus (Pr 19, 25; 24, 24-25; 28, 23), mais non les réflexions sur sa valeur (Pr 6, 23 ou 13, 18) ou les invitations à l'accepter (Pr 10, 17 ou 12, 1). Les incitations à renoncer à sa colère (Ps 37, 8; Pr 30, 33) en sont proches et sont reprises. L'ordre d'aimer son prochain comme soi-même est unique dans l'AT. Les parallèles les plus proches sont Lv 19, 34 qui l'étend à l'émigré (voir aussi § 24) et l'amitié de Jonathan et David, 1 S 18, 1b.3 et 20, 17, textes cités.

§ 57 Les mélanges interdits: Lv 19, 19; Dt 22, 9-11

Dans Dt 22, 9-11 et Lv 19, 19, trois interdictions juxtaposées défendent certains mélanges. Ceux-ci ne sont pas identiques dans les deux textes mais, de part et d'autre, ils concernent les semences, le bétail et les vêtements (dans un ordre différent) et des mêmes termes s'y retrouvent, dont certains n'apparaissent qu'ici dans l'AT. Dans les deux recueils, ces interdictions se détachent bien de leur contexte immédiat par leur contenu, et, pour le CD, par leur forme. Lv 19, 19 constitue cependant le début d'une petite unité (voir les notes du § 53), est lié à ce qui suit et possède une introduction qui vaut probablement pour la fin du chapitre.

Après l'introduction de Lv 19, la synopse est disposée selon l'ordre de Dt 22. La deuxième interdiction de Lv 19 est répétée et déplacée.

Ces interdictions n'ont pas de parallèle dans le reste de l'AT. Pour les vêtements, si seuls les tissus de laine pouvaient être teints (Milgrom, *Consecration*, p. 284), l'interdiction des mélanges de lin et de laine n'est respectée ni pour les habits sacerdotaux (Ex 28, 6.15; 39, 29), ni par l'obligation d'un fil de couleur dans les franges des vêtements (Nb 15, 38), ni pour le manteau de Mardochée (Est 8, 15). Pour les animaux, si l'interdiction de les mélanger s'applique aussi à l'accouplement (Noth, *Leviticus*, p. 123), alors les mentions de mulets, 2 S 13, 29 par exemple, sont des cas d'ignorance ou de non respect de cette loi. Aucun de ces textes n'est cependant cité.

§ 58 *Les relations sexuelles avec une servante promise: Lv 19, 20-22*

Lv 19, 20-22 traite d'un cas particulier, qui n'est abordé ni dans les prescriptions sur les esclaves, ni dans celles sur les relations sexuelles: les relations avec une servante destinée à un homme, mais non encore rachetée ou libérée (thématiquement, ce passage est distinct de son contexte même s'il est lié avec ce qui l'entoure). Dt 22, 23-29 envisage des cas de femmes fiancées ou non encore mariées, mais non celui d'une esclave. Ex 21, 7-11 règle des possibilités de mariage d'une esclave, mais non celui de relations sexuelles avec un autre que le conjoint futur. Ce cas n'est pas non plus un de ceux donnés en exemple pour le sacrifice de réparation (Lv 5, 20-26). Il est sans parallèle dans les lois du Pt, comme dans le reste de l'AT.

§ 59 *Les fruits des jeunes arbres: Lv 19, 23-25*

Lié à son contexte, Lv 19, 23-25 s'en distingue par son contenu. Terminant l'une des petites unités du chapitre, il finit par une formule d'autoprésenta-tion. Cette prescription, qui concerne les premières récoltes faites sur un arbre fruitier, est sans parallèle dans les lois du Pt. Elle a été rapprochée de Dt 26, 1-11, mais les parentés relevées sont trop lointaines pour justifier une synopse (proposition de Jagersma, discutée par Cholewinski, *Heiligkeitsgesetz*, p. 271-273). Le reste de l'AT n'offre pas de parallèle secondaire.

§ 60 *Rites de deuil interdits: Lv 19, 27-28; 21, 5-6; Dt 14, 1-2*

Dans la suite des paragraphes de Lv 19 (voir les notes du § 53), les v. 26-28 constituent une petite unité. Celle-ci contient des thèmes variés et sans lien entre eux, si ce n'est qu'ils concernent tous des pratiques religieuses interdites. Pour cette raison, l'ensemble n'est pas repris comme tel en un seul paragraphe. Pour le v. 26a, voir le § 44 sur la consommation du sang, des v. 26b, voir le § 22 sur les devins et les magiciens. Les interdictions des v. 27 et 28 ont des thèmes plus proches. Il est probable qu'elles concernent toutes les pratiques mortuaires (voir les commentaires) et elles sont toutes des atteintes à son propre corps. Ces interdictions se retrouvent pour la plupart dans Lv 21, 5-6. Ce passage appartient aux interdictions concernant la sainteté des prêtres dans leur vie privée (Lv 21, 1-15, voir § 66), plus précisément au paragraphe sur les interdictions liées aux décès, v. 1-6. Seuls les v. 5-6 sont présents. Lv 21, 6 se retrouve au § 31 sur l'exigence de sainteté. Dt 14, 1-2 contient aussi des rites de deuil interdits. Ils sont proches de ceux du CS, même si les pratiques visées de part et d'autre ne sont probablement pas identiques. Ces versets sont grammaticalement indépendants et se distinguent de leur contexte par leur thème. Ils possèdent un cadre parénétique qui leur sert d'introduction et de conclusion.

Pour la disposition des parallèles, les interdictions correspondantes (tonsure des cheveux, coupe de la barbe et incisions) sont mises chacune au même niveau, de même que les motivations. L'interdiction du Dt concernant la coupe des cheveux est répétée et déplacée.

Les rites de deuil interdits par le CS et le CD ne le sont pas ailleurs dans l'AT. Ils sont mentionnés dans des descriptions ou dans des menaces des prophètes. Ne sont repris ici que les textes qui concernent les incisions ou la tonsure des cheveux ou de la barbe, coutumes pratiquées dans les religions avoisinantes. Pour ne pas alourdir la synopse, seules deux attestations de ces pratiques par d'autres peuples sont citées: Jr 48, 37 et Es 15, 2 (pour d'autres cas, voir 1 R 18, 28 (rite de mort?); Jr 47, 5, ou Ez 27, 31). Ce qui concerne les tatouages (Lv 19, 28) est unique dans l'AT. Des incisions apparaissent aussi en Mi 4, 14, mais elles ne semblent pas liées au deuil. Ce passage est laissé de côté. Se raser la tête appartenait aussi à d'autres coutumes, rite de purification ou déportation par exemple (voir Lv 14, 9 ou Es 3, 24), textes non repris.

§ 61 *La prostitution sacrée: Lv 19, 29-30; 21, 9; Dt 23, 18-19*

Dans la suite des prescriptions de Lv 19, les v. 29-30 constituent une petite unité (voir les notes du § 53). Les thèmes des v. 29 et 30 sont différents: interdiction de la prostitution, v. 29, respect du sabbat (voir § 35) et du sanctuaire (voir § 62), v. 30. Cependant il s'agit très probablement ici de prostitution sacrée (voir Elliger, *Leviticus*, p. 262, ou Cholewinski, *Heiligkeitsgesetz*, p. 273) et, comme le suggère Elliger, le respect du sanctuaire pourrait être exigé parce que le salaire de la prostitution sacrée était apporté au Temple, acte considéré comme profanateur (voir le texte parallèle de Dt 23, 18-19 et Mi 1, 7). L'ensemble de Lv 19, 29-30 est donc présent dans la synopse. Le sabbat est mentionné conjointement au sanctuaire, comme dans la synopse. Le sabbat est mentionné conjointement au sanctuaire, comme dans Lv 26, 2. Lv 21, 9 sanctionne la prostitution de la fille d'un prêtre. Comme dans Lv 19, il est probable qu'il s'agisse ici de prostitution sacrée (Elliger, *Leviticus*, p. 289). Ce verset forme un appendice au passage sur la sainteté des prêtres dans leur vie privée, coordonné à son contexte mais différent par son contenu (v. 1-9, voir § 66). Dans Dt 23, 18-19, la prostitution sacrée, masculine et féminine, ainsi que l'apport de son salaire dans le Temple sont interdits. Ces versets, entourés d'interdictions indépendantes, s'en distinguent par leur thème et ont leur propre motivation.

La synopse est disposée en fonction des parallèles suivants: ce qui concerne la prostitution féminine (interdiction ou protase), ses conséquences (prostitution de la terre et impudicité dans Lv 19, 29, sanction et justification, dans Lv 21, 9), ce qui concerne le sanctuaire et finalement les motivations.

Dans le reste de l'AT, nombreux sont les textes où apparaît la prostitution comme acte sacré ou profane, au sens propre ou comme image pour décrire l'infidélité religieuse d'Israël. Il est parfois difficile de savoir de quoi il s'agit (comme pour l'adultère, voir § 48). L'ambiguïté entre sens propre et figuré peut être un choix, voir notamment Ez 16 ou Os 1 – 3, et le vocabulaire ne permet pas toujours de distinguer prostitution sacrée et profane (זנה et קדשה peuvent être synonymes, Jacob, *Osée*, p. 43). En plus, dans certains passages où il est question d'adultère, il pourrait en fait s'agir de condamnations de la prostitution sacrée (ainsi par exemple Ez 18, 6.11.15, selon Wolff, *Dodekapropheton 1*, p. 109s.). Les parallèles retenus concernent la prostitution sacrée au sens propre ou figuré, quand il s'y trouve des éléments descriptifs proches de ceux des textes synoptiques (Ez 16, 31 par exemple, pour les autres, voir entre autres Jr 3, 6; Ez 16.23, et Os 1 – 3). Les textes sur la prostitution profane ne sont pas repris, par exemple Gn 38, 15-26 (à noter qu'au v. 24 est demandée la mort par le feu, comme en Lv 21, 9); Jb 36, 14 ou Pr 7, 6-23, ni les allusions au salaire des prostituées sacrées (Ez 16, 34; Os 2, 14, et Mi 1, 7).

§ 62 *Le respect du sanctuaire: Lv 19, 30*; 26, 2**

Dans la petite unité de Lv 19 sur la prostitution sacrée (voir § 61), et en relation avec le commandement sur le sabbat (voir au § 35 où Lv 19, 30 et 26, 2 figurent en entier), est ordonné le respect du sanctuaire. Comme indiqué dans les notes du § 61, ce thème est repris ici séparément. Il se retrouve dans Lv 26, 2 qui est identique à Lv 19, 30. Il n'apparaît jamais ailleurs de manière positive, mais il se trouve sous une forme négative dans des motivations du CS et de P. Dans Lv 21, 12.23, la forme est semblable à celle d'une interdiction mais le rôle est différent et la construction est autre que celle des interdictions précédentes. Ces passages, avec Lv 20, 3 et Nb 19, 20, sont présents parmi les parallèles secondaires.

Les formulations étant courtes et identiques, le commandement et la formule d'autoprésentation sont sur la même ligne.

Les autres parallèles secondaires n'appartiennent pas au Pt. La profanation ou l'impureté du sanctuaire s'y trouvent dans le cadre de dénonciations de fautes du peuple et d'annonces de châtiments. Les textes où Dieu est sujet de la profanation (Ez 24, 21) ou la demande (Ez 9, 6), ceux où elle est faite par des païens (Jr 51, 51; Ez 25, 3; 28, 18, temple de Tyr; 44, 7; Ps 74, 7; 79, 1; Lm 1, 10; Dn 11, 31), ou ceux où il s'agit de sanctifier le Temple (1 R 9, 3; 2 Ch 29, 5.15) ne sont pas repris. Il en va de même pour Ez 22, 8.26 où la profanation semble concerner des choses saintes plutôt que le lieu saint et pour Ez 8 qui décrit les abominations commises par les Israélites dans le Temple.

§ 63 *Le respect des personnes âgées: Lv 19, 32*

Lv 19, 32 constitue une unité qui est terminée par une formule d'autoprésentation et qui a son thème propre: le respect des personnes âgées. Ce thème n'est pas abordé ailleurs dans les lois du Pt. En dehors des textes de lois, il se trouve dans certains récits, par exemple dans celui du schisme entre Juda et Israël, 1 R 12, 1-19 (voir les v. 6-8). Comme souvent, les anciens y apparaissent à cause de leur fonction sociale plutôt que de leur âge. Dans la littérature sapientiale, les anciens sont aussi respectés comme les plus sages, même si leur sagesse est parfois contestée (voir Jb 12, 20; 32, 6-9). Dans quelques textes, le respect leur est dû en tant que parents (Gn 44, 30-34, ou Pr 23, 22). Aucun de ces passages n'est repris ici, car ils ne sont pas assez proches de Lv 19, 32 où l'âge semble plus important que la fonction. Seules les menaces de perte de respect pour les anciens et les descriptions de telles situations sont retenues. Le fait de se lever devant un vieillard n'est pas attesté ailleurs, si ce n'est peut-être indirectement en Jb 29, 8 qui dit que même les vieillards se levaient devant Job. Trop éloigné, ce passage n'est pas cité.

§ 64 *L'équité dans le commerce: Lv 19, 35-37; Dt 25, 13-16*

Lv 19, 35-36 constitue la dernière unité du chapitre distincte par sa forme et son thème. Le v. 37 sert de conclusion aux v. 19-37 ou à l'ensemble de Lv 19. Le thème des v. 35-36 est l'équité dans le commerce, même si la première interdiction du passage, identique à Lv 19, 15aα a une visée plus large (voir le § 32 sur l'impartialité dans les procès où elle se trouve dans les parallèles secondaires). Ce thème est aussi traité dans le CD, en Dt 25, 13-16, passage lui aussi distinct de son contexte par sa forme et son thème.

La disposition de la synopse suit la structure commune aux deux textes: interdiction, affirmation positive, motivation (Cholewinski, *Heiligkeits-gesetz*, p. 279). Les parallèles de mots ne sont pas mis en évidence. Certains versets, vu leur brièveté, sont mis en entier sur une seule ligne.

Dans le reste de l'AT, ce thème est présent dans les reproches ou les commandements des prophètes ainsi que dans les réflexions des sages. L'expression "balance juste" se trouve encore dans Jb 31, 6, mais à propos du jugement de Dieu. Ce texte n'est pas cité. Dans Ez 45, le passage sur l'équité dans le commerce comprend les v. 10-12. Seul le v. 10 est repris car les v. 11-12 définissent les rapports entre les mesures, motif absent des lois du Pt.

§ 65 *Animaux purs et impurs: Lv 11, 1-23.41-47; 20, 24-26; Dt 14, 3-20*

Dans la parénèse qui termine Lv 20 (v. 22-26), se trouve la prescription sur les animaux purs et impurs. Elle est suivie par l'exigence de la sainteté qui lui sert de motivation (Lv 20, 26, voir § 31 et ses notes). Les v. 22-23 sont repris avec ce qui précède (voir § 46). Lv 11 suit l'une des lois sur le pur et l'impur. Son thème est plus large que celui de Lv 20, 25 car il englobe aussi les impuretés dues au contact de cadavres d'animaux. Les v. 24-40, consacrés à ce sujet, ne sont pas repris ici pour ne pas allonger la synopse. Dans le CD, Dt 14, 3-21 constitue un ensemble de prescriptions sur l'alimentation (cet ensemble comprenait peut-être, dans un état antérieur, une partie des v. 1-2, voir Mayes, *Deuteronomy*, p. 237-239). Les v. 3-20 en constituent la première partie. Suivent, juxtaposées, l'interdiction de manger des bêtes crevées (voir § 30) et celle de cuire un chevreau dans le lait de sa mère (voir § 41). Certains parallèles de structures entre ces trois textes ne peuvent être mis en évidence: les prescriptions sur les animaux purs et impurs et celles sur les cadavres se suivent dans Dt 14 et Lv 11; le motif de la sainteté qui apparaît en finale dans Lv 11 et 20 (voir synopse) est aussi présent dans Dt 14, au v. 11.

Les textes de Lv 11 et de Dt 14 sont très proches dans leur structure et leur formulation. C'est l'un des rares cas où la tradition textuelle manifeste une tendance à l'uniformisation, voir l'apparat critique de la BHS. La disposition suit leur ordre. Les parallèles de mots, ainsi que les absences de correspondance et les croisements, sont autant que possible mis en évidence (notamment dans les listes d'animaux). Pour cela quelques répétitions sont effectuées (en général, seul l'élément le plus bref est répété). Lv 20, 24-26 est disposé en fonction des autres textes. Pour les questions de place, les motivations ne sont pas toujours mises à la ligne.

Dans le reste de l'AT, les parallèles secondaires sont rares. La consommation du porc apparaît dans Es 65, 4; 66, 17 (la mention de sacrifices de porcs dans Es 66, 3 n'est pas citée). Les textes de Jg 13, 14 et Os 9, 3, qui parlent de nourriture impure, sans préciser de quoi il s'agit, sont repris. Pour la consommation des bêtes crevées, voir le § 30. L'exigence de distinguer entre le pur et l'impur apparaît de manière générale en Lv 10, 10; Ez 22, 26; 44, 23. Les formulations sont proches de celles de Lv 11, 47; 20, 25, mais ne sont pas retenues.

§ 66 *La sainteté des prêtres, rites de deuil et de mariage: Lv 10, 6-7; 21, 1-9.10-15*

Lv 21, 1-15 forme une unité avec son introduction et son thème propre. Ce passage contient des prescriptions pour la préservation de la sainteté des prêtres, v. 1-9, et du grand-prêtre, v. 10-15. Ces deux parties sont mises en parallèle car leur structure est semblable (rites de deuil, motivations, mariage, motivations), même si les règles sont différentes (plus strictes pour le cas de grand-prêtre). Lv 21, 1-9 a en plus, en appendice, une règle pour le cas de prostitution de la fille d'un prêtre, v. 9 (voir aussi au § 61 sur la prostitution sacrée). Pour Lv 21, 4-5, voir aussi le § 60 sur les rites de deuil interdits, pour 21, 6, le § 31 sur l'exigence de la sainteté. Lv 10, 6-7 donne, en conclusion d'un récit (v. 1-7), une règle sur les rites de deuil pour les prêtres. Seule cette règle est reprise.

La description de la synopse suit l'ordre commun à Lv 21, 1-9 et 10-15. Lv 10, 6-7 est placé en fonction de cet ordre. La description du grand-prêtre, Lv 21, 10a, est mise en regard des introductions de Lv 21, 1-9 et 10, 6-7. Sa fonction n'est pas similaire, mais elle indique le destinataire de la loi, ce qui correspond à l'un des rôles des formules d'introduction.

Pour les parallèles secondaires, seuls les textes analogues sur les rites de deuil des prêtres ou leur mariage sont retenus (Ez 44, 20 concerne probablement des rites de deuil). Pour les rites de deuil pour tous, voir notamment au § 60. Le texte d'Ez 24, 15-23 n'est pas repris car il s'agit d'un récit d'action symbolique. Lv 21, 14b, qui exige probablement que le grand-prêtre prenne pour épouse "une jeune fille de sa parenté" (בְּתוּלָה, TOB, AT, p. 241), a aussi été compris comme interdisant le mariage avec une étrangère, comme Ez 44, 22 et Né 13, 28-29 (voir Elliger, *Leviticus*, p. 290), mais les autres textes sur ce sujet ne sont pas retenus (sur l'interdiction des mariages entre Israélites et étrangers, voir le § 111).

§ 67 *Cas d'infirmité des prêtres: Lv 21, 16-24*

Lv 21, 16-24 forme une unité avec son introduction et sa conclusion. Ce passage règle les cas de prêtres infirmes. Ce thème n'est pas abordé ailleurs dans l'AT.

§ 68 *Cas d'impureté des prêtres: Lv 22, 1-9*

Lv 22, 1-16 constitue une unité composée de deux parties coordonnées, la première sur les cas d'impureté des prêtres, v. 1-9, et la seconde sur les consommateurs des nourritures saintes, v. 10-16 (voir § 69). Elles se terminent toutes deux par la même formule. Au v. 17 commence une nouvelle unité avec une formule narrative d'énonciation. Les cas d'impureté énumérés ici sont traités dans d'autres passages des lois du Pt (voir Lv 11 - 15; Nb 19, 11-22), mais dans une perspective différente et sans limitation aux seuls prêtres. Les bains pour la purification des prêtres apparaissent aussi ailleurs, mais dans des contextes différents (voir Ex 29, 4; 30, 17-21; Lv 8, 6; 16, 4). En dehors du Pt, la purification d'un prêtre suite à un deuil est évoquée en Ez 44, 26-27 mais les règles y sont autres. Aucun de ces textes n'est donc retenu. Les v. 8-9, sur la consommation des bêtes crevées, sont repris dans la synopse sur ce thème, § 30.

§ 69 *Les consommateurs des nourritures saintes: Lv 5, 14-16; 22, 10-16*

Lv 22, 10-16, seconde partie des v. 1-16 (voir les notes du § 68), traite de qui peut manger les nourritures saintes. Le v. 14 règle le cas de la personne qui en consommerait involontairement. Ce cas est aussi traité par Lv 5, 14-16 qui constitue le début de la loi sur les sacrifices de réparation (אָשָׁם). Les v. 17-19, qui lui sont liés, forment un sous-cas ou un deuxième cas principal. Ils ne sont pas cités car l'occasion de la faute y est autre.

L'introduction de Lv 5, 14 est disposée en face du début de Lv 22, 10-16, puis les protases et les apodoses de Lv 5, 15-16 et 22, 14 sont en regard, avec une mise en évidence des parallèles de mots pour l'apodose.

Dans les lois sur les sacrifices et les offrandes, les consommateurs des parties saintes sont parfois déterminés. Ne sont retenus ici comme parallèles secondaires qu'Ex 29, 33; Lv 6, 11.22; 7, 6; 10, 14a où cette détermination est explicite et non les passages où seule l'attribution est définie (voir § 82 sur les revenus des prêtres et des lévites). Lv 7, 19b-20 n'est pas cité, car il ne s'agit pas là de choses saintes au sens de Lv 22, 10-16. Dans le reste de l'AT, la consommation de nourriture sainte par des laïcs n'apparaît que dans le récit du passage de David auprès du prêtre Ahimélek, 1 S 21, 2-7. Ce

motif est absent de la suite de l'histoire des prêtres de Nov (1 S 22, 6-23). Seuls les v. 5-7 sont repris.

§ 70 *Cas d'infirmité des victimes sacrificielles: Lv 22, 17-25; Dt 17, 1*

Lv 22, 17-25 constitue une unité thématique avec son introduction, la suivante est au v. 26. Ce passage traite des cas d'infirmité des victimes des sacrifices pour certains types d'holocaustes et de sacrifices de paix (selon Elliger, *Leviticus*, p. 298, il s'agit là de sacrifices privés auxquels sont appliquées les exigences des sacrifices officiels). Ce même thème est abordé dans Dt 17, 1 pour les sacrifices de paix, dans le cadre de prescriptions cultuelles juxtaposées.

Pour la disposition de la synopse, Dt 17, 1 est mis en regard de ce qui concerne les sacrifices de paix dans Lv 22. En face de la motivation de Dt 17, 1 est répétée celle de Lv 22, 20b qui concerne les holocaustes mais qui est la plus proche.

Ce thème apparaît comme l'un des motifs des lois de P sur les sacrifices: les animaux offerts doivent être "sans défaut" (תָּמִים). Ce motif n'est cité parmi les parallèles secondaires que pour les lois sur les holocaustes et les sacrifices de paix (Lv 1, 3a.10; 3, 1.6; pour les autres sacrifices et dans les prescriptions sur les fêtes, voir Ex 12, 5; 29; 1; Lv 4, 3.23.28.32; 5, 15.18.25; 9, 2.3; 14, 10; 23, 12.18; Nb 6, 14; 19, 2; 28, 3.9.11.19.31; 29, 2.8.13.17.20.23.26.29.32.36; Ez 43, 22.23.25; 45, 18.23; 46, 4.6. 13). Dans Dt 15, 21, ce motif se trouve dans les sacrifices de premiers-nés. Ce texte est repris car les infirmités y sont décrites. Seuls Ml 1, 8 et 13-14, versets retenus, mentionnent des cas de non respect de cette exigence.

§ 71 *Les sacrifices d'animaux nouveau-nés: Lv 22, 26-28*

La dernière partie de Lv 22, v. 26-33, regroupe deux prescriptions sur les sacrifices d'animaux nouveau-nés (v. 26-28) et une autre, coordonnée, sur la consommation du sacrifice de paix (v. 29-30, voir § 51). L'ensemble est conclu par une parénèse, v. 31-33. Les v. 26-28 sont composés d'une introduction, v. 26, d'une règle sur le moment à partir duquel un animal peut être offert, v. 27, et d'une interdiction de sacrifier ensemble une bête et son petit, v. 28 (ces deux lois sont liées et commencent par une désignation des animaux concernés qui précède les verbes dont ils sont les objets). La règle du v. 27 n'est le thème d'aucune autre prescription. Ex 21, 28b-29, sur les premiers-nés (voir § 29), a un motif analogue. Ce texte est repris comme parallèle secondaire. Le v. 28 a été rapproché de l'interdiction de cuire un chevreau dans le lait de sa mère (voir § 41). Ces deux interdictions se meuvent probablement dans un type de représentation religieuse similaire (voir Elliger, *Leviticus*, p. 301), mais on ne peut parler de parallélisme.

Ni ces prescriptions ni les coutumes qu'elles réprouvent ne sont attestées ailleurs dans l'AT.

§ 72 *La fête de la Première gerbe: Lv 23, 9-14*

Première partie de ce qui concerne les moissons (voir les notes du § 39), Lv 23, 9-14 institue une fête par ailleurs inconnue. Elle n'est pas sans rapport avec d'autres, que ce soit celle des Pains sans levain ou celle des Prémices, mais a son caractère propre. A la différence des textes sur les offrandes de prémices, il s'agit là d'une fête collective et non d'une offrande que chacun ferait séparément (Noth, *Leviticus*, p. 148).

§ 73 *Le jour de l'Acclamation: Lv 23, 23-25; Nb 29, 1-6*

Lv 23, 23-25 constitue un paragraphe de Lv 23, avec sa propre introduction (la suivante est au v. 26). Il est consacré au jour de l'Acclamation. Cette fête, qui correspond à la néoménie du septième mois, ou au premier de l'an dans certains calendriers, est présente dans la liste de Nb 28 - 29 dont elle forme l'une des parties. Elle n'est pas connue ailleurs dans les lois du Pt.

L'ordre des motifs n'est pas identique dans Lv 23 et Nb 29, c'est principalement le nom de la fête dont la place varie, d'où la répétition de ce nom dans Lv 23. Après l'introduction (Lv 23, 23-24a), j'ai placé en regard la date, l'ordre de tenir une assemblée, l'interdiction du travail, le nom de la fête (avec répétition et déplacement dans Lv 23) et les indications concernant les sacrifices à offrir (motif plus développé dans Nb 29).

Dans le reste de l'AT, cette fête est inconnue sous ce nom. Des fêtes des néoménies (par exemple en Nb 28, 11-15; Es 1, 13; Ez 45, 17; Am 8, 5; Esd 3, 5) ou de changement d'années (Ex 23, 16; 34, 22, ou Ez 45,18-19 entre autres) sont attestées mais sans parenté avec le jour de l'Acclamation. Le seul texte retenu est celui de Né 8, 2 où, à la même date, une assemblée religieuse, jour décrit comme saint au v. 9 (la même date apparaît dans Esd 3, 6, mais sans indication de fête ou de rassemblement particulier). Les relations entre le récit de Né 8 et le Nouvel an ou le jour de l'Acclamation sont discutées (voir les commentaires).

§ 74 *Le jour des Expiations: Lv 16, 29-34; 23, 26-32; Nb 29, 7-11*

La présentation la plus détaillée du jour des Expiations (ou du Grand pardon) est celle de Lv 16. Les v. 1-28 décrivent les rites à accomplir par Aaron ou les prêtres et les v. 29-34 donnent des compléments en reprenant aussi certains aspects du rituel. La synopse ne présente que les v. 29-34. Les v. 1-28 sont parmi les parallèles secondaires pour éviter d'allonger avec des données trop différentes (à noter cependant, entre les v. 1-28 et 32-34, les motifs parallèles suivants: l'officiant, v. 32a et 2, ses vêtements, v. 32b et 4, l'expiation pour le sanctuaire, la tente et l'autel, dans le même ordre, v. 33 et 14-16a.16b.18-19, ainsi que pour les prêtres et le peuple, v. 33 et 17.24). Entre Lv 16, 1-28 et Nb 29, 7-11, il existe des parentés quant aux sacrifices à offrir, mais les correspondances restent difficiles à établir et Nb 29, 11 semble indiquer que les sacrifices demandés par le rite même des expiations s'ajoutent à ceux décrits dans les v. 8-10 (voir de Vaulx, *Nombres*, p. 341). Dans Lv 23 et Nb 28 - 29, les indications sur cette fête constituent un paragraphe, avec les délimitations propres à ces chapitres.

Les motifs parallèles disposés en regard sont les suivants: date, rassemblement, jeûne, interdiction de travailler (Lv 16, 29; 23, 27-28a; Nb 29, 7), justification (Lv 16, 30; 23, 28b), repos et jeûne (Lv 16, 31; 23, 32). L'indication de Lv 23, 27b sur les sacrifices est répétée et déplacée pour être mise au niveau de Nb 29, 8. La suite de Nb 29 est disposée indépendamment des autres textes. Lv 23, 31b est déplacé en face de Lv 16, 31b. Dans Lv 16, 29-34, l'indication de la validité perpétuelle revient trois fois. Seule l'une d'entre elles est mise au niveau de celle de Lv 23.

Le nom et la date de cette fête ne se retrouvent qu'en Lv 25, 9. Dans Ex 30, 10, une expiation annuelle similaire est instituée pour l'autel des parfums, mais sans indication de date. Ez 45, 18-20 a une célébration proche, mais à une date différente. Ces textes sont présents parmi les parallèles secondaires. En revanche ne sont pas repris Ez 40, 1, qui a la même date mais sans rite particulier, ainsi que Lv 14, 7 et Za 5, 5-11 où l'on retrouve des transferts d'impuretés ou de fautes (voir de Vaux, *Institutions*, vol. 2, p. 417, et Martin-Achard, *Essai*, p. 110).

§ 75 *Le service de la lampe du sanctuaire: Ex 27, 20-21; Lv 24, 1-4*

Lv 24, 1-9 forme une unité composée de deux prescriptions liées qui concernent des actes rituels à accomplir tous les jours ou toutes les semaines dans le sanctuaire. Elles sont coordonnées à leur contexte mais s'en différencient par des formules d'introduction et de conclusion ainsi que par leur thème. La première loi, v. 1-4, traite du service de la lampe du sanctuaire (ou des lampes dans le v. 4 et d'autres textes), la seconde, v. 5-9, de la fabrication, de la disposition et de la consommation des pains d'offrande. La lampe et les pains (ou leur table) apparaissent aussi ensemble dans Ex 25, 23-39; 26, 35; 30, 27; 35, 13-14; 37, 10-24; 39, 36-37; 40, 4.23-25; Nb 3, 31; 4, 7-10; 1 R 7, 48-49; 1 Ch 28, 15-16; 2 Ch 4, 19-20; 13, 11. Ils sont séparés ici à cause de la diversité de leurs parallèles. Les règles sur le service de la lampe du sanctuaire se retrouvent dans Ex 27, 20-21, texte presque identique à Lv 24, 1-4 et ayant la même structure, lié par une copule à son contexte mais formant une petite unité. Les parallèles de mots sont mis en évidence (seules deux expressions sont inversées, dans la description du lieu où se trouve la lampe).

Le service de la lampe du sanctuaire apparaît comme motif dans Ex 30, 7b-8a, à propos de l'utilisation de l'autel des parfums, et dans Nb 4, 16a, à propos des fonctions des lévites. Ces passages sont présents dans les parallèles secondaires, de même que Nb 3, 31 qui appartient au recensement des lévites. Ne sont pas repris Ex 40, 4.25, à propos de la consécration du sanctuaire et des prêtres, Ex 25, 6; 26, 35; 30, 27; 35, 14; 39, 37, simples mentions de la lampe ou de l'huile, et Ex 25, 31-39; 37, 17-24; Nb 4, 9-10; 8, 1-4, prescriptions sur la fabrication de la lampe ou sur son transport.

En dehors du Pt, les passages sur le service de la lampe du sanctuaire sont tous cités. Ne le sont pas les descriptions de sa fabrication, 1 R 7, 49; 1 Ch 28, 15; 2 Ch 4, 7, la simple mention dans Jr 52, 19, ainsi que la vision du chandelier et son approvisionnement dans Za 4, 1-5.12-14.

§ 76 *Le service des pains d'offrande: Lv 24, 5-9*

En relation avec le service de la lampe du sanctuaire (voir le § 75), Lv 24, 5-9 traite des pains déposés sur la table dans le sanctuaire (ces pains, souvent dits de "proposition", n'ont pas de nom particulier dans ce texte).

Ce passage est la seule loi consacrée au service de ces pains (Nb 3, 31 qui y fait probablement allusion n'est pas cité). Dans les lois, ils apparaissent ailleurs en lien avec la table sur laquelle ils sont déposés mais, à part en Ex 25, 30, texte repris, ils ne sont repris, ils ne sont pas mentionnés et leur service n'est pas décrit (voir Ex 35, 13; 39, 36; 40, 4.23; Nb 4, 7). Dans le reste de l'AT, seuls les passages sur leur service sont retenus, (pour d'autres textes, voir par exemple 1 R 7, 48 ou 2 Ch 2, 3).

§ 77 *Incitations à l'apostasie: Dt 13, 1-6.7-12.13-19*

Dt 13, 2-19 se compose de trois lois casuistiques en style direct juxtaposées, v. 2-6. 7-12. 13-19, qui traitent de cas d'incitations à l'apostasie (il ne s'agit pas d'une invitation à renier la foi mais à adorer d'autres dieux, en plus ou à la place de Yahvé). Le v. 1, aussi pris en considération avec Dt 12, 29-31, sert de liaison entre les chapitres 12 et 13 (voir les notes du § 43 sur la structure de Dt 12 et le § 1 sur les autres dieux, les idoles et leurs cultes). La suite a une forme et un thème différents. Ces prescriptions sont

séparés dans les lois de l'AT. Le syncrétisme ou les autres cultes y sont traités (voir § 1) mais la particularité de Dt 13 est de régler des cas d'incitations (voir von Rad, *Deuteronomium*, p. 68). Les trois cas pris en considération ont entre eux des parallèles de structure importants (voir le même phénomène dans Dt 12, § 43 et ses notes) et il intéressant de les présenter synoptiquement.

L'ordre des motifs disposés en regard est le suivant: les incitateurs à l'apostasie (dont la description se termine par נדח?), leurs paroles, l'interdiction de les écouter (plusieurs interdictions dans les v. 7-12, aucune dans les v. 13-19 qui présentent l'exigence de mener une enquête), l'injonction de leur mise à mort, des motivations (dans les deux premiers cas certains termes des motivations sont mis en parallèle).

Dans le reste de l'AT, ce thème est peu fréquent. Les cas d'apostasie ou de syncrétisme sont nombreux, mais ceux d'incitations à l'apostasie sont rares. Les incitations par des conjoints étrangers (Ex 34, 16; Dt 7, 4; 1 R 11, 4; Né 13, 26, voir au § 111) ou des étrangères (Nb 25, 2) ne sont pas repris. Il en va de même des textes où Dieu renvoie Israël à ses dieux (Jg 10, 14; Ez 20, 39), de 1 S 26, 19, où David n'est pas directement incité à suivre d'autres dieux mais où sa situation devrait l'y contraindre, et de Jr 28, 16, qui contient une expression proche de Dt 13, 6, mais dont le thème est celui de la fausse prophétie. Plusieurs motifs de Dt 13 ont des parallèles ailleurs sans que ceux-ci ne soient cités: les cultes rendus à d'autres dieux (voir § 1, les v. 2-7 sont les plus proches), les faux et les vrais prophètes (voir Dt 18, 15-22 et le § 83), l'amour de Dieu (voir Dt 6, 5) ou la punition contre une ville coupable (voir Jg 20).

§ 78 *La dîme: Lv 27, 30-34; Nb 18, 25-29; Dt 14, 22-29; 26, 12-19*

La dîme fait l'objet de plusieurs prescriptions du Pt, chacune l'abordant avec sa propre perspective. Dans Dt 14, 22-29, l'accent porte sur l'adaptation de cette pratique à la centralisation du culte et sur la dîme triennale (voir von Rad, *Deuteronomium*, p. 73) ou, selon Crüsemann (*Tora*, p. 254s.), sur l'abolition de la dîme royale et la création, avec la dîme triennale, d'un impôt social. Ce passage est la première prescription sur les institutions ou les obligations récurrentes (voir Mayes, *Deuteronomy*, p. 109), mais elle est indépendante et a son propre thème. Dans Dt 26, les deux prescriptions juxtaposées des v.1-11 et 12-15 ont pour but d'indiquer les déclarations à faire devant Dieu respectivement lors de l'offrande des prémices et de l'apport de la dîme triennale. La parénèse qui suit, v. 16-19, termine le CD. Lv 27, 30-33 cherche à délimiter les possibilités et les modalités de rachat de la dîme. Ce passage, lié à ce qui précède, forme un appendice au ch.

27 qui traite de la tarification des voeux et des biens consacrés à Dieu, le v. 34 en est la conclusion. Dans Nb 18, 25-29, le but est de rappeler que les bénéficiaires de la dîme sont les lévites et d'instituer pour eux une dîme sur la dîme. Ce passage forme une petite unité avec son introduction (la suivante est au v. 30) dans le cadre des revenus des prêtres et des lévites (Nb 18, 8-32, voir § 82). Tous ces passages sont très différents, mais chacun formule le principe même de la dîme. Seules ces formulations sont placées en regard (Lv 27, 30a; Nb 18, 26b, et Dt 14, 22a pour la dîme annuelle, Dt 14, 28-29a, et 26, 12 pour la dîme triennale). Pour le reste, les prescriptions sont disposées indépendamment les unes des autres.

Les autres textes sur la dîme sont tous repris sauf les simples mentions, Dt 12, 6.11, les indications sur le stockage, Né 12, 44; 13, 5; 2 Ch 31, 12, et ce qui concerne la dîme pour le roi, 1 S 8, 15.17. Dans Nb 18, 21-32, l'ensemble du passage est lié au prélèvement de la dîme. En dehors des v. 25-29, qui sont dans la synopse, seuls les v. 21 et 24 sont parmi les parallèles secondaires, car ils établissent l'attribution de la dîme, alors que les v. 22-23 et 30-32 la justifient.

§ 79 *Le nombre des témoins: Nb 35, 30; Dt 17, 6-7; 19, 15*

La détermination du nombre des témoins nécessaires à une condamnation apparaît dans des contextes divers. Dans Dt 19, 15, elle constitue une prescription indépendante liée thématiquement aux v. 16-21 sur les faux témoignages (voir § 33). Dans Dt 17, 6-7, elle termine la prescription sur la dénonciation d'adorateurs d'autres dieux (v. 2-7, voir § 1 sur les autres dieux, les idoles et leurs cultes), sans lui être liée grammaticalement. Dans Nb 35, 30, elle appartient, avec les v. 31-34 auxquels elle est coordonnée, aux "précisions complémentaires" (de Vaulx, *Nombres*, p. 397) à la loi sur les villes de refuges, v. 9-29 (sur ces villes, voir § 4).

Ces trois textes contiennent l'établissement de la nécessité de plusieurs témoins et l'interdiction de condamner ou d'instruire une affaire sur la base d'un seul, motifs mis en regard. L'ordre est différent dans Dt 19, 15 où l'interdiction vient en tête et elle est répétée en face de ses parallèles. L'exigence pour les témoins de commencer l'exécution, ainsi que la parénèse conclusive de Dt 17 viennent en dernier.

Les références explicites à ces prescriptions n'existent pas dans le reste de l'AT. Lorsque plusieurs témoins sont mentionnés (voir entre autres Dt 4, 26; 30, 19; 31, 28; 1 S 12, 5; 1 R 21, 10.13; Es 8, 2; Jr 32, 10.12.25.44; Ps 27, 12; 35, 11; Rt 4, 9-11), on peut imaginer que cette détermination est connue mais cela n'est guère démontrable, et il en va de même pour la situation inverse, lorsqu'un seul témoin est indiqué. Seul 1 R 21, 10.13 est re-

pris, car le nombre des témoins y correspond à un choix délibéré (en Es 8, 2, il semble que ce soit plus la qualité que le nombre des témoins qui détermine leur choix). La règle selon laquelle la main du témoin doit être la première à exécuter la peine, Dt 17, 7, se retrouve en Dt 13, 10, texte cité.

§ 80 *Le tribunal suprême du sanctuaire: Dt 17, 8-13*

Dt 17, 8-13 constitue une unité formelle et thématique indépendante. Il institue un tribunal suprême au sanctuaire. Ce thème ne se retrouve pas dans les autres recueils de lois. Dans le reste de l'AT, les textes les plus proches sont l'institution des juges par Moïse (Ex 18, 19-26; Dt 1, 9-18) et la réforme du système judiciaire par Josaphat (2 Ch 19, 5-11). Ces trois passages envisagent l'établissement d'instances judiciaires locales et suprêmes. Seul ce qui concerne cette dernière instance est retenu ici (pour les instances locales, voir le § 32). Les textes sur le pouvoir juridique du roi ne sont pas repris.

§ 81 *Prescriptions pour le roi: Dt 17, 14-20*

Dt 17, 14-20 regroupe en une unité thématique indépendante trois prescriptions pour le roi. La première exige qu'il soit choisi par Yahvé et qu'il soit membre du peuple (v. 14-15), la deuxième lui interdit de posséder trop de chevaux, de femmes et de richesses (v. 16-17) et la dernière exige de lui qu'il se fasse une copie de la Loi et la suive (v. 18-20). Les autres recueils du Pt n'ont pas de telles prescriptions. En revanche, dans le reste de l'AT, ces thèmes reviennent souvent. Le choix des parallèles secondaires est fait uniquement en fonction d'eux, même si d'autres motifs de Dt 17, 14-20 ont aussi leurs propres parallèles (par exemple pour la volonté du peuple de se donner un roi comme les autres nations, voir 1 S 8, 5.19-20; 12, 12, ou pour l'interdiction de retourner en Egypte, voir Dt 28, 68).

Des parentés avec la première prescription se retrouvent dans 1 S 10, 24; Jr 30, 21a, et Os 8, 4a (sur le roi choisi par Dieu, voir aussi Ps 78, 70; 1 Ch 28, 5 et les récits d'onction, textes non retenus). Dans Es 7, 6, un roi étranger est pressenti pour Juda, mais il ne sera pas intronisé et son origine ne fait l'objet d'aucun jugement de valeur. Ce texte n'est pas cité.

Le thème de la deuxième prescription se retrouve surtout à propos de Salomon (1 R 5, 6; 10, 14 - 11, 3; 2 Ch 1, 14-17; 9, 13-28, de ces passages ne sont gardés que les versets les plus proches de Dt 17, 16-17). L'attrait de la puissance des chevaux est présent dans Es 31, 1-3 (seul le v. 1 est cité, voir aussi Mi 5, 9, texte plus lointain et non repris), L'accusation des prophètes contre l'accumulation des richesses (voir aussi Dt 8, 13-

14) ne sont pas retenues, car elles ne concernent pas spécifiquement le roi (chevaux, or et argent y apparaissent ensemble en Es 2, 7).

La conformité des actions des rois à la volonté de Dieu est un motif récurrent des notices sur leur règne, mais exprimé généralement sans référence explicite à la Loi. Seuls sont cités les passages contenant une telle référence (1 S 10, 25; 1 R 2, 3; 11, 38; 2 R 23, 3.25; 1 Ch 22, 12-13; 2 Ch 34, 31; 35, 26). En dehors des rois, la lecture quotidienne de la Loi comme gage de réussite à la tête du peuple est demandée à Josué (Jos 1, 7-8), texte non retenu.

§ 82 *Les revenus des prêtres et des lévites: Nb 18, 8-24.30-32; Dt 18, 1-8*

Dt 18, 1-8 forme une unité qui traite des revenus des prêtres lévites, unité encadrée par ce qui concerne le roi et les prophètes. Prêtres et lévites y sont conjoints. Dans Nb 18 en revanche, ils sont distingués (voir v. 1-7) et leurs revenus sont différents et définis séparément. Les v. 8-20 concernent ceux des prêtres (le v. 20 commence comme une introduction mais se rapporte thématiquement à ce qui précède plutôt qu'à ce qui suit). Les v. 21-24.30-32 définissent ceux des lévites. Les v. 25-29 établissent la dîme sur les dîmes, en faveur des prêtres, voir § 78 (le v. 30 reprend avec une brève formule narrative d'énonciation). Le ch. 19 constitue une autre loi coordonnée, avec son introduction et son thème.

Les parentés entre Nb 18 et Dt 18, 1-8 concernant surtout ce qui touche aux revenus des prêtres, la disposition de Nb 18 est faite sur une seule colonne, et non sur deux, l'une pour les prêtres, l'autre pour les lévites. Les motifs similaires suivants sont disposés vis-à-vis: - dans les introductions Nb 18, 8aβ et Dt 18, 1a, qui établissent la particularité des prêtres ou des lévites (en comprenant הַשָּׁרֵת, dans Nb 18, 8, comme désignant la garde, le service, la charge, et non ce qui reste et qui doit être gardé, avec TOB², p. 309, et de Vaulx, *Nombres*, p. 208, contre KBL, p. 578); - le principe général (Nb 18, 1b et Dt 18, 8b); - le début de l'énumération des revenus (Nb 18, 9 et Dt 18, 3); - ce qui concerne les prémices (Nb 18, 12, et Dt 18, 4). Le reste est disposé en fonction de ces parallèles. Deux motifs de Dt 18 sont répétés: la désignation des morceaux revenant aux prêtres (Dt 18, 3b, mis en regard de Nb 18, 18b) et l'absence de patrimoine, compensée par le fait que c'est Yahvé qui est le patrimoine (Dt 18, 2, mis à la hauteur de Nb 18, 20aβ-b). Pour des raisons de place, la seconde partie des versets n'est pas toujours mise à la ligne.

Les lois sur les sacrifices et les offrandes indiquent parfois ce qui revient au prêtre. Ces passages sont parmi les parallèles secondaires (Lv 2, 3.10; 6, 9-11.19.22; 7, 6-10. 14. 31-36; 24, 9). Un revenu pour un ou plusieurs prêtres est encore prévu dans le cadre du rachat d'un champ consacré (Lv 27, 21) et de celui des premiers-nés des Israélites (Nb 3, 48.51) ainsi que pour la dîme des lévites (Nb 18, 28). En revanche, le cas d'attribution aux prêtres d'un objet volé (Nb 5, 8) n'est pas retenu car il est plus éloigné des textes de la synopse. Il en va de même pour la nourriture attribuée aux prêtres lors de leur consécration (Ex 29, 32; Lv 8, 31). En dehors des lois du Pt, les revenus des prêtres sont définis dans les prescriptions d'Ezéchiel et apparaissent dans plusieurs récits dont seuls les versets les plus proches sont gardés (Jos 13, 14; Jg 17, 10;1 S 2, 13-14; 2 R 12, 5-6.9.17; 23, 9; Né 10, 36-38; 12, 44; 13, 10-12; 2 Ch 31, 4). Le texte de 2 R 23, 9 est présent même si son rapport à Dt 18, 1-8 est discuté (voir Preuss, *Deuteronomium*, p. 4-5: il s'agit de prêtres des hauts lieux, mais considérés comme des frères des prêtres de Jérusalem). Quelques textes plus éloignés ne sont pas cités (Jr 31, 14; Os 4, 8; Ml 3, 10; 2 Ch 31, 5-12), de même que les appels à la générosité en faveur des lévites (Dt 12, 19; 14, 27; 26, 12-13, par exemple) et les textes plus généraux sur les lévites.

§ 83 *Prescriptions pour les prophètes: Dt 18, 15-22*

Dt 18, 9-22 constitue une unité sur les moyens de connaître la parole de Dieu (voir les notes du § 22). Les v. 9-14 indiquent ceux qui sont interdits, les v. 15-18 décrivent le prophétisme comme le moyen choisi par Dieu et les v. 19-22 règlent les problèmes du prophétisme: non écoute des hommes (v. 19) et faux prophètes ou fausses prophéties (v. 20-22). Les v. 9-14 ont leurs propres parallèles (voir au § 22 sur les devins et les magiciens et au § 49 sur les sacrifices d'enfants). Le v. 14 est rattaché par certains aux v. 9-13 (entre autres von Rad, *Deuteronomium*, p. 88), choix retenu ici, et par d'autres aux versets suivants (voir notamment Mayes, *Deuteronomy*, p. 282). Les v. 15-18 et 19-22 sont sans parallèle dans les lois du Pt.

La description du prophétisme des v. 15-18 est sans parallèle secondaire, même si certains de ses motifs apparaissent ailleurs: la référence aux événements du Sinaï renvoie à Dt 5, 24-28 (voir aussi Ex 18, 18-20), la désignation de Moïse comme prophète se retrouve dans Dt 34, 10 et Os 12, 14 (rôle contesté en Nb 12, 6-8), la description du prophète comme celui auquel Dieu donne ses paroles dans sa bouche se retrouve dans Jr 1, 9; 5, 14 (des formules plus éloignées apparaissent ailleurs, entre autres dans Es 51, 16, voir Driver, *Deuteronomy*, p. 228).

Pour les problèmes posés par le prophétisme (v. 19-22), les parallèles secondaires sont en revanche très nombreux et seule une sélection est présentée. La non écoute des prophètes est un constat fréquent et une cause de menaces, surtout dans les livres prophétiques. Seuls sont repris Jr 26, 4-6 et Za 7, 12 où la parole non écoutée est explicitement celle des prophètes (pour d'autres cas, parfois moins explicites, voir 1 S 8, 19; 2 R 17, 13-14; Es 30, 9-10; 66, 4; Jr 7, 23-24.28; 11, 3-4.8.10; 12, 17; 13, 10-11; 17, 23.27; 18, 10; 22, 5; 25, 8; 40, 3; Os 9, 17; 2 Ch 36, 16). La dénonciation de faux prophètes ou de fausses prophéties est aussi courante, surtout chez Jr (voir par exemple Jr 23, 9-40; 27 - 29). Ne sont pas pris en considération ici que les passages où se retrouve le fait de prophétiser au nom d'autres dieux ou de transmettre des paroles que Dieu n'a pas ordonné de dire. Ni les cas où Dieu lui-même est responsable de fausses prophéties (1 R 22, 6-23; Es 44, 25; Ez 14, 9-10; 2 Ch 18, 5-22), ni ceux où elles sont liées à des pratiques répréhensibles, corruption, adultère, complaisance envers les auditeurs ou enivrement (Es 28, 7; 30, 10; Jr 6, 13-14; 8, 10-11; 23, 11.14; 29, 23; Mi 2, 11; 3, 5.11; Né 6, 12) ne sont retenus. Il en va de même pour Dt 13, 2-6, où le peuple doit résister aux incitations des prophètes à l'idolâtrie et les punir, pour Ez 12, 24, où est annoncée la fin des paroles qui ne se réalisent pas, pour Os 4, 5, où la punition de certains prophètes est prédite, et pour Lm 4, 13, où la responsabilité de la chute de Jérusalem est imputée aux fautes des prophètes. Pour les textes sur la prophétie en d'autres noms qu'en celui de Yahvé, seuls Jr 2, 8 et 20, 6 sont gardés (voir aussi Jr 5, 31; 23, 13 et, plus loin, 1 R 18, 19.40; 2 R 10, 19 où l'on a seulement des mentions de prophètes de Baal ou d'Ashéra). Pour les dénonciations de prophéties non conformes à ce que Dieu a dit ou de faux prophètes non envoyés par Dieu, seuls sont retenus trois textes de Jr (Jr 14, 14-15; 27, 14-15 et 28, 15-16), qui a en plus une allusion à Dt 13, 6, voir aussi Jr 5, 13; 23, 16.21.25-26.32; 27, 9-10.16; 29, 8-9.21.23.31-32, avec allusion à Dt 13, 6) et deux textes hors de ce livre (Es 9, 14; Lm 2, 14, voir aussi Ez 13; 22, 28; Za 10, 2; 13, 3-4). En parallèle avec le critère de distinction entre vraie et fausse prophétie est présenté Jr 28, 8-9.

§ 84 Le respect des limites foncières: Dt 19, 14; 27, 17

Entre la prescription sur les villes de refuge et celles sur les témoins, Dt 19, 14 est une interdiction indépendante avec un même thème propre: le respect des limites foncières. Ce même thème est l'objet de l'une des Douze malédictions. L'interdiction de la convoitise des terres du voisin (Dt 5, 21), tout en étant proche de ce thème, n'est pas présentée ici (voir au § 53 sur les atteintes aux biens du prochain).

L'interdiction de Dt 14 et la malédiction de Dt 27 sont au même niveau, de même que la motivation et la réponse du peuple.

En dehors des lois du Pt, le respect des limites foncières est demandé par les sages (Pr 22, 28; 23, 10). Des violations sont constatées dans Jb 24, 2 et dénoncées avec annonce de sanction divine dans Os 5, 10, textes cités. Les passages sur la convoitise des champs des voisins (Mi 2, 2 par exemple) ou sur les agrandissements des latifundia (Es 5, 8 notamment) ne sont pas retenus, ni la déclaration de Pr 15, 25 sur la borne de la veuve.

§ 85 La préparation de l'armée: Dt 20, 1-9; 24, 5

Dt 20 contient un ensemble de prescriptions sur la guerre. On peut y distinguer trois paragraphes, grammaticalement indépendants et commençant tous par un כי suivi d'un verbe à la deuxième personne, v. 1-9; 10-18 et 19-20. Chacun a son thème propre: les v. 1-9 traitent de la mise sur pied de l'armée, les v. 10-18 de la prise des villes (voir § 86) et les v. 19-20 de l'utilisation des arbres en cas de siège (voir § 87). Chacun de ces paragraphes est considéré séparément. Aucun de ces autres recueils du Pt n'a de prescriptions traitant de ces sujets. Le CD contient encore d'autres lois sur la guerre (selon Preuss, Deuteronomium, p. 120): Dt 21, 10-14 (§ 89); 23, 10-15 (§ 99), voir aussi 24, 5 (cité ici); 25, 17-19 (§ 110).

Le premier paragraphe contient plusieurs prescriptions pour la préparation de l'armée. Elles viennent régler diverses situations: la peur devant les ennemis (v. 1-4, ces versets pourraient aussi être considérés comme une exhortation), les cas d'exemption du service pour qui a une nouvelle maison (v. 5), une nouvelle vigne (v. 6), ou une nouvelle femme (v. 7), et pour qui a peur (v. 8). Le v. 9 forme la conclusion du passage, à moins de le comprendre comme prévoyant le choix des chefs de l'armée par les scribes, ce qui n'est pas attesté ailleurs dans l'AT. La dispense de service militaire accordée au jeune marié se retrouve dans Dt 24, 5 où elle forme une loi indépendante, distincte de son contexte par son thème et sa forme. A la différence de Dt 20, 7, cette dispense s'étend aussi à d'autres obligations.

Les motifs de Dt 24, 5 sont disposés en regard de ceux qui leur correspondent dans Dt 20, 7: protase, apodose et motivation ou reformulation positive de l'apodose.

En dehors des lois du Pt, le problème de la peur devant les ennemis apparaît souvent, notamment dans le Dt (voir Dt 1, 19-33; 7, 17-26; 31, 1-8, passages qui ne manquent pas de parentés avec Dt 20). L'exhortation à ne pas avoir alors peur se retrouve dans Ex 14, 13; Nb 21, 34; Dt 1, 21.29; 3, 2.22; 31, 6.8; Jos 8, 1; 10, 8.25; 11, 6; Es 7, 4; Né 4, 8; 2 Ch 20, 15.17; 32, 7, avec le verbe ירא (selon Stähli, ירא, c. 773), et dans Dt 7, 21 avec le verbe ערץ. Seuls les passages les plus proches par le vocabulaire et la motivation de l'ordre de ne pas craindre sont repris (Ex 14, 13-14; Dt 1, 29-30;

31, 6; Es 7, 4; 2 Ch 20, 17). La mention d'un prêtre qui doit dire au peuple de ne pas avoir peur n'apparaît pas ailleurs, à moins que le fils de lévite dans 2 Ch 20, 14 ne soit un prêtre. Les motifs de non participation à la guerre ne se retrouvent pas, si ce n'est pour la peur dans Jg 7, 3, texte cité. Jr 31, 5 qui promet aux combattants la jouissance des fruits de leur plantation n'est pas repris, de même que Dt 28, 30 où l'impossibilité de jouir de sa fiancée, de sa maison et de sa vigne est annoncée dans une malédiction.

§ 86 *La conquête des villes: Dt 20, 10-18*

Le deuxième paragraphe des lois sur la guerre de Dt 20 concerne la prise des villes (pour l'ensemble de ce chapitre, voir les notes du § 85). Il règle la conduite à adopter lorsqu'une ville attaquée accepte la proposition de paix qui lui est faite (v. 11), et lorsqu'elle la refuse (v. 12-14), puis la situation particulière des villes données en patrimoine à Israël (v. 16-18, le v. 15 faisant la liaison). Le v. 10 peut être considéré comme un premier cas général instituant la pratique d'offrir la paix ou comme le début de la protase, celle-ci étant ensuite précisée par les deux sous-cas des v. 11 et 12. Ces règles sont sans parallèle dans les autres lois de l'AT.

En dehors des textes de loi, nombreux sont les récits ou les réflexions sur la prise des villes. Les plus proches sont ceux qui concernent l'application de l'interdit aux villes conquises par les Israélites, notamment par Josué (Dt 2, 34-35; 3, 6-7; 7, 1-2; Jos 2, 10; 6, 17-18; 8, 24-28; 10, 28.35.37. 39.40; 11, 11-15.21-22; Jg 1, 17; 1 S 15, 3.8-9), et l'histoire de la paix conclue par les Gabaonites (Jos 9, voir aussi les allusions à ce récit dans Jos 10, 1-7; 11, 19). De ces textes, seuls les passages qui sont les plus proches de Dt 20, 10-18 ou qui font référence à une prescription de Dt sont cités (Dt 2, 34-35; 3, 6-7; 7, 1-2; Jos 6, 17a.21; 9, 6-8.24; 10, 40; 11, 12-15; 1 S 15, 3.8). Le récit de Nb 21, 10-35, parallèle à celui de Dt 2, 24 - 3, 7, ne mentionne pas la pratique de l'interdit et n'est pas repris. Concernant cette pratique, deux textes plus éloignés sont encore retenus: Nb 21, 2-3, où l'interdit est appliqué suite à un vœu, et 1 Ch 4, 41 où il est mis en oeuvre contre des campements.

En revanche, d'autres textes ne sont pas gardés: - ceux sur les conséquences du non respect de l'interdit (Jos 7; 1 S 15, 9-26; 1 R 20, 42 et les allusions à Jos 7: Jos 22, 20; 1 Ch 2, 7); - ceux où il s'applique à des Israélites, par d'autres d'entre eux (Ex 22, 19; Dt 13, 16-18; Jg 21, 10-11), ou par Yahvé (Es 43, 28; Jr 25, 9; Ml 3, 24); - ceux où il est pratiqué par d'autres peuples (2 R 19, 11; Es 37, 11; Dn 11, 44; 2 Ch 32, 14); - les prescriptions sur son application à des objets ou à des propriétés (Lv 27, 21.28-29; Nb 18, 14; Dt 7, 26; Ez 44, 29; Esd 10, 8); - les annonces des prophètes qu'Israël ou Dieu vouera à l'interdit des ennemis (Es 34, 2.5; Mi 4, 13), et leurs invitations à passer à l'oeuvre (Jr 50, 21.26; 51, 3); - la promesse de la fin de cette pratique (Za 14, 11); - la mention de 2 Ch 20, 23 où il concerne d'autres peuples.

Les conquêtes israélites suivies de massacres et de destructions sans mention de l'interdit sont nombreuses mais aucune n'est cité (voir par exemple Nb 31, 7.9.15-18; Jos 10, 30.32.33; Jg 1, 8; 8, 17; 9, 45.49; 1 S 27, 9.11; 30, 17). Des allusions à la pratique de propositions de paix faites avant la bataille se retrouvent, souvent pour des villes israélites (Jg 20, 12-13; 1 S 11, 1; 1 R 20, 18), passages non repris (pour Jos 9, voir ci-dessus). L'asservissement des vaincus ou de ceux qui ont fait la paix apparaît dans Jos 9, 21.23.27; Jg 1, 28.30.33.35; 2 S 10, 19; 12, 31; 1 R 9, 21 (à propos de ceux qui n'avaient pu être voués à l'interdit), passages non retenus, car assez éloignés de Dt 20. La liste des peuples de Dt 20, 17 se retrouve avec quelques variantes (voir entre autres Gn 15, 19-21 ou Ex 23, 23.28), mais sans l'exigence de l'interdit (voir aussi au § 111 sur les alliances avec les habitants du pays).

§ 87 *L'abattage des arbres en cas de siège: Dt 20, 19-20*

La dernière prescription de Dt 20 règle l'abattage des arbres pendant un siège. Cette prescription n'apparaît nulle part ailleurs dans l'AT et le seul récit qui parle de ce thème (2 R 3, 19.25) l'ignore. Ce dernier texte est cependant cité comme parallèle secondaire.

§ 88 *L'expiation d'un meurtre insoluble: Dt 21, 1-9*

Distinct thématiquement de son contexte et grammaticalement indépendant, Dt 21, 1-9 règle le cas d'un meurtre dont l'auteur n'est pas retrouvé. Un rituel doit protéger la cité la plus proche des effets de la faute. Ce rituel n'est pas attesté ailleurs dans l'AT. Dans Dt 27, 24, une malédiction est prononcée sur les auteurs de tels meurtres mais sans rituel d'expiation. La culpabilité est renvoyée à son auteur et non assumée par le peuple et éloignée. Le rituel est proche quant au rôle de l'animal est celui du bouc émissaire dans Lv 16, mais le contexte est autre. Nb 15, 22-26 pourrait aussi être un rite d'expiation pour une faute commise à l'insu de la communauté (v. 24a), mais il s'agit d'une faute involontaire et pas forcément d'un homicide. Ps 26, 6; 73, 13, évoquent le fait de se laver les mains en signe d'innocence, mais le contexte est différent. Aucun de ces textes n'est retenu. Pour les autres prescriptions sur le meurtre, voir le § 4, l'homicide et le droit d'asile, et le § 8, le meurtre d'un esclave.

§ 89 *Le mariage avec une captive de guerre: Dt 21, 10-14*

Dt 21, 10-14 est l'une des prescriptions du Dt sur la guerre (voir les notes du § 85) et le début de la protase est identique à celui de 20, 1. Comme les autres lois du chapitre, celle-ci a son thème propre et se distingue bien de son contexte dont elle est indépendante. Elle règle les modalités pour le mariage et le renvoi d'une captive de guerre. Ce thème n'apparaît pas ailleurs dans les lois du Pt. Le mariage d'une femme esclave est envisagé dans Lv 19, 20-22, mais la femme est déjà promise à un autre, ainsi que dans Ex 21, 7-11 et Dt 15, 12-18, mais la femme n'y est pas une captive de guerre.

En dehors des lois du Pt, des captives de guerre sont mentionnées en Nb 31, 9.18 et Jg 5, 30, mais rien n'est dit sur leur sort, même si l'on peut supposer qu'elles sont destinées à devenir épouses ou concubines. Ces textes ne sont pas cités.

§ 90 *Le droit d'aînesse en cas de polygamie: Dt 21, 15-17*

Dt 21, 15-17 règle un cas de droit d'aînesse lié à une situation de polygamie. Cette prescription vient protéger le fils aîné quand celui d'une autre femme lui est préféré. Cette loi, indépendante et thématiquement distincte de son contexte (même si la suivante concerne aussi des problèmes de relations entre générations), est sans parallèle dans les autres recueils du Pt. Les autres prescriptions sur l'héritage ne traitent pas de cette situation.

En dehors des lois, les récits de conflits entre épouses ou entre frères pour obtenir le droit d'aînesse sont fréquents (voir par exemple les histoires entre Jacob et Esaü, Agar et Sara ou les épouses de Samuel). Seuls sont retenus ici quelques versets du conflit entre Adonias et Salomon, 1 R 1 - 2, car la situation correspond bien à celle envisagée par Dt 21, 15-17 et les protagonistes sont conscients que la royauté devrait revenir à Adonias plutôt qu'à Salomon. Dans la rivalité entre Ismaël et Isaac (Gn 21, 10-14), la question n'est pas seulement celle du droit d'aînesse mais celle du droit à l'héritage. Dans l'histoire d'Esaü et Jacob (Gn 25, 29-34; 27, 1-40), les enfants sont de la même mère et ce qui est demandé par la loi est respecté par Isaac et ne fait pas difficulté (le problème vient de l'aveuglement d'Isaac et de la captation du droit d'aînesse). Dans 1 Ch 5, 1 (voir aussi Gn 49, 3-4), la perte du droit d'aînesse par Ruben vient de ses actes et non d'un problème de rivalité entre épouses. Lors de la bénédiction d'Ephraïm et Manassé (Gn 48, 14-19), le droit d'aînesse n'est pas respecté, mais les deux enfants sont de la même mère.

§ 91 *La durée de la pendaison des cadavres: Dt 21, 22-23*

La dernière prescription de Dt 21 est introduite comme les précédentes par "?, ici avec la copule, et elle a son thème propre: elle limite la durée de l'exposition des cadavres des condamnés à mort (le condamné dont elle parle n'est pas forcément le fils rebelle de la loi précédente). Ce thème est inconnu du reste des lois du Pt. En dehors de celles-ci, l'exposition des cadavres apparaît dans plusieurs récits (Gn 40, 19.22; 41, 13; Nb 25, 4(?); Jos 8, 29; 10, 26-27; 1 S 31, 10-12; 2 S 4, 12; 21, 5-14; Lm 5, 12, il est parfois difficile de savoir si la pendaison est un moyen de mise à mort ou d'exposition des cadavres, voir aussi dans Est). Seuls Jos 8, 29 et 10, 26-27 sont cités, car ils mentionnent la limitation de la durée de l'exposition. C'est aussi le cas dans Gn 40, 19, mais le contexte est celui du récit du Pharaon. Une exposition de plusieurs jours semble présupposée par le récit de 2 S 21, 1-14, mais le contexte et le moyen d'exposition sont différents.

§ 92 *Le travestissement: Dt 22, 5*

L'interdiction de se travestir, indépendante et thématiquement distincte de son contexte, est sans parallèle dans les lois du Pt et le reste de l'AT.

§ 93 *La mère oiseau et ses petits: Dt 22, 6-7*

La règle interdisant de prendre ensemble la mère oiseau et ses petits, règle indépendante et thématiquement distincte de son contexte, est sans parallèle dans les lois de l'AT. La prescription la plus proche serait celle de Lv 22, 28 interdisant d'égorger une bête et son petit, mais les exemples donnés ne concernent pas les volatiles. Aucun autre texte de l'AT n'aborde ce thème.

§ 94 *La sécurité des terrasses: Dt 22, 8*

Comme les précédentes, la loi réglant la construction des terrasses afin d'éviter les chutes, indépendante et bien délimitée thématiquement de son contexte, est sans parallèle dans l'AT.

§ 95 *Le bord des vêtements: Nb 15, 37-41; Dt 22, 12*

Dt 22, 12, comme l'interdiction précédente, concerne les vêtements, mais elle traite de leurs coins. La pratique prescrite semble être proche de celle attestée en Nb 15, 37-41, bien que le vocabulaire ne soit pas identique. Ces deux prescriptions se détachent bien de leur contexte, même si celle de Nb lui est coordonnée. Nb 15, 37-41 a sa propre introduction. Nb 15, 40b-41 se trouve aussi au § 31 (Etre saint).

Après l'introduction narrative de Nb, les deux commandements principaux sont disposés en regard et la parénèse de Nb, sans parallèle dans le CD, vient en dernier.

En dehors de ces textes, ces coutumes ne sont pas attestées dans l'AT.

§ 96 *La contestation de la virginité de l'épouse: Dt 22, 13-21*

Dt 22, 13 - 23, 1 forme un ensemble de lois sur les relations sexuelles et le mariage (voir les notes du § 48). Les quatre premières, v. 13-21.22.23-27.28-29 sont des lois casuistiques indépendantes. Dt 22, 13-21 concerne l'accusation de non virginité portée par le mari contre son épouse, probablement pour pouvoir la renvoyer ou pour récupérer la dot (voir les commentaires). Cette loi est sans parallèle dans l'AT et sa mise en pratique n'y est pas attestée.

§ 97 *Les relations sexuelles avec une vierge fiancée: Dt 22, 23-27*

La troisième loi casuistique sur les relations sexuelles et le mariage (voir les notes du § 96) traite des relations sexuelles avec une vierge fiancée. Deux situations sont envisagées selon le lieu de l'action, en ville (v. 23-24), ou dans les champs (v. 25-27). Cette distinction doit permettre de différencier une relation consentie mutuellement d'un viol. Aucune prescription du Pt ne traite du viol en général. Il n'apparaît qu'indirectement. Cette prescription est sans parallèle dans les lois de l'AT. Les v. 23-24 sont cités comme parallèle secondaire au § 48 sur l'adultère, thème dont ils sont proches. Ni la virginité ni les fiançailles ne jouent de rôle dans les lois sur les relations sexuelles familiales (§ 46) et aucune n'est donc citée ici.

En dehors des lois, il existe plusieurs récits de viol mais ils ne concernent pas des vierges fiancées (Gn 34, 2; Jg 19, 25; 2 S 13, 11-14, le viol est aussi mentionné dans Es 13, 16; Za 14, 2 et Lm 5, 11). La menace de Dt 28, 30, qu'un autre couche avec la fiancée, n'est pas reprise, ni l'engagement de Job de ne pas prêter attention aux vierges, Jb 31, 1.

§ 98 *Les personnes exclues de l'assemblée: Dt 23, 2-9*

Dt 23, 2-9 contient une suite de commandements interdisant la participation à l'assemblée ou la limitant. Ces interdictions, non liées à leur contexte, en sont distinctes par leur thème et aussi, pour la suite, par leur forme. Les premières concernent l'intégrité physique des participants, v. 2-3, les suivantes leur origine (l'interdiction du v. 3a est comprise par certains comme visant les Israélites de mères étrangères, voir les avis opposés de Mayes, *Deuteronomy*, p. 316-317, ou de Preuss, *Deuteronomium*, p. 142-143).

Elles n'ont pas de parallèle dans les lois du Pt. Une interdiction de participer à l'assemblée apparaît cependant dans la loi sur l'impureté de Nb 19, 11-22. Le v. 20 ne sont repris comme parallèle secondaire.

Dans le reste de l'AT, une allusion claire à ces interdictions est faite dans Né 13, 1-3 et dans Lm 1, 10 qui rappelle l'interdiction faite aux étrangers, textes cités. Il en va de même pour Mi 2, 15 qui lie la part donnée dans l'assemblée à des comportements moraux. En revanche, les textes sur les conditions d'entrée au sanctuaire (voir par exemple Ez 44, 7.9; Ps 15, 24, 3-4) ne sont pas repris, de même que ceux autorisant des étrangers à participer au culte israélite (Es 56, 3-7, aussi pour les eunuques, et Ez 47, 22) ou à certains rassemblements religieux (voir par exemple Dt 29, 10; 31, 12). Lv 21, 20, qui envisage des empêchements physiques dont le dernier est proche de Dt 23, 2, n'est pas non plus repris, car il s'agit de prêtres et d'admission à l'exercice du sacerdoce (voir au § 67). Les textes sur le renvoi des femmes étrangères et de leurs enfants ne sont pas cités. Le plus proche de Dt 23, 3, si on l'interprète dans cette ligne, est Esd 10, 1-17 qui envisage au v. 8 une exclusion de l'assemblée des déportés pour ceux qui chercheraient à se soustraire à cette exigence. Sur les motifs d'exclusions des Ammonites et des Moabites (Dt 23, 5-6), aucun parallèle n'est cité. Les textes qui traitent des relations avec ces peuples en mentionnant leur attitude à l'égard des Israélites au désert sont Nb 22, 1 - 25, 5; Dt 2, 2-23 et Jg 11, 13-27, textes assez éloignés des motifs de Dt 23. Pour ce qui concerne les Edomites et les Egyptiens, voir entre autres Nb 20, 14-21; Dt 2, 4-5 (Edomites) et Ex 23, 9; Lv 19, 34; Dt 24, 18 (Egyptiens).

§ 99 *La pureté du camp: Nb 5, 1-4; Dt 23, 10-15*

Dt 23, 10-15 et Nb 5, 1-4 traitent de la pureté du camp. Ces deux lois sont bien délimitées thématiquement et formellement. Nb 5, 1-4, coordonné à son contexte, a une introduction et une conclusion narratives; Dt 23, 10-15 débute par une introduction générale et se termine par une motivation (ce passage est généralement considéré comme l'une des lois sur la guerre, voir les notes du § 85). Ces deux prescriptions prévoient d'écarter du camp ceux qui le rendraient impur par leur présence. Ils visent des situations différentes: pertes séminales de l'homme et excréments dans le Dt; lèpre, écoulements et contact avec un mort dans les Nb. Dans le Dt, les deux situations sont traitées séparément, chacune dans un paragraphe ayant sa propre forme. Dans les Nb, les trois situations sont traitées conjointement. Les autres lois du Pt ne traitent pas de ce thème pour lui-même.

Dans la synopse, les introductions (narration dans les Nb, cas général dans le Dt), les commandements de Nb et la première situation particulière du Dt ainsi que les motivations sont mis en regard. La conclusion narrative de Nb est disposée au même niveau que la fin de la motivation du Dt pour une raison de place.

L'exclusion du camp pour en préserver la pureté apparaît comme un motif dans les Lois de pureté à propos de la lèpre, Lv 13 - 14, et des écoulements, Lv 15. Les passages les plus proches sont présentés parmi les parallèles secondaires (pour la lèpre, Lv 13, 46, et pour les écoulements, Lv 15, 16.31; ne sont pas cités Lv 14, 3 qui indique que le prêtre sort du camp pour faire l'examen du lépreux et Lv 14, 8 qui autorise le lépreux purifié à rentrer au camp). Dans la loi sur les impuretés liées au contact d'un mort, (Nb 19, 11-22, dans le cadre du rituel sur le sacrifice de la vache rousse et de l'eau lustrale), l'exclusion du camp n'est pas demandée (est prévu en revanche le retranchement d'Israël ou de l'assemblée pour qui ne se purifierait pas, v. 13 et 20). Il en va de même dans Lv 5, 1-6 et Nb 9, 6-12. La préservation de la pureté du camp apparaît encore dans plusieurs textes dont seuls ceux qui concernent les situations envisagées dans les prescriptions de la synopse sont retenus: Nb 12, 14-15 (lèpre) et Nb 31, 19 (contact avec des morts; Nb 31, 24 qui prévoit la purification et le retour dans le camp n'est pas cité). Pour d'autres situations, voir Ex 29, 14; Lv 4, 12.21; 6, 4; 8, 17; 9, 11; 10, 4-5; 16, 26.28; 24, 14.23; Nb 15, 35-36; 19, 3.7.9; Jos 6, 18.23. Les passages mentionnent les mêmes sources d'impureté que les textes de la synopse mais avec des conséquences différentes et ne sont pas présentés, même si une mise à l'écart peut y apparaître (voir Lv 22, 4-7; 1 S 21, 5-7; 2 R 7, 3; 15, 5; 2 Ch 26, 20-21.23). Pour les rites de deuil, voir au § 60, pour la lèpre, voir au § 104.

§ 100 *L'accueil de l'esclave fugitif: Dt 23, 16-17*

La prescription de Dt 23, 16-17 interdit de renvoyer chez son maître un esclave fugitif et commande de l'accueillir sans l'exploiter. Elle est indépendante, thématiquement bien distincte de son contexte et sans parallèle dans le reste de l'AT. L'interdiction d'opprimer certains groupes plus vulnérables se retrouve mais non pour les esclaves (voir aux § 24, Le respect de l'étranger, de la veuve et de l'orphelin, et 55, L'oppression et les abus envers les faibles, le sourd, l'aveugle ou journalier). Dans les récits, des esclaves fugitifs sont mentionnés dans 1 S 25, 10 et 1 R 2, 39-40 (voire peut-être dans 1 S 22, 2), mais ces textes sont trop éloignés de celui du Dt pour être repris. Il en va de même de 1 S 30, 11-15 où il s'agit d'un esclave abandonné. Pr 30, 10 a été mis en parallèle avec cette interdiction mais les verbes sont différents et seule la lecture de la LXX les rapproche (voir Richter, *Recht und Ethos*, p. 154, et l'apparat critique de la BHS).

§ 101 *L'accomplissement des voeux: Nb 30, 2-3; Dt 23, 22-24*

L'accomplissement des voeux est exigé par Dt 23, 22-24 et Nb 30, 2-3, où est aussi demandé celui des serments. La prescription du Dt, indépendante de son contexte, a un thème propre. Celle des Nb constitue le premier cas d'une suite de deux lois casuistiques liées sur la validité des voeux de l'homme et de la femme (Nb 30, 2-17). Ce premier cas indique que l'homme est toujours tenu à l'accomplissement de ses voeux, le second, avec plusieurs sous-cas, délimite les conditions de validité des voeux pris par une femme. Cet ensemble a son introduction, v. 2, et sa conclusion, v. 17.

Après l'introduction de Nb, les protases, les interdictions et les exhortations finales sont mises au même niveau.

En dehors de ces textes, deux autres lois du Pt concernent les voeux: Lv 27, 1-25, sur le rachat des voeux et Nb 6, 1-21, sur le naziréat. Vu leur particularité, elles ne sont pas reprises. Les voeux sont aussi mentionnés dans de nombreuses prescriptions dont aucune n'est citée (Lv 7, 16; 22, 18.21.23; 23, 38; Nb 15, 3.8; 29, 39; Dt 12, 6.11.17.26; 23, 19). En dehors des textes de lois, l'accomplissement rapide des voeux apparaît dans Qo 5, 3-5, présenté ici, texte le plus proche de Dt 23, 22-24. La mention de l'accomplissement des voeux est courante, que ce soit comme exhortation ou comme engagement personnel réalisé ou prêt à l'être. Seuls deux textes sont retenus, Ps 116, 14 et Jb 22, 27 (voir aussi Jon 2, 10; Na 2, 1; Ps 22, 26; 50, 14; 56, 13; 61, 9; 65, 2; 66, 13-14; 76, 12; 116, 18; Pr 7, 14; à part dans Ps 56, 13 et Jg 11, 39a, le verbe est toujours שלם). Parmi les récits, seuls sont gardés Nb 21, 2-3, voeu du peuple, et Jg 11, 35-36. 39a, voeu de Jephté (voir aussi Gn 28, 20-22; 31, 13; 35, 1-7, voeu de Jacob, 1 S 1, 11.22.24-27, voeu d'Anne, 1 S 1, 21, voeu d'Elqana, et 2 S 15, 7-9, voeu d'Absalom). Es 19, 21, qui annonce que les Egyptiens prononceront des voeux au nom de Yahvé et les accompliront, est aussi cité. Jr 44, 25, où il s'agit de l'accomplissement de voeux faits à d'autres dieux, n'est pas repris. Pour les textes sur les serments, voir au § 26 sur le respect de Yahvé et l'utilisation de son nom. Nb 30, 3 y apparaît en parallèle secondaire.

§ 102 *La cueillette dans les récoltes du prochain: Dt 23, 25-26*

Dt 23, 25-26 contient deux lois casuistiques indépendantes en style direct, proches par leur structure et leur thème et bien distinctes de leur contexte. Elles autorisent la cueillette dans les récoltes du prochain mais la limitent, tant pour les vignes (v. 25), que pour les céréales (v. 26). Ces prescriptions sont sans parallèle dans le reste de l'AT. Les textes les plus proches sont les lois sur les restes des récoltes (voir au § 52).

§ 103 *Le remariage avec son ancienne femme: Dt 24, 1-4*

Dt 24, 1-4 est une loi casuistique indépendante qui interdit le remariage avec son ancienne femme, répudiée, épousée par un autre et répudiée à nouveau ou devenue veuve. Cette prescription est sans parallèle dans le Pt. Dans le reste de l'AT, Jr 3, 1, texte cité, connaît une interdiction similaire et l'applique aux relations entre Dieu et son peuple. Ni l'histoire de David et Mikal (1 S 18, 27; 25, 44; 2 S 3, 14), ni celle d'Osée et Gomer (Os 1 - 3), ne sont reprises. Pour Osée, indépendamment des difficultés de savoir s'il s'agit toujours de la même femme, il n'y a pas vraiment eu remariage avec un autre et le cas est hors norme, expression de l'amour hors norme de Dieu. Pour David et Mikal, il n'y a pas eu de répudiation par David. La lettre de répudiation est mentionnée en Es 50, 1 et Jr 3, 8, passages non retenus.

§ 104 *La lèpre: Lv 13, 45-46; Dt 24, 8-9*

Dans les Lois de pureté, deux chapitres sont consacrés au diagnostic, aux soins et à la purification des personnes ou des objets contaminés par la lèpre (Lv 13-14). Dans le Dt, seuls deux versets lui sont consacrés, demandant de suivre les avis sacerdotaux (Dt 24, 8-9). Cette prescription indépendante se trouve parmi d'autres aux sujets bien divers. Pour ne pas alourdir la synopse de longs passages sans parallèle, seuls les versets de Lv 13 - 14 concernant les soins de la personne sont cités. Ce qui précède sert à déterminer s'il y a lèpre ou non et ce qui suit traite de la purification en cas de guérison. Vu les différences entre les deux textes, aucun parallèle n'est mis en évidence.

Dans les lois du Pt, la lèpre apparaît aussi comme l'un des motifs pour l'exclusion du camp en Nb 5, 2-4 (voir au § 99 sur la pureté du camp), passage présenté. Du reste de l'AT sont retenus Nb 12, 14-15; 2 R 15, 5 et 2 Ch 26, 20-21, récits dans lesquels la lèpre est mise à l'écart, avec même une intervention sacerdotale dans les Ch. Cette mise à l'écart se retrouve dans 2 R 7, 3, mais elle y est seulement constatée, ce passage n'est donc pas repris. Dans les autres textes où des lépreux sont mentionnés, il n'y a ni intervention sacerdotale ni mise à l'écart.

§ 105 *La responsabilité individuelle: Dt 24, 16*

Dt 24, 16 établit le principe de la limite de la responsabilité au seul coupable, interdisant de punir ses ascendants ou ses descendants. Ce principe se retrouve parmi d'autres interdictions qui visent la protection de personnes socialement menacées. Il est sans parallèle dans les lois du Pt, mais les condamnations à mort n'y incluent ni les pères ni les enfants.

Dans le reste de l'AT, une allusion explicite à l'interdiction de Dt 24, 16 est faite dans 2 R 14, 6 et 2 Ch 25, 3-4, et le même principe apparaît dans Dt 7, 9-10; Jr 31, 29-30; Ez 18, 4.20 (l'ensemble d'Ez 18, 1-20 exprime et justifie ce principe mais seuls les v. 4 et 20 qui le présentent sont retenus). Dans ces derniers passages, il s'agit uniquement de la responsabilité devant Dieu. L'idée complémentaire selon laquelle le juste ne peut sauver que sa propre vie se trouve en Ez 14, 12-20, passage non cité. Les récits de condamnations à mort ou d'exécutions dans lesquels seul le coupable est concerné ne sont pas repris. Le principe inverse de la responsabilité familiale des descendants apparaît aussi dans l'AT, notamment dans une motivation du Dcl (Ex 20, 5; Dt 5, 9, voir aussi Ex 34, 7; Nb 14, 18, selon l'interprétation la plus courante de ces versets), et il est appliqué dans plusieurs récits (entre autres Nb 14, 33; Jos 7, 24-25; 2 S 3, 29-30; 12, 13-14; 21, 1-9; Est 9, 10; Dn 6, 25). Aucun de ces passages n'est présenté.

§ 106 *La bastonnade: Dt 25, 1-3*

Dt 25, 1-3 prévoit de limiter les peines par bastonnade. Cette loi est indépendante et bien distincte de son contexte. Après avoir rappelé que le procès aboutira à la désignation du coupable et que le nombre de coups sera proportionnel à la gravité de la faute, elle interdit d'en donner plus de quarante. Cette exigence est sans parallèle dans les lois du Pt et absente du reste de l'AT. De tels châtiments sont attestés, notamment dans Ex 21, 20; Jr 20, 2; 37, 15; Pr 10, 13; 17, 10.26; 19, 25.29; 26, 3, mais ils ne sont pas décrits comme une peine infligée par la justice et rien n'est dit d'une limite au nombre de coups. Aucun de ces textes n'est retenu.

§ 107 *Le boeuf qui foule les épis: Dt 25, 4*

Dt 25, 4 interdit de museler le boeuf qui foule les épis. Cette prescription, indépendante et distincte de son contexte, est sans parallèle dans les lois du Pt et non attestée dans le reste de l'AT. Le verset le plus proche est Pr 12, 10 qui mentionne le respect des besoins du bétail, mais ce passage est trop éloigné pour être retenu.

§ 108 *Le lévirat: Dt 25, 5-10*

La loi sur le lévirat, Dt 25, 5-10, indépendante et distincte de son contexte thématiquement, est sans parallèle dans les lois du Pt. Le problème du lévirat se retrouve dans deux autres textes de l'AT: Gn 38 et Rt 3 - 4. Les passages les plus proches de Dt 25, 5-10 sont présentés comme parallèles secondaires, même si les situations décrites et les applications de la coutume sont assez différentes (voir les commentaires). L'interdiction pour un frère de coucher avec sa belle-soeur, Lv 18, 16 (voir aussi 20, 21), n'est pas reprise, car elle ne semble pas envisager la situation du lévirat et elle n'en utilise pas le vocabulaire technique (racine יבם, avis différent chez Phillips, *Aspects*, p. 356, et *Example*, p. 243).

§ 109 *L'atteinte aux organes sexuels dans une rixe; Dt 25, 11-12*

Dt 25, 11-12 règle, dans le cadre d'une rixe entre deux hommes, une atteinte à leurs organes sexuels par l'épouse de l'un d'eux. Cette prescription, indépendante et distincte thématiquement de son contexte, est sans parallèle dans les lois du Pt et dans le reste de l'AT. Seuls certains de ses motifs se retrouvent ailleurs: le début de la description de la rixe est semblable à celui d'Ex 21, 22 (qui a une copule en plus), l'invitation à ne pas s'attendrir est aussi présente dans la loi sur le talion dans Dt 19, 21 (voir aussi 7, 16), l'amputation d'une main apparaît dans d'autres contextes (voir par exemple 2 S 4, 12). Aucun de ces passages n'est retenu.

§ 110 *L'extermination des Amalécites: Dt 25, 17-19*

Dt 25, 17-19 demande aux Israélites d'exterminer les Amalécites, en souvenir de leur attitude lors du séjour au désert. Ce passage, qui formellement n'est guère une loi, est bien séparé thématiquement de son contexte, même si Dt 26, 1 lui est lié grammaticalement. Il est sans parallèle dans les lois du Pt.

En dehors des lois, les Amalécites apparaissent à plusieurs reprises dans l'AT. Seuls les passages qui mentionnent leur extermination en rapport avec leur attitude envers les Israélites au désert sont cités. C'est le cas dans deux récits: Ex 17, 8-16 et 1 S 15. Les versets les plus proches de Dt 25 sont présentés. Des massacres d'Amalécites sont aussi mentionnés ou racontés en 1 S 27, 8-9; 30, 17.

§ 111 *Les alliances avec les habitants du pays: Ex 34, 11-16*

Ex 34, 12-16 forme la loi fondamentale des Paroles de l'alliance. Ce passage contient, dans une structure concentrique, deux interdictions de con-

clure des alliances avec les habitants du pays entourant des commandements (v. 13), et une interdiction liée au culte de Yahvé (v. 14a). La relation établie entre Dieu et son peuple détermine celles entre ce peuple et les autres. Le thème de ces versets peut être défini à partir de son centre, les relations avec le divin, ou de son cadre, les alliances avec les peuples. Ils se trouvent donc aussi au § 1 sur les autres dieux, les idoles et leurs cultes (les v. 13-14 peuvent être considérés comme des commandements, ainsi Halbe, *Privilegrecht*, p. 97, ou Zenger, *Israel*, p. 179s., le כי ayant une fonction de renforcement, ou comme des motivations, voir Halbe, *Privilegrecht*, p. 225, le כי exprimant alors un rapport de causalité). Le v. 11, qui sert d'introduction renforçant cette loi fondamentale, est aussi présent. L'interdiction des alliances vise d'une part les alliances entre clans ou peuples et d'autre part les mariages mixtes (avec un conjoint étranger). Cette interdiction n'apparaît dans aucune autre loi du Pt (Dt 21, 10-14, sur le mariage avec une captive de guerre, autorise en fait implicitement un tel mariage).

En dehors des lois, ce thème se retrouve dans des cas particuliers et dans des énoncés de principe, tant pour les alliances en général que pour les mariages mixtes. Les formulations de principes sont toutes retenues. Pour les cas particuliers d'alliance entre clans ou peuples, seuls quelques versets de Jos 9 sont cités (alliance avec les Gabaonites). Les autres textes ne contiennent pas de jugement de valeur (par exemple Gn 14, 13; 21, 27.32; 26, 28-31) ou concernent d'autres peuples plus éloignés (voir entre autres 1 R 15, 19; 20, 34; Ez 17, 13; Os 12, 2). Pour les mariages, ni les textes sans réprobation (voir Gn 36, 2; 41, 45; Ex 2, 21; Nb 12, 1; 2 S 3, 3; 11, 3; 1 R 3, 1; 7, 14; 14, 21.31; Rt 1, 4; 2 Ch 2, 13), ni ceux où la raison de la réprobation est autre (voir Gn 26, 34-35; Jg 14, 3), ni les textes sapientiaux sur la femme étrangère (voir surtout Pr 2, 16 et la note TOB², p. 1544) ne sont repris. Dans le texte P de Gn 27, 46 - 28, 9, seuls les v. 1-2 qui contiennent l'interdiction des mariages mixtes puis la formulation positive correspondante sont gardés. Les listes des peuples du pays sont nombreuses et diverses (voir Halbe, *Privilegrecht*, p. 143). Seules apparaissent ici celles qui sont liées à des passages sur les alliances ou les mariages mixtes.

§ 1 - 8 Ex 20, 23 - 21, 21

TABLEAUX SYNOPTIQUES

p.	§	Titre	CA	CS	CD	P	Dcl	Al.	Par. sec.
1	1	**Les autres dieux, les idoles et leurs cultes**	Ex **20,23** 22,19; 23,13	Lv 19,4; 26,1	Dt 12,29 - 13,1; 16,21-22; 17,2-7		Ex 20,2-6 Dt 5,6-10	Ex 34,11-17 Dt 27,15	Gn 35,2; Ex 23,24; Nb 33,52; Dt 4,15-19,39; 6,14-15; 12,3; 32, 16-17; 1 R 9,9; 14,9; 2 R 5,17; 17,35-39; Es 2,20; 40,18-20; 46,9; Jr 2,5; 7,6; Ez 18,6; 20, 18-19; Os 8,4; Mi 5,12-13; Ha 2, 18-19; Ps 81,10-11
6	2	**La construction de l'autel**	Ex **20,24-26**						Dt 27,5-6; Jos 8,30-31; Ez 43, 17b; Esd 3,2
7	3	**La septième année et le jubilé**	Ex **21,1-11**; 23,10-11	Lv 25	Dt 15,1-18				Lv 27,17-18.20-24; Es 61,1; Jr 34,8-9.14-15; Ez 46,17; Né 5 8a.10-11; 10,32b
13	4	**L'homicide et le droit d'asile**	Ex **21,12-14**	Lv 24,17.21b	Dt 19,1-13	Nb 35,9-34	Ex 20,13 Dt 5,17	Dt 27,24	Gn 9,5-6; Nb 35,6; Dt 4,41-43; Jos 20; 21,13a.21a.27a*.32a*. 38a; 2 S 3,27; 14,7a.11; 1 R 2, 29.31-33; 2 R 14,5; Jr 7,9a; Os 4,2; Jb 24,14; Pr 28,17; 1 Ch 6, 42a*.52a
19	5	**Le respect des parents**	Ex **21,15.17**	Lv 19,3; 20,9	Dt 21,18-21		Ex 20,12 Dt 5,16	Dt 27,16	1 S 2,25; Es 1,2; Ez 22,7a*; Ml 1,6a; Pr 1,8; 6,20; 10,1; 15, 5.20; 17,25; 19,13.26; 20,20; 23,22; 28,7.24; 29,15; 30,11.17
21	6	**Le rapt**	Ex **21,16**	Lv 19,11a	Dt 24,7		Ex 20,15 Dt 5,19		Gn 37,24.27; 40,15; Jr 7,9a; Os 4,2; Jb 24,14
19	5	Le respect des parents	Ex **21,15.17**	Lv 19,3; 20,9	Dt 21,18-21		Ex 20,12 Dt 5,16	Dt 27,16	1 S 2,25; Es 1,2; Ez 22,7a*; Ml 1,6a; Pr 1,8; 6,20; 10,1; 15, 5.20; 17,25; 19,13.26; 20,20; 23,22; 28,7.24; 29,15; 30,11.17
22	7	**Coups et blessures à un homme**	Ex **21,18-19**	Lv 24,19-20				Dt 27,24	Gn 4,23
22	8	**Le meurtre d'un esclave par son maître**	Ex **21,20-21**						

p.	§	Titre	CA	CS	CD	P	Dcl	AL.	Par. sec.
22	9	L'accouchement d'une femme suite à des coups	Ex 21,22-25						Gn 4,23-24; Ex 21,36; 1 R 20,39.42; 2 R 10,24; Pr 24,29
23	10	Le talion	Ex 21,22-25	Lv 24,17-22	Dt 19,16-21				
24	11	Les coups donnés par un maître à ses esclaves	Ex 21,26-27						
24	12	Les coups donnés par un boeuf	Ex 21,28-32						
25	13	Atteintes à la vie d'une bête	Ex 21,33-34	Lv 24,18.21a					
25	14	Les coups entre boeufs	Ex 21,35-36						
26	15	Le vol de bétail	Ex 21,37 - 22,3						Ex 20,17b; Dt 5,21b; 2 S 12,4-6; Jb 24,2
26	16	Les dégâts aux cultures dus aux troupeaux	Ex 22,4						
26	17	Les dégâts aux cultures dus au feu	Ex 22,5						
27	18	La garde d'argent ou d'objets	Ex 22,6-8			Lv 5,20-26			
28	19	La garde d'animaux domestiques	Ex 22,9-12						Gn 31,39; Ex 22,8
28	20	L'emprunt d'animaux domestiques	Ex 22,13-14						
29	21	Les relations sexuelles avec une vierge non fiancée	Ex 22,15-16		Dt 22,28-29				Gn 34,2.11-12
30	22	Devins et magiciens	Ex 22,17	Lv 19,26b.31; 20,6-8.27	Dt 18,9-14				Nb 23,23; 1 S 15,23; 28,3b.6-9; 2 R 9,22; 17,17; 21,6; 23,24; Es 2,6; 8,19-20; 44,25-26a; 57,3-4; 65,4; Jr 27,9; 29,8; Ez 13,6-7.18; Mi 5,11; Za 10,2; Ml 3,5a; 1 Ch 10,13-14a; 2 Ch 33,6

p.	§	Titre	CA	CS	CD	P	Dcl	AL	Par. sec.
33	23	**La zoophilie**	Ex **22,18**	Lv 18,23-30; 20,15-16				Dt 27,21	
1	1	Les autres dieux, les idoles et leurs cultes	Ex 20,23 **22,19**; 23,13	Lv 19,4; 26,1	Dt 12,29 - 13,1; 16,21-22; 17,2-7		Ex 20,2-6 Dt 5,6-10	Ex 34,11-17 Dt 27,15	Gn 35,2: Ex 23,24: Nb 33,52: Dt 4,15-19.39; 6,14-15; 12,3; 32,16-17; 1 R 9,9; 14,9; 2 R 5,17; 17,35-39; Es 2,20; 40,18-20; 46,9; Jr 2,5; 7,6; Ez 18,6; 20,18-19; Os 8,4; Mi 5,12-13; Ha 2,18-19; Ps 81,10-11
34	24	**Le respect de l'étranger, de l'orphelin et de la veuve**	Ex **22,20-23**; 23,9	Lv 19,33-34	Dt 24,17-18			Dt 27,19	Lv 24,22; Nb 15,16; Dt 1,16; 10,17-19; 24,14; Es 1,17.23; 10,1-2; Jr 5,28; 7,6; 22,3; Ez 22,7.29; Za 7,10; Ml 3,5; Ps 82,3; 94,6; Jb 6,27; 22,9; 24,21; 31,21-22
37	25	**Le prêt et les gages**	Ex **22,24-26**	Lv 25,35-38	Dt 23,20-21; 24,6.10-13.17b-18				Dt 15,1-3; Ez 18,7-8*.12-13a.16-17a*: 22,12; 33,15; Am 2,8; Ps 15,5; 109,11; Jb 22,6; 24,3.9; Pr 28,8
39	26	**Le respect de Yahvé et de son nom**	Ex **22,27a**	Lv 18,21b; 19,12; 22,32-33 24,10-16.22-23			Ex 20,7 Dt 5,11		Lv 5,20-26; 20,3; 21,6; 22,2; Nb 30,3; Es 1,4; 8,21; 48,1b; 52,5; Jr 5,2; 7,9; Ez 36,20; Os 4,2; 10,4; Za 5,3-4; 8,17; Ml 3,5a; Ps 10,3.13; 15,4; 24,4; 74,10.18
42	27	**Le respect du souverain**	Ex **22,27b**						Nb 21,5; 2 S 16,5; 19,22; 1 R 21,10.13; Es 8,21; Qo 10,20
43	28	**L'offrande des prémices**	Ex **22,28a**; 23,19a		Dt 26,1-11	Lv 2,14-16		Ex 34,26a	Nb 15,17-21; Ez 20,40; Pr 3,9-10; Né 10,36
45	29	**Les premiers-nés**	Ex **22,28b-29**		Dt 15,19-23	Ex 13,1-2.11-16		Ex 34,19-20	Gn 4,4; Lv 27,26-27; Nb 3,12-13.41.45; 8,16-18; 18,15-17; Dt 12,6.17; 14,23; Ez 20,26; Mi 6,7; Né 10,37
47	30	**La consommation des bêtes crevées**	Ex **22,30**	Lv 17,15-16; 22,8-9	Dt 14,21a	Lv 11,39-40			Lv 7,24; Ez 4,14; 44,31
48	31	**Etre saint**	Ex **22,30a**	Lv 19,1-2; 20,7-8.26; 21,6		Lv 11,44-45; Nb 15,40b-41			Jos 3,5; 7,13; 1 S 16,5a; 2 Ch 29,5

p.	§	Titre	CA	CS	CD	P	Dcl	AL	Par. sec.
50	32	L'impartialité dans les procès	Ex 23,1-3. 6-8	Lv 19,15-16	Dt 16,18-20			Dt 27,25-26	Ex 18,21-22; Lv 19,35a; Dt 1,16-17; 25,1; 1 S 8,3b; Es 1,23a; 5, 23; 10,2a; 33,15b*; Jr 6,28a; 9, 3b*; Ez 18,8*; 22,9a.12a; Am 2, 6b; Mi 3,11a*; Ps 15,5a*; 26,10b; 82,2-4; 94,21; Pr 17,23.26; 22,22; 24,23-24; 28,21a; 2 Ch 19,5-7
52	33	Les faux témoignages	Ex 23,1b		Dt 19,16-21		Ex 20,16 Dt 5,20		Pr 6,19; 12,17; 14,5.25; 19,5.9. 28; 21,28; 24,28; 25,18
53	34	Le respect des animaux du frère ou de l'ennemi	Ex 23,4-5		Dt 22,1-4				
50	32	L'impartialité dans les procès	Ex 23,1-3. 6-8	Lv 19,15-16	Dt 16,18-20			Dt 27,25-26	Ex 18,21-22; Lv 19,35a; Dt 1,16-17; 25,1; 1 S 8,3b; Es 1,23a; 5, 23; 10,2a; 33,15b*; Jr 6,28a; 9, 3b*; Ez 18,8*; 22,9a.12a; Am 2, 6b; Mi 3,11a*; Ps 15,5a*; 26,10b; 82,2-4; 94,21; Pr 17,23.26; 22,22; 24,23-24; 28,21a; 2 Ch 19,5-7
34	24	Le respect de l'étranger, de l'orphelin et de la veuve	Ex 22,20-23; 23,9	Lv 19,33-34	Dt 24,17-18			Dt 27,19	Lv 24,22; Nb 15,16; Dt 1,16; 10, 17-19; 24,14; Es 1,17.23; 10,1-2; Jr 5,28; 7,6; 22,3; Ez 22,7.29; Za 7,10; Mi 3,5; Ps 82,3; 94,6; Jb 6, 27; 22,9; 24,21; 31,21-22
7	3	La septième année et le jubilé	Ex 21,1-11; 23,10-11	Lv 25	Dt 15,1-18				Lv 27,17-18.20-24; Es 61,1; Jr 34,8-9.14-15; Ez 46,17; Né 5 8a.10-11; 10,32b
54	35	Le sabbat	Ex 23,12	Lv 19,3*.30; 23,1-3; 26,2		Ex 31,12-17; 35,1-3	Ex 20,8-11 Dt 5,12-15	Ex 34,21	Gn 2,2-3; Ex 16,23.25-26; Nb 15, 32-36; Es 56,2b*.4a*.6b*; Jr 17, 21-22; Ez 20,12.20; 22,8b.26b; 23,38; 44,24b*; Am 8,5a; Né 9,14a; 10,32a; 13,15-22

p.	§	Titre	CA	CS	CD	P	Dcl	AL	Par. sec.
1	1	Les autres dieux, les idoles et leurs cultes	Ex 20,23 22,19; 23,13	Lv 19,4; 26,1	Dt 12,29 - 13,1; 16,21-22; 17,2-7		Ex 20,2-6 Dt 5,6-10	Ex 34,11-17 Dt 27,15	Gn 35,2; Ex 23,24; Nb 33,52; Dt 4,15-19.39; 6,14-15; 12,3; 32,16-17; 1 R 9,9; 14,9; 2 R 5,17; 17,35-39; Es 2,20; 40,18-20; 46,9; Jr 2,5; 7,6; Ez 18,6; 20,18-19; Os 8,4; Mi 5,12-13; Ha 2,18-19; Ps 81,10-11
60	36	Les trois pèlerinages annuels	Ex 23,14-18		Dt 16,16-17			Ex 34,23-25	1 R 9,25; 2 Ch 8,13
61	37	La Pâque ou les Pains sans levain	Ex 23,14-15.18	Lv 23,4-8	Dt 16,1-8	Nb 28,16-25		Ex 34,18.25	Ex 12,1-20; 13,3-10; Nb 9,1-5; Jos 5,10-11; 2 R 23,21.23b; Ez 45,21-25 Esd 6,19-20.22a; 2 Ch 8,12-13; 30,1.13.15-18a; 35,1.11-13.16-17
65	38	L'interdiction de se présenter devant Dieu les mains vides	Ex 23,15		Dt 16,16-17			Ex 34,19-20	
66	39	La fête des Moissons, des Prémices ou des Semaines	Ex 23,16a	Lv 23,15-21	Dt 16,9-12	Nb 28,26-31		Ex 34,22a	
68	40	La fête des Tentes ou de la Récolte	Ex 23,16b	Lv 23,33-38. 39-44	Dt 16,13-15	Nb 29,12-16; 29,35 - 30,1		Ex 34,22b	Jg 21,19.21; 1 R 8,2.65-66a; 12, 32; Ez 45,25; Za 14,16; Esd 3,4; Né 8,14-18; 2 Ch 5,3; 7,8-10a
61	37	La Pâque ou les Pains sans levain	Ex 23,14-15. 18	Lv 23,4-8	Dt 16,1-8	Nb 28,16-25		Ex 34,18.25	Ex 12,1-20; 13,3-10; Nb 9,1-5; Jos 5,10-11; 2 R 23,21.23b; Ez 45,21-25 Esd 6,19-20.22a; 2 Ch 8,12-13; 30,1.13.15-18a; 35,1.11-13.16-17
43	28	L'offrande des prémices	Ex 22,28a; 23,19a		Dt 26,1-11	Lv 2,14-16		Ex 34,26a	Nb 15,17-21; Ez 20,40; Pr 3, 9-10; Né 10,36
71	41	Le chevreau dans le lait de de sa mère	Ex 23,19b		Dt 14,21b			Ex 34,26b	

§ 42 - 50 Lv 17,1 - 18, 22

p.	§	Titre	CA	CS	CD	P	Dcl	AL.	Par. sec.
72	42	L'abattage profane		Lv **17,1-7**	Dt 12,13-19. 20-28				Dt 15,21-23
73	43	L'unicité du lieu de culte		Lv **17,8-9**	Dt 12,1-7.8-12. 13-19.20-28				Ex 20,24b; Jos 22,19b.29; 2 R 18,22; 23,4-9; Es 36,7; 2 Ch 32,12
77	44	La consommation du sang		Lv **17,10-12**; 19,26a	Dt 12,16.23-25	Lv 3,17; 7,26-27			Gn 9,3-4; Lv 17,13-14; Dt 15,23; 1 S 14,32-35; Ez 33,25a*
78	45	L'abattage des bêtes sauvages		Lv **17,13-14**					
47	30	La consommation des bêtes crevées	Ex 22,30	Lv **17,15-16**; 22,8-9	Dt 14,21a	Lv 11,39-40			Lv 7,24; Ez 4,14; 44,31
79	46	Les relations sexuelles familiales interdites		Lv **18,1-18**; 20,11-12.14.17. 19-23	Dt 23,1			Dt 27,20. 22-23	Gn 35,22a; 49,4; 2 S 13,11-13; 16,21-22; 20,3; Ez 22,10-11; Am 2,7b
82	47	Les relations sexuelles avec une femme qui a ses règles		Lv **18,19**; 20,18		Lv 15,24			Ez 18,6b*; 22,10b
82	48	L'adultère		Lv **18,20**; 20,10	Dt 22,22		Ex 20,14 Dt 5,18		Gn 20,6; 26,10; 39,17-18.20; Ex 20,17b*; Dt 5,21a; 22,23-24; 2 S 12,9-11; Jr 5,7b-9; 7,9; 29,23a; Ez, 16,38-41; 22,11a; 23,45-47; Os 2,4-5; 4,2; Ml 3,5a; Jb 24,15; 31,9-11; Pr 6,29.32-33
85	49	Les sacrifices d'enfants		Lv **18,21**; 20,1-5	Dt 18,9-14				Dt 12,31; 2 R 16,3; 17,17; 21,6; 23,10; Es 57,5; Jr 3,24; 7,31; 19,5; 32,35; Ez 16,20-21.36b; 20,31a; 23,37b.39a; Mi 6,7; Ps 106,37-38; 2 Ch 28,3; 33,6
39	26	Le respect de Yahvé et de son nom	Ex 22,27a	Lv **18,21b**; 19,12; 22,32-33 24,10-16.22-23			Ex 20,7 Dt 5,11		Lv 5,20-26; 20,3; 21,6; 22,2; Nb 30,3; Es 1,4; 8,21; 48,1b; 52,5; Jr 5,2; 7,9; Ez 36,20; Os 4,2; 10,4; Za 5,3-4; 8,17; Ml 3,5a; Ps 10,3. 13; 15,4; 24,4; 74,10.18
87	50	L'homosexualité		Lv **18,22**; 20,13					Gn 19,5-8; Jg 19,22-24

§ 51 - 54 Lv 18, 23 - 19, 12

p.	§	Titre	CA	CS	CD	P	Dcl	AL	Par. sec.
33	23	La zoophilie	Ex 22,18	Lv 18,23-30; 20,15-16				Dt 27,21	
48	31	Être saint	Ex 22,30a	Lv 19,1-2; 20, 7-8.26; 21,6		Lv 11,44-45; Nb 15,40b-41			Jos 3,5; 7,13; 1 S 16,5a; 2 Ch 29, 5
19	5	Le respect des parents	Ex 21,15.17	Lv 19,3; 20,9	Dt 21,18-21		Ex 20,12 Dt 5,16	Dt 27,16	1 S 2,25; Es 1,2; Ez 22,7a*; Ml 1,6a; Pr 1,8; 6,20; 10,1; 15, 5.20; 17,25; 19,13.26; 20,20; 23,22; 28,7.24; 29,15; 30,11.17
54	35	Le sabbat	Ex 23,12	Lv 19,3*.30; 23,1-3; 26,2		Ex 31,12-17; 35,1-3	Ex 20,8-11 Dt 5,12-15	Ex 34,21	Gn 2,2-3; Ex 16,23.25-26; Nb 15, 32-36; Es 56,2b* 4a* 6b*; Jr 17, 21-22; Ez 20,12.20; 22,8b.26b; 23,38; 44,24b*; Am 8,5a; Né 9,14a; 10,32a; 13,15-22
1	1	Les autres dieux, les idoles et leurs cultes	Ex 20,23 22,19; 23,13	Lv 19,4; 26,1	Dt 12,29 - 13,1; 16,21-22; 17,2-7		Ex 20,2-6 Dt 5,6-10	Ex 34,11-17 Dt 27,15	Gn 35,2; Ex 23,24; Nb 33,52; Dt 4,15-19.39; 6,14-15; 12,3; 32, 16-17; 1 R 9,9; 14,9; 2 R 5,17; 17,35-39; Es 2,20; 40,18-20; 46,9; Jr 2,5; 7,6; Ez 18,6; 20, 18-19; Os 8,4; Mi 5,12-13; Ha 2, 18-19; Ps 81,10-11
88	51	La consommation du sacrifice de paix		Lv 19,5-8; 22,29-33		Lv 7,11-15. 16-21			
89	52	Les restes des récoltes		Lv 19,9-10; 23,22	Dt 24,19-22				
90	53	Les atteintes aux biens du prochain	Ex 20,15.17	Lv 19,11-12. 13a*			Ex 20,15.17 Dt 5,19.21		Lv 5,20-26; Dt 28,31; Jr 7,9a; Os 4,2a; 7,1; Mi 2,2; Za 5,3-4; Jb 24,14; Pr 6,30-31; 30,9
21	6	Le rapt	Ex 21,16	Lv 19,11a	Dt 24,7		Ex 20,15 Dt 5,19		Gn 37,24.27; 40,15; Jr 7,9a; Os 4,2; Jb 24,14
91	54	La tromperie		Lv 19,11b					Ex 23,7a; Es 59,13; Mi 6,12; Ps 5,7; 24,4; 26,4; 34,14; Jb 15,31; Pr 12,19.22; 20,17

p.	§	Titre	CA	CS	CD	P	Dcl	AL	Par. sec.
39	26	Le respect de Yahvé et de son nom	Ex 22,27a	Lv 18,21b; 19,12; 22,32-33; 24,10-16.22-23			Ex 20,7 Dt 5,11		Lv 5,20-26; 20,3; 21,6; 22,2; Nb 30,3; Es 1,4; 8,21; 48,1b; 52,5; Jr 5,2; 7,9; Ez 36,20; Os 4,2; 10,4; Za 5,3-4; 8,17; Mi 3,5a; Ps 10,3. 13; 15,4; 24,4; 74,10.18
92	55	L'oppression et les abus envers les faibles (le journalier, le sourd et l'aveugle)		Lv 19,13-14	Dt 24,14-15			Dt 27,18	1 S 12,3-4; Es 3,14b; 30,12b; 61, 8a; Jr 22,13.17; Ez 18,7a*.12a* 16a*.18a*; 22,12b*.29a; 33,15a*; Ml 3,5; Ps 62,11a*; Pr 14,31; 22,22
90	53	Les atteintes aux biens du prochain		Lv 19,11-12. 13a*			Ex 20,15.17 Dt 5,19.21		Lv 5,20-26; Dt 28,31; Jr 7,9a; Os 4,2a; 7,1; Mi 2,2; Za 5,3-4; Jb 24,14; Pr 6,30-31; 30,9
50	32	L'impartialité dans les procès	Ex 23,1-3.6-8	Lv 19,15-16	Dt 16,18-20			Dt 27,25-26	Ex 18,21-22; Lv 19,35a; Dt 1,16-17; 25,1; 1 S 8,3b; Es 1,23a; 5, 23; 10,2a; 33,15b*; Jr 6,28a; 9, 3b*; Ez 18,8*; 22,9a.12a; Am 2, 6b; Mi 3,11a*; Ps 15,5a*; 26,10b; 82,2-4; 94,21; Pr 17,23.26; 22,22; 24,23-24; 28,21a; 2 Ch 19,5-7
94	56	Le conflit avec un frère coupable		Lv 19,17-18					Lv 19,34; 1 S 18,1b.3; 20,17; Ps 37,8; Pr 9,8; 10,12; 16,6; 17,9; 19,25; 24,24-25; 28,23; 30,33
95	57	Les mélanges interdits		Lv 19,19	Dt 22,9-11				
95	58	Les relations sexuelles avec une servante promise		Lv 19,20-22					
95	59	Les fruits des jeunes arbres		Lv 19,23-25					
77	44	La consommation du sang		Lv 17,10-12; 19,26a	Dt 12,16.23-25	Lv 3,17; 7,26-27			Gn 9,3-4; Lv 17,13-14; Dt 15,23; 1 S 14,32-25; Ez 33,25a

§ 60 - 64 Lv 19, 26B-37

205

p.	§	Titre	CA	Cs	CD	P	Dcl	AL	Par. sec.
30	22	Devins et magiciens	Ex 22,17	Lv **19,26b.31**; 20,6-8.27	Dt 18,9-14				Nb 23,23; 1 S 15,23; 28,3b.6-9; 2 R 9,22; 17,17; 21,6; 23,24; Es 2,6; 8,19-20; 44,25-26a; 57,3-4; 65,4; Jr 27,9; 29,8; Ez 13,6-7.18; Mi 5,11; Za 10,2; Ml 3,5a; 1 Ch 10,13-14a; 2 Ch 33,6
95	60	**Rites de deuil interdits**		Lv **19,27-28**; 26,2*	Dt 14,1-2 21,5-6				Es 15,2; 22,12; Jr 16,6; 41,5; 48, 37; Ez 7,18; Am 8,10; Mi 1,16; Jb 1,20
97	61	**La prostitution sacrée**		Lv **19,29-30**; 21,9	Dt 23,18-19				1 R 14,24; 15,12; 22,47; 2 R 23,7; Jr 2,20; 13,27; Ez 16,31; Os 4,13-14
54	35	Le sabbat	Ex 23,12	Lv **19,3*.30**; 23,1-3; 26,2		Ex 31,12-17; 35,1-3	Ex 20,8-11 Dt 5,12-15	Ex 34,21	Gn 2,2-3; Ex 16,23.25-26; Nb 15, 32-36; Es 56,2b*.4a*.6b*; Jr 17, 21-22; Ez 20,12.20; 22,8b.26b; 23,38; 44,24b*; Am 8,5a; Né 9,14a; 10,32a; 13,15-22
98	62	**Le respect du sanctuaire**		Lv **19,30***; 26,2*					Lv 20,3; 21,12.23; Nb 19,20; Jr 32,34; Ez 5,11; 23,38-39
30	22	Devins et magiciens	Ex 22,17	Lv **19,26b.31**; 20,6-8.27	Dt 18,9-14				Nb 23,23; 1 S 15,23; 28,3b.6-9; 2 R 9,22; 17,17; 21,6; 23,24; Es 2,6; 8,19-20; 44,25-26a; 57,3-4; 65,4; Jr 27,9; 29,8; Ez 13,6-7.18; Mi 5,11; Za 10,2; Ml 3,5a; 1 Ch 10,13-14a; 2 Ch 33,6
99	63	**Le respect des personnes âgées**		Lv **19,32**					Dt 28,50; Es 3,5; Lm 4,16; 5,12
34	24	Le respect de l'étranger, de l'orphelin et de la veuve	Ex 22,20-23; 23,9	Lv **19,33-34**	Dt 24,17-18			Dt 27,19	Lv 24,22; Nb 15,16; Dt 1,16; 10, 17-19; 24,14; Es 1,17.23; 10,1-2; Jr 5,28; 7,6; 22,3; Ez 22,7.29; Za 7,10; Ml 3,5; Ps 82,3; 94,6; Jb 6, 27; 22,9; 24,21; 31,21-22
99	64	**L'équité dans le commerce**		Lv **19,35-37**	Dt 25,13-16				Ez 45,10; Os 12,8; Am 8,5; Mi 6,10-11; Pr 11,1; 20,10.23

(§ 64)   Lv 20,1-16

p.	§	Titre	CA	CS	CD	P	Dcl	AL	Par. sec.
85	49	Les sacrifices d'enfants		Lv 18,21; **20,1-5**	Dt 18,9-14				Dt 12,31; 2 R 16,3; 17,17; 21,6; 23,10; Es 57,5; Jr 3,24; 7,31; 19,5; 32,35; Ez 16,20-21.36b; 20,31a; 23,37b.39a; Mi 6,7; Ps 106,37-38; 2 Ch 28,3; 33,6
30	22	Devins et magiciens	Ex 22,17	Lv 19,26b.31; **20,6-8.27**	Dt 18,9-14				Nb 23,23; 1 S 15,23; 28,3b.6-9; 2 R 9,22; 17,17; 21,6; 23,24; Es 2,6; 8,19-20; 44,25-26a; 57,3-4; 65,4; Jr 27,9; 29,8; Ez 13,6-7.18; Mi 5,11; Za 10,2; Ml 3,5a; 1 Ch 10,13-14a; 2 Ch 33,6
48	31	Etre saint	Ex 22,30a	Lv 19,1-2; **20, 7-8.26**; 21,6		Lv 11,44-45; Nb 15,40b-41			Jos 3,5; 7,13; 1 S 16,5a; 2 Ch 29,5
19	5	Le respect des parents	Ex 21,15.17	Lv 19,3; **20,9**	Dt 21,18-21		Ex 20,12; Dt 5,16	Dt 27,16	1 S 2,25; Es 1,2; Ez 22,7a*; Ml 1,6a; Pr 1,8; 6,20; 10,1; 15, 5.20; 17,25; 19,13.26; 20,20; 23,22; 28,7.24; 29,15; 30,11.17
82	48	L'adultère		Lv 18,20; **20,10**	Dt 22,22		Ex 20,14; Dt 5,18		Gn 20,6; 26,10; 39,17-18.20; Ex 20,17b*; Dt 5,21a; 22,23-24; 2 S 12,9-11; Jr 5,7b-9; 7,9; 29,23a; Ez, 16,38-41; 22,11a; 23,45-47; Os 2,4-5; 4,2; Ml 3,5a; Jb 24,15; 31,9-11; Pr 6,29.32-33
79	46	Les relations sexuelles familiales interdites		Lv 18,1-18; **20,11-12.14.** 17.19-23	Dt 23,1			Dt 27,20. 22-23	Gn 35,22a; 49,4; 2 S 13,11-13; 16,21-22; 20,3; Ez 22,10-11; Am 2,7b
87	50	L'homosexualité		Lv 18,22; **20,13**					Gn 19,5-8; Jg 19,22-24
79	46	Les relations sexuelles familiales interdites		Lv 18,1-18; **20,11-12.14.** 17.19-23	Dt 23,1			Dt 27,20. 22-23	Gn 35,22a; 49,4; 2 S 13,11-13; 16,21-22; 20,3; Ez 22,10-11; Am 2,7b
33	23	La zoophilie	Ex 22,18	Lv 18,23-30; **20,15-16**				Dt 27,21	

§ 65 - 68 LV 20,17 - 22, 9

p.	§	Titre	CA	C's	CD	P	Dcl	Al.	Par. sec.
79	46	Les relations sexuelles familiales interdites		Lv 18,1-18; 20,11-12.14. 17.19-23	Dt 23,1			Dt 27,20. 22-23	Gn 35,22a; 49,4; 2 S 13,11-13; 16,21-22; 20,3; Ez 22,10-11; Am 2,7b
82	47	Les relations sexuelles avec une femme qui a ses règles		Lv 18,19; 20,18		Lv 15,24			Ez 18,6b*; 22,10b
79	46	Les relations sexuelles familiales interdites		Lv 18,1-18; 20,11-12.14. 17.19-23	Dt 23,1			Dt 27,20. 22-23	Gn 35,22a; 49,4; 2 S 13,11-13; 16,21-22; 20,3; Ez 22,10-11; Am 2,7b
101	65	**Les animaux purs et impurs**		Lv **20,24-26**	Dt 14,3-20	Lv 11,1-23. 41-47			Jg 13,14; Is 65,4; 66,17; Os 9,3
48	31	Etre saint	Ex 22,30a	Lv 19,1-2; **20,** 7-8.**26**; 21,6		Lv 11,44-45; Nb 15,40b-41			Jos 3,5; 7,13; 1 S 16,5a; 2 Ch 29, 5
30	22	Devins et magiciens	Ex 22,17	Lv 19,26b.31; **20,6-8.27**	Dt 18,9-14				Nb 23,23; 1 S 15,23; 28,3b.6-9; 2 R 9,22; 17,17; 21,6; 23,24; Is 2,6; 8,19-20; 44,25-26a; 57,3-4; 65,4; Jr 27,9; 29,8; Ez 13,6-7.18; Mi 5,11; Za 10,2; MI 3,5a; 1 Ch 10,13-14a; 2 Ch 33,6
104	66	**La sainteté des prêtres, rites de deuil et de mariage**		Lv **21,1-9. 10-15**		Lv 10,6-7			Ez 44,20.22.25; Né 13,28-29
95	60	Rites de deuil interdits		Lv 19,27-28; **21,5-6**	Dt 14,1-2				Is 15,2; 22,12; Jr 16,6; 41,5; 48,37; Ez 7,18; Am 8,10; Mi 1,16; Jb 1,20
48	31	Etre saint	Ex 22,30a	Lv 19,1-2; 20, 7-8.26; **21,6**		Lv 11,44-45; Nb 15,40b-41			Jos 3,5; 7,13; 1 S 16,5a; 2 Ch 29, 5
97	61	La prostitution sacrée		Lv 19,29-30; **21,9**	Dt 23,18-19				1 R 14,24; 15,12; 22,47; 2 R 23,7; Jr 2,20; 13,27; Ez 16,31; Os 4,13-14
106	67	**Cas d'infirmité des prêtres**		Lv **21,16-24**					
106	68	**Cas d'impureté des prêtres**		Lv **22,1-9**					
47	30	La consommation des bêtes crevées	Ex 22,30	Lv 17,15-16; **22,8-9**	Dt 14,21a	Lv 11,39-40			Lv 7,24; Ez 4,14; 44,31

208

§ 69 - 74 Lv 22,10 - 23, 32

p.	§	Titre	CA	Cs	CD	P	Dcl	AL.	Par. sec.
106	69	**Les consommateurs des nourritures saintes**		Lv **22,10-16**		Lv 5,14-16			Ex 29,33; Lv 6,11.22; 7,6; 10,14a; 1 S 21,5-7
107	70	**Cas d'infirmité des victimes sacrificielles**		Lv **22,17-25**	Dt 17,1				Lv 1,3a.10; 3,1.6; Dt 15,21; Ml 1,8.13-14
108	71	**Les sacrifices d'animaux nouveau-nés**		Lv **22,26-28**					Ex 22,29
88	51	La consommation du sacrifice de paix		Lv 19,5-8; **22,29-33**		Lv 7,11-15. 16-21			
39	26	Le respect de Yahvé et de son nom	Ex 22,27a	Lv 18,21b; 19,12; **22,32-33**; 24,10-16.22-23			Ex 20,7 Dt 5,11		Lv 5,20-26; 20,3; 21,6; 22,2; Nb 30,3; Es 1,4; 8,21; 48,1b; 52,5; Jr 5,2; 7,9; Ez 36,20; Os 4,2; 10,4; Za 5,3-4; 8,17; Ml 3,5a; Ps 10,3. 13; 15,4; 24,4; 74,10.18
54	35	Le sabbat	Ex 23,12	Lv 19,3*.30; **23,1-3**; 26,2		Ex 31,12-17; 35,1-3	Ex 20,8-11 Dt 5,12-15	Ex 34,21	Gn 2,2-3; Ex 16,23.25-26; Nb 15,32-36; Es 56,2b*4a*.6b*; Jr 17,21-22; Ez 20,12.20; 22,8b.26b; 23,38; 44,24b*; Am 8,5a; Né 9,14a; 10,32a; 13,15-22
61	37	La Pâque ou les Pains sans levain	Ex 23,14-15.18	Lv **23,4-8**	Dt 16,1-8	Nb 28,16-25		Ex 34,18.25	Ex 12,1-20; 13,3-10; Nb 9,1-5; Jos 5,10-11; 2 R 23,21.23b; Esd 6,19-20.22a; 2 Ch 8,12-13; 30,1.13.15-18a; 35,1.11-13.16-17
109	72	**La fête de la Première gerbe**		Lv **23,9-14**					
66	39	La fête des Moissons, des Prémices ou des Semaines	Ex 23,16a	Lv **23,15-21**	Dt 16,9-12	Nb 28,26-31		Ex 34,22a	
89	52	Les restes des récoltes		Lv 19,9-10; **23,22**	Dt 24,19-22				
109	73	**Le jour de l'Acclamation**		Lv **23,23-25**		Nb 29,1-6			Né 8,2
110	74	**Le jour des Expiations**		Lv **23,26-32**		Lv 16,29-34; Nb 29,7-11			Ex 30,10; Lv 16,1-28; 25,9; Ez 45,18-20

§ 75 - 76   Lv 23, 33 - 24, 1-23

p.	§	Titre	CA	C S	CD	P	Dcl	AL	Par. sec.
68	40	La fête des Tentes ou de la Récolte	Ex 23,16b	Lv **23,33-38**. **39-44**	Dt 16,13-15	Nb 29,12-16; 29,35 - 30,1		Ex 34,22b	Jg 21,19.21; 1 R 8,2.65-66a; 12, 32; Ez 45,25; Za 14,16; Esd 3,4; Né 8,14-18; 2 Ch 5,3; 7,8-10a
113	75	**Le service de la lampe du sanctuaire**		Lv **24,1-4**		Ex 27,20-21			Ex 30,7b-8a; Nb 3,31; 4,16a; 1 S 3,3; 2 Ch 4,20; 13,11; 29,7
114	76	**Le service des pains d'offrande**		Lv **24,5-9**					Ex 25,30; 1 S 21,5.7; Né 10,33-34; 1 Ch 9,32; 23,29; 2 Ch 13,11
39	26	Le respect de Yahvé et de son nom	Ex 22,27a	Lv 18,21b; 19,12; 22,32-33; **24,10-16**. 22-23			Ex 20,7 Dt 5,11		Lv 5,20-26; 20,3; 21,6; 22,2; Nb 30,3; Es 1,4; 8,21; 48,1b; 52,5; Jr 5,2; 7,9; Ez 36,20; Os 4,2; 10,4; Za 5,3-4; 8,17; Ml 3,5a; Ps 10,3. 13; 15,4; 24,4; 74,10.18
23	10	Le talion	Ex 21,22-25	Lv **24,17-22**	Dt 19,16-21				Gn 4,23-24; Ex 21,36; 1 R 20,39. 42; 2 R 10,24; Pr 24,29
13	4	L'homicide et le droit d'asile	Ex 21,12-14	Lv **24,17**.21b	Dt 19,1-13	Nb 35,9-34	Ex 20,13 Dt 5,17	Dt 27,24	Gn 9,5-6; Nb 35,6; Dt 4,41-43; Jos 20; 21,13a.21a.27a*.32a*. 38a; 2 S 3,27; 14,7a.11; 1 R 2, 29,31-33; 2 R 14,5; Jr 7,9a; Os 4,2; Jb 24,14; Pr 28,17; 1 Ch 6, 42a*.52a
25	13	Atteintes à la vie d'une bête	Ex 21,33-34	Lv **24,18**.21a					
22	7	Coups et blessures à un homme	Ex 21,18-19	Lv **24,19-20**				Dt 27,24	Gn 4,23
25	13	Atteintes à la vie d'une bête	Ex 21,33-34	Lv 24,18.**21a**					
13	4	L'homicide et le droit d'asile	Ex 21,12-14	Lv 24,17.**21b**	Dt 19,1-13	Nb 35,9-34	Ex 20,13 Dt 5,17	Dt 27,24	Gn 9,5-6; Nb 35,6; Dt 4,41-43; Jos 20; 21,13a.21a.27a*.32a*. 38a; 2 S 3,27; 14,7a.11; 1 R 2, 29,31-33; 2 R 14,5; Jr 7,9a; Os 4,2; Jb 24,14; Pr 28,17; 1 Ch 6, 42a*.52a
39	26	Le respect de Yahvé et de son nom	Ex 22,27a	Lv 18,21b; 19,12; 22,32-33; **24,10-16**. **22-23**			Ex 20,7 Dt 5,11		Lv 5,20-26; 20,3; 21,6; 22,2; Nb 30,3; Es 1,4; 8,21; 48,1b; 52,5; Jr 5,2; 7,9; Ez 36,20; Os 4,2; 10,4; Za 5,3-4; 8,17; Ml 3,5a; Ps 10,3. 13; 15,4; 24,4; 74,10.18

(§ 76)   Lv 25, 1 - 26, 2

p.	§	Titre	CA	C s	CD	P	Dcl	AL.	Par. sec.
7	3	La septième année et le jubilé	Ex 21,1-11; 23,10-11	Lv 25	Dt 15,1-18				Lv 27,17-18.20-24; Es 61,1; Jr 34,8-9.14-15; Ez 46,17; Né 5 8a.10-11; 10,32b
37	25	Le prêt et les gages	Ex 22,24-26	Lv 25,35-38	Dt 23,20-21; 24,6.10-13. 17b-18				Dt 15,1-3; Ez 18,7-8*.12-13a.16-17a*; 22,12; 33,15; Am 2,8; Ps 15,5; 109,11; Jb 22,6; 24,3.9; Pr 28,8
1	1	Les autres dieux, les idoles et leurs cultes	Ex 20,23 22,19; 23,13	Lv 19,4*; 26,1	Dt 12,29 - 13,1; 16,21-22; 17,2-7		Ex 20,2-6 Dt 5,6-10	Ex 34,11-17 Dt 27,15	Gn 35,2; Ex 23,24; Nb 33,52; Dt 4,15-19.39; 6,14-15; 12,3; 32, 16-17; 1 R 9,9; 14,9; 2 R 5,17; 17,35-39; Es 2,20; 40,18-20; 46,9; Jr 2,5; 7,6; Ez 18,6; 20, 18-19; Os 8,4; Mi 5,12-13; Ha 2, 18-19; Ps 81,10-11
54	35	Le sabbat	Ex 23,12	Lv 19,3*,30; 23,1-3; 26,2		Ex 31,12-17; 35,1-3	Ex 20,8-11	Ex 34,21 Dt 5,12-15	Gn 2,2-3; Ex 16,23.25-26; Nb 15, 32-36; Es 56,2b*.4a*.6b*; Jr 17, 21-22; Ez 20,12.20; 22,8b.26b; 23,38; 44,24b*; Am 8,5a; Né 9,14a; 10,32a; 13,15-22
98	62	Le respect du sanctuaire		Lv 19,30*; 26,2*					Lv 20,3; 21,12.23; Nb 19,20; Jr 32,34; Ez 5,11; 23,38-39

P.	§	Titre	CA	CS	CD	P	Dcl	AL	Par. sec.
73	43	L'unicité du lieu de culte		Lv 17,8-9	Dt **12,1-7.8-12.** **13-19.20-28**				Ex 20,24b; Jos 22,19b.29; 2 R 18,22; 23,4-9; Es 36,7; 2 Ch 32,12
72	42	L'abattage profane		Lv 17,1-7	Dt **12,13-19.** 20-28				Dt 15,21-23
77	44	La consommation du sang		Lv 17,10-12; 19,26a	Dt **12,16.**23-25	Lv 3,17; 7,26-27			Gn 9,3-4; Lv 17,13-14; Dt 15,23; 1 S 14,32-35; Ez 33,25a*
72	42	L'abattage profane		Lv 17,1-7	Dt **12,**13-19. **20-28**				Dt 15,21-23
73	43	L'unicité du lieu de culte		Lv 17,8-9	Dt **12,**1-7.8-12. 13-19.**20-28**				Ex 20,24b; Jos 22,19b.29; 2 R 18,22; 23,4-9; Es 36,7; 2 Ch 32,12
77	44	La consommation du sang		Lv 17,10-12; 19,26a	Dt 12,16.**23-25**	Lv 3,17; 7,26-27			Gn 9,3-4; Lv 17,13-14; Dt 15,23; 1 S 14,32-35; Ez 33,25a*
1	1	Les autres dieux, les idoles et leurs cultes	Ex 20,23 22,19; 23,13	Lv 19,4; 26,1	Dt **12,29 - 13,1;** 16,21-22; 17,2-7		Ex 20,2-6 Dt 5,6-10	Ex 34,11-17 Dt 27,15	Gn 35,2; Ex 23,24; Nb 33,52; Dt 4,15-19.39; 6,14-15; 12,3; 32,16-17; 1 R 9,9; 14,9; 2 R 5,17; 17,35-39; Es 2,20; 40,18-20; 46,9; Jr 2,5; 7,6; Ez 18,6; 20,18-19; Os 8,4; Mi 5,12-13; Ha 2,18-19; Ps 81,10-11
116	77	**Incitations à l'apostasie**			Dt **13,1-6.** **7-12.13-19**				Ex 32,1b.4; 1 R 12,28; 2 R 17,21b; 2 Ch 21,11
95	60	Rites de deuil interdits		Lv 19,27-28; 21,5-6	Dt **14,1-2**				Es 15,2; 22,12; Jr 16,6; 41,5; 48,37; Ez 7,18; Am 8,10; Mi 1,16; Jb 1,20
101	65	Les animaux purs et impurs		Lv 20,24-26	Dt **14,3-20**	Lv 11,1-23. 41-47			Jg 13,14; Es 65,4; 66,17; Os 9,3
47	30	La consommation des bêtes crevées	Ex 22,30	Lv 17,15-16; 22,8-9	Dt **14,21a**	Lv 11,39-40			Lv 7,24; Ez 4,14; 44,31
71	41	Le chevreau dans le lait de sa mère	Ex 23,19b		Dt **14,21b**			Ex 34,26b	
119	78	**La dîme**			Dt **14,22-29** 26,12-19	Lv 27,30-34 Nb 18,25-29			Gn 14,20; 28,22; Nb 18,21.24; Dt 12,17-18; Am 4,4; Ml 3,8.10a; Né 10,38-39; 13,12; 2 Ch 31,5-6

(§ 78)   Dt 15, 1 - 17, 1

p.	§	Titre	CA	CS	CD	P	Dcl	AL	Par. sec.
7	3	La septième année et le jubilé	Ex 21,1-11; 23,10-11	Lv 25	Dt **15,1-18**				Lv 27,17-18.20-24; Es 61,1; Jr 34,8-9.14-15; Ez 46,17; Né 5 8a.10-11; 10,32b
45	29	Les premiers-nés	Ex 22,28b-29		Dt **15,19-23**	Ex 13,1-2. 11-16		Ex 34,19-20	Gn 4,4; Lv 27,26-27; Nb 3,12-13. 41.45; 8,16-18; 18,15-17; Dt 12, 6.17; 14,23; Ez 20,26; Mi 6,7; Né 10,37
61	37	La Pâque ou les Pains sans levain	Ex 23,14-15.18	Lv 23,4-8	Dt **16,1-8**	Nb 28,16-25		Ex 34,18.25	Ex 12,1-20; 13,3-10; Nb 9,1-5; Jos 5,10-11; 2 R 23,21.23b; Ez 45,21-25 Esd 6,19-20.22a; 2 Ch 8,12-13; 30,1.13.15-18a; 35,1.11-13.16-17
66	39	La fête des Moissons, des Prémices ou des Semaines	Ex 23,16a	Lv 23,15-21	Dt **16,9-12**	Nb 28,26-31		Ex 34,22a	
68	40	La fête des Tentes ou de la Récolte	Ex 23,16b	Lv 23,33-38. 39-44	Dt **16,13-15**	Nb 29,12-16; 29,35 - 30,1		Ex 34,22b	Jg 21,19.21; 1 R 8,2.65-66a; 12, 32; Ez 45,25; Za 14,16; Esd 3,4; Né 8,14-18; 2 Ch 5,3; 7,8-10a
60	36	Les trois pèlerinages annuels	Ex 23,14-18		Dt **16,16-17**			Ex 34,23-25	1 R 9,25; 2 Ch 8,13
65	38	L'interdiction de se présenter devant Dieu les mains vides	Ex 23,15		Dt **16,16-17**			Ex 34,19-20	
50	32	L'impartialité dans les procès	Ex 23,1-3.6-8	Lv 19,15-16	Dt **16,18-20**			Dt 27,25-26	Ex 18,21-22; Lv 19,35a; Dt 1,16-17; 25,1; 1 S 8,3b; Es 1,23a; 5, 23; 10,2a; 33,15b*; Jr 6,28a; 9, 3b*; Ez 18,8*; 22,9a.12a; Am 2, 6b; Mi 3,11a*; Ps 15.5a*; 26,10b; 82,2-4; 94,21; Pr 17,23.26; 22,22; 24,23-24; 28,21a; 2 Ch 19,5-7
1	1	Les autres dieux, les idoles et leurs cultes	Ex 20,23 22,19; 23,13	Lv 19,4; 26,1	Dt 12,29 - 13,1; **16,21-22**; 17,2-7		Ex 20,2-6 Dt 5,6-10	Ex 34,11-17 Dt 27,15	Gn 35,2; Ex 23,24; Nb 33,52; Dt 4,15-19.39; 6,14-15; 12,3; 32, 16-17; 1 R 9,9; 14,9; 2 R 5,17; 17,35-39; Es 2,20; 40,18-20; 46,9; Jr 2,5; 7,6; Ez 18,6; 20, 18-19; Os 8,4; Mi 5,12-13; Ha 2, 18-19; Ps 81,10-11
107	70	Cas d'infirmité des victimes sacrificielles		Lv 22,17-25	Dt **17,1**				Lv 1,3a.10; 3,1.6; Dt 15,21; Ml 1,8.13-14

§ 79 - 83   Dt 17, 2 - 18, 22

p.	§	Titre	CA	CS	CD	P	Dcl	AL	Par. sec.
1	1	Les autres dieux, les idoles et leurs cultes	Ex 20,23 22,19; 23,13	Lv 19,4; 26,1	Dt 12,29 - 13,1; 16,21-22; **17,2-7**		Ex 20,2-6 Dt 5,6-10	Ex 34,11-17 Dt 27,15	Gn 35,2; Ex 23,24; Nb 33,52; Dt 4,15-19,39; 6,14-15; 12,3; 32, 16-17; 1 R 9,9; 14,9; 2 R 5,17; 17,35-39; Es 2,20; 40,18-20; 46,9; Jr 2,5; 7,6; Ez 18,6; 20, 18-19; Os 8,4; Mi 5,12-13; Ha 2, 18-19; Ps 81,10-11
122	79	**Le nombre des témoins**			Dt **17,6-7**; 19,15	Nb 35,30			Dt 13,10; 1 R 21,10.13
123	80	**Le tribunal suprême du sanctuaire**			Dt **17,8-13**				Ex 18,22.26; Dt 1,17b; 2 Ch 19,11
124	81	**Prescriptions pour le roi**			Dt **17,14-20**				1 S 10,24-25; 1 R 2,3; 5,6; 10,26-28; 11,3.38; 2 R 23,3.25; Es 31,1; Jr 30,21a; Os 8,4a; 1 Ch 22,12-13; 2 Ch 1,14.16; 9,25.27; 34,31; 35, 26
127	82	**Les revenus des prêtres et des lévites**			Dt **18,1-8**	Nb 18,8-24. 30-32			Lv 2,3.10; 6,9-11,19.22; 7,6-10. 14.31-36; 24,9; 27,21; Nb 3,48. 51; 18,28; Jos 13,14; Jg 17,10; 1 S 2,13-14; 2 R 12,5-6.9.17; 23,9; Ez 44,28-30; Né 10,36-38; 12,44; 13,10-12; 2 Ch 31,4
30	22	Devins et magiciens	Ex 22,17	Lv 19,26b.31; 20,6-8.27	Dt **18,9-14**				Nb 23,23; 1 S 15,23; 28,3b.6-9; 2 R 9,22; 17,17; 21,6; 23,24; Es 2,6; 8,19-20; 44,25-26a; 57,3-4; 65,4; Jr 27,9; 29,8; Ez 13,6-7.18; Mi 5,11; Za 10,2; Mi 3,5a; 1 Ch 10,13-14a; 2 Ch 33,6
85	49	Les sacrifices d'enfants		Lv 18,21; 20,1-5	Dt **18,9-14**				Dt 12,31; 2 R 16,3; 17,17; 21,6; 23,10; Es 57,5; Jr 3,24; 7,31; 19,5; 32,35; Ez 16,20-21.36b; 20,31a; 23,37b.39a; Mi 6,7; Ps 106,37-38; 2 Ch 28,3; 33,6
131	83	**Prescriptions pour les prophètes**			Dt **18,15-22**				Es 9,14; Jr 2,8; 14,14-15; 20,6; 24, 4-6; 27,14-15; 28,8-9.15-16; Za 7,12; Lm 2,14

§ 84 - 90   DT 19, 1 - 21, 21

p.	§	Titre	CA	CS	CD	P	Dcl	AL.	Par. sec.
13	4	L'homicide et le droit d'asile	Ex 21,12-14	Lv 24,17.21b	**Dt 19,1-13**	Nb 35,9-34	Ex 20,13 Dt 5,17	Dt 27,24	Gn 9,5-6; Nb 35,6; Dt 4,41-43; Jos 20; 21,13a.21a.27a*.32a*. 38a; 2 S 3,27; 14,7a.11; 1 R 2, 29.31-33; 2 R 14,5; Jr 7,9a; Os 4,2; Jb 24,14; Pr 28,17; 1 Ch 6, 42a*.52a
133	84	**Le respect des limites foncières**			Dt **19,14**			Dt 27,17	Os 5,10; Jb 24,2; Pr 22,28; 23,10
122	79	Le nombre des témoins			Dt 17,6-7; **19,15**	Nb 35,30			Dt 13,10; 1 R 21,10.13
23	10	Le talion	Ex 21,22-25	Lv 24,17-22	Dt **19,16-21**				Gn 4,23-24; Ex 21,36; 1 R 20,39. 42; 2 R 10,24; Pr 24,29
52	33	Les faux témoignages	Ex 23,1b		Dt **19,16-21**		Ex 20,16 Dt 5,20		Pr 6,19; 12,17; 14,5.25; 19,5.9. 28; 21,28; 24,28; 25,18
134	85	**La préparation de l'armée**			Dt **20,1-9**; 24,5				Ex 14,13-14; Dt 1,29-30; 31,6; Jg 7,3; Es 7,4; 2 Ch 20,17
136	86	**La conquête des villes**			Dt **20,10-18**				Nb 21,2-3; Dt 2,34-35; 3,6-7; 7,1-2; Jos 6,17a.21; 9,6-8.24; 10,40; 11,12-15; 1 S 15,3.8; 1 Ch 4,41
138	87	**L'abattage des arbres en cas de siège**			Dt **20,19-20**				2 R 3,19.25
138	88	**L'expiation d'un meurtre insoluble**			Dt **21,1-9**				
138	89	**Le mariage avec une captive de guerre**			Dt **21,10-14**				
139	90	**Le droit d'aînesse en cas de polygamie**			Dt **21,15-17**				1 R 2,15.22
19	5	Le respect des parents	Ex 21,15.17	Lv 19,3; 20,9	Dt **21,18-21**		Ex 20,12 Dt 5,16	Dt 27,16	1 S 2,25; Es 1,2; Ez 22,7a*; Ml 1,6a; Pr 1,8; 6,20; 10,1; 15, 5.20; 17,25; 19,13.26; 20,20; 23,22; 28,7.24; 29,15; 30,11.17

p.	§	Titre	CA	CS	CD	P	Dcl	Al.	Par. sec.
139	91	**La durée de la pendaison des cadavres**			Dt 21,22-23				Jos 8,29; 10,26-27
53	34	Le respect des animaux du frère ou de l'ennemi	Ex 23,4-5		Dt 22,1-4				
140	92	**Le travestissement**			Dt 22,5				
140	93	**La mère oiseau et ses petits**			Dt 22,6-7				
140	94	**La sécurité des terrasses**			Dt 22,8				
95	57	Les mélanges interdits		Lv 19,19	Dt 22,9-11				
140	95	**Le bord des vêtements**			Dt 22,12	Nb 15,37-41			
140	96	**La contestation de la virginité de l'épouse**			Dt 22,13-21				
82	48	L'adultère		Lv 18,20; 20,10	Dt 22,22		Ex 20,14 / Dt 5,18		Gn 20,6; 26,10; 39,17-18.20; Ex 20,17b*; Dt 5,21a; 22,23-24; 2 S 12,9-11; Jr 5,7b-9; 7,9, 29,23a; Ez, 16,38-41; 22,11a; 23,45-47; Os 2,4-5; 4,2; Ml 3,5a; Jb 24,15; 31,9-11; Pr 6,29.32-33
140	97	**Les relations sexuelles avec une vierge fiancée**			Dt 22,23-27				
29	21	Les relations sexuelles avec une vierge non fiancée	Ex 22,15-16		Dt 22,28-29				Gn 34,2.11-12
79	46	Les relations sexuelles familiales interdites		Lv 18,1-18; 20,11-12.14. 17.19-23	Dt 23,1			Dt 27,20. 22-23	Gn 35,22a; 49,4; 2 S 13,11-13; 16,21-22; 20,3; Ez 22,10-11; Am 2,7b
141	98	**Les exclus de l'assemblée**			Dt 23,2-9				Nb 19,20; Mi 2,5; Lm 1,10; Né13,1-3
142	99	**La pureté du camp**			Dt 23,10-15	Nb 5,1-4			Lv 13,46; 15,16.31; Nb 12,14-15; 31,19
143	100	**L'accueil de l'esclave fugitif**			Dt 23,16-17				

216

§ 101 -104   DT 23, 18 - 24, 15

p.	§	§	Titre	CA	CS	CD	P	Dcl	AL.	Par. sec.
97	61		La prostitution sacrée		Lv 19,29-30; 21,9	Dt 23,18-19				1 R 14,24; 15,12; 22,47; 2 R 23,7; Jr 2,20; 13,27; Ez 16,31; Os 4,13-14
37	25		Le prêt et les gages	Ex 22,24-26	Lv 25,35-38	Dt 23,20-21; 24,6.10-13. 17b-18				Dt 15,1-3; Ez 18,7-8*.12-13a.16-17a*; 22,12; 33,15; Am 2,8; Ps 15,5; 109,11; Jb 22,6; 24,3.9; Pr 28,8
143	101		L'accomplissement des voeux			Dt 23,22-24	Nb 30,2-3			Nb 21,2-3; Jg 11,35-36.39a; Es 19,21; Ps 116,14; Jb 22,27; Qo 5,3-5
144	102		La cueillette dans les récoltes du prochain			Dt 23,25-26				
145	103		Le remariage avec son ancienne femme			Dt 24,1-4				Jr 3,1
134	85		La préparation de l'armée			Dt 20,1-9; 24,5				Ex 14,13-14; Dt 1,29-30; 31,6; Jg 7,3; Es 7,4; 2 Ch 20,17
37	25		Le prêt et les gages	Ex 22,24-26	Lv 25,35-38	Dt 23,20-21; 24,6.10-13. 17b-18				Dt 15,1-3; Ez 18,7-8*.12-13a.16-17a*; 22,12; 33,15; Am 2,8; Ps 15,5; 109,11; Jb 22,6; 24,3.9; Pr 28,8
21	6		Le rapt	Ex 21,16	Lv 19,11a	Dt 24,7		Ex 20,15 Dt 5,19		Gn 37,24.27; 40,15; Jr 7,9a; Os 4,2; Jb 24,14
146	104		La lèpre			Dt 24,8-9	Lv 13,45-46			Nb 5,2-4; 12,14-15; 2 R 15,5; 2 Ch 26,20-21
37	25		Le prêt et les gages	Ex 22,24-26	Lv 25,35-38	Dt 23,20-21; 24,6.10-13. 17b-18				Dt 15,1-3; Ez 18,7-8*.12-13a.16-17a*; 22,12; 33,15; Am 2,8; Ps 15,5; 109,11; Jb 22,6; 24,3.9; Pr 28,8
92	55		L'oppression et les abus envers les faibles (le journalier, le sourd et l'aveugle)		Lv 19,13-14	Dt 24,14-15			Dt 27,18	1 S 12,3-4; Es 3,14b; 30,12b; 61,8a; Jr 22,13.17; Ez 18,7a*.12a*. 16a*.18a*. 22,12b* 29a; 33,15a*; Ml 3,5; Ps 62,11a*; Pr 14,31; 22,22

P.	§	Titre	CA	CS	CD	P	Dcl	AL	Par. sec.
147	105	**La responsabilité individuelle**			Dt **24,16**				Dt 7,9-10; 2 R 14,6; Jr 31,29-30; Ez 18.4.20; 2 Ch 25,3-4
34	24	Le respect de l'étranger, de l'orphelin et de la veuve	Ex 22,20-23; 23,9	Lv 19,33-34	Dt **24,17-18**			Dt 27,19	Lv 24,22; Nb 15,16; Dt 1,16; 10, 17-19; 24,14; Es 1,17.23; 10,1-2; Jr 5,28; 7,6; 22,3; Ez 22,7.29; Za 7,10; Ml 3,5; Ps 82,3; 94,6; Jb 6, 27; 22,9; 24,21; 31,21-22
37	25	Le prêt et les gages	Ex 22,24-26	Lv 25,35-38	Dt 23,20-21; 24,6.10-13. **17b-18**				Dt 15,1-3; Ez 18,7-8*.12-13a.16-17a*; 22,12; 33,15; Am 2,8; Ps 15,5; 109,11; Jb 22,6; 24,3.9; Pr 28,8
89	52	Les restes des récoltes		Lv 19,9-10; 23,22	Dt **24,19-22**				
148	106	**La bastonnade**			Dt **25,1-3**				
148	107	**Le boeuf qui foule les épis**			Dt **25,4**				
149	108	**Le lévirat**			Dt **25,5-10**				Gn 38,8-11; Rt 4,5-10
150	109	**L'atteinte aux organes sexuels dans une rixe**			Dt **25,11-12**				
99	64	L'équité dans le commerce		Lv 19,35-37	Dt **25,13-16**				Ez 45,10; Os 12,8; Am 8,5; Mi 6,10-11; Pr 11,1; 20,10.23
150	110	**L'extermination des Amalécites**			Dt **25,17-19**				Ex 17,14-16; 1 S 15,2-3
43	28	L'offrande des prémices	Ex 22,28a; 23,19a		Dt **26,1-11**	Lv 2,14-16		Ex 34,26a	Nb 15,17-21; Ez 20,40; Pr 3, 9-10; Né 10,36
119	78	La dîme			Dt 14,22-29 **26,12-19**	Lv 27,30-34 Nb 18,25-29			Gn 14,20; 28,22; Nb 18,21.24; Dt 12,17-18; Am 4,4; Ml 3,8.10a; Né 10,38-39; 13,12; 2 Ch 31,5-6

(§ 110)   Ex 20, 2-15; Dt 5, 6-19

p.	§	Titre	CA	CS	CD	P	Dcl	AL	Par. sec.
1	1	Les autres dieux, les idoles et leurs cultes	Ex 20,23 22,19; 23,13	Lv 19,4; 26,1	Dt 12,29 - 13,1; 16,21-22; 17,2-7		**Ex 20,2-6** **Dt 5,6-10**	Ex 34,11-17 Dt 27,15	Gn 35,2; Ex 23,24; Nb 33,52; Dt 4,15-19.39; 6,14-15; 12,3; 32, 16-17; 1 R 9,9; 14,9; 2 R 5,17; 17,35-39; Es 2,20; 40,18-20; 46,9; Jr 2,5; 7,6; Ez 18,6; 20, 18-19; Os 8,4; Mi 5,12-13; Ha 2, 18-19; Ps 81,10-11
39	26	Le respect de Yahvé et de son nom	Ex 22,27a	Lv 18,21b; 19,12; 22; 22,32-33; 24,10-16.22-23			**Ex 20,7** **Dt 5,11**		Lv 5,20-26; 20,3; 21,6; 22,2; Nb 30,3; Es 1,4; 8,21; 48,1b; 52,5; Jr 5,2; 7,9; Ez 36,20; Os 4,2; 10,4; Za 5,3-4; 8,17; Mi 3,5a; Ps 10,3; 13; 15,4; 24,4; 74,10.18
54	35	Le sabbat	Ex 23,12	Lv 19,3*.30; 23,1-3; 26,2		Ex 31,12-17; 35,1-3	**Ex 20,8-11** **Dt 5,12-15**	Ex 34,21	Gn 2,2-3; Ex 16,23.25-26; Nb 15, 32-36; Es 56,2b*.4a*.6b*; Jr 17, 21-22; Ez 20,12.20; 22,8b.26b; 23,38; 44,24b*; Am 8,5a; Né 9,14a; 10,32a; 13,15-22
19	5	Le respect des parents	Ex 21,15.17	Lv 19,3; 20,9	Dt 21,18-21		**Ex 20,12** **Dt 5,16**	Dt 27,16	1 S 2,25; Es 1,2; Ez 22,7a*; Ml 1,6a; Pr 1,8; 6,20; 10,1; 15, 5.20; 17,25; 19,13.26; 20,20; 23,22; 28,7.24; 29,15; 30,11.17
13	4	L'homicide et le droit d'asile	Ex 21,12-14	Lv 24,17.21b	Dt 19,1-13	Nb 35,9-34	**Ex 20,13** **Dt 5,17**	Dt 27,24	Gn 9,5-6; Nb 35,6; Dt 4,41-43; Jos 20; 21,13a.21a.27a*.32a*. 38a; 2 S 3,27; 14,7a.11; 1 R 2, 29.31-33; 2 R 14,5; Jr 7,9a; Os 4,2; Jb 24,14; Pr 28,17; 1 Ch 6, 42a*.52a
82	48	L'adultère		Lv 18,20; 20,10	Dt 22,22		**Ex 20,14** **Dt 5,18**		Gn 20,6; 26,10; 39,17-18.20; Ex 20,17b*; Dt 5,21a; 22,23-24; 2 S 12,9-11; Jr 5,7b-9; 7,9; 29,23a; Ez, 16,38-41; 22,11a; 23,45-47; Os 2,4- 5; 4,2; Ml 3,5a; Jb 24,15; 31,9-11; Pr 6,29.32-33
21	6	Le rapt	Ex 21,16	Lv 19,11a	Dt 24,7		**Ex 20,15** **Dt 5,19**		Gn 37,24.27; 40,15; Jr 7,9a; Os 4,2; Jb 24,14

(§ 110)   Ex 20, 15-17; Dt 5,19-21

p.	§	Titre	CA	CS	CD	P	Dcl	AL	Par. sec.
90	53	Les atteintes aux biens du prochain		Lv 19,11-12. 13a*			**Ex 20,15.17** **Dt 5,19.21**		Lv 5,20-26; Dt 28,31; Jr 7,9a; Os 4,2a; 7,1; Mi 2,2; Za 5,3-4; Jb 24,14; Pr 6,30-31; 30,9
52	33	Les faux témoignages	Ex 23,1b		Dt 19,16-21		**Ex 20,16** **Dt 5,20**		Pr 6,19; 12,17; 14,5.25; 19,5.9. 28; 21,28; 24,28; 25,18
90	53	Les atteintes aux biens du prochain		Lv 19,11-12. 13a*			**Ex 20,15.17** **Dt 5,19.21**		Lv 5,20-26; Dt 28,31; Jr 7,9a; Os 4,2a; 7,1; Mi 2,2; Za 5,3-4; Jb 24,14; Pr 6,30-31; 30,9

p.	§	Titre	CA	CS	CD	P	Dcl	AL	Par. sec.
1	1	Les autres dieux, les idoles et leurs cultes	Ex 20,23 22,19; 23,13	Lv 19,4; 26,1	Dt 12,29 - 13,1; 16,21-22; 17,2-7		Ex 20,2-6 Dt 5,6-10	**Ex 34,11-17** Dt 27,15	Gn 35,2; Ex 23,24; Nb 33,52; Dt 4,15-19,39; 6,14-15; 12,3; 32, 16-17; 1 R 9,9; 14,9; 2 R 5,17; 17,35-39; Es 2,20; 40,18-20; 46,9; Jr 2,5; 7,6; Ez 18,6; 20, 18-19; Os 8,4; Mi 5,12-13; Ha 2, 18-19; Ps 81,10-11
152	111	**Les alliances avec les peuples du pays**						**Ex 34,11-16**	Gn 24,3-4; 28,1-2; Ex 23,31-33; Dt 7,1-6; Jos 9,6-7; 23,12-13; Jg 2,2-3; 3,5-6; 1 R 11,1-2.4; 16,31; Ml 2,11-12; Esd 9,1-2.10-12; 10,2-3; Né 10,31; 13,23.25-27
61	37	La Pâque ou les Pains sans levain	Ex 23,14-15.18	Lv 23,4-8	Dt 16,1-8	Nb 28,16-25		**Ex 34,18. 2 5**	Ex 12,1-20; 13,3-10; Nb 9,1-5; Jos 5,10-11; 2 R 23,21.23b; Ez 45,21-25 Esd 6,19-20.22a; 2 Ch 8,12-13; 30,1.13.15-18a; 35,1.11-13.16-17
45	29	Les premiers-nés	Ex 22,28b-29		Dt 15,19-23	Ex 13,1-2. 11-16		**Ex 34,19-20**	Gn 4,4; Lv 27,26-27; Nb 3,12-13. 41.45; 8,16-18; 18,15-17; Dt 12, 6.17; 14,23; Ez 20,26; Mi 6,7; Né 10,37
65	38	L'interdiction de se présenter devant Dieu les mains vides	Ex 23,15		Dt 16,16-17			**Ex 34,19-20**	
54	35	Le sabbat	Ex 23,12	Lv 19,3*.30; 23,1-3; 26,2		Ex 31,12-17; 35,1-3	Ex 20,8-11 Dt 5,12-15	**Ex 34,21**	Gn 2,2-3; Ex 16,23.25-26; Nb 15, 32-36; Es 56,2b*.4a*.6b*; Jr 17, 21-22; Ez 20,12.20; 22,8b.26b; 23,38; 44,24b*; Am 8,5a; Né 9,14a; 10,32a; 13,15-22
66	39	La fête des Moissons, des Prémices ou des Semaines	Ex 23,16a	Lv 23,15-21	Dt 16,9-12	Nb 28,26-31		**Ex 34,22a**	
68	40	La fête des Tentes ou de la Récolte	Ex 23,16b	Lv 23,33-38. 39-44	Dt 16,13-15	Nb 29,12-16; 29,35 - 30,1		**Ex 34,22b**	Jg 21,19.21; 1 R 8,2.65-66a; 12, 32; Ez 45,25; Za 14,16; Esd 3,4; Né 8,14-18; 2 Ch 5,3; 7,8-10a
60	36	Les trois pèlerinages annuels	Ex 23,14-18		Dt 16,16-17			**Ex 34,23-25**	1 R 9,25; 2 Ch 8,13

(§ 111) Ex 34, 25-26; Dt 27, 15-21

p.	§	Titre	CA	CS	CD	P	Dcl	AL	Par. sec.
61	37	La Pâque ou les Pains sans levain	Ex 23,14-15.18	Lv 23,4-8	Dt 16,1-8	Nb 28,16-25		Ex 34,18.25	Ex 12,1-20; 13,3-10; Nb 9,1-5; Jos 5,10-11; 2 R 23,21.23b; Ez 45,21-25 Esd 6,19-20.22a; 2 Ch 8,12-13; 30,1.13.15-18a; 35,1.11-13.16-17
43	28	L'offrande des prémices	Ex 22,28a; 23,19a		Dt 26,1-11	Lv 2,14-16		Ex 34,26a	Nb 15,17-21; Ez 20,40; Pr 3, 9-10; Né 10,36
71	41	Le chevreau dans le lait de sa mère	Ex 23,19b		Dt 14,21b			Ex 34,26b	
1	1	Les autres dieux, les idoles et leurs cultes	Ex 20,23 22,19; 23,13	Lv 19,4; 26,1	Dt 12,29 - 13,1; 16,21-22; 17,2-7		Ex 20,2-6 Dt 5,6-10	Ex 34,11-17 Dt 27,15	Gn 35,2; Ex 23,24; Nb 33,52; Dt 4,15-19.39; 6,14-15; 12,3; 32, 16-17; 1 R 9,9; 14,9; 2 R 5,17; 17,35-39; Es 2,20; 40,18-20; 46,9; Jr 2,5; 7,6; Ez 18,6; 20, 18-19; Os 8,4; Mi 5,12-13; Ha 2, 18-19; Ps 81,10-11
19	5	Le respect des parents	Ex 21,15.17	Lv 19,3; 20,9	Dt 21,18-21		Ex 20,12 Dt 5,16	Dt 27,16	1 S 2,25; Es 1,2; Ez 22,7a*; Ml 1,6a; Pr 1,8; 6,20; 10,1; 15, 5.20; 17,25; 19,13.26; 20,20; 23,22; 28,7.24; 29,15; 30,11.17
133	84	Le respect des limites foncières			Dt 19,14			Dt 27,17	Os 5,10; Jb 24,2; Pr 22,28; 23,10
92	55	L'oppression et les abus envers les faibles (le journalier, le sourd et l'aveugle)		Lv 19,13-14	Dt 24,14-15			Dt 27,18	1 S 12,3-4; Es 3,14b; 30,12b; 61, 8a; Jr 22,13.17; Ez 18,7a*.12a* 16a*.18a*; 22,12b* 29a; 33,15a*; Ml 3,5; Ps 62,11a*; Pr 14,31; 22,22
34	24	Le respect de l'étranger, de l'orphelin et de la veuve	Ex 22,20-23; 23,9	Lv 19,33-34	Dt 24,17-18			Dt 27,19	Lv 24,22; Nb 15,16; Dt 1,16; 10, 17-19; 24,14; Es 1,17.23; 10,1-2; Jr 5,28; 7,6; 22,3; Ez 22,7.29; Za 7,10; Ml 3,5; Ps 82,3; 94,6; Jb 6, 27; 22,9; 24,21; 31,21-22
79	46	Les relations sexuelles familiales interdites		Lv 18,1-18; 20,11-12.14. 17.19-23	Dt 23,1			Dt 27,20. 22-23	Gn 35,22a; 49,4; 2 S 13,11-13; 16,21-22; 20,3; Ez 22,10-11; Am 2,7b
33	23	La zoophilie	Ex 22,18	Lv 18,23-30; 20,15-16				Dt 27,21	

p.	§	Titre	CA	CS	CD	P	Dcl	AL	Par. sec.
79	46	Les relations sexuelles familiales interdites		Lv 18,1-18; 20,11-12.14. 17.19-23	Dt 23,1			Dt **27**,20. **22-23**	Gn 35,22a; 49,4; 2 S 13,11-13; 16,21-22; 20,3; Ez 22,10-11; Am 2,7b
13	4	L'homicide et le droit d'asile	Ex 21,12-14	Lv 24,17.21b	Dt 19,1-13	Nb 35,9-34	Ex 20,13 Dt 5,17	Dt **27,24**	Gn 9,5-6; Nb 35,6; Dt 4,41-43; Jos 20; 21,13a.21a.27a*.32a*. 38a; 2 S 3,27; 14,7a.11; 1 R 2, 29.31-33; 2 R 14,5; Jr 7,9a; Os 4,2; Jb 24,14; Pr 28,17; 1 Ch 6, 42a*.52a
22	7	Coups et blessures à un homme	Ex 21,18-19	Lv 24,19-20				Dt **27,24**	Gn 4,23
50	32	L'impartialité dans les procès	Ex 23,1-3.6-8	Lv 19,15-16	Dt 16,18-20			Dt **27,25-26**	Ex 18,21-22; Lv 19,35a; Dt 1,16-17; 25,1; 1 S 8,3b; Es 1,23a; 5, 23; 10,2a; 33,15b*; Jr 6,28a; 9, 3b*; Ez 18,8*; 22,9a.12a; Am 2, 6b; Mi 3,11a*; Ps 15,5a*; 26,10b; 82,2-4; 94,21; Pr 17,23.26; 22,22; 24,23-24; 28,21a; 2 Ch 19,5-7

Ex 13, 1 - Lv 11, 47

p.	§	Titre	CA	CS	CD	P	Dcl	AL	Par. sec.
45	29	Les premiers-nés	Ex 22,28b-29		Dt 15,19-23	Ex 13,1-2. 11-16		Ex 34,19-20	Gn 4,4; Lv 27,26-27; Nb 3,12-13. 41.45; 8,16-18; 18,15-17; Dt 12. 6.17; 14,23; Ez 20,26; Mi 6,7; Né 10,37
113	75	Le service de la lampe du sanctuaire		Lv 24,1-4		Ex 27,20-21			Ex 30,7b-8a; Nb 3,31; 4,16a: 1 S 3,3; 2 Ch 4,20; 13,11; 29,7
54	35	Le sabbat	Ex 23,12	Lv 19,3*.30; 23,1-3; 26,2		Ex 31,12-17; 35,1-3	Ex 20,8-11 Dt 5,12-15	Ex 34,21	Gn 2,2-3; Ex 16,23.25-26; Nb 15, 32-36; Es 56,2b*.4a*.6b*; Jr 17, 21-22; Ez 20,12.20; 22,8b.26b; 23,38; 44,24b*; Am 8,5a; Né 9,14a; 10,32a; 13,15-22
43	28	L'offrande des prémices	Ex 22,28a; 23,19a		Dt 26,1-11	Lv 2,14-16		Ex 34,26a	Nb 15,17-21; Ez 20,40; Pr 3, 9-10; Né 10,36
77	44	La consommation du sang		Lv 17,10-12; 19,26a	Dt 12,16.23-25	Lv 3,17; 7,26-27			Gn 9,3-4; Lv 17,13-14; Dt 15,23; 1 S 14,32-35; Ez 33,25a*
106	69	Les consommateurs des nourritures saintes		Lv 22,10-16		Lv 5,14-16			Ex 29,33; Lv 6,11.22; 7,6; 10,14a; 1 S 21,5-7
27	18	La garde d'argent ou d'objets	Ex 22,6-8			Lv 5,20-26			
88	51	La consommation du sacrifice de paix		Lv 19,5-8; 22,29-33		Lv 7,11-15. 16-21			
77	44	La consommation du sang		Lv 17,10-12; 19,26a	Dt 12,16.23-25	Lv 3,17; 7,26-27			Gn 9,3-4; Lv 17,13-14; Dt 15,23; 1 S 14,32-35; Ez 33,25a*
104	66	La sainteté des prêtres, rites de deuil et de mariage		Lv 21,1-9. 10-15		Lv 10,6-7			Ez 44,20.22.25; Né 13,28-29
101	65	Les animaux purs et impurs		Lv 20,24-26	Dt 14,3-20	Lv 11,1-23. 41-47			Jg 13,14; Es 65,4; 66,17; Os 9,3
47	30	La consommation des bêtes crevées	Ex 22,30	Lv 17,15-16; 22,8-9	Dt 14,21a	Lv 11,39-40			Lv 7,24; Ez 4,14; 44,31
101	65	Les animaux purs et impurs		Lv 20,24-26	Dt 14,3-20	Lv 11,1-23. 41-47			Jg 13,14; Es 65,4; 66,17; Os 9,3

Lv 11, 44 - NB 18, 32

p.	§	Titre	CA	CS	CD	P	Dcl	AL	Par. sec.
48	31	Etre saint	Ex 22,30a	Lv 19,1-2; 20, 7-8.26; 21,6		**Lv 11,44-45;** Nb 15,40b-41			Jos 3,5; 7,13; 1 S 16,5a; 2 Ch 29, 5
146	104	La lèpre			Dt 24,8-9	**Lv 13,45-46**			Nb 5,2-4; 12,14-15; 2 R 15,5; 2 Ch 26,20-21
82	47	Les relations sexuelles avec une femme qui a ses règles		Lv 18,19; 20,18		**Lv 15,24**			Ez 18,6b*; 22,10b
110	74	Le jour des Expiations		Lv 23,26-32		**Lv 16,29-34;** Nb 29,7-11			Ex 30,10; Lv 16,1-28; 25,9; Ez 45, 18-20
119	78	La dîme			Dt 14,22-29 26,12-19	**Lv 27,30-34** Nb 18,25-29			Gn 14,20; 28,22; Nb 18,21.24; Dt 12,17-18; Am 4,4; Ml 3.8.10a; Né 10,38-39; 13,12; 2 Ch 31,5-6
142	99	La pureté du camp			Dt 23,10-15	**Nb 5,1-4**			Lv 13,46; 15,16.31; Nb 12,14-15; 31,19
140	95	Le bord des vêtements			Dt 22,12	**Nb 15,37-41**			
48	31	Etre saint	Ex 22,30a	Lv 19,1-2; 20, 7-8.26; 21,6		Lv 11,44-45; **Nb 15,40b-41**			Jos 3,5; 7,13; 1 S 16,5a; 2 Ch 29, 5
127	82	Les revenus des prêtres et des lévites			Dt 18,1-8	**Nb 18,8-24.** 30-32			Lv 2,3.10: 6,9-11.19.22: 7,6-10. 14.31-36; 24,9: 27,21; Nb 3,48. 51; 18,28; Jos 13,14; Jg 17,10; 1 S 2,13-14: 2 R 12,5-6.9.17: 23,9; Ez 44,28-30; Né 10,36-38; 12,44; 13,10-12; 2 Ch 31,4
119	78	La dîme			Dt 14,22-29 26,12-19	Lv 27,30-34 **Nb 18,25-29**			Gn 14,20; 28,22; Nb 18,21.24; Dt 12,17-18; Am 4,4; Ml 3.8.10a; Né 10,38-39; 13,12; 2 Ch 31,5-6
127	82	Les revenus des prêtres et des lévites			Dt 18,1-8	**Nb 18,8-24. 30-32**			Lv 2,3.10: 6,9-11.19.22: 7,6-10. 14.31-36; 24,9: 27,21; Nb 3,48. 51; 18,28; Jos 13,14; Jg 17,10; 1 S 2,13-14: 2 R 12,5-6.9.17: 23,9; Ez 44,28-30; Né 10,36-38; 12,44; 13,10-12; 2 Ch 31,4

NB 28, 16 - 35, 34

p.	§	Titre	CA	CS	CD	P	Dcl	AL	Par. sec.
61	37	La Pâque ou les Pains sans levain	Ex 23,14-15.18	Lv 23,4-8	Dt 16,1-8	**Nb 28,16-25**		Ex 34,18.25	Ex 12,1-20; 13,3-10; Nb 9,1-5; Jos 5,10-11; 2 R 23,21.23b; Ez 45,21-25 Esd 6,19-20.22a; 2 Ch 8,12-13; 30,1.13.15-18a; 35,1.11-13.16-17
66	39	La fête des Moissons, des Prémices ou des Semaines	Ex 23,16a	Lv 23,15-21	Dt 16,9-12	**Nb 28,26-31**		Ex 34,22a	
109	73	Le jour de l'Acclamation		Lv 23,23-25		**Nb 29,1-6**			Né 8,2
110	74	Le jour des Expiations		Lv 23,26-32		Lv 16,29-34; **Nb 29,7-11**			Ex 30,10; Lv 16,1-28; 25,9; Ez 45, 18-20
68	40	La fête des Tentes ou de la Récolte	Ex 23,16b	Lv 23,33-38. 39-44	Dt 16,13-15	**Nb 29,12-16; 29,35 - 30,1**		Ex 34,22b	Jg 21,19.21; 1 R 8.2.65-66a; 12, 32; Ez 45,25; Za 14,16; Esd 3,4; Né 8,14-18; 2 Ch 5,3; 7,8-10a
143	101	L'accomplissement des voeux			Dt 23,22-24	**Nb 30,2-3**			Nb 21,2-3; Jg 11,35-36.39a; Es 19, 21; Ps 116,14; Jb 22,27; Qo 5,3-5
13	4	L'homicide et le droit d'asile	Ex 21,12-14	Lv 24,17.21b	Dt 19,1-13	**Nb 35,9-34**	Ex 20,13 Dt 5,17	Dt 27,24	Gn 9,5-6; Nb 35,6; Dt 4,41-43; Jos 20; 21,13a.21a.27a*.32a*. 38a; 2 S 3,27; 14,7a.11; 1 R 2, 29.31-33; 2 R 14,5; Jr 7,9a; Os 4,2; Jb 24,14; Pr 28,17; 1 Ch 6, 42a*.52a
122	79	Le nombre des témoins			Dt 17,6-7; 19,15	**Nb 35,30**			Dt 13,10; 1 R 21,10.13

1. Parallèles secondaires

Les numéros des renvois sont ceux des paragraphes

INDEX DES PARALLÈLES SECONDAIRES

INDEX DES PARALLÈLES SECONDAIRES

Cet index ne concerne que les notes sur les synopses. Il ne contient que les passages qui ne sont pas cités dans les parallèles primaires ou secondaires des paragraphes concernés. Les numéros des renvois son ceux des paragraphes.

INDEX BIBLIQUE

INDEX BIBLIQUE

INDEX BIBLIQUE

INDEX BIBLIQUE

BIBLIOGRAPHIE

Les abréviations utilisées sont celles de S. SCHWERTNER: *Theologische Real-encyklopädie, Abkürzungverzeichnis*, Berlin, New York, 1976. J'en ai ajouté quelques-unes:

CEv.S   Suppléments aux Cahiers Evangile
JSOT.SS   Journal for the study of the Old Testament, Supplement Series
MBi   Le Monde de la Bible
PTMS   The Pittsburgh Theological Monographs Series
SVT   Supplements to Vetus Testamentum (= VT.S selon Schwertner)

ALT, A.: *Die Ursprünge des israelitischen Rechts*, Leipzig, 1934 (Berichte über die Verhandlungen der Sächsischen Akademie der Wissenschaften zu Leipzig, Philologisch-historische Klasse 86/1) = *Kleine Schriften zur Geschichte des Volkes Israel*, vol. 1, München, 1953, p. 278-332.

AMSLER, S.: "Amos", in E. Jacob, C.-A. Keller & S. Amsler, *Osée, Joël, Amos, Abdias, Jonas* (CAT 11a), Neuchâtel, 1965, p. 157-247.

——: "La motivation de l'éthique dans le Deutéronome", in H. Donner, R. Hanhart & R. Smend éd., *Beiträge zur alttestamentlichen Theologie.* Festschrift für Walther Zimmerli zum 70. Geburtstag, Göttingen, 1977, p. 12-22.

——: "Les documents de la loi et la formation du Pentateuque", in A. de Pury éd., *Le Pentateuque en question* (MBi), Genève, 1989, p. 235-257.

ANDERSON, A. A.: "Law in Old Israel: laws concerning adultery", in *Law and Religion*. Essays on the Place of the Law in Israel and Early Christianity, Cambridge, 1988, p. 12-19.161s.

AUDET, J.-P.: "Origines comparées de la double tradition de la loi et de la sagesse dans le Proche-Orient ancien", in *25th International Congress of Orientalists, Moscow 1960*, Moscow, vol. 1, 1962, p. 352-357.

AUVRAY, P.: *Isaïe 1-39* (SBi), Paris, 1972.

BAUMGARTNER, W., KOEHLER, L. & STAMM, J. J. éd: *Hebräisches und aramäisches Lexicon*, Leiden, vol. 1-4, 1967-1990.

BEGRICH, J.: "Die priesterliche Tora", in P. Volz, F. Stummer & J. Hempel éd., *Werden und Wesen des Alten Testaments* (BZAW 66), Berlin, 1936, p. 63-88 = *Gesammelte Studien* (TB.AT 21), München, 1964, p. 232-260.

BELLEFONTAINE, E.: "The Curses of Deuteronomy 27: Their Relationship to the Prohibitives", in J. W. Flanagan, e.a. éd., *No Famine in the Land*. Studies in Honour of J. L. McKenzie, Missoula, 1975, p. 49-61.

BENDAVID, A.: *Parallels in the Bible*, Jerusalem, 1972.

BETTENZOLI, G.: "Deuteronomium und Heiligkeitsgesetz", VT 34, 1984, p. 385-398.

BEYERLIN, W.: "Die Paränese im Bundesbuch und ihre Herkunft", in H. Graf Reventlow éd., *Gottes Wort und Gottes Land.* Festschrift für H.-W. Hertzberg, Göttingen, 1965, p. 9-29.

La Bible. Traduction oecuménique, édition intégrale, Paris, Pierrefitte, 21988.

BLENKINSOPP, J.: *Wisdom and Law in the Old Testament.* The ordering of life in Israel and early Judaism, Oxford, 1983.

BLUM, E.: "Israël à la montagne de Dieu. Remarques sur Ex 19-24; 32-34 et sur le contexte littéraire et historique de sa composition", in A. de Pury éd., *Le Pentateuque en question* (MBi), Genève, 1989, p. 271-295.

BOECKER, H. J.: *Recht und Gesetz im Alten Testament und im Alten Orient* (NStB 10), Neukirchen-Vluyn, 21984.

BONNARD, P.-E.: *Le Second Isaïe, son disciple et leurs éditeurs.* Isaïe 40-66 (EtB), Paris, 1972.

BOTTERO, J.: *Mésopotamie.* L'écriture, la raison et les dieux (Bibliothèque des histoires), Paris, 1987.

BRAULIK, G.: *Die deuteronomischen Gesetze und der Dekalog.* Studien zum Aufbau von Deuteronomium 12-26 (SBS 145), Stuttgart, 1991.

BRIGHT, J.: "The Apodictic Prohibition: Some Observations", JBL 92, 1973, p. 185-204.

BUIS, P.: *Le Deutéronome* (VSAT 4), Paris, 1969.

BUSS, M. J.: "Logic and Israelite Law", *Semeia* 45, 1989, p. 49-65.

CARDASCIA, G.: "Droits cunéiformes et droit biblique", in A. Shinan éd., *Proceedings of the sixth World Congress of Jewish Studies*, Jerusalem, vol. 1, 1977, p. 63-70.

CARDELLINI, I.: *Die biblischen "Sklaven"-Gesetze im Lichte des keilschriftlichen Sklavenrechts. Ein Beitrag zur Tradition, Überlieferung und Redaktion der alttestamentlichen Rechtstexte* (BBB 55), Königstein, 1981.

CARMICHAEL, C. M.: "A Singular Method of Codification of Law in the Mishpatim", *ZAW* 84, 1972, p. 19-25.

CASSUTO, U.: *A Commentary on the Book of Exodus*, Jerusalem, 1967.

CAZELLES, H.: *Etudes sur le Code de l'alliance*, Paris, 1946.

—: Art. "Loi israélite" DBS, vol. 5, 1957, c. 497-530.

—: "Ex. XXXIV, 21 traite-t-il du sabbat?", *CBQ* 23, 1961, p. 223-226 = *Autour de l'Exode* (Etudes) (SBi), Paris, 1987, p. 295-298.

—: "Les origines du Décalogue" *Eretz Israel* 9, W. F. Allbright Volume, Jérusalem, 1969, p. 14-19 = "Dix paroles: Les origines du Décalogue", in *Autour de l'Exode* (Etudes) (SBi), Paris, 1987, p. 113-123.

—: "Les origines du sabbat", BTS 187, 1977, p. 2-4 = *Autour de l'Exode* (Etudes) (SBi), Paris, 1987, p. 125-130.

—: "Torah et loi, préalable à l'étude historique d'une notion juive", in G. Nahon & C. Touati éd., *Etudes d'histoire et de pensée juives. Hommage à G. Vajda*, Louvain-la-Neuve, 1980, p. 1-12 = *Autour de l'Exode* (Etudes) (SBi), Paris, 1987, p. 131-141.

—: "Le Pentateuque comme Torah", in M. Tardieu éd., *Les règles de l'interprétation*, Paris, 1987, p. 35-68 = *Autour de l'Exode* (Etudes) (SBi), Paris, 1987, p. 9-52.

CHAMBERLAIN, G. A.: *Exodus 21-23 and Deuteronomy 12-26: A Form-Critical Study*, Boston, 1977.

CHILDS, B. S.: *Exodus. A Commentary* (OTL), London, 1974.

CHOLEWINSKI, A.: *Heiligkeitsgesetz und Deuteronomium* (AnBib 66), Rome, 1976.

CORSWANT, W.: *Dictionnaire d'archéologie biblique*, Neuchâtel, 1956.

CRUESEMANN, F.: *Bewahrung der Freiheit. Das Thema des Dekalogs in sozialgeschichtlicher Perspektive* (KT 78), München, 1983.

—: "Das Bundesbuch - historischer Ort und institutioneller Hintergrund", in J. A. Emerton éd., *Congress Volume Jerusalem 1986* (SVT 40), Leiden, 1988, p. 27-41.

—: "Le Pentateuque, une Tora. Prolégomènes et interprétation de sa forme finale", in A. de Pury éd., *Le Pentateuque en question* (MBi), Genève, 1989, p. 339-360.

—: *Die Tora. Theologie und Sozialgeschichte des alttestamentlichen Gesetzes*, München, 1992.

DOZEMAN, T. B.: *God on the Mountain. A Study of Redaction, Theology and Canon in Exodus 19-24* (SBLMS 37), Atlanta, 1989.

DRIVER, S. R.: *A Critical and Exegetical Commentary on Deuteronomy* (ICC), Edinburgh, 31901.

EISSFELDT, O.: *Hexateuch - Synopse. Die Erzählung der fünf Bücher Mose und des Buches Josua mit dem Anfang des Richtersbuches - in ihre vier Quellen zerlegt und in deutscher Übersetzung dargeboten samt einer in Einleitung und Anmerkungen gegebenen Begründung*, Leipzig, 1922.

ELLIGER, K.: "Das Gesetz Leviticus 18", *ZAW* 67, 1955, p. 1-25 = H. Gese & O. Kaiser éd., *Kleine Schriften zum Alten Testament. Zu seinem 65. Geburtstag* (TB.AT 32), München, 1966, p. 232-259.

—: *Leviticus* (HAT 4), Tübingen, 1966.

ELLIGER, K. & RUDOLPH, W. éd.: *Biblia Hebraica Stuttgartensia*, Stuttgart, 1976-1977.

EPSZTEIN, L.: *La justice sociale dans le Proche-Orient ancien et le peuple de la Bible*, Paris, 1983.

FENSHAM, F. C.: "Widow, Orphan and the Poor in Ancient Near Eastern Legal and Wisdom Literature", *JNES* 21, 1962, p. 129-139.

FEUCHT, C.: *Untersuchungen zum Heiligkeitsgesetz* (ThA 20), Berlin, 1964.

FISHBANE, M.: *Biblical Interpretation in Ancient Israel*, Oxford, 1988.

FOHRER, G.: "Das sogenannte apodiktisch formulierte Recht und der Dekalog", *KuD* 11, 1965, p. 49-74.

GARCIA LOPEZ, F.: "Le Deutéronome. Une loi prêchée", *CEv* 63, 1988.

GEMSER, B.: "The Importance of Motive Clauses in Old Testament Law", in *Congress Volume Copenhagen 1953* (SVT 1), Leiden, 1953, p. 50-66.

GERSTENBERGER, E. S.: *Wesen und Herkunft des »apodiktischen Rechts«* (WMANT 20), Neukirchen-Vluyn, 1965.

GESE, H.: "Beobachtungen zum Stil alttestamentlicher Rechtssätze", *ThLZ* 85, 1960, c. 147-150.

GESENIUS, F. H. W.: *Gesenius' Hebrew Grammar*. As Edited and Enlarged by the Late E. Kautzsch. Second English Edition revised by A. E. Cowley, Oxford, 21910 (reprint, Oxford, 1985).

GEVIRTZ, S.: "West-Semitic Curses and the Problem of the Origins of Hebrew Law", VT 11, 1961, p. 137-158.

GILMER, H. W.: *The if-you form in Israelite law* (SBLDS 15), Missoula, 1975.

GOWAN, D. E.: "Reflections on the Motive Clauses in Old Testament Law", in D. X. Hadidian éd., *Intergeneri Parietis Septum* (*Eph 2, 14*). Essays presented to Markus Barth on his sixty-fifth birthday (PTMS 33), Pittsburgh, 1981, p. 111-127.

GRAY, J.: *I & II Kings*. A Commentary (OTL), London, 31977.

GREENBERG, M.: "Some postulates of Biblical Criminal Law", in M. Haran éd, *Yehezkel Kaufmann Jubilee Volume*, Jerusalem, 1960, p. 5-28.

GREENGUS, S.: "Law in the Old Testament", IDB, vol. 5, 1976, p. 532-537.

GUTBROD, W.: Art. "νόμος B-D", ThWNT, vol. 4, 1942, p. 1029-1084.

HAAS, P.: "'Die He Shall Surely Die'. The Structure of Homicide in Biblical Law", *Semeia* 45, 1985, p. 67-87.

HALBE, J.: *Das Privilegrecht Jahwes Ex 34, 10-26. Gestalt und Wesen, Herkunft und Wirken in vordeuteronomischer Zeit* (FRLANT 114), Göttingen, 1975.

HARRELSON, W.: *The Ten Commandments and Human Rights*, Philadelphia, 1980.

HAUCK, F.: Art. "μοιχεία", ThWNT, vol. 4, 1942, p. 737-743.

HENTSCHKE, R.: "Erwägungen zur israelitischen Rechtsgeschichte", ThViat 10, 1966, p. 108-133.

HERMANN, S.: "Das 'apodiktische Recht'. Erwägungen zur Klärung dieses Begriffs", MIOF 15, 1969, p. 249-261 = *Gesammelte Studien zur Geschichte und Theologie des Alten Testaments* (TB.AT 75), München, 1986, p. 89-100.

HERTZBERG, H. W.: *Die Samuelbücher* (ATD 10), Göttingen, 21960.

HORN, P. H.: "Traditionsschichten in Ex 23, 10-33 und Ex 34, 10-26", BZ 15, 1971, p. 203-222.

HORST, F.: *Das Privilegrecht Jahwes. Rechtsgeschichtliche Untersuchungen zum Deuteronomium* (FRLANT 45), Göttingen, 1930 = H. W. Wolff éd., *Gottes Recht. Gesammelte Studien zum Recht im Alten Testament* (TB.AT 12), München, 1961, p. 17-154.

HOSSFELD, F.-L.: *Der Dekalog: seine späten Fassungen, die originale Komposition und seine Vorstufen* (OBO 45), Freiburg, Göttingen, 1982.

———: "Zum synoptischen Vergleich der Dekalogfassungen. Eine Fortführung des begonnenen Gesprächs", in F.-L. Hossfeld éd., *Vom Sinai zum Horeb. Stationen alttestamentlicher Glaubensgeschichte*, Würzburg, 1989, p. 73-117.

ILLMANN, K.-J.: *Old Testament Formulae about Death* (Meddelanden fran Stiftelsens för Abo Akademy Forskninginstitut 48), Abo, 1979.

JACKSON, B. S.: "Principles and Cases: The Theft Laws of Hammurabi", *The Irish Jurist*, 1972 = *Essays in Jewish and Comparative Legal History* (SJLA 10), Leiden, 1975, p. 64-74.

———: "Reflections on Biblical Criminal Law", JJS, 24, 1973, p. 8-38 = *Essays in Jewish and Comparative Legal History* (SJLA 10), Leiden, 1975, p. 25-63.

———: "Sources and Problems", in *Essays in Jewish and Comparative Legal History* (SJLA 10), Leiden, 1975, p. 1-24.

———: "The Ceremonial and the Judicial: Biblical Law as Sign and Symbol", JSOT 30, 1984, p. 25-50.

JACOB, E.: "Osée", in E. Jacob, C.-A. Keller & S. Amsler, *Osée, Joël, Amos, Abdias, Jonas* (CAT 11a), Neuchâtel, 1965, p. 7-98.

———: *Esaïe 1-12* (CAT 8a), Genève, 1987.

JEPSEN, A.: *Untersuchungen zum Bundesbuch* (BWANT 41), Stuttgart, 1927.

———: "Israel und das Gesetz", ThLZ 93, 1968, c. 85-94.

KAISER, O.: *Einleitung in das Alte Testament. Eine Einführung in ihre Ergebnisse und Probleme*, Gütersloh, 51984.

KAUFMAN, S. A.: "A Reconstruction of the Social Welfare Systems of Ancient Israel", in W. B. Barrick & J. R. Spencer éd., *In the Shelter of Elyon*. Essays on Ancient Palestinian Life and Literature in Honour of G. W. Ahlström (JSOT.SS 31), Sheffield, 1984, p. 278-286.

———: "The Second Table of the Decalogue and the Implicit Categories of Ancient Near Eastern Law", in J. H. Marks & R. M. Good éd., *Love and Death in the Ancient Near East*. Essays in Honour of Marvin H. Pope, Guilford, 1987, p. 111-116.

KELLER, C. A.: "Habacuc", in C. A. Keller & R. Vuilleumier, *Michée, Nahum, Habacuc, Sophonie* (CAT 11b), Neuchâtel, 1971, p. 135-176.

———: Art. "אֹרֵר", THAT, vol. 1, 1978, c. 236-240.

KILIAN, R.: "Apodiktisches und kasuistisches Recht im Licht ägyptischer Analogien", BZ 7, 1963, p. 185-202.

———: *Literarkritische und formgeschichtliche Untersuchung des Heiligkeitsgesetzes* (BBB 19), Bonn, 1963.

KLIMA, J.: Art. "Gesetze (A. Babylonien)", RLA, vol. 3, 1971, p. 244-279.

KNIERIM, R. P.: "The Problem of Ancient Israel's Prescriptive Legal Traditions", Semeia 45, 1989, p. 7-25.

KOCH, K.: Art. "Gesetze I. Altes Testament", TRE, vol. 13, 1984, p. 40-55.

KOEHLER, L. & BAUMGARTNER, W. éd.: Lexicon in Veteris Testamenti Libros, Leiden, 21958.

KORNFELD, W.: Studien zum Heiligkeitsgesetz, Wien, 1952.

———: Levitikus (Die Neue Echter Bibel), Würzburg, 1983.

KRAUS, F. R.: Ein Edikt des Königs Ammi-Saduqa von Babylon (SDIO 5), Leiden, 1958.

———: "Ein zentrales Problem des altmesopotamischen Rechtes: Was ist der Codex Hammu-rabi?", Genava 8, 1960, p. 283-296.

LANDSBERGER, B.: "Die babylonischen Termini für Gesetz und Recht", in J. Friedrich, J. G. Lautner & J. Miles éd., Symbolae ad jura orientis antiqui pertinentes Paulo Koschaker dedicatae (SDIO 2), Leiden, 1939, p. 219-234.

LASSERRE, G.: Les prescriptions sur la 7ème année et le Jubilé. Etude synoptique d'Exode 21,2-11; 23, 10-11; de Deutéronome 15, 1-18 et de Lévitique 25 (Mémoire de recherche en Ancien Testament), Lausanne (manuscrit), 1987.

———: "Espérance et protestation. Le sens du Jubilé", CProt, 1992, 2, p. 18-23.

———: "Quelques études récentes sur le Code de l'alliance", RThPh 125, 1993, p. 267-276.

———: Synopse des lois du Pentateuque. Réflexions méthodologiques sur l'élaboration et l'usage des synopses, application aux lois du Pentateuque (thèse de doctorat), Yverdon (manuscrit), 1993.

LEMAIRE, A.: "Le Décalogue: essai d'histoire de la rédaction", in A. Caquot & M. Delcor éd., Mélanges bibliques et orientaux en l'honneur de M. Henri Cazelles (AOAT 212), Kevelaer, Neukirchen-Vluyn, 1981, p. 259-296.

LEMCHE, N. P.: "The 'Hebrew Slave'. Comments on the Slave Law, Ex XXI, 2-11", VT 25, 1975, p. 129-144.

———: "The Manumission of Slaves - the Fallow Year - the Sabbatical Year - the Jobel Year", VT 26, 1976, p. 38-59.

———: "Andurarum and Misarum: Comments on the Problem of Social Edicts and their Application in the Ancient Near East", JNES 38, 1979, p. 11-22.

LENHARD, H.: "Die kultischen Anordnungen Gottes im Zusammenhang mit den übrigen Gesetzen des Alten Testaments", ZAW 97, 1985, p. 414-423.

LEWY, I.: "Dating of Covenant Code Sections on Humaneness and Righteousness", VT 7, 1957, p. 322-326.

LIEDKE, G.: Gestalt und Bezeichnung alttestamentliche Rechtssätze. Eine formgeschichtlich-terminologische Studie (WMANT 39), Neukirchen-Vluyn, 1971.

LIEDKE, G. & PETERSEN, C.: Art. "תורה", THAT, vol. 2, 1979, c. 1032-1043.

LOEVENSTAMM, S. E.: "The Phrase 'X (or) X plus one' in Biblical and Old Oriental Laws", Bib 53, 1972, p. 543.

LORETZ, O.: Habiru-Hebräer. Eine sozio-linguistische Studie über die Herkunft des Gentiliziums 'ibrî vom Appellativum ḫabiru (BZAW 160), Berlin, New York, 1984.

MacKANE, W.: Proverbs. A New Approach (OTL), London, 1970.

MacKENZIE, R. A. F.: "The Formal Aspect of Ancient Near Eastern Law", in W. S. McCullough éd., The Seed of Wisdom. Essays in Honour of T. J. Meek, Toronto, 1964, p. 31-44.

MAILLOT, A., & LELIEVRE, A.: Les Psaumes. Traduction nouvelle et commentaire, Genève, 3 vol., 1961-1969.

MANDELKERN, S.: Veteris Testamenti Concordantiae Hebraicae atque Chaldaicae. Editio altera locupletissime aucta et emendata cura F. Margolin, 2 vol., Graz, 1955.

MARTIN-ACHARD, R.: Essai biblique sur les fêtes d'Israël, Genève, 1974.

———: Art. "גר", THAT, vol. 1, 1978, c. 409-412.

———: La Loi, don de Dieu. Aux sources de l'Ancien Testament, Aubonne, 1987.

MATHYS, H.-P.: Liebe deinen Nächsten wie dich selbst. Untersuchungen zum alttestamentlichen Gebot der Nächstenliebe (Lev 19, 18) (OBO 71), Freiburg, Göttingen, 1986.

MAYES, A. D. H.:Deuteronomy (NCBC), Grand Rapids, London, 1981.

MENDENHALL, G. E.: "Ancient Oriental and Biblical Law", BA 17, 1954, p. 26-46.

MERENDINO, R. P.: Das deuteronomische Gesetz. Eine literarkritische, gattungs- und überlieferungsgeschichtliche Untersuchung zu Deuteronomium 12-26 (BBB 31), Bonn, 1969.

MICHAELI, F.: Les livres des Chroniques, d'Esdras et de Néhémie (CAT 16), Neuchâtel et Paris, 1967.

— : *Le livre de l'Exode* (CAT 2), Neuchâtel et Paris, 1974.

MILGROM, J.: "Rationale for Cultic Law: The Case of Impurity", *Semeia* 45, 1989, p. 103-109.

— : "The Consecration of the Priests. A Literary Comparison of Leviticus 8 and Exodus 29", in D. R. Daniels, U. Glessmer & M. Rösel éd., *Ernten, was man sät*. Festschrift K. Koch zu seinem 65. Geburtstag, Neukirchen-Vluyn, 1991, p. 273-286.

MINETTE DE TILLESSE, G.: "Sections 'tu' et sections 'vous' dans le Deutéronome", *VT* 12, 1962, p. 29-87.

MOBERLY, R. W. L.: *At the Mountain of God*. Story and Theology in Exodus 32-34 (JSOT.SS, 22), Sheffield, 1983.

MORAN, W. L.:"The Literary Connection Between Lv 11, 13-19 and Dt 14, 12-18", *CBQ* 28, 1966, p. 271-277.

NEL, P. J.: *The Structure and Ethos of the Wisdom Admonitions in Proverbs* (BZAW 158), Berlin, New York, 1982.

NEUFELD, E.: "Socio-Economic backgroung of Yobel and Smitta", *RSO* 33, 1958, p. 53-124.

NIEHR, H.: "Grundzüge der Forschung zur Gerichtsorganisation Israels", *BZ* 31, 1987, p. 206-227.

NORTH, R.: *Sociology of Biblical Jubilee* (AnBib 4), Rome, 1954.

NOTH, M.: *Das System der zwölf Stämme Israels* (BWANT IV, 1), Stuttgart, 1930 = Darmstadt, 1966.

— : *Die Gesetze im Pentateuch*. Ihre Voraussetzungen und ihr Sinn (Schriften der Königsberger Gelehrten Gesellschaft, Geistes-wissenschaftliche Klasse 17/2), Halle, 1940 = *Gesammelte Studien zum Alten Testament* (TB.AT 6), München, vol. 1, 1957, p. 11-40.

— : *Das zweite Buch Mose*. Exodus übersetzt und erklärt (ATD 5), Göttingen, 21961.

— : *Das dritte Buch Mose*. Leviticus übersetzt und erklärt (ATD 6), Göttingen, 1962.

— : *Das vierte Buch Mose*. Numeri übersetzt und erklärt (ATD 7), Göttingen, 1966.

OSUMI, Y.: *Die Kompositionsgeschichte des Bundesbuches Exodus 20, 22b-23, 33* (OBO 105), Freiburg, Göttingen, 1991.

OTTO, E.: "Interdependenzen zwischen Geschichte und Rechtsgeschichte des antiken Israels", *Rechtshistorisches Journal* 7, 1988, p. 347-368.

— : *Wandel der Rechtsbegründungen in der Gesellschaftsgeschichte des antiken Israels. Eine Rechtsgeschichte des "Bundesbuches" Ex XX 22 - XXIII 13* (Studia Biblica 3), Leiden, 1988.

— : *Rechtsgeschichte der Redaktionen im Kodex Esnunna und im "Bundesbuch"*. Eine redaktionsgeschichtliche und rechtsvergleichende Studie zu altbabylonischen und altisraelitischen Rechtsüberlieferungen (OBO 85), Freiburg, Göttingen, 1989.

PATRICK, D.: "Casuistic Law Governing Primary Rights and Duties", JBL 92, 1973, p. 180-184.

— : "The Covenant Code Source", *VT* 27, 1977, p. 145-157.

— : *Old Testament Law: An Introduction*, London, 1986.

— : "Studying Biblical Law as a Humanities", *Semeia* 45, 1989, p. 27-47.

PAUL, S. M.: *Studies in the Book of the Covenant in the Light of Cuneiform and Biblical Law* (SVT 18), Leiden, 1970.

PAYNE, P. B.: *MacHebrew Scriptures™*. Biblia Hebraica Stuttgartensia, Edmonds, 1989.

PERLITT, L.: Art. "Dekalog", TRE, vol. 8, 1981, p. 408-413.

PETER-COMTESSE, R.: *Manuel du traducteur pour le livre du Lévitique* (Auxiliaires du traducteur), Stuttgart, 1985.

PETSCHOW, H.: "Zu den Stilformen antiker Gesetze und Rechtssammlungen", ZSRG.R 82, 1965, p. 24-38.

— : "Zur Systematik und Gesetzestechnik im Codex Hammurabi", ZA 23, 1965, p. 146-172.

— : "Zur 'Systematik' in den Gesetzen von Eshnunna", in J. A. Ankum, R. Feenstra & W. F. Leemans éd., *Symbolae juridicae et historicae Martino David dedicatae*, vol. 2, Iura Orientis antiqui, Leiden, 1968, p. 131-143.

PFEIFFER, R. H.: "The Oldest Decalogue", JBL 43, 1924, p. 294-310.

PHILLIPS, A.: "Some Aspects of Family Law in Pre-Exilic Israel", VT 23, 1973, p. 349-361.

— : "Another Example of Family Law", VT 30, 1980, p. 240-245.

— : "The Laws of Slavery: Exodus 21. 2-11", JSOT 30, 1984, p. 51-66.

PONS, J.: *L'oppression dans l'Ancien Testament*, Paris, 1981.

— : "La référence à l'Egypte dans les codes de loi de l'Ancien Testament", EThR 63, 1988, p. 169-182.

PREUSS, H. D.: *Deuteronomium* (EdF 164), Darmstadt, 1982.

de PURY, A., & ROEMER, T.: "Le Pentateuque en question: position du problème et brève histoire de la recherche", in A. de Pury éd., *Le Pentateuque en question* (MBi), Genève, 1989, p. 9-80.

von RAD, G.: *Deuteronomium-Studien* (FRLANT 58), Göttingen, 21948 = *Gesammelte Studien zum Alten Testament*, vol. 2 (TB.AT 48), München, 1973, p. 109-153.

——: *Théologie de l'Ancien Testament*, Genève, 2 vol., 1963-1967.

——: *Das fünfte Buch Mose. Deuteronomium übersetzt und erklärt* (ATD 8), Göttingen, 1964.

RAHLFS, A. éd.: *Septuaginta, id est Vetus Testamentum Graece iuxta LXX interpretos*, Stuttgart, 2 vol., 91935.

RENAUD, B.: *La théophanie du Sinaï. Ex 19-24, Exégèse et Théologie* (CRB 30), Paris, 1991.

RENDTORFF, R.: *Die Gesetze in der Priesterschrift. Eine gattungsgeschichtliche Untersuchung* (FRLANT 62), Göttingen, 21963.

——: *Leviticus* (BK.AT 3/1-2), Neukirchen-Vluyn, fas. 1,1985, fas. 2, 1990.

——: *Introduction à l'Ancien Testament*, Paris, 1989.

REVENTLOW, H. Graf: *Das Heiligkeitsgesetz formgeschichtlich untersucht* (WMANT 6), Neukirchen-Vluyn, 1961.

——: "Kultisches Recht im Alten Testament", *ZThK* 60, 1963, p. 267-304.

REYMOND, P.: *Dictionnaire d'Hébreu et d'Araméen Bibliques*, Paris, 1991.

RICHTER, W.: *Recht und Ethos. Versuch einer Ortung des weisheitlichen Mahnspruchs* (StANT 15), München, 1966.

——: *Exegese als Literaturwissenschaft. Entwurf einer alttestamentlichen Literaturtheorie und Methodologie*, Göttingen, 1971.

ROBINSON, G.: *The Origin and Developement of the Old Testament Sabbath. A Comprehensive Exegetical Approach* (Dissertation), Hamburg, 1975.

——: "The Prohibition of Strange Fire in Ancient Israel. A New Look at the Case of Gathering Wood and Kindling Fire on the Sabbath", *VT* 28, 1978, p. 301-317.

ROFE, A.: "Family and Sex Laws in Deuteronomy and the Book of Covenant", *Henoch* 9, 1987, p. 131-159.

ROSE, M.: *Der Ausschliesslichkeitsanspruch Jahwes. Deuteronomische Schultheologie und die Volksfrömmigkeit in der späten Königszeit* (BWANT 106), Stuttgart, Berlin, Köln, Mainz, 1975.

ROST, L.: "Das Bundesbuch", *ZAW* 77, 1965, p. 255-259.

SCHARBERT, J.: Art. "אֵר", *ThWAT*, vol. 1, 1972, c. 437-451.

SCHENKER, A.: *Versöhnung und Widerstand. Bibeltheologische Untersuchung zum Strafen Gottes und der Menschen, besonders im Lichte von Exodus 21-22* (SBS 139), Stuttgart, 1990.

——: "Die Anlässe zum Schuldopfer Ascham", in A. Schenker éd., *Studien zu Opfer und Kult im Alten Testament. Mit einer Bibliographie 1969-1991 zum Opfer in der Bibel* (Forschungen zum Alten Testament 3), Tübingen, 1992, p. 45-66.

SCHMIDT, W. H.: *Einführung in das Alte Testament* (De Gruyter Lehrbuch), Berlin, New York, 1979.

SCHOTTROFF, W.: *Der altisraelitische Fluchspruch* (WMANT 30), Neukirchen-Vluyn, 1969.

——: "Zum alttestamentlichen Recht" *VF* 22, 1977, p. 3-29.

SCHUENGEL-STRAUMANN, H.: *Der Dekalog - Gottes Gebote?* (SBS 67), Stuttgart, 1973.

SCHULZ, H.: *Das Todesrecht im Alten Testament. Studien zur Rechtsform der Mot-Jumat-Sätze* (BZAW 114), Berlin, 1969.

SCHWIENHORST-SCHOENBERGER, L.: *Das Bundesbuch (Ex 20,22 - 23,33). Studien zu seiner Entstehung und Theologie* (BZAW 188), Berlin, New York, 1990.

SEGERT, S.: "Form and Function of Ancient Israelite, Greek and Roman Legal Sentences", in H. A. Hoffner, Jr éd., *Orient and Occident. Essays presented to Cyrus H. Gordon on the Occasion of his 65th Birthday* (AOAT 22), Neukirchen-Vluyn, Kevelaer, 1973, p. 161-165.

SEITZ, G.: *Redaktionsgeschichtliche Studien zum Deuteronomium* (BWANT 93), Stuttgart, Berlin, Köln, Mainz, 1971.

——: "Ancient Israelite Poetry and Ancient 'Codes' of Law and the Sources 'J' and 'E' of the Pentateuch", in *Congress Volume Edinburgh 1974* (SVT 28), Leiden, 1975 p. 185-195.

SEUX, M.-J.: *Lois de l'Ancien Orient. Traductions et commentaires*, CEv.S 56, 1986.

SMEND, R.: *Die Entstehung des Alten Testaments* (ThW 1), Stuttgart, Berlin, Köln, Mainz, 21981.

SOGGIN, J. A.: *Josué* (CAT 5a), Neuchâtel, 1970.

——: *Le livre des Juges* (CAT 5b), Genève, 1987.

SONSINO, R.: *Motive Clauses in Hebrew Law. Biblical Forms and Near Eastern Parallels* (SBLDS 45), Chico, 1980.

STAEHLI, H.-P.: Art. "נשא", *THAT*, vol. 1, 1978, c. 765-778.

STAMM, J.-J.: *Le Décalogue à la lumière des recherches contemporaines* (CTh 43), Neuchâtel, 1959.

TSEVAT, M.: "The Basic Meaning of the Biblical Sabbath", *ZAW* 84, 1972, p. 447-459.

Traduction oecuménique de la Bible. Ancien Testament, édition intégrale, Paris, 1975.

de VAULX, J.: *Les Nombres* (SBi), Paris, 1972.

de VAUX, R.: *Les institutions de l'Ancien Testament*, Paris, 2 vol., 41982.

VESCO, J. L.: "Les lois sociales du livre de l'Alliance (Exode XX, 22-XXIII, 19)", RThom 68, 1968, p. 241-264.

VUILLEUMIER, R.: "Michée", in C. A. Keller & R. Vuilleumier, *Michée, Nahum, Habacuc, Sophonie* (CAT 11b), Neuchâtel, 1971, p. 5-92.

———: "Malachie", in S. Amsler, A. Lacoque & R. Vuilleumier, *Agée, Zacharie, Malachie* (CAT 11c), Neuchâtel, 1981, p. 219-256.

WAGNER, V.: "Zur Systematik in dem Codex Ex 21, 2 - 22, 16", ZAW 81, 1969, p. 176-182.

———: *Rechtssätze in gebundener Sprache und Rechtssatzreihen im israelitischen Recht. Ein Beitrag zur Gattungsforschung* (BZAW 127), Berlin, New York, 1972.

———: "Zur Existenz des sogenannten 'Heiligkeitsgesetzes'", ZAW 86, 1974, p. 307-316.

———: "Der bisher unbeachtete Rest eines hebräischen Rechtskodex", BZ 19, 1975, p. 234-240.

WALLIS, G.: "Das Jobeljahr-Gesetz, eine Novelle zum Sabbatjahr-Gesetz", MIO 15, 1969, p. 337-347.

WANKE, G.: Art. "Bundesbuch", TRE, vol. 7, 1980-1981, p. 412-415.

WEIL, H. M.: "Gage et cautionnement dans la Bible", AHDO 2, 1938, p. 171-241.

WEINFELD, M.: *Deuteronomy and the Deuteronomic School*, Oxford, 1972.

———: "The Origin of the Apodictic Law. An Overlooked Source", VT 23, 1973, p. 63-75.

WEINGREEN, J.: "The Deuteronomic legislator – a proto-rabbinic type", in *From Bible to Mishna. The continuity of tradition*, Manchester, 1976, p. 132-142.

WESTBROOK, R.: "Jubilee Laws", *Israel Law Review* 6, 1971, p. 209-226.

———: "Biblical and Cuneiform Law Codes", RB 92, 1985, p. 247-264.

———: *Studies in Biblical and Cuneiform Law* (CRB 26), Paris, 1988.

WESTERMANN, C.: *Das Buch Jesaia 40-66* (ATD 19), Göttingen, 1966.

———: *Genesis* (BK.AT 1), Neukirchen-Vluyn, 3 vol., 1974-1982.

———: *Théologie de l'Ancien Testament* (MBi), Genève, 1985.

WILLIAMS, J. G.: "Concerning One of the Apodictic Formulae", VT 14, 1964, p. 484-489.

———: "Addenda to 'Concerning One of the Apodictic Formulae'", VT 15, 1965, p. 113-115.

WILMS, F.-E.: *Das jahwistische Bundesbuch in Exodus 34* (StANT 32), München, 1973.

WOLFF, H. W.: *Dodekapropheton 1 Hosea* (BK.AT 14/1), Neukirchen-Vluyn, 1961.

———: *Dodekapropheton 2 Joel und Amos* (BK.AT 14/2), Neukirchen-Vluyn, 1969.

YARON, R.: "Forms in the Laws of Eshnunna", RIDA 9, 1962, p. 137-153.

ZENGER, E.: *Israel am Sinai. Analysen und Interpretationen zu Exodus 17-34*, Altenberg, 21985.

ZIMMERLI, W.: "Das zweite Gebot", in W. Baumgartner, O. Eissfeldt, K. Elliger & L. Rost éd., *Festschrift für Alfred Bertholet zum 80. Geburtstag*, Tübingen, 1950, p. 550-563 = *Gottes Offenbarung. Gesammelte Aufsätze zum Alten Testament* (TB.AT 19), München, vol. 1, 1963, p. 234-248.

———: "Ich bin Jahwe", in *Geschichte und Altes Testament. Albrecht Alt zum 70. Geburtstag dargebracht* (BHTh 16), Tübingen, 1953 = *Gottes Offenbarung. Gesammelte Aufsätze zum Alten Testament* (TB.AT 19), München, vol. 1, 1963, p. 179-209.

———: *Ezechiel* (BK.AT 13), Neukirchen-Vluyn, 2 vol., 1969.

DATE DUE